黄東蘭著

汲古叢書57

近代中国の地方自治と明治日本

汲古書院

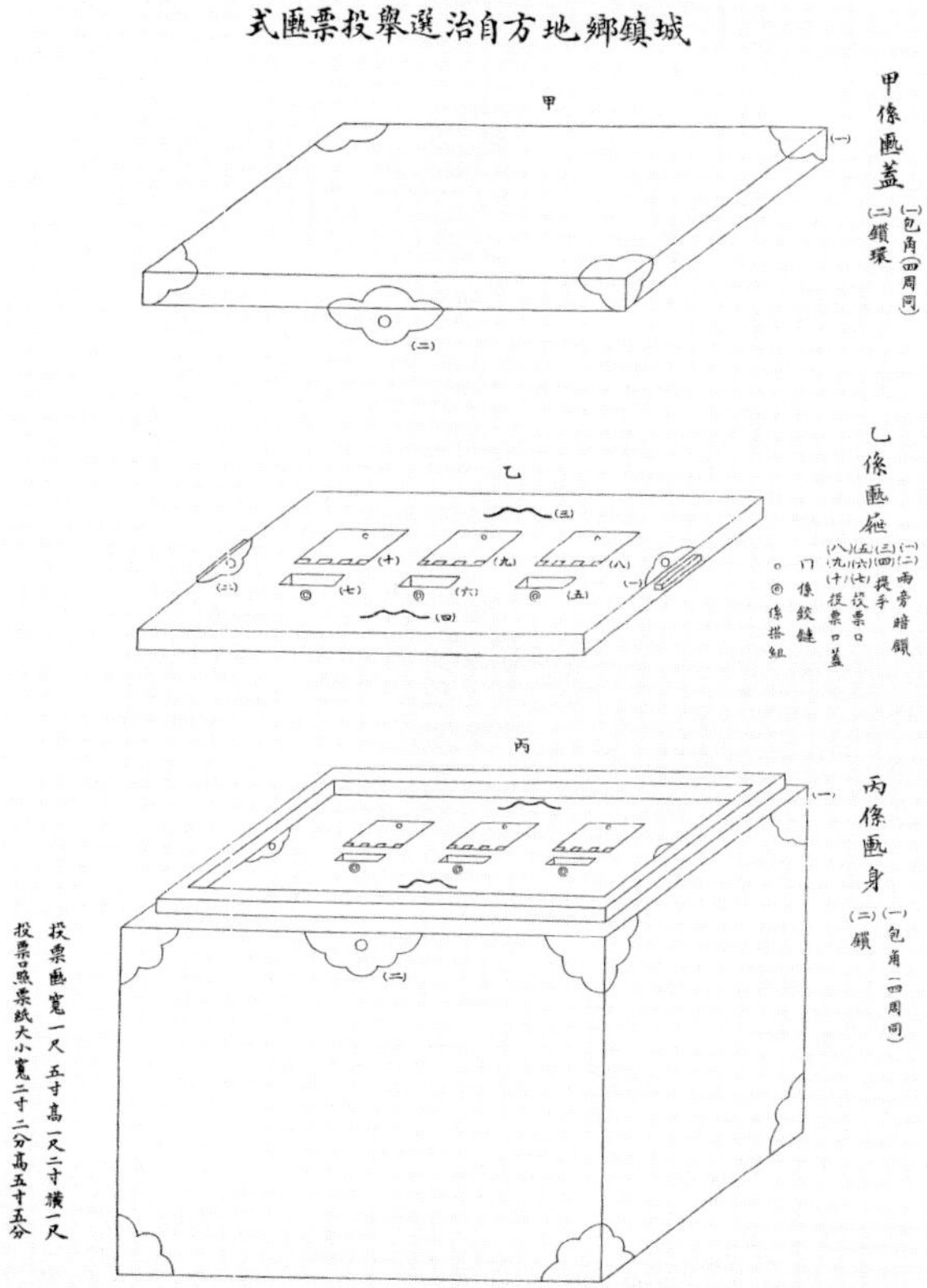

写真一
城鎮郷地方自治選挙投票箱様式
（中国第一歴史檔案館所蔵）

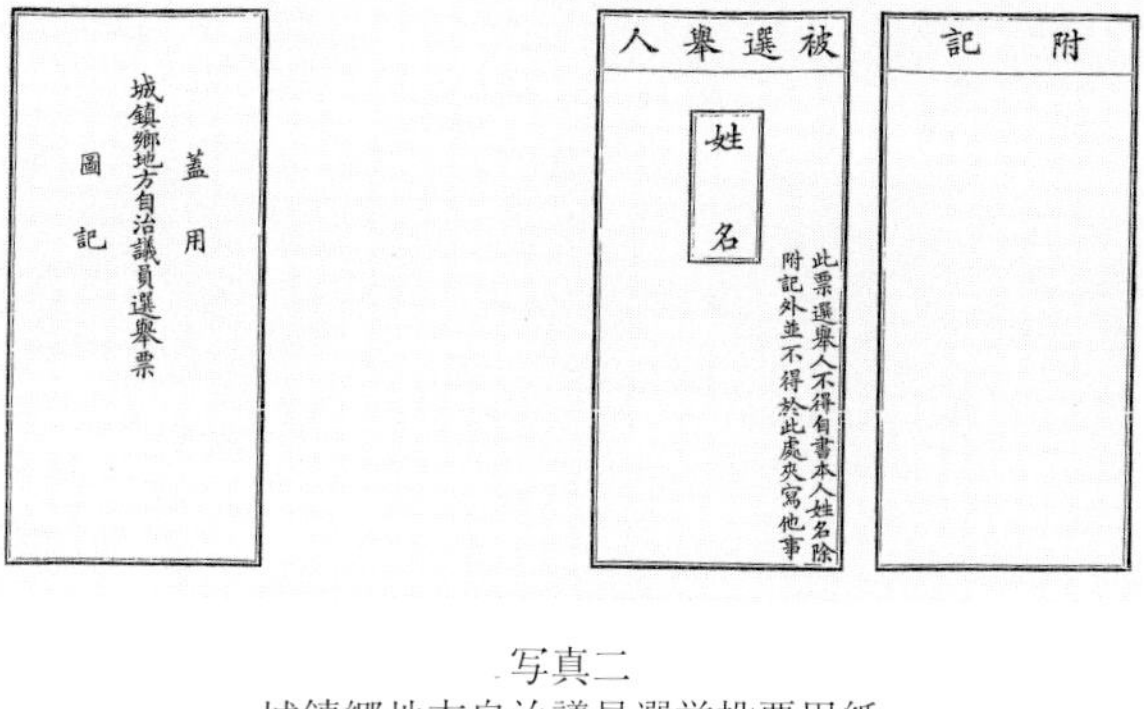

写真二
城鎮郷地方自治議員選挙投票用紙
（中国第一歴史檔案館所蔵）

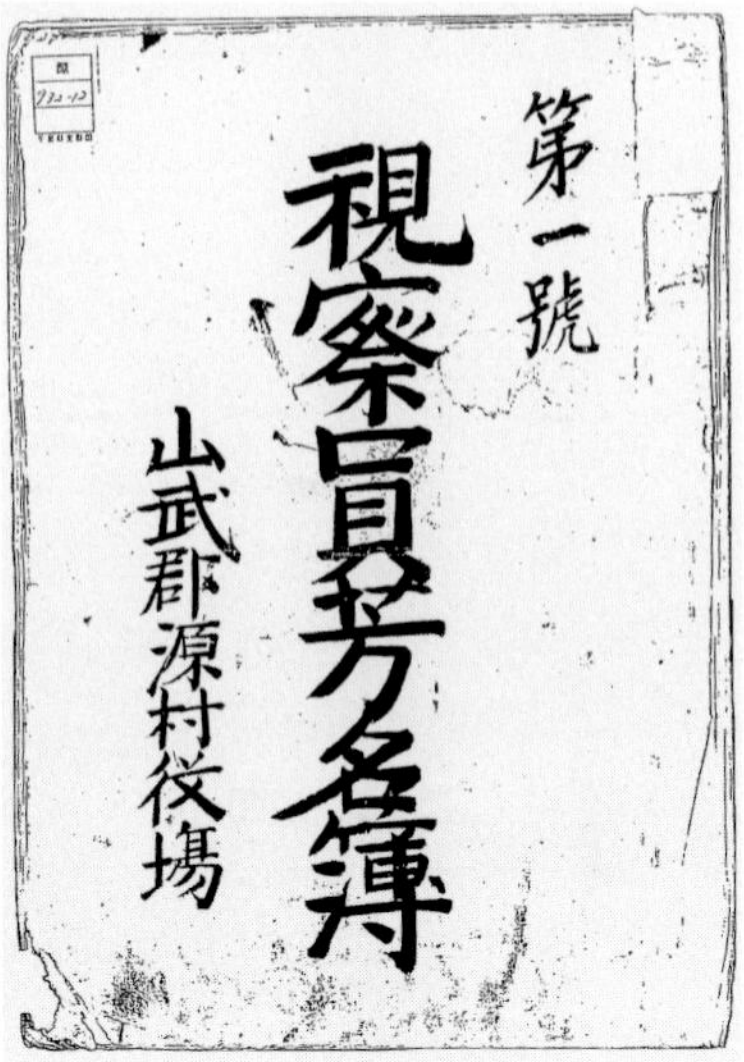

写真三

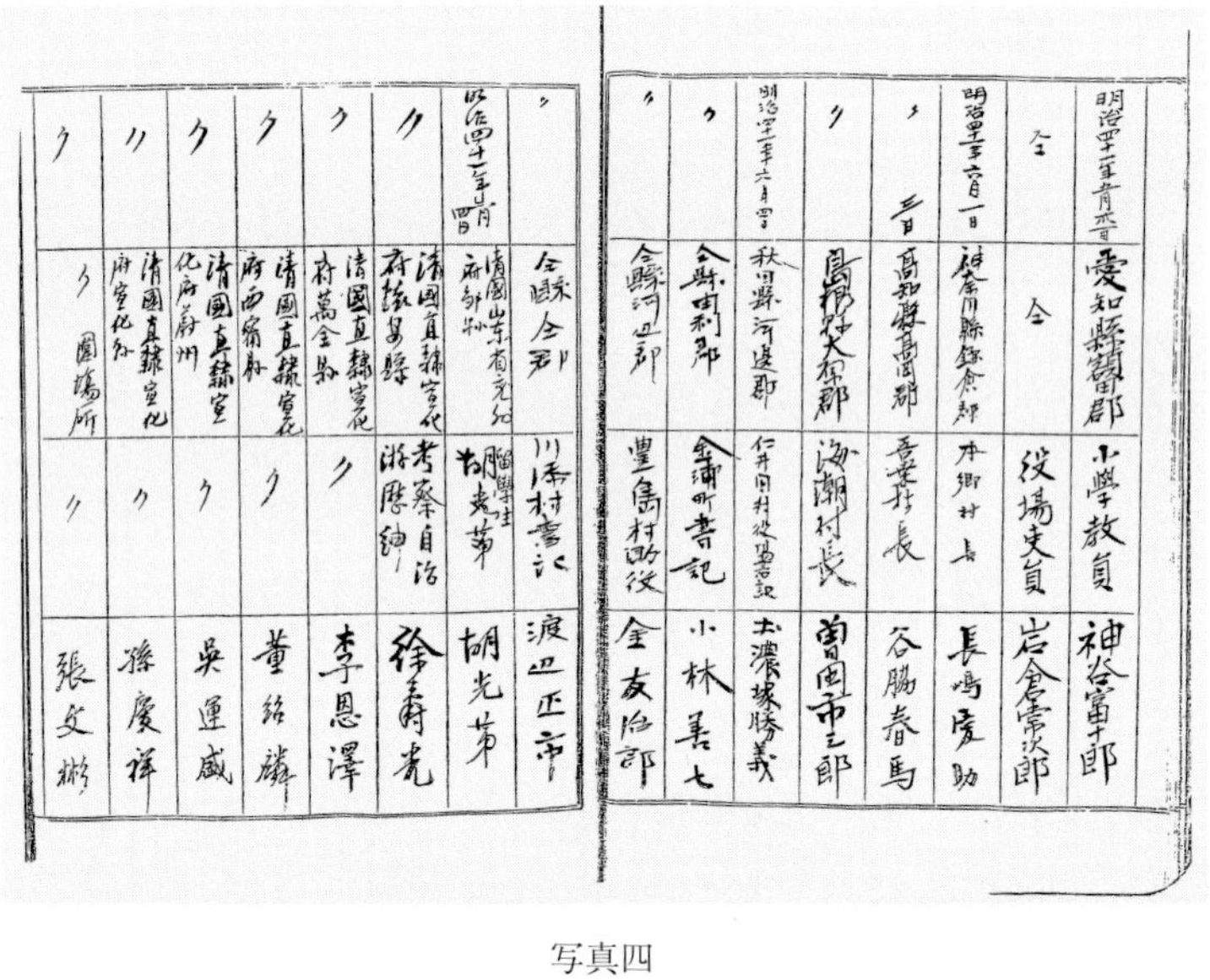

写真四

（上）「視察員芳名簿」（千葉県文書館所蔵）
（下）「同視察名簿」の一部

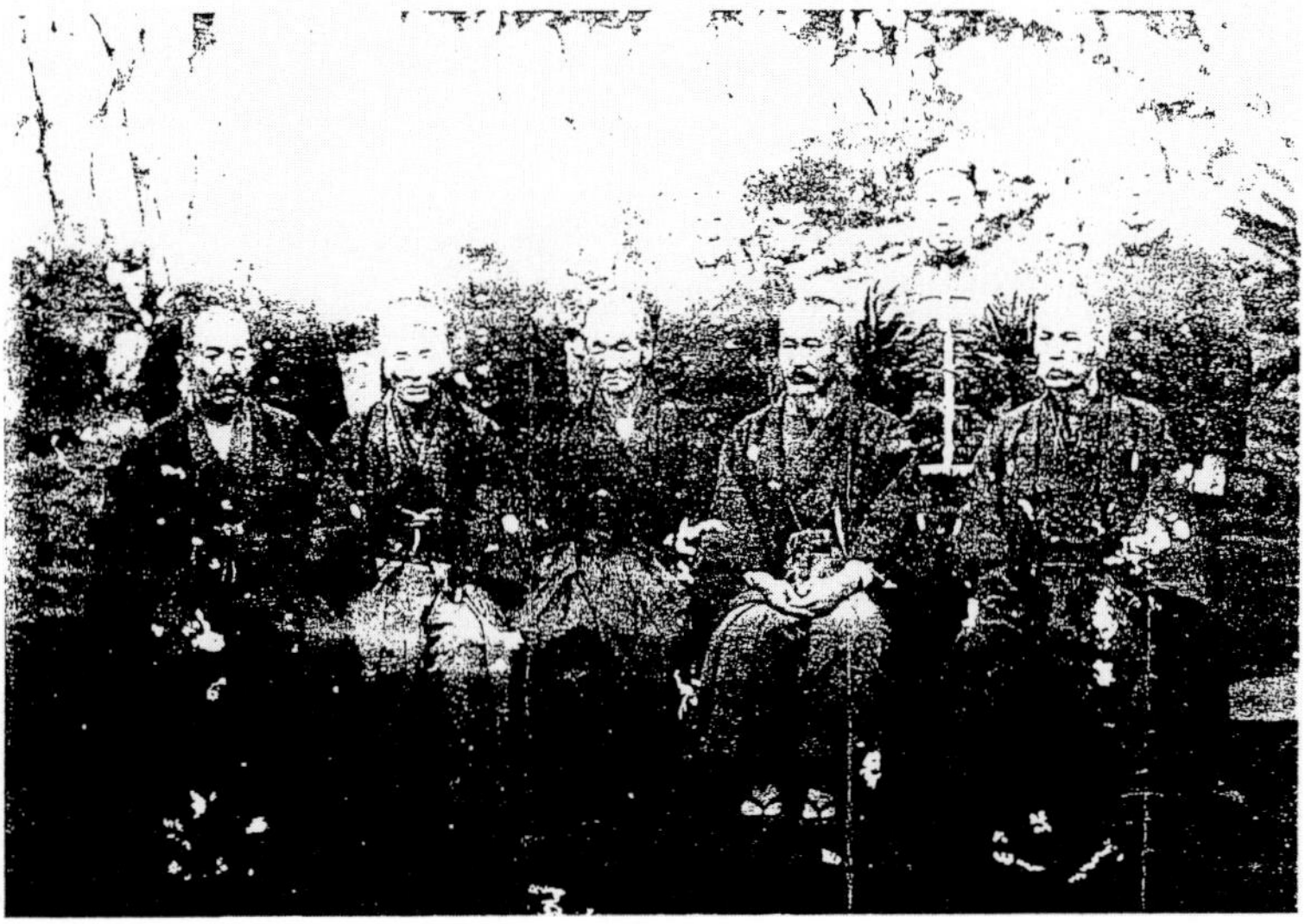

写真五

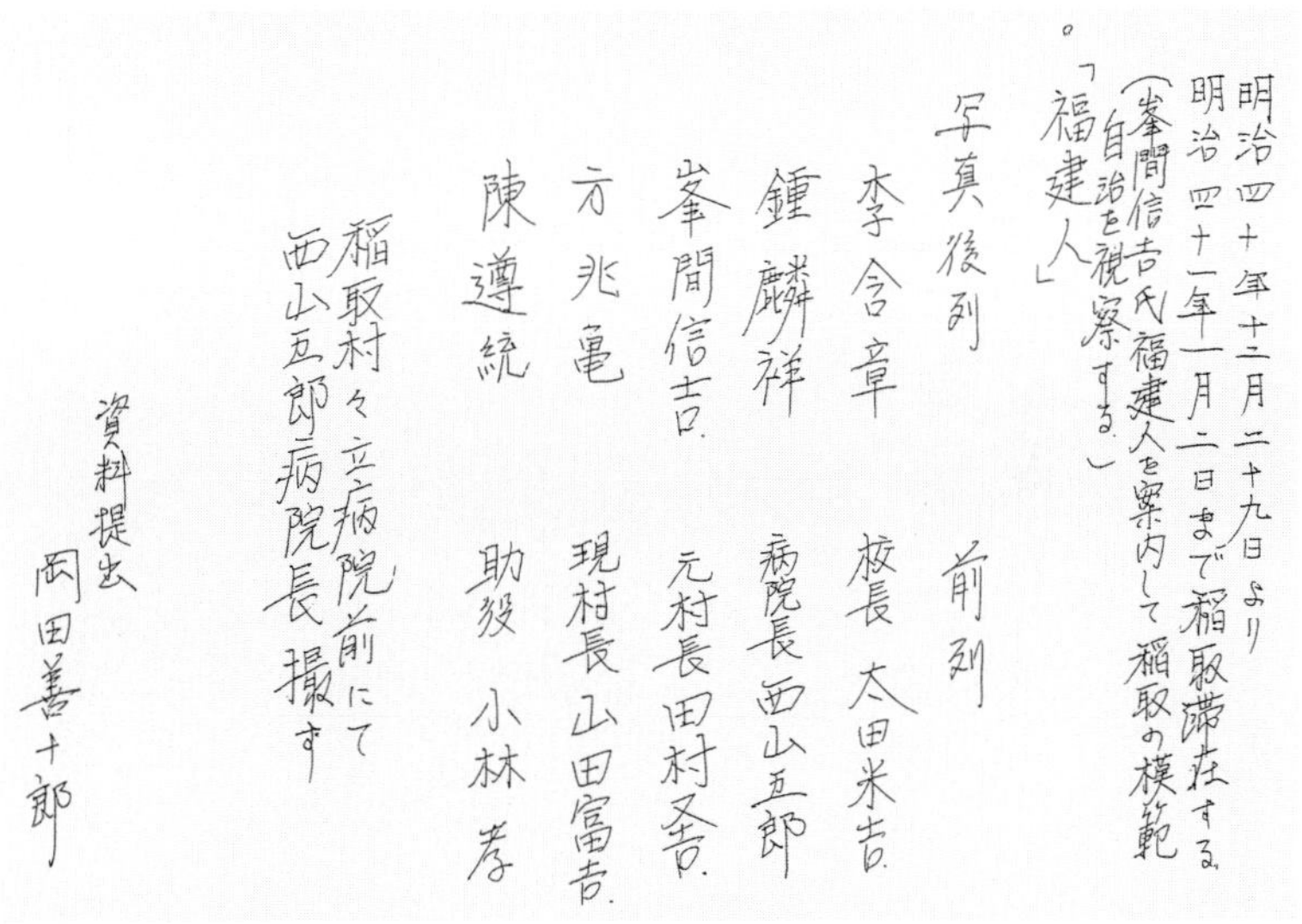
明治四十年十二月二十九日より
明治四十一年一月二日まで稲取滞在する
（峯間信吉氏福建人を案内して稲取の模範
自治を視察する。）
。「福建人」
写真後列　前列
李含章　校長　太田米吉
鍾麟祥　病院長　西山五郎
峯間信吉　元村長　田村又吉
方兆亀　現村長　山田富吉
陳遵続　助役　小林孝
稲取村々立病院前にて
西山五郎病院長撮す
資料提出　岡田善十郎

写真六

（上）稲取村元村長田村又吉と中国人視察者（静岡県賀茂郡東伊豆町所蔵）
（下）同写真についての説明（岡田善十郎氏による）

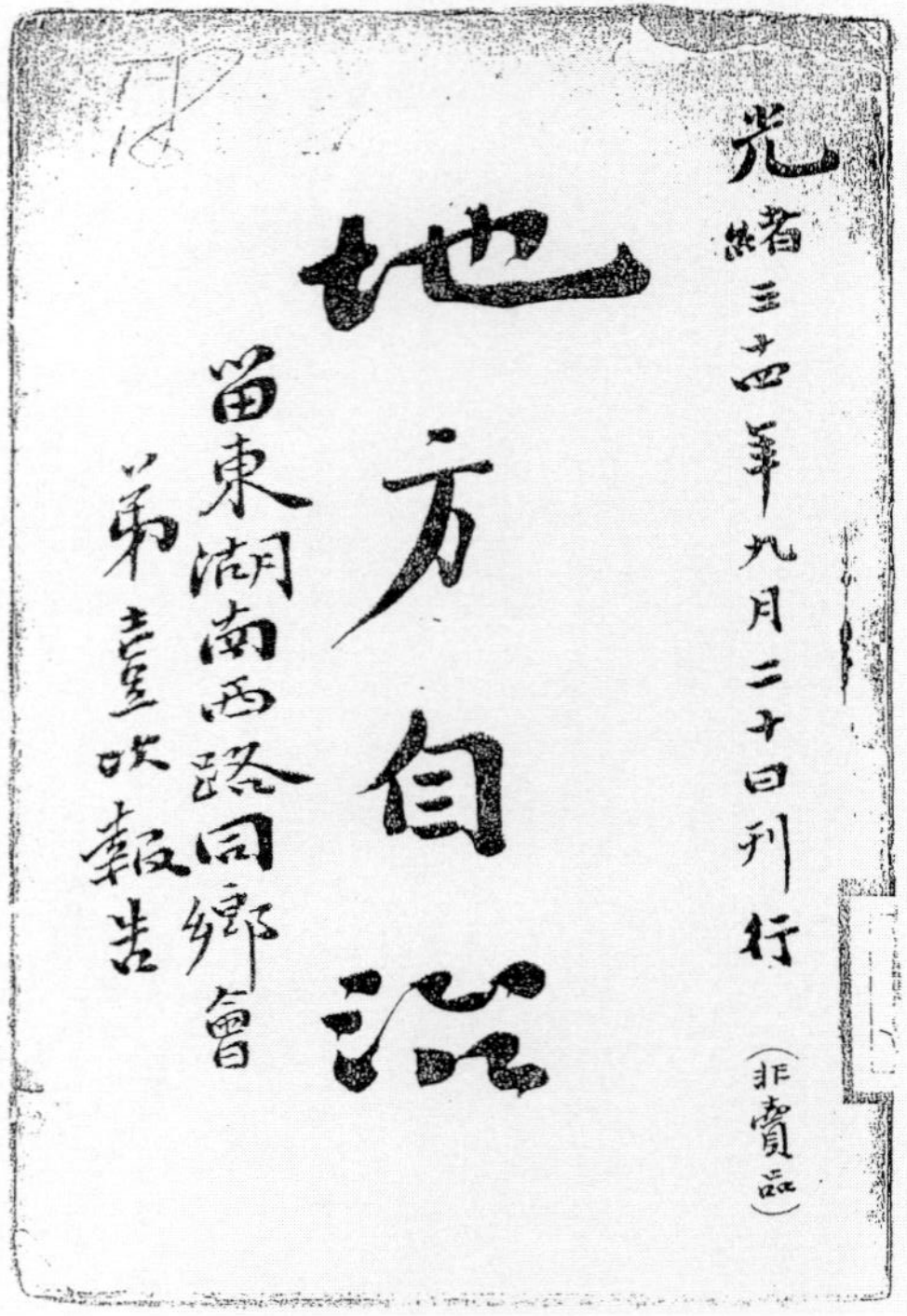

写真七
湖南西路同郷会『地方自治』報告書の表紙
（南京図書館所蔵）

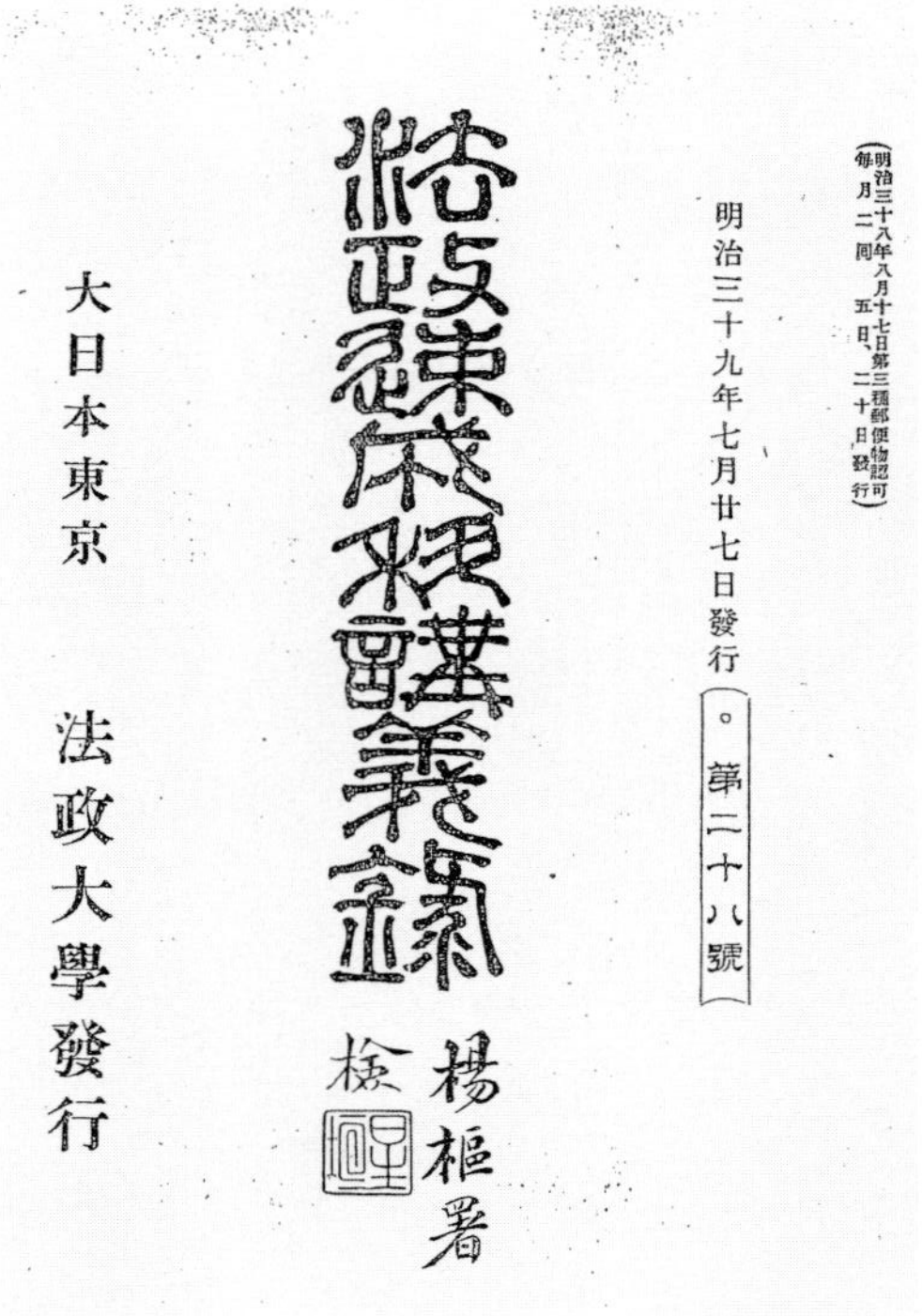

写真八
『法政速成科講義録』の表紙
（法政大学図書館所蔵）

目次

近代中国の地方自治と明治日本

序章

一、問題提起

中国では、カリスマ的指導者毛沢東の死後、それまでの社会体制が大きく揺れ動いた。真っ先に変化を見せたのは、長い間国家が工業化を優先的に推進させたために利益を大きく損なわれた農村であった。一九七〇年代末から、改革・開放政策が実施され、単一的な計画経済から市場経済への移行が始まった。人民公社の制度が解体し、農村の生産請負制が始まると、農業の生産力が高まり、農村の余剰労働者が大量に都市に移動するようになった。

農民の自主的経済活動が活発になるにつれ、村の幹部の権威は以前より低下し、農村に対する国家の支配のあり方にも変化が生じた。一九八〇年代に入ってから、各地の農村で農民による村民委員会の選挙、すなわち「村民自治」の動きが現れた。一九八二年に頒布された憲法には、村民委員会が「基層における大衆的な自治組織」としてはじめて規定されている。一九八七年に試行案として、一九九八年に正式に公布された「村民委員会組織法」では、村民委員会は「村民の自己管理・自己教育・自己奉仕の基層における大衆的自治組織」と定められている。(1) 一九八八年、各地の農村で第一回の村民委員会の直接選挙が行われ、わずか四年後の一九九二年には、全国各省の村民委員会の総数は百万個を越えている。

村民委員会の選挙は、改革前の生産大隊＝行政村を範囲に、十八才以上の村民全員（もしくは一戸に一人）をもって村民会議を組織し、そこで村民委員会の主任、副主任および委員を投票で選ぶ仕組みとなっている。村民委員会の任期は三年であり、その職務権限は村の土地と公的財産を管理し、公共事業を行い、村民間の紛争を調停し、村の治安を維持することである。現在、農民自らが選んだ村民委員会によって、村の土地やその他の公的財産が管理され、公共事業が実施され、村民間の紛争の調停が行われ、村の治安が維持されている。

周知のように、中華人民共和国建国後、長い間、郷村の指導者はそれぞれの地方の共産党組織や地方政府の指名によって合法性を得て、末端行政機構としての役割を果たしていた。これに対して、村民自治が実施された後、農民は選挙を通じて自らの利益を代弁する人を選ぶようになった。これは中華人民共和国史上に画期的なことであり、中国の民主化を象徴する重要な出来事として広く注目を集めている。

歴史は、つねに過去を繰り返しながら、新しい時代を演出している。およそ一世紀前、中華帝国最後の王朝清朝が終焉を迎えようとしていた頃にも、中国の広大な農村地域に、地方自治の一幕が上演されていた。一九〇七年に、直隷省天津県で、中国の歴史上最初の議会選挙が行われ、地方のエリートたちが中心となる議事会・董事会が設立された。その二年後、清朝政府の「城鎮郷地方自治章程」が発布されると、全国多くの地域で議会選挙が行われ、「近代的」地方自治制度が導入された。清朝から民国への政権交代後も、地方自治は、その時その時の政治的・社会的状況と絡み合いながら、「連省自治」や「郷村自治」など、次々と晴れ着を身に纏って歴史の表舞台に登場し、人々を魅了していた。

今からほぼ一世紀前の中国の地方自治は、明治期日本の地方自治制度をモデルとし、また、それを媒介に西ヨーロッパに発祥した近代的地方自治制度を導入したものであった。中国では、当時、列強による国土分割の危機に直面するなか、立憲制度が国家の強盛に不可欠であり、あらゆる立憲国家に地方自治制度が存在し、地方自治こそ「一片の散砂」と言われるようにまとまりのない人民を組織し、国家の基礎を固める根本の道であるという認識が広がった。留日学生や地方制度視察のために来日した地方の官僚、紳士たちが、日本の地方自治制度を日本の「富国強兵」の秘訣であると認識し、それを中国国内に紹介し、その導入に携わったのである。

歴史上中国の農村で演じられた地方自治の一幕が、その後幾たびかの屈折を経験しながらも、今日、装いを新たに、「村民自治」の形で中国の百万の村々で再び上演されているかのようである。歴史家にさえも忘れ去られた清末・民初期の地方自治の一幕に光を当てることは、中国を理解する一つの手だてとなるように思われる。

二、本書の課題と視角

本書の課題は清末・民国期の中国の地方自治を明治期日本の地方自治との関連性を中心に実証的に考察することである。

一般に「地方自治」は「一定地域の住民が自ら治めること」と理解され、すなわち地域の住民が自らの利益の保全と向上に関わる事項を自らが行うことを意味する。「地方自治」という言葉は、「自由」、「民主主義」といった言葉と同様に、いわば言語的優位性を内包する開放的な概念（open-ended concept）である。「地方自治」はしばしば「権力からの自由」の同義語として使われ、「地方分権」、「反中央集権」、「反専制主義」、「地方の自立」、「地方の独立」などの概念と混同されている。しかし、現実の制度としての地方自治と人々の自由へのあこがれとしての地方自治との間にときには大きなズレが存在する。その原因は、理念としての地方自治と制度としての地方自治とが混同されることにあるように思われる。また、制度としての地方自治を論ずる場合、それぞれの国の歴史的条件によって、地方自治がさまざまな形態を呈していることも見逃してはならない。たとえ同一の国においても、地方自治制度は時代の変化とともにつねに変化している。従って、地方自治をある固定の観念に基づいて論ずることは困難であろう。

地方自治の語義については第一章で詳述するが、最大公約数的に言うと、地方自治とは、「一定地域の住民が自らの利益の保全と向上に関わる事項について意思決定をし、それを実行する」ということになるだろう。

世界史的にみれば、近代地方自治制度は国民国家の形成という人類歴史上特定の時代に現れたものである。封建時代には、領邦君主、諸侯、教会、自治都市などさまざまな勢力が分立・割拠し、政治権力は分散していた。それに取って代わって、中央集権の近代国家が現れた。近代国家は対外的独立を確保する一方、対内的には封建的、身分的諸関係を克服し、その支配を国土の隅々にまで均質に浸透させようとした。そのために、従来それぞれ独自の自治的伝統や慣習をもつ分散的中間団体や地域共同社会を全国統一の地方体制のなかに組み入れる必要があった。近代地方自治制度はこのプロセスのなかで誕生したものである。

明治二〇年代に成立した日本の地方自治制度は、明治国家がドイツ・プロイセンの制度をモデルに作ったものである。それは、明治国家が近代国家建設の一環として、幕藩時代に形成された村落を、国家の近代化政策を担うことのできる行財政機能をもつ行政町村に再編することを通じて、明治政府の中央集権的政治体制を根底から支える制度であった。明治地方自治制度については、きわめて少数ではあるが、戦前からそれが一般民衆の自覚と要求に先立って上から与えられた「官治の自治」であるという批判があった。(2) 戦後、日本の研究者の間では、明治地方自治制度が官治的、非民主的な制度であるという意見が一般的であった。大島美津子は、明治地方自治に対する戦後の評価を次のようにまとめている。[3]

明治期地方自治は地方分権の理念とはまったく無縁な視点にたつ制度である。たとえ自治の名は冠せられたにしても、それは名ばかりであり、日常的に内務省－府県庁－郡役所の後見的監督権にさらされる「官治的自治」にすぎなかった。

なぜ、一世紀前の中国人がこのようなきわめて官治的色彩の濃い地方自治制度に関心を持つようになったか。彼らは日本の制度をどのように見ていたか。そして、制度が導入される際に、どのような変容が生じたか。なぜそのような変容が生じたのか。中国の長い歴史的・社会的文脈のなかで、そのような変容はどのような意味を有するか。本書が直接の研究対象として取り上げるのは、そうした問題である。

地方自治をめぐる日中間の制度継受の問題について、清朝の地方自治制度が成立した当初から、それが日本の地方自治法律の影響を受けたことは指摘されていた。一九〇九年に清朝の「城鎮郷地方自治章程」が公布された直後、梁啓超は、それは「だいたい日本の市制および町村制を合わせて翻訳したものである」と述べている。[4] 董修甲も清朝の地方自治章程は「完全に日本の法律を写したものである」と指摘した。[5] 日本において、馬場鍬太郎は「此等の制度は其内容、形式共に我邦地方制度を模倣せるもの」であると述べ、[6] 松本善海も、「日清の両制をその細目について比較するならば、それは類似点を求めるよりも、僅かに違っている点をあげた方がはるかにてっとり早いとさえ言える」と述べた。[7]

しかしながら、これらの指摘はいずれも両国の地方自治に関する法律条文の類似性を指摘するに止まり、制度継受の背景と過程、両国の地方制度についての立ち入った分析、および制度継受のプロセスに生じた変容の問題には全く触れていない。そのほかに、松本善海はその著『中国村落制度の史的研究』のなかで、「留東学生」すなわち清末期の留日学生による地方自治受容の役割について一歩踏み込んだ研究が必要であると指摘したが(8)、管見の限りでは、この要請に応じた研究は未だ現れていない。

ところで、一九世紀半ば以降の中国では、「自由」や「民主」、「立憲政治」など、外国の思想や制度は「近代的」外衣を被って姿を現した。にもかかわらず、焦点となる問題は、ほとんどの場合、中国が西洋と接する以前に何らかの形で提起され、もしくはすでに何らかの形で存在していた。一九世紀後半から二〇世紀初頭にかけて、中国人は、「外なる文脈」のなかに生まれた外国の思想や制度を、中国の「内なる文脈」――これは彼らの知識や価値観を形成する培養基でもある――のなかにすでに提起され、もしくは存在していた問題に照射し、彼らの知識や価値観に基づいてそれを理解しようとしていた。

本書で扱う清末・民国期の地方自治も、そのような問題の一つであった。中国の地方自治は単なる外国の制度を模倣してできたものではなく、地域のエリートたちが自発的に教育、慈善、防衛、道路や橋梁の建設など地域の公益事業に従事するという中国の伝統的自治を基礎に成り立つものであった。中国の伝統的自治と近代地方自治との間にどのような歴史的連続性もしくは不連続性があるか。そして、中国に古くから存在した「自治」の考え方に従えば、各個人が自ら身を修めることは家を斉しくすることの前提であり、家を斉しくすることは郷を治めることの前提である。郷を治めることは県、省、国、天下を治めることの前提である。郷をあらゆる政治の根本と見なすという中国の伝統的自治観念と、中央集権的近代国家を前提としたプロイセンや日本の地方自治の観念との間には大きなズレがある。このようなズレは中国における「近代的」地方自治制度の受容にどのような影響を与えたか。近代中国における地方自治の問題は、中国の歴史的・社会的文脈のなかで考察することが必要である。

ある国の歴史的過程に生じた特定の事象を「内」あるいは「外」という二つの相対するカテゴリーで把握すること

は、そもそも方法論的に無理がある。とりわけ「近代国民国家」というものが最初に西ヨーロッパに出現し、その後地球上ほとんどの国や地域に波及してから、国家や地域の間に異なる制度、価値、文化間の接触が増え、互いの影響が大きかった。しかし、その一方で、中国の長い歴史的スパンからみれば、一八四〇年のアヘン戦争をきっかけに中国が否応なく「近代化」の道を歩みはじめたことも事実である。中国における近代国家建設の至上命題は「救国」(国を救うこと)と「図強」(国を強くすること)であった。それに向けて、自強、変法、立憲、反満革命、反封建、反帝国主義、共産主義革命、社会主義建設、および現在の改革・開放などさまざまな変革がなされた。本書で扱う地方自治もその至上命題に向けた動きの一つであった。この意味で、中国が独自の制度、価値、文化をもつ「西風東漸」以前の時代に現れた事象を「内なるもの」、それ以降の時代に中国人が——受動的であれ、自ら進んで行ったのであれ——西洋の制度、価値、文化を取り入れようとした時代に生じた事象を「外なるもの」と分けることもできるのであろう。

文化触変の観点からみれば、外来の思想や制度が、まず接触・認識の段階においてある種の変容を生じ、続いて、運搬・受容の段階においてさらなる変容を発生させる(9)。変容のあり方は、「内」と「外」の間の歴史的、社会的、政治的諸条件の相違によって異なる。「内」と「外」の間の諸条件の相違が大きければ大きいほど、変容の度合いは高いものとなる。本書では、地方自治をめぐる日中間の制度継受を切り口に、近代中国における地方自治の問題を「内」と「外」の二つの側面から考察し、地方自治をめぐる認識の段階に生じた「思想の変容」と制度受容の段階に生じた「制度の変容」の問題を解明し、中国における国家と社会の関係という問題にも光を当てようとする。

三、本書の構成

本書は以下のように四つの部分から構成される。

第一部は予備的考察である。ある国の地方自治はその国の歴史的伝統の産物である。これを念頭において、第一章では、イギリスとドイツの近代地方自治制度の特徴、およびドイツ・プロイセンの制度をモデルとした明治期日本の地方自治制度の特徴について概観する。

第二部では、中国が西洋の「近代的」地方自治に遭遇する以前にすでに存在した自治の慣習、および自治をめぐる観念・議論を取り上げる。第二章では、中国の伝統的自治の在り方について考察し、後の清末期の地方自治との関連性について一つの手がかりを提示する。第三章では、秦の統一以前にすでに芽生えた伝統中国の「自治」観念の特徴、顧炎武の地方行政改革論およびその影響を受けた一九世紀後半の改革論の流れを整理し、近代地方自治受容の思想的媒介となる「郷官」論——地域出身者をもって官治を補完させることをめぐる議論——の系譜を辿る。

第三部では、地方自治に対する二〇世紀初頭中国人の認識の問題を扱う。第四章では、康有為、梁啓超ら改良派、およびその影響を受けた初期の留日学生の議論に焦点を合わせ、さまざまな政治理念が交錯する「自治」や「地方自治」の言説について整理・分析する。第五章では、一九〇四年以後日本における中国人留学生の学習環境の変化、留学生向けの地方自治講義の内容、および留日学生による地方自治理論の受容の問題を取り上げ、とりわけ留日学生の地方自治認識が当時の教科書や代表的な著作から「脱線」していたことに注目し、その意味について分析する。第六章では、地方制度の視察を目的に直隷省などから派遣された官僚・紳士視察者に焦点を合わせ、視察者たちが残した

「東遊日記」などの資料を通じて、彼らが日本の府県庁・市町村への実地視察を通じて得た見聞を考察し、視察者の目に映った地方自治と明治地方自治の実像との乖離の問題にも関心を払う。

第四部では、地方自治制度の導入の過程に生じた変容の問題を論ずる。第七章では、直隷省天津県で行われた地方自治実験を扱い、天津の自治章程とそのモデルとなる日本の「府県制」との間に生じた「制度の変容」について分析し、制度の実施状況を通して変容の意味を探る。第八章では、清朝政府が発布した地方自治章程と日本の「市制」「町村制」の内容を比較し、両者の外形的類似性と本質的相異について分析する。第九章では、江蘇省川沙県で起きた大規模な自治反対事件を扱い、ミクロな視点から地方自治制度の導入に対する地域社会の対応の具体像を描き、地方自治に照射された国家と地方エリートとの関係について言及する。第十章では、山西省を割拠支配した閻錫山が日本の町村制に古代中国の閭隣制、および村民会議を取り入れて展開した独自の地方自治制度＝村制を取り上げ、山西村制にみる「制度の変容」の問題について分析する。

終章では、各章の論点を総括したうえで、今後の展望と課題を述べる。

最後に、用語と表記の問題について付言しておきたい。本書で使用する「明治期日本の地方自治制度」、「明治地方自治」などの「明治」という特定の時代を表す用語は、日本の地方自治研究のなかですでに定着している。歴史的にみると、この制度はその後大きな変化を遂げ、ことに一九四三年（昭和一八年）の地方自治制度の改正により、本来少なかった自治的要素はすべて否定されてしまうにいたる。[10]戦後公布された『日本国憲法』には、「地方自治」に関する第八章が設けられ、第九二条に「地方公共団体の組織及び運営に関する事項は、地方自治の本旨に基いて、法律でこれを定める」と規定されている。[11]憲法によって保障された戦後の地方自治は、国民主権の原則に基づいて、住民による直接選挙に立脚するものである。こうした制度は戦争放棄条項と並ぶ、画期的な性格を有するものとして、戦前の地方自治と性格が異なるものと見られる。(12) このように屈折した道を歩んできた日本の地方自治を、「近代地方自治」の一言で概括することはできない。それゆえ、本書では、研究対象の時代的特徴を反映させるために、「明治期日本の地方自治」という表現を使い、また、書名にも「明治日本」という表現を用いることにする。

本書では、暦は原則として西暦を使用するが、必要に応じて西暦と年号を併用する場合もある。なお、清朝の上奏文、諭旨などを引用する際には、清朝の暦による年月日を注記する（年代のみ西暦換算を付記する）。

注

（1）「中華人民共和国村民委員会組織法（試行）」、一九八七年一一月二四日第六期全国人民代表大会常務委員会第二十三回会議で採択され、一九八八年六月一日より実施、『中華人民共和国法律法規全書』、中国民主法制出版社、一九九四年、四二六頁。なお、この試行案は一九九八年一一月四日の第九期全国人民代表大会常務委員会第五回会議で採択され、「中華人民共和国村民委員会組織法」として正式に公布・実施された（「村民委員会組織法」〈邦訳〉、中国研究所編『中国年鑑』一九九九年版、創土社、五〇五－五〇七頁）。

（2）安井英二『地方自治の研究』、良書普及会、一九三一年、二七六頁。

（3）大島美津子『明治国家と地域社会』、岩波書店、一九九四年、x頁。

（4）梁啓超「城鎮郷自治章程質疑」、『国風報』第一年第五号（一九一〇年）、三九頁。

（5）董修甲『中国地方自治問題』、商務印書館、一九三七年、五四頁。

（6）馬場鍬太郎『支那経済地理誌・制度全編』、禹域学会発行、一九二八年、一四九頁。

（7）松本善海『中国村落制度の史的研究』、岩波書店、一九七七年、五二三頁。

（8）同右、五二四頁。

（9）平野健一郎『国際文化論』、東京大学出版会、二〇〇〇年、第四章第二節を参照。

（10）法学協会『注解日本国憲法』下巻、有斐閣、一九五三年、一三七三頁。

（11）『日本国憲法』、小学館、一九八二年、九九頁。

（12）横山紘一「地方自治と地域政治」、玉野井芳郎・清成忠男・中村尚司編『地域主義――新しい思潮への理論と実践の試み』、学陽書房、一九七八年、一一一頁。

第Ⅰ部　近代地方自治制度——予備的考察

第一章　ヨーロッパと日本の近代地方自治制度

はじめに

アレクシス・ド・トクヴィル（一八〇五―一八五九）は、その著『アメリカの民主政治』において、民主主義と地方自治との関連性について論じている。北アメリカのニュー・イングランド地方を視察した彼は、身分による差別もなく、他者への圧迫の企ても不公正もない「神の手から直接に出ているように見える」共同体に魅了され、この共同体にこそ「人民主権」に基づく自治が存在すると賞賛した。(1) トクヴィルと同様に、アイルランド出身の政治学者ジェイムス・ブライス（一八三八―一九二二）も、その著『近代民主政治』のなかで、共同体的自治にこそ民主主義の根源が存在すると述べ、民主政治は数百ないし数千の自由民を有する農村および小都市の狭小な地域に端を発し、自由民の集会は王国および諸ネーションよりはるかに早い段階でそこに存在していたことを指摘した。なお、ブライスは地方自治を人々の公共の精神を育成する最良の場であり、「民主政治の最良の学校、その成功の最良の保証人」と見なしていた。(2)

トクヴィルとブライスの見解に端的に示されるように、「地方自治」はしばしば「自由」や「民主主義」といった政治理念と結びつき、個人の自由、およびそれに基づいた共同体の自由と権利を訴え、「権力からの自由」という信念・理想を人びとに与えて、今日まで多くの人を魅了してきたといえよう。

一方、近代地方自治制度は国民国家形成のプロセスに生まれたものであり、多くの場合、とりわけ近代化の後進国家において、地方自治制度は統一した中央集権国家が自らの意思によって上から造成したものである。近代国家形成の過程において、国家は人口や面積など一定の基準に基づいて従来の自然形成的地域共同社会を地方団体に再編し、全国統一の地方制度を作りあげる。地方自治団体は決して自己完結的に存在するものではなく、その活動は国家の法律を超えてはならないし、場合によっては、国家権力の強力な監督、支配下におかれ、中央政府の下部機構として行動しなければならない。

本章では、まず「自治」と「地方自治」の語義について吟味した上で、本書の実証研究への手がかりとして、国民国家の形成過程においてそれぞれ独特の歴史的背景の下で形成されたイギリスとドイツの近代地方自治制度の特徴、およびドイツの制度をモデルとした明治期日本の地方自治制度の特徴について概観したい。

一、「自治」と「地方自治」——概念についての考察

「地方自治」を定義するには、まず「自治」という言葉を定義しなければならない。「自治」という語は、字面から理解すれば「自ら治める」、すなわち「自分のことは自分でする」ことである。「自治」は、人間のもつ「自己操縦」と「自己制御」の能力——自ら判断をして一定の行為を起こすこととそれを修正する能力——と解かれるように(3)、一見、自己完結的な概念のようにみえる。しかし、「自治」という概念は他者との関係なしには成立しないものである。

自己と他者との関係においてみるとき、「自治」は個人あるいは一群の人々が国家や組織など何らかの権力の抑圧から自己解放を求める、いわば「権力からの自由」とほぼ同義である。[4] 一方、個人が一定の社会において他の構成員と関わりをもつ以上、「自ら治める」ことはその人の権利であると同時に義務でもある。すなわち社会のルールに従って行動し、自己を含む社会構成員の利益に関わる公的事項に参加する義務である。

中国の政治的・社会的文脈における「自治」の意味については第三章で取り上げるが、中国古代の文献に現れた「自治」という語の字面的意味に限定していえば、他者との関係を意識した上での「自ら治める」、「自らを律する」ことを意味することになるだろう。

英語で「自治」に当たる言葉は“autonomy”と“self-government”の二つである。“autonomy”という語は、①「他者からの影響を受けずに自己決定する能力」、②「他者にコントロールされずにある地域、国家を統治する自由」を意味する。[5] “self-government”は“self-rule”の同意語で、「外部からの干渉なしで自らのことを処理する」ことを意味する。[6] 両者はいずれも「自ら治める」ことを意味する。しかし、政治的な意味で使われるとき、“autonomy”と“self-government”のニュアンスは微妙に異なる。“autonomy”について、一九世紀ドイツ公法学を代表するローレンツ・フォン・シュタイン（一八一五―一八九〇）は、一八八二年に憲法調査団を率いてベルリンを訪れた伊藤博文に対し、次のように説明している。すなわち、“autonomy”を構成するギリシャ語“autos”とは「自己」のことであり、“nomos”とは「法律」のことである。両者をあわせると「自ラ法ヲ制スルノ部体」となり、「自ラ法律ヲ制シテ自ラ治スルノ義ナリ」[7]。つまり、“autonomy”の重みは立法の方におかれている。なお、“autonomy”は「国家からの自治」としても使われる。その場合、“autonomy”という語は政治的「独立」につながることになる。[8] それに対して、“self-government”は“self-rule”の同意語として「自ら政治を行う」ことを意味し、行政の執行権に重みがかかるニュアンスがある。“self-government”という語には国家などより大きな政治的実体からの独立という意味は含まれていない。

“autonomy”と“self-government”は、それぞれ「地方」に当たる“local”という言葉と併用されると、“local autonomy”と“local self-government”になり、中国語と日本語ではいずれも「地方自治」と訳す。英語圏では、狭い読者向きの専門書を除いて、この二つの言葉はしばしば混用されている。“local self-government”と“local autonomy”は、「一定地域の住民が自らの利益の保全と向上に関わる事項について意思決定をし、それを実行する」という共通の意味を持ちながらも、右に述べた“autonomy”と“self-government”のニュアンスの違いから、“local self-government”が「執行権」の方に重点がおかれるのに対して、“local autonomy”は「立法権」の方に重みがかかっており、また隠然と国家などより大きな政治的実体からの独立という含みがあるように思われる。

日本語における「自治」という言葉は英語の“self-government”、ドイツ語の“selbstverwaltung”に当てはめる翻訳語である。明治維新後二十年の間、明治政府の公文書に「地方自治」という言葉は使われていない。それに近い意味の表現として、「住民社会独立ノ区画」、あるいは「自然の部落」が使われていた。[9] 一八八八年（明治二一年）「市制」「町村制」に付した内閣顧問ドイツ人アルバート・モッセが執筆した「市制町村制理由」に、「自治」、「分権」などの用語が使用されている。「市制」「町村制」の発布をきっかけに、「自治」という言葉が始めて明治政府の公用語となった。[10] 一八九〇年（明治二三年）に「府県制」「郡制」が発布された直後、明治政府の官僚山脇玄と中根重一（ともに内閣法制局参事官）が著した『府県制郡制釈義』のなかに、「自治」や「地方自治」という言葉が頻繁に使われている。興味深いことに、山脇と中根は廃藩置県から「府県制」発布までの一九年間の府県制度の沿革を一八七八年（明治一一年）を境に二つの時期に分けて、一八七八年「府県会規則」と同時に「区町村会法」が発布されたことを

「始メテ地方自治ノ端緒ヲ開キタリ」と述べた。[11]

地方自治制度の発布と時期的にほぼ一致して、明治期以降刊行された国語辞典においても、「自治」という項目は明治二〇年代から現れた。また、「地方自治」という項目が現れたのはさらに時代が遅く、およそ大正期に入ってからのことと見られる。一八八九―一八九一年（明治二二―二四年）に秀英舎が刊行した『言海』に「自治」という項目がある。その意味は「人民、自ラ、其分内ノ政治ヲナス」であり、その後ろに括弧付きで「政府ノ治ニ対ス」との説明が付け加えられている。[12]一八九三年（明治二六年）に日本大辞書発行所から出版された『日本大辞書』にも「自治」という項目が設けられている。それによると、自治とは「中央政府ノ力ニ藉ラズ地方ノ都会ナドガ自ラ治メルコト」である。[13]そして、一八九八―一八九九年（明治三一―三二年）大倉書店刊行の『ことばの泉』において、「自治」は「中央政府の力によらずに、その地方独立にて治むること」と解釈されている。[14]一九〇七年（明治四〇年）三省堂刊行の『辞林』には、「自治」は「自己の事を自己にて処理すること。地方団体もしくは公共組合が、国家の委任を受けて、その団体もしくはその組合に属するある特定の事務を自ら処理すること」と解釈されている。[15]

「地方自治」については、私見の限り、一九一五―一九一九年冨山房刊行の『大日本国語辞典』に「地方自治」という項目が設けられている。ただし、その意味については「自治に同じ」とあるに止まっている。「自治」について、この辞典の解釈はそれまでの辞書のなかでもっとも詳しいものである。それによると、「自治」には次の三つの意味がある。すなわち、①「己れが身を自ら治むること。自分の事を自分にて処理すること。②自然に治まること。③国家が法律により、公共団体を認めて特定の事務を委任し、団体をして其の委任事務を処理せしむるによりて、間接に国家行政の目的を達すること（官治の対）」。[16]

なお、「自治」に関する解釈をみると、比較的早い時期に出版された国語辞典において、「自治」は「人民が自らその政治を行う」こと、中央政府の力に頼らず「自ら治まる」という意味で使われ、英語の“self-autonomy”のニュアンスが含まれている。一九〇七年三省堂による『辞林』の刊行を境に、「自治」の説明に大きな変化が現れた。すなわち、従来の“self-autonomy”に近い解釈に、「地方団体が国家の委任を受けて自らの利益に関わる事務を処理する」とあるように、前述の行政権に重きがおかれた“self-government”に近い解釈が加えられている。しかも時代が下るにつれ、「国家の法律」、「国家の委任」といった表現が頻繁に使われ、地方団体に対する国家の優位を強調する傾向が顕著に現れる。こうした傾向は、明治地方自治制度そのものの本質を現すものとして注目に値する。

「地方自治」という言葉は、地方自治制度が一八八〇年代末から一八九〇年代初期にかけて成立した後、明治政府の公文書や政府官僚が書いた書物には頻繁に登場したが、筆者の見る範囲では、同時代の辞書には現れず、一九一〇年代半ばになってはじめて登場する。このことから、明治期において、地方自治は制度としては成立したものの、政治概念としては明治期を通じて社会的認知度がまだ低かったことが窺える。

二、近代地方自治制度の特徴——イギリスとドイツの場合

人々が一定の地域に居住し、生産・生活を営むようになれば、農村聚落のような共同社会が形成される。部落やコミューンと呼ばれるこれらの地域共同社会には、その歴史的展開のなかで、それぞれ独特の慣習や掟が形作られ、それに基づいて地域住民の共同意識も生まれる。こうした地域共同社会は、土地や山林の一部共有、水の共同利用、相互扶助など本来何らかの形で自律的、自治的機能を備えている。共同防衛や生産の拡大などの目的で、原始的共同社会が連結してより強力な政治形態が生まれ、国家が形成される。

封建時代において、政治権力は分散していた。そのうち富と勢力を蓄えた領邦君主がその他の諸勢力を自らの支配下に組み入れ、統一した国民国家が形成された。近代国家は、対外的独立を確保する一方、対内的には封建的、身分的諸関係を克服し、その支配を国土の隅々にまで均質に浸透させようとする。そのために、従来各地に分散した中間団体や地域共同社会を全国統一の地方体制のなかに組み入れなければならない。このプロセスのなかで誕生したのが近代地方自治制度である。近代国家における地方自治の位置づけについて、山田公平は次のように述べている。(17)

近代国民国家において、国家の中央集権体制と地方の分権自治体制とが一体的関連をもって成立する。この一体的関連において、地方自治制度は、地域共同社会と住民の生活とを国家に連繋し、国家の活動を地域の土台の上に据える。そして地方自治の発達が、国内の政治的統一を強化し、国家の主権的独立と対外的拡大をその内部から支えていく。すなわち地方自治が、国民国家の発展の内部条件となるのである。

近代地方自治は、近代国家形成の歴史的プロセスにおいて、さまざまに異なった様態を呈している。一般に、政治学・行政学の分野では、地方自治を「英米型」（また「アングロ・サクソン型」とも言う）と「大陸型」の二つに分類する。前者はイギリスを母国とし、南アフリカ連邦を除く英連邦諸国とアメリカ合衆国に存在する制度である。後者はフランス、ドイツ、イタリア、スペイン、南アメリカ諸国に存在する制度である。(18)この分類に従えば、ドイツ・プロイセンの地方自治制度をモデルとした明治期日本の地方自治制度は「大陸型」に属する。しかし、「英米型」、「大陸型」という分類法自体は、それぞれ異なった歴史的背景の下で生まれた地方自治制度の間の相違を無視し、本来複雑な様相を有する地方自治を単純化してしまう危険性を伴う。したがって、本書では、イギリス、ドイツ、日本の地方自治制度に言及する際に、「英米型」、「大陸型」という表現を使用しない。

封建時代のイギリスにおいて、都市部では、土地保有を前提に自治都市が、市民の各種の税負担を単一税として国王に一括支払いをすることで、国王の権力から自律性を保ち、行政、立法、徴税、司法権を獲得した[19]。農村部では、一四世紀初期、国王が地方の貴族・ジェントリーの中から人選し、名誉職の治安判事（Justice of Peace）に任命する制度が発足した。治安判事の職務は地域の治安、司法、衛生など広範にわたるものであった。貴族・ジェントリーはそれぞれの管轄区域において救貧税を財源として各種の行政を実施し、無給職として地域の治安維持、教育、救貧、浮浪者の取締、失業者の世話、道路や橋梁の維持管理などの公益事業に携わっていた。イギリスでは、少なくとも一八世紀末までの間、中央には国内行政を統轄・指導するための機関と財源がほとんどなかった[20]。

一八世紀半ば以降の急速な工業化に伴って、人々は農村を離れ新興工業都市へ集中した。都市部において、貧困、住居不足、劣悪な衛生条件の下での伝染病蔓延など多くの問題が発生した。従来のシステムではこれらの問題に対応することができなくなり、全国的に統一された行政システムの整備と増大する財政負担の均等化が課題となった。こうしたことを背景に、イギリスでは、一八三五年の都市団体法によって近代都市団体が成立し、一九世紀末にはカウンティの自治体化、衛生区を基軸とした都市と農村の再編成が行われ、近代地方自治制度が形作られた[21]。このプロセスにおいて、都市部では、中世からの都市共同体が近代的都市団体へ変化し、都市住民による公選議会（council）とその執行機関である市参事会が中世自治都市の身分的、ギルド的団体に代わって行政サービスを提供するようになった。ただし、ここでいう都市住民とは納税額などの条件を満たす人たちのことで、条件を満たさない都市の貧困層は選挙・被選挙の資格を与えられていない。農村部では、伝統的コミュニティである教区において、公選による教区総会が従来の教区集会に代わってもっとも基礎的な自治団体となった。このように、議会主義原則の下で近代国家によって全国統一の地方制度に再編成された後も、市参事会や教区総会によって地域共同社会の自治的伝統が受け継がれていた。

イギリスでは、「国王は君臨すれども支配せず」という原則の下に議会主権が早くから確立され、地方自治の主体は「地方行政庁」(local authority)であった。具体的には county、district、parish、community それぞれの議会を指す[22]。イギリスでは、公選(選挙権者による選挙)で選ばれた地方の議会はすなわちその地方の政府であった。地方団体は国家のためではなく、地域の住民(選挙権者)が自らの生活に関わる事務を自らの責任で意思決定をし、それを実行する場であった。各級の地方団体の長は国ではなく議会によって任命されるため、議会に責任を負った。議会の下に議員によって構成される教育や福祉など委員会がおかれ、各種の業務を執行した。

中央・地方関係からみれば、地方団体に対する国家の監督は立法上の監督、司法上の監督と行政上の監督の三つに分けることができるが[23]、近代イギリスでは、「法の支配」と議会中心の伝統の下で、地方団体は中央政府に対してではなく、最高の権限を有する国会に対して責任を負った。したがって、地方団体に対する中央の監督は主として立法上と司法上の監督であり、中央政府による行政監督はドイツ、フランスなどの大陸国家と比べて著しく弱かった[24]。

一方、中世ドイツにおいては、封建制度の下で「国家中の国家」といわれる自治都市＝都市共同体が現れた。一二、一三世紀、都市商人を中心とする宣誓共同体が成立し、それまで都市を支配していた領主に対抗して、都市領主の司法、行政官庁以外に共同体自身の公庁を設置し、市民に築城その他の行政費用を徴収するなど次第に都市の自治権を拡大していった。一三世紀はじめに、ドイツ帝国(神聖ローマ帝国)における都市自治の発展が著しく進み、フリードリヒ二世の時代には、都市の自由を抑制することが帝国にとって必要となった[25]。

やがて強力な君主権力が出現するにつれて情況が一変し、国家が上から一連の行政改革を通じて、全国統一の地方体制を作り出そうとした。国王が任命した内務大臣は全国十二の州を統轄し、さらに「州－県－郡－町村」の垂直的な行政命令・監督体制を通じて、中央政府の意思を貫徹させた。近代ドイツ国家において、経済・交通・福祉などの諸政策がすべて警察行政と見なされ、一八五〇年の「警察行政法」には、各地方における警察行政は国王の名前で市長、郡官吏、町村長によって行われ、警察行政の費用はゲマインデの負担とするなどの内容が定められていた[26]。これに関連して、ドイツの地方自治制度も警察を中心とする官権的色彩を帯びていた。都市部では、一八〇八年以降の一連の改革を経て、公選（選挙権者による選挙）で議会が成立し、議会から執行機関である市長・市参事会が選出され、都市の行政事務を処理することになっていた。

しかし、都市行政のなかで、市参事会は国家の下部官庁と位置づけられた。警察行政の諸事務は国家によって市参事会に委任されたが、その費用は都市が負担しなければならなかった。これにより、警察権、裁判権を有する中世以来の都市自治は国家権力によって吸収された[27]。農村部では、一八五六年の「町村制」により、土地所有者の村民総会、議会が設置され、議会から村長・助役を選出する制度が整った。一八七二年の郡制改革により、従来領主がもっていた地方警察権を国家任命の郡長に委ねられ、ユンカー主導の名望家中心の郡参事会に郡行政に対する参与権が与えられた。郡長は官吏として地域における軍事・徴兵・徴税・警察・道路・救貧などを含む国家行政の諸業務を担当すると同時に、地方団体としての郡を代表し、その経理、資産管理、住民への財政援助、農業・牧畜・手工業などの経済活動の改良、堤防管理など住民全体に関わる公共的自治事務を担当した[28]。

ドイツ近代地方自治制度の大きな特徴は、郡がその地方を代表する法人でありながら国家行政の下部機構でもある、という点である。その根底には、地方団体の自治権が国家によって賦与されたという理念があった[29]。郡長が国家の行政事務と地域内の公共的自治事務の両方を担うことからみれば、「自治」と「官治」の間は明確に区別されず、「自治」が「官治」によって包摂されていた。中央−地方関係からみれば、中央行政官庁が全国の行政を統轄し、地方に関わる諸政策を統一的に制定し、地方団体がその執行に当たっていた[30]。地方団体に対する中央政府の監督は、軍事、外交、司法はもとより、宗教、教育、警察その他重要な事務のすべてに及ぶことになったのである。

三、明治期日本の地方自治制度の特徴

明治地方制度の歴史的形成過程はおよそ次の三つの段階に分けられる。すなわち、第一期は、一八七一－一八八四年（明治四－一七年）で、廃藩置県、大区・小区制を経て、「三新法」の実施を通じて中央集権国家を支える全国統一の地方官制・財政・民会制度（府県会・区町村会）を整備する時期であった。第二期は、一八八五－一八九〇年（明治一八－二三年）で、プロイセンの制度をモデルとした市制・町村制と府県制・郡制が審議・発布される時期であった。これらの法律の発布によって成立した制度は「自治制」と称された。第三期は、一八九一－一九一一年（明治二四－四四年）で、地方自治制度改正・実施の時期であった。日露戦争後、内務省主導の地方自治模範村運動が各地で推し進められた。以下の内容は第二期における近代地方自治制度の形成およびその特徴の検討を重点とする。(31)

1、先行研究の諸視点

明治期日本の地方制度についてはすでに夥しい数の成果が発表されている。これまでの緻密な研究によって、中央レベルにおける制度成立の過程から町村レベルにおける制度の具体的な実施までが解明されてきた。(32)亀卦川浩は明治地方制度の特徴を次の四点にまとめている。すなわち、第一に、外国の制度を模型として作られたため、当時の社会の実情に合わない天くだり的な制度であること。第二に、全体として著しく国家本位であり、中央集権的制度であること。第三に、国と地方団体とがはっきり区別されておらず、国の地方行政上の区画と地方公共団体の区域が一致す

るいわば国と地方団体の一体化であること。第四に、地方団体の基本構造が、戦前戦後を通じて殆んど変わっていないこと、である。[33] 本書の関心からいえば、第二、第三点が特に重要である。なかでも、本書第七章、第八章で日中両国の地方自治制度を比較する際には、第三点の「国と地方団体の一体化」が重要な手がかりになる。

明治地方自治制度の性格については、「地方自治不在論」が戦後長い間、日本の研究者の間での主流であった。たとえば、長浜政寿は「地方団体の自主性と地方住民の自治性とが著しく欠如している制度」と述べている。[34] なお、辻清明は、「民主性」を地方自治の中心概念と規定したうえで、民主性の欠如と官治・自治の相互補完性から、明治期を含む戦前日本の地方自治を「アングロ・サクソン型」、「大陸型」のいずれとも異なる、畸型化された「日本型」地方自治と批判している。[35]

一九九〇年代に入ってから、明治地方自治制度が上から与えられた官製的性格をもち、官僚制によって拘束された制度であるという従来の評価を継承しながらも、西ヨーロッパ、とりわけイギリスの地方自治を理念型とした、従来の明治地方自治不在論と異なって、国家と地域社会の連繋という視点から明治地方自治制度を把握する動きが現れた。山田公平はその著『近代日本の国民国家と地方自治』のなかで、近代地方自治を一八世紀以降ヨーロッパおよびその他の地域における国民国家形成の一環として位置づけ、近代日本の政治的展開において地方自治が「天皇制国家の立憲的政治体制を安定的に基礎付け、その帝国主義的国家目標の遂行を支え、あわせて国民を天皇制国家へ政治的に統合することを媒介する装置としての役割を果」たしたと指摘している。[36] 大島美津子も、明治国家体制の政治的基礎構造をなす地方自治について、それが「行政的支配組織の末端ではあるが、住民と国家権力の日常的に接触する場であり、それゆえに住民の政治参加も、また国家権力の国民把握も、ともにこれに体現されている」と指摘している。[37]

以下、これまでの研究成果に依拠して、明治中期に成立した地方自治制度の特徴を必要最小限で概括しておきたい。

「市制」「町村制」と「府県制」の詳細については、本書第三部における日中地方自治制度比較の部分において改めて取り上げることとする。

2、幕藩時代の村落と維新後の地方経営

明治維新以前の日本社会は、数少ない都市を除けば、全体的に「むら」を基礎単位とする農村社会であった。「むら」は一六世紀末の太閤検地における「村切り」によって設定された課税単位であった。江戸時代、一七世紀の半ばには、各領主はそれまでの村落をより小さく分割し、年貢納入の単位とした。江戸時代の「むら」は、自然形成的「部落」＝自然村であると同時に、領主による郷村支配の基礎単位としての「村」＝行政村であるという二重の性格をもっていた。「むら」には村役人として名主（庄屋）・組頭・百姓代のいわゆる村方三役が置かれた。村方三役は、一面において、領主からの命令の伝達、「御上の御名代」として年貢の取り立てを代行する権力の末端機構であったが、他面においては村の「総代」、すなわち農民の代表として領主に対して農民の利益を代弁し、年貢の減免などを要求することもあった[38]。

「むら」は村人が共同に生産・生活を営む場としての地域共同体でもあった。農業用水の管理や部落有林野の利用、冠婚葬祭、氏神の祭祀などを通じて、村人の間に共通の意識が生まれ、部落の自治的慣習が形成された。村方三役の人選は、それぞれの部落の自治的慣行によって選挙もしくは世襲で決められた。部落では年に数回寄合あるいは総寄合と呼ばれる会議が開かれ、年貢の割り当てをはじめ、村役人の選出、冠婚葬祭や祭礼の打ち合わせ、夫役など部落の共同生活に関わるあらゆる事項が審議・決定された。部落内部において、「地縁関係の上に血縁関係がかさなり、社会関係は永続的全人格的となり、しかも同じ村人とあらゆる集団を重層的につくりあげ」た[39]。「むら」は土地所有

関係や本家・分家関係において、特定少数の家格の高い家々に独占された村方三役によって支配され、その下層の小前百姓および検知帳に名前を記載されない無高の水呑百姓はその支配下に置かれていた[40]。部落は強い結束性をもつ一方、「よそ者」を受け入れない、あるいは部落の仕来りに違反したメンバーを部落から追放するような排他的な性格を有した[41]。

このような領主支配的性格と共同体の自治的性格を併せ持つ幕藩時代の村落は、明治初期の地方経営から明治二〇年代における「上から下へ」の統合・合併・改良によって、明治国家の中央集権体制の社会的基盤となっていった。

維新直後は、幕藩時代の藩を単位とした地方体制が温存された。一八七一年（明治四年）の廃藩置県をきっかけに、明治政府は中央集権体制の基盤を強化するために地方制度の整備に着手した。明治初期の地方経営は、地方有力者の官僚化という地方行政体制の整備と地方有力者を中心とした代表制形態の整備の二つの方向で行われていた。前者において、廃藩置県の翌年、明治政府は戸籍整理のため、いくつかの町村を統轄する大区・小区を設置し、名主・庄屋を戸長・副戸長と改称し、官吏として任命した。一八七八年（明治一一年）「三新法」（郡区町村編成法、府県会規則、地方税規則）の発布により、府県－郡・区－町村の「行政網」＝地方体制を整えた。なお、国税と地方税の分離を通じて混乱した諸税を地方税として府県税に統合させ、それとは別に付加税の形で区町村費用を徴収し、住民の費用分担関係を定めた[42]。そして、地方有力者による代表制形態の整備については、明治政府は幕藩時代の村落共同体の自治的慣習に基づいて、地方民会・区町村総代人会を経て公選町村議会、地方民会＝府県会・区会を設置した[43]。明治初期から明治一〇年代にかけて行われた地方行政体制と地方代表制形態の整備は、明治二〇年代初期におけるドイツ・プロイセンの地方自治制度を受け入れる条件となったのである。

3、明治地方自治制度の特徴

明治政府は、第一回帝国議会の開催を間近にして、ドイツ・プロイセンの地方自治制度を手本に、一八八八年（明治二一年）に「市制」「町村制」、一八九〇年（明治二三年）に「府県制」「郡制」を発布した。そのうち、それぞれ市と町村を対象とする「市制」、「町村制」は内容がほぼ同じものであり、同一の法律として発布されたのである。ヨーロッパ諸国のなかで地方自治の成立が比較的遅いドイツにあえて範を取ったのは、明治政府の立憲体制がドイツの君主立憲制をモデルにしたからである。明治政府が目指した「地方自治」は立法上の自治ではなく、中央政府の行政事務を地方団体に分担させる意味での「自治」であった。内閣法律顧問として、「市制」「町村制」を起草したドイツ人アルバート・モッセは地方自治を「独リ行政ノ上ニアリ、……唯夕立法ノ事ハ自治ノ義ト相関セスト云フノミ」と定義し(44)、「自治」を通じて「政府ノ繁雑ヲ省キ、併セテ人民ノ本務ヲ尽サシメントスル」と指摘した(45)。

明治地方自治制度は府県・郡・（市）町村の三層構造で成り立っている。ここでいう町村は「町村制」が実施される直前に明治政府が行った大規模な町村合併を経て作られた行政村のことを指す。この点は重要である。なぜなら、幕藩時代の旧町村は人口が少なく、財政面では国家から委任される様々な事務を担う能力をもっていなかったからである(46)。明治政府は一町村三百戸ないし五百戸を標準として、強制的に町村合併を行い、「有力の町村」を作り出した(47)。

「市制」「町村制」は市町村を地方団体として認め、これに条例規則の制定権を与え、住民の権利と義務について定めた。市町村の構成員には「住民」と「公民」の二つの異なる概念が当てはめられた。「住民」とは文字どおり市町村内に居住する者を意味し、「公民」とは住民のうち市町村議員選挙の有資格者を指す(48)。市町村会の議員は市町村の公民による選挙で選出され、市会、町村会は市町村団体の議決機関となった。市の執行機関は市参事会（市長・助役および名誉職参事会員から構成される）、町村の執行機関は町村長であった。市町村会によって市町村長・助役（市の場合市参事会のメンバー）が選ばれるが、内務大臣の認可を得なければならなかった(49)。議員と市町村長はいずれも無給の名誉職であり、職務上の勤務手当のみが給与された。市町村公民は、市町村の選挙に参加し、市町村の名誉職に選挙される権利を有した。こうした制度の下で、地主＝地方名望家だけが自治に携わることが制度的に保障される。しかし、これと裏腹に、名誉職に就任することは公民の義務でもあった。疾病やその他の正当な理由がなく名誉職を拒辞しまたは任期中に退職した場合には、市町村会の議決をもって三年以上六年以下その市町村の公民の権利を停止し、負担すべき市町村費の八分の一ないし四分の一を増加するなどの制裁が科せられた(50)。実際に、町村長のうち、真剣に公務に専念しない者や、些細なことですぐに止めていく者が多かった(51)。

市町村団体の特徴は何よりも国家行政の末端組織だったという点にある。山県有朋がいうように、「市町村は、国家の行政組織上、最下級の団体にして、実に国家の基礎に属し、市町村制は、此の団体をして、法律の範囲内に於いて自ら其の部内の事務を理治せしむるもの」であった(52)。具体的に、市町村の業務は市町村の財産の管理・処分など市町村内部の固有事務を処理する一方、徴税、警察、戸籍、教育、土木工事、保健衛生など国家の委任事務を執行することであった。市町村会の議決事項は市町村の固有事務に限られ、市町村長が国家に委任された国政事務の執行に当たっては、市町村会と無関係に、官庁の命令を執行しなければならなかった。モッセは「市制町村制理由」において次のように述べている。「市長ハ均ク市ノ機関ニシテ一ノ市吏員ナリ、法律上ヨリ其地位ヲ論スルトキハ、一面ハ市ニ属シ、一面ハ国ニ隷ズ。猶町村長ノ町村ト国トニ両属スルカコトシ(53)」。この点から、市町村団体が官治と自治の二重の性格を有したことは明らかである。

市町村は徴兵、徴税、戸籍など国家行政の一部を行うことを義務づけられたが、それに必要な費用は市町村が負担しなければならなかった(54)。市町村は、市町村長の任命、市町村に対する行政事務の監察、市町村会の議決の停止、町村吏員に対する懲戒処分、および市町村会の解散など、官僚による行政監督を受けた。市の場合は府県・内務大臣の二級監督、町村の場合は郡・府県・内務大臣の三級監督であった。財政面において、市町村は財産・費用・収入・公債・会計制度などの全般にわたって国家によって規定され、監督された(55)。

「市制」「町村制」の実施とほぼ同時に、市町村に対する警察による支配体制が設立され、散兵警察制度の下で、ほとんどすべての町村に警察の派出所や駐在所が置かれた。その意図は、反政府暴動に対する鎮圧体制を強化するほか、町村制＝有力者による町村支配を円滑に行うための後ろ盾となることにあった。一八九〇年（明治二三年）には、派出所・駐在所の数は一万一千四百に達し、町村合併後の全国新町村の数とほぼ同じであった(56)。これを通じて、明治国家は全国農山漁村の隅々までを内務省指揮下の警察監視網のなかに包摂する体制を作り出した。

一方、「府県制」「郡制」において、郡は従来の行政区画から法人格を有する地方団体となったが、府県は公法人として認められなかった。府県と郡の制度に関するもっとも大きな特徴は、府県知事と郡長は中央任命の官僚であった、という点である。郡会・府県会議員の選挙は、ドイツの名誉職制に倣って複選制を実施した。郡会議員の四分の三は郡内の町村会議員によって選ばれ、残りの四分の一は所有する土地の地価が一万円以上を有する者による互選で選ばれた。府県会議員はその府県内の郡会・市会議員によって選挙された。被選挙者の条件は府県内に住む公民で、選挙権を有し、その府県で年間直接国税十円以上を納める者に限定された。府県会議長・副議長は議員の互選によって選ばれ、郡会は郡長をもって議長とし、議長代理一名は郡会議員の互選によると定められていた。府県・郡参事会の構成について、府県参事会は府県知事、府県会選出の名誉職参事会員、府県高等官二名、郡参事会は郡長と名誉職参事会員四名で組織し、そのうち一名は府県知事が選任した。府県知事、郡長はそれぞれ府県参事会・郡参事会の議長に任じた。

府県会は議決機関として府県の歳入・歳出の予算と決算を主な審議事項としたが、府県の教育・実業・水利などの諸事項については審議権を与えられていなかった。国家によって任命された官吏が地方団体の長を兼ねる点において、郡も府県と同様であった。府県知事は府県会・府県参事会に対して強い支配・監督権を有した。府県知事には府県会における議案の発案権が与えられ、仮に知事が提出した議案が府県会・府県参事会で否決されたとしても、知事は内務大臣の許可を得て原案を執行することができた。

以上見てきたように、「市制」「町村制」は、地方名望家＝地主中心の名誉職の体制、地方団体による国家行政事務の分担を特徴とした。「府県制」「郡制」においては、本来国家の行政機構である府県、郡に名誉職参事会を設置することによって、合議制的要素を加えたが、官吏が地方団体の長を兼ねる点からみれば、府県、郡の自治的要素は市町村のより一層微弱であった。

明治二〇年代に成立した地方自治制度は、その後、一八九九年（明治三二年）の「府県制」「郡制」の改正、一九一一年（明治四四年）、一九二九年（昭和四年）の「市制」「町村制」、「府県制」の改正により、地方団体に対する行政監督に関する規定が幾分緩和された。(57) 一八九九年の「府県制」改正により、府県にも地方団体としての地位が与えられた。一九二三年（大正一二年）に郡長および郡役所が廃止され、地方団体としての郡が姿を消した。一九二六年（大正一五年）、はじめて地方議会の男子普通選挙制が採用され、それまでの納税額に基づく等級選挙制が撤廃された。一九四三年（昭和一八年）東条内閣によって地方制度全般の逆行的改正が行われた。(58) 戦後発布された「日本国憲法」の第九二条には、「地方公共団体の組織及び運営に関する事項は、地方自治の本旨に基づいて、法律でこれを定める」と規定され、国から独立した地方公共団体への自治権の分与が保障されるようになった。なお、新憲法と同時に施行された「地方自治法」により地方団体の事務範囲の拡大、議会権限の強化、府県知事の公選が規定されている。しかし、戦後においても、国の事務を自治体に委任する仕組みは根本的に変わっておらず、地方団体は十分な財政的裏付けがないまま中央省庁の補助金に依存している。明治期からの官僚主導の地方自治から真の住民主導の地方自治への転換はなお大きな課題である。

結　び

人間によって構成される共同社会は本来何らかの形で自律的、自治的機能を備えており、部落やコミューンと呼ばれる地域共同社会にはそれぞれ自治的慣習が形成された。「地方自治」を最大公約数的に定義すると、「一定地域の住民が自らの利益の保全と向上に関わる事項について意思決定をし、それを実行する」ことになるだろう。

近代地方自治は、近代国家が対外的独立を確保する一方、対内的に封建的・身分的諸関係を克服して作り出した代表制形態に基づいた全国統一の地方体制である。イギリスとドイツの歴史が示したように、中世においてそれぞれ独自の自治的伝統を有する地域共同社会が、近代国家の全国統一の地方体制の下で近代的な地方団体に転換した。このプロセスにおいて、封建的・身分的特権が否定され、納税額など一定の基準に基づく選挙権者による公選の議会体制が確立された。総じていえば、近代地方自治には次の四つの要素が包含されている。すなわち(1)一定の区域と人民を有し、財産所有権および契約権、訴訟権をもつ法人格を有する地方自治団体であること、(2)その地方自治団体をもって区域内の公共サービスなどの公共活動を行うこと、(3)それに必要な経費は地方税をもって負担すること、(4)その活動は国家の法律命令に抵触しないこと、である。

ある国の地方自治制度のあり方は、近代国家形成以前の長い歴史的伝統が生み出した地域共同社会の自治的慣習を受け継ぎ、また、その国における近代国家の形成過程に規定される。中世の都市自治のような地域共同社会の「自治」が、近代に入ってからも自律性を保ち続けるか、それとも国家に吸収されるかは、それぞれの国の近代国家形成の過程における封建勢力と王権の政治的力関係に左右された。イギリスの場合、選挙で選ばれた県、市町村、教区の各レベルの地方議会がその地方の行政府（"local government"、日本では伝統的に「地方公共団体」という語を使用する）となり[59]、地方政府に対する国家の監督は立法上と司法上の監督であった。一方、ドイツの場合、郡はその地域を代表する地方自治団体であると同時に国家の下部行政機構であり、中央政府の行政監督下におかれていた。郡長は国家任命の官僚であり、国家から委任された国政事務を執行した。地方自治団体と国家行政機構との関係からみれば、イギリスとドイツのいずれにおいても、地方自治団体と地方行政機構は一体となっていた。しかし、イギリスにおいては、地域に関わる政策決定が各レベルの地方議会によって行われ、いわば自治が官治を包摂していた。これに対して、ドイツにおいては、中央のレベルで重要な政策が制定され、国家が設置した地方団体を通じてそれを実施する、いわば官治が自治を包摂していた。

このような相違を決定した要因は、それぞれの国における近代国家形成の過程にあると考えられる。ドイツを含む大陸諸国の場合、王権が貴族などの封建勢力を制圧したため、権力を中央に集中する傾向が著しい。近代地方自治はある程度地域住民の意思を反映したとはいえ、何よりも中央集権の行政体制の下で地方に分与された行政事務を優先的に遂行されることを保障するための制度であった。これと対照的に、イギリスの場合、貴族を中心とした議会勢力が王権を制圧し、「法の支配」の下での議会主権が確立された。議会体制の下で成立した近代地方自治は、中央政府の意思を優先するのではなく、地域住民（選挙権者）の利益に関わる事項は住民（選挙権者）の手によって行われることを優先する制度であった。

このような歴史的条件の相違から、西ヨーロッパ以外の後進国の近代化プロセスにおける地方自治のモデル選択の問題には一つの視座が提示されている。イギリスの植民地であった地域を除いて、多くの国において、近代国家は絶対主義的王権が封建勢力を制圧し、中央集権国家の形で現れた。近代化の後進国にとって、ドイツの「上から下へ」の地方自治制度は現実性のあるモデルであり、逆に、イギリス独特の歴史的条件の下で生まれた議会主導の地方自治制度は、それが受け入れられる条件を欠いていた。

日本では、明治維新後十数年間の地方経営によって、府県－郡・区－町村という行政体制と地方民会＝府県会・区会、公選町村議会という地方代表制形態が形成された。両者を中央集権体制の下で結合させたのが明治二〇年代初期にドイツの制度をモデルとした近代地方自治制度であった。この制度においては、府県、郡、市町村はそれぞれの地域を代表する地方団体と行政機構の性格を兼ねた。「町村制」実施後の町村は、公共団体でありながら国の末端行政機関として機能した。新町村の行政事務の七、八割は国政委任事務であった。村長も村役場もまずにこれに取り組むよう義務づけられていた。町村の財政においては、町村費の七、八割は国、県、郡の委任事務費であり、町村の公共行政に用いられる経費はわずか二割強にすぎなかった[60]。「一定地域の住民が自らの利益の保全と向上に関わる事項について意思決定をし、それを実行する」という地方自治本来の意味からすれば、官僚を地方団体の長とする府県、郡はもとより、市町村の場合も、地主＝名望家が官僚の監督の下で本来国家の行政事務の一部を分担し、市町村の人民がその経費を負担する明治地方自治制度においては、自治的要素が微弱であった。

注

（1）アレクシス・ド・トクヴィル著、井伊玄太郎訳『アメリカの民主政治』（上）、講談社学術文庫、一九八七年、一一七頁、一二六頁。

(2) ジェイムス・ブライス著、松山武訳『近代民主政治』第一巻、岩波文庫、一九二九年第一刷、一九八四年第十六刷、一五五－一五九頁。

(3) 村松岐夫『地方自治』、東京大学出版会、一九八八年、一六五頁。

(4) 西尾勝『行政学の基礎概念』、東京大学出版会、一九九〇年、三七三頁。

(5) *Longman Dictionary of Contemporary English*, Third Edition, 1995.

(6) *The Oxford English Reference Dictionary*, Oxford University Press, 1995.

(7) 伊藤博文聴・伊藤巳代治筆記「大博士斯丁氏講義筆記」第八編（一八八二年一二月一八日）、清水伸『明治憲法制定史』上巻、「附録」、原書房、一九七一年、三九三頁。

(8) たとえば、The New Columbia Encyclopediaの“autonomy”条には、次のような解釈がある。「帝国内部における自治はしばしば独立につながる」(*The New Columbia Encyclopedia*, New York: Columbia University Press, 1975, p.194).

(9) 高木鉦作「日本の地方自治」、辻清明編『行政学講座』二、『行政の歴史』、東京大学出版会、一九七六年、二六五頁。

(10) 高木鉦作「自治という言葉」、自治体学会編『自治の原点』、良書普及会、一九八九年、二四頁、二七－二八頁。

(11) 山脇玄・中根重一『府県制郡制釈義』、一八九〇年、一－三頁。

(12) 大槻文彦『言海』、秀英舎、一八八九－一八九一年、九四四頁。

(13) 山田武太郎『日本大辞書』、日本辞書発行所、一八九三年、四三八頁。

(14) 落合直文『ことばの泉』、大倉書店、一八九八－一八九九年、六五四頁。

(15) 金沢庄三郎編『辞林』、三省堂、一九〇七年。

(16) 松井簡治・上田萬年『大日本国語辞典』、冨山房、一九一五－一九一九年、六三六頁、九〇三頁。

(17) 山田公平『近代日本の国民国家と地方自治』、名古屋大学出版会、一九九一年、三頁。

(18) 西尾勝、前掲『行政学の基礎概念』、三八一頁。
(19) 保坂栄一「近世前夜のイギリスの都市と議会」、吉岡明彦編『政治権力の史的分析』、御茶の水書房、一九七五年、一〇七頁。
(20) 君村昌・北村裕明編著『現代イギリス地の展開——サッチャリズムと地方自治の変容』、法律文化社、一九九三年、二〇〇頁。
(21) イギリスでは、一八八八年のカウンティ改革によって、従来治安判事が独占していた行政権と司法権が公選の議会に移され、都市と農村を含む全国統一の地方制度が編成された。カウンティは都市部のカウンティ・バラー（特別市）とカウンティ（県）の二種類に分けられ、後者にはさらにバラー（普通市）、アーバン・ディストリクト（都市郡）とルーラル・ディストリクト（農村郡）があり、その下には日本の市町村に当たるパリシュ（教区）が設けられた（綿貫芳源『英国地方制度論』、朝倉書店、一九四九年、四頁）。
(22) 成田頼明「地方自治総論——地方自治の観念」、雄川一郎他編『現代行政法大系』八、『地方自治』、有斐閣、一九八四年、一二頁。
(23) 立法上の監督とは、立法行為を通じて議会が地方団体を設立したり解散したり、自治団体に権限を与えたり奪ったりすることである。司法上の監督とは、司法裁判所が法律に依拠して地方団体または個人が提起した訴訟について判決を下し、強制的に服従させることである。行政上の監督とは、中央政府が怠慢的行為のある地方団体に対して行政処分を行い、上級官庁に服従させることである（小川市太郎『英国自治制度の研究』、大阪商科大学経済研究所、一九三八年、一六頁）。
(24) もちろん、一九世紀以降、中央政府の行政機能の拡大につれ、地方団体に対する中央の監督も、国庫補助金の交付と監察官（常設または臨時）の派遣を通じて拡大されたが、それは調査権の行使を中心に行われていた（沖田哲也「集権と分権」、辻清明、前掲『行政学講座』、四頁）。
(25) ハンス・プラーニッツ著・鯖田豊之訳『中世都市成立論——商人ギルドと都市宣誓共同体』、未来社、一九五九年、九頁、一九七頁。

（26）北住炯一『近代ドイツ官僚国家と自治——社会国家への道』、成文堂、一九九〇年、六七頁。
（27）山田公平、前掲『近代日本の国民国家と地方自治』、二二四—二二五頁。
（28）同右、二四四—二四五頁、二〇三—二〇五頁。
（29）たとえば、シュタインは、国家は地方団体に自治権を付与する権利を改正する立法権を有すると主張した（ローレンツ・スタイン著、渡辺廉吉訳『行政学』上巻、六三頁、六五—七〇頁、元老院刊行、一八八七年〈原著は一八七六年に出版〉）。これは一九世紀ドイツの多数の学者が唱えた地方自治権の「伝来説」の代表と見られる。「伝来説」は明治以降日本の主流的な学説でもあった。
（30）綿貫芳源、前掲『英国地方制度論』、一七〇—一七一頁。
（31）以下に触れる市制・町村制・府県制・郡制の内容は、山中永之佑監修『近代日本地方自治立法資料集成』二、「明治中期編」（弘文堂、一九九四年）に収録される各法律による。
（32）大島美津子の整理によれば、明治期日本の地方自治に関する研究は主に次の五つのテーマを中心に展開されてきた（大島美津子『明治国家と地域社会』、岩波書店、一九九四年、v—xi頁）。
　第一に、戦時中の研究は主に町村の法的構造に着目し、明治地方自治制度の成立によって日本従来の伝統的な村落自治が近代的な町村共同体へと転化したと捉える。その代表的な研究は中田薫『村及び入会の研究』（岩波書店、一九四九年）、戒能通孝『入会の研究』（日本評論社、一九四三年）である。

　第二に、戦後の研究は中央レベルでの地方自治立法資料を駆使し、明治地方自治制度の法的形成過程を解明した。その代表的な研究は藤田武夫『日本地方財政発達史』（河出書房、一九四八年）、亀卦川浩『明治地方自治制度の成立過程』（東京市政調査会、一九五五年）、辻清明『日本の地方自治』（岩波書店、一九七六年）である。

　第三に、国家支配との関連において、地方自治を政治構造的に分析する研究である。大石嘉一郎は『日本地方財行政史序説』（御茶の水書房、一九六一年）において、明治政府が地方自治制度を自由民権運動への対抗措置として設立したと捉えた。また、石田雄は『明治政治思想史研究』（未来社、一九五四年）において、再編された共同体秩序が天皇制国家体制の基礎として、それを安定させる役割を果たしたと主張した。

第四に、地域史の角度から、地方レベルにおける地方自治制度の具体的実施過程を分析する研究が行われた。代表的な研究は、山中永之佑『近代日本の地方制度と名望家』（弘文堂、一九九〇年）、大石嘉一郎・西田美昭編著『近代日本の行政村――長野県埴科郡五加村の研究』（日本経済評論社、一九九一年）である。

第五に、一九世紀に成立した国民国家体制下の地方自治を、ヨーロッパ、アジアとの世界史的関連と制度的継受関係から分析する研究で、山田公平の研究（山田公平、前掲『近代日本の国民国家と地方自治』）などがある。

(33) 亀卦川浩『地方制度小史』、勁草書房、一九六二年、二三頁。
(34) 長浜政寿『地方自治』、岩波書店、一九五二年第一刷、一九七〇年第一四刷、一八頁。
(35) 辻清明『新版日本官僚制の研究』、東京大学出版会、一九六九年、一一六―一一八頁、一三二頁。
(36) 山田公平、前掲『近代日本の国民国家と地方自治』、三頁、六頁。大島美津子、前掲『近代日本の国民国家と地方自治』、v頁。
(37) 大島美津子、前掲『明治国家と地域社会』、v頁。
(38) 都丸泰助『地方自治制度史論』、新日本出版社、一九八二年、一七―一八頁。
(39) 福武直『日本の農村社会』、東京大学出版会、一九五三年、二七頁。
(40) 福武直『日本村落の社会構造』、東京大学出版会、一九五九年、四三頁。
(41) 潮見俊隆・渡辺洋三・石村善助・大島太郎・中尾英俊『日本の農村』第三章、「村落社会の構造」、岩波書店、一九五七年、四九頁。
(42) 長浜政寿、前掲『地方自治』、七―八頁。
(43) 山田公平、前掲『近代日本の国民国家と地方自治』、三六七―三七五頁。
(44) モッセ述、鶴岡義五郎編訳『自治制講義』第一回、日本書籍社、東京、一八九〇年、一八頁。
(45) 「市制町村制理由」、山中永之佑、前掲『近代日本地方自治立法資料集成』二、三七四―三七五頁。

（46）町村合併の理由についての内務大臣の訓令には次のように書かれている。「町村ハ各独立シテ従前ノ区域ヲ存スルヲ原則トナスト雖モ、其独立自治ノ目的ヲ達スルニハ、各町村ニ於テ相当ノ資力ヲ有スルコト又肝要ナリ」（「町村合併標準に関する訓令」〔明治二一年六月一三日、内務大臣訓令第三五二号〕、山中永之佑、前掲資料集、四五四頁）。

（47）町村合併の結果、全国の町村数は一八八八年一二月に七万あまりであったのに対して、一年後にはわずか五分の一の一五八二〇に減少し、一町村の平均人口も合併前の約五五〇人から二四〇〇人程度に増加した（地方自治行政研究会編著『現代行政全集』二、『地方自治』、ぎょうせい、一九八三年、八九頁）。なお、町村合併の具体的なプロセスについては、大石嘉一郎・西田美昭、前掲『近代日本の行政村——長野県埴科郡五加村の研究』、第一章第二節「成立期における行政村の構造」（八〇―一二二頁）を参照。

（48）公民になる条件は、町村に住む男子で、年に地租もしくは直接国税二円以上を納めることであった。選挙は高額納税者を優遇する等級選挙制度であった。公民のなかで直接市税・町村税の半分を納める人たちを一級とし、残りの者は二級とし、それぞれが議員の半数を選挙する。場合によっては一人の選挙人が数人の議員を選挙することもあった。

（49）ただし、「市制」が発布された当時、東京、大阪、京都の三市には特別市制が実施されており、「市制」の対象外であった。三市からの度重なる要請の結果、「市制」発布十年後の一八九八年にようやく特別市制が廃止され、市長公選が実現された（清水澄「自治制度」、大隈重信『開国五十年史』上巻、開国五十年史発行所、一九〇八年、四六三頁）。

（50）「市制」第八条、「町村制」第八条。

（51）石川一三夫『近代日本の名望家と自治』、木鐸社、一九八七年、一五六頁。

（52）山県有朋「地方行政訓示」、山中永之佑、前掲資料集、五六〇頁。

（53）「市制町村制理由」、山中永之佑、前掲『近代日本地方自治立法資料集成』二、三八四頁。

（54）市町村の財源は次の二つであった。①市町村有財産から得た収入、使用料、手数料など、②市町村税（国税、府県税の付加税、および直接・間接の特別税）。また、必要とされるとき、市町村は公債を募集することもできた。市参事会、町村長が毎年歳入出予算表を作成し、年度開始前に市町村会に提出し、市町村会の審議を経た。決算は年度の終わりから三カ月以内に終了し、市町村会の認定を得た後、府県知事、郡長に報告しなければならなかった（亀卦川浩、前掲『地方制度小史』、六八－七一頁）。

（55）大石嘉一郎『近代日本の地方自治』、東京大学出版会、一九九〇年、二八－二九頁。なお、市町村の必要事務の支出を定額予算にのせなかったり、支出しなかったりしたときは、その支出額を定額予算表に加え、または臨時支出させる、いわゆる「強制予算制」が実施される。

（56）色川大吉『近代国家の出発』、中央公論社、一九八四年、四三一頁。

（57）たとえば、一九二九年（昭和四年）の市町村制度改正において、従来市町村条例の制定変更は内務大臣の許可を要し、市町村債、特別税などの新設ないし変更は内務大臣および大蔵大臣の許可を要した。改正後はすべて原則として府県知事の許可を要するとなった。府県知事の市会、町村会停会権に関する規定が削除された。同年の府県制度改正によって、府県に条例および規則を制定する権限を賦与され、内務大臣の府県予算削減権、府県知事の府県会停会権に関する規定が削除された（亀卦川浩、前掲『地方制度小史』、一八四－一八五頁）。

（58）たとえば、市町村および市町村長等に対して国または府県などが事務を新たに委任するには、従来は、法律または勅令によることを必要としたが、今回の改正によって法律または広く各種の命令をもっても委任しうることとなった（亀卦川浩、前掲『地方制度小史』、一九八－一九九頁）。

（59）「地方公共団体」は「地方自治を行うことを存在目的とする公共団体」と定義され（杉村敏正「地方公共団体」、清宮四郎・佐藤功編『憲法講座』四、有斐閣、一九六四年、一三一－一三二頁）、英語の“local government”という語に似てくる。しかし、厳密にいえば、「地方公共団体」という言葉には、明治以降日本の伝統的自治観念が深く根を下ろしている。明治期以来、「地方自治」は「地方行政」の同義語であり、政府の行政事務を地方団体が分担することを意味する。

（60）大島美津子、前掲『明治国家と地域社会』、二二六頁、二三四頁。

第Ⅱ部　伝統中国の自治

第二章　伝統中国における自治

はじめに

一世紀以上も前に、中国山東省農村で長年にわたって布教活動を行ったアメリカ人宣教師アーサー・スミス（中国名・明恩溥）は、その著『中国の郷村生活』のなかで、中国の自治について次のように記述している。中国では、「村落の統治は住民自身によって行われている」。自治の範囲は市場の開設や作物の見張り、井戸の掘鑿と疎浚などきわめて広汎に及ぶものであり、「各村落はそれ自体一つの小王国（a little principality）である」(1)。これはおそらく伝統中国の自治に関する記述のうちもっとも時期の早いものの一つであろう。

伝統中国における自治の問題は、村落、宗族、ギルドなどの中間団体を焦点に論じられており、戦前日本の中国研究の底流となる中国社会停滞論の系譜のなかで重要な一隅を占めていた。村落自治は、国家が戸数編成の原則に基づいて設けた里甲・保甲から生じたものとされる一方で、国家権力と無関係に村落住民の共同生活のなかで自然的に生じたものとされた。戦後においては、自治の問題は郷紳、紳士といった地方有力者の政治的・社会的役割との関連において論じられており、中国社会の特質を象徴するものとして位置づけられてきた。郷紳は国家支配のエージェントなのか、それとも地方社会の利益の代表者なのか。前者の立場をとると、「自治」は郷紳が国家行政の及ばない地域の公的事業を行うことを意味し、後者の立場からすれば、「自治」は郷紳が地方の利益を代表して中央に対抗することを意味する。議論の焦点は異なるものの、二元論的な枠組みのなかで伝統中国における自治の問題を捉える点において、戦前と戦後の研究は共通しているように思われる。

本章では、伝統中国の自治をめぐってこれまでに提起された枠組みについて検討し、「一定地域の住民が自らの利益の保全と向上に関わる事項について意思決定をし、それを実行する」という自治の原点に立ち戻って、伝統中国の自治とは何か、自治はどこに由来したか、自治の担い手はどのような人々なのか、自治と官治はどのような関係にあったのか、中国の伝統的自治は西洋、日本の前近代自治と比較してどのような特質を有するか、といった問題について考えてみたい。そのうえで、清末期における近代地方自治制度の導入の課題について触れておきたい。なお、本章のうち自治の内容に関する部分が主に近年の研究成果を踏まえたものであることを断っておきたい。

一、村落自治と郷紳自治——先行研究の諸視点

戦前日本の中国研究において、自治は中国社会の基本的な性格を把握する上できわめて重要な問題とされていた。内藤湖南は一九一四年の『支那論』のなかで次のように述べている。「支那では隋唐以来人民の自治は存在して居るが、官吏は自治の範囲に立ち入らずに、唯文書の上で執り行ふ所の職務だけを行って居る」。救貧、育嬰、教育などのことはすべて「自治団体」——宗族を基礎とする郷団——によって行われている。中国では国家を代表する官吏と人民とが互いに分離し、一つ一つの区画をなす人民の地方自治団体のみが「生命あり、体統ある団体」である、とい

う。[2]内藤の郷団自治論において、村落や家族、郷団などの自治団体が自ら「民政上」のさまざまなことを行う側面が重視される反面、社会に対する国家権力の作用は議論の対象に含まれていない。それに対して、『清国行政法』では、中国の自治は国家がもっぱら戸数を基準として住民を編成し、地方の事務を処理させる「他動的自治」と定義され、「固有の生存目的」による西洋や日本の「自動的自治」と対蹠的に扱われている。[3]

以上の二つの異なるアプローチは、一九三〇年代の村落自治研究に受け継がれた。山田秀二は、伝統中国の自治を国家によって設けられた里甲、保甲、郷約などの「外部からの規制」に由来した自治と、宗族に基づく「自然にまかせて発達し」た自治とに分類し、それぞれの内容について考察した。[4]

戦前における村落自治研究の集大成は清水盛光の研究であった。清水は中国における専制支配の社会的基盤を分析する際に、中国における村落共同体の自治の問題を取り上げた。それによれば、西洋社会に比べて中国社会は未分化かつ生産力の低い段階に止まっていた。中国社会が低い発展段階に止まる原因は「著しい程度の集団性と封鎖性」をもつ中国の「狭隘たる村落自治体」にある、という。[5]清水は村落自治を「(村落の)住民が共同目的遂行のために団結し、自己の責任に於て公共事務を果たすとき、この協同生活の体系」と定義したうえで、「他律的自治」、「自律的自治」いう概念を提起した。「他律的自治」とは「国家が、自己の政治目的を遂行するための要件として、連帯的行動の規制を設けたもの」であり、それは戸数編成の原則に基づいた里甲、保甲の制度に現される。一方、「自律的自治」とは「連帯関係が村落民の共同自営の必要に基き、彼等の生活中より自然的に生起するもの」であり、村民の協同生活を基礎とする自然村の自治を指す。[6]

村落自治研究は、戦前日本の中国研究に通底する中国社会停滞論の時代色を帯びている。停滞論については、戦後日本の中国研究者が積極的に批判を加えたため、改めて論を加えない。ここで注目したいのは、清水が前出の『清国行政法』の「他動的自治」・「自動的自治」の枠組みを受け継いで提起し、多くの研究者に影響を与えた村落自治の概念枠組みである。[7] 清水によれば、「自律的自治」と「他律的自治」は、発生の根源からみれば異なるものの、連帯的行動の主体はいずれも村落の住民である。村落住民間の連帯関係が自生的であれ国家の意思によって形成されたものであれ、ともに自治である。[8] 確かに、「村人の手による」という点からすれば、里甲制や保甲制の下での協同関係と村人同士の自然発生的協同関係はいずれも「自治的」関係のように見えるが、そこでは地域の住民の意志――デモクラシーの原則に基づいたものかどうかは別として――という視点が欠落している。輪番や連坐という強制の原理に基づく里甲、保甲の制度は国家が人民に課した徭役であった。このように成立した一見「自治的」な関係にみえる村民間の協同関係は、実は国家の暴力的側面の現れにすぎない。なお、清水の概念枠組みにおいて、社会に対する国家権力の作用としての「他律的自治」は超歴史的な概念として用いられているが、この概念が対応する里甲制や保甲制はいずれも歴史上特定の時代に存在するものであった。後述するように、里甲や保甲の制度は、国家の統制力の衰退に伴って姿を消してしまうのである。

ところで、中国の村落自治に関する戦前の研究において、西欧や日本の共同体自治が理念型となり、村の共同財産、村人同士の協同関係や共同意識などが問題とされていた。しかし、一九四〇年代、満鉄調査班の調査資料に基づく実証研究が次々発表されると、それまで「自治」の問題を考える際に自明の前提となっていた村落共同体そのものが疑問視された。それによれば、中国の宗族と本家を中心とする日本の同族組織とを比較すれば、中国農村の同族は「結合中枢の動揺性を内包」しており、同族内部の結合はそれほど強力なものではなかった。[9] 中国の徹底的な均分相続は土地の商品化を加速させ、土地の経営関係と所有関係に対して身分法的な制約が存在しないため、土地は自由に売買できた。[10] 中国の村落には日本の村落に見られるような村人同士の強固な一体感と協同意識が欠如していた。華北の村落では日本の村の村有地あるいは入会地のような村所有の土地が少なく、他の村有財産もほとんどなかった。「自律的自治」とされる村民の協同関係についていえば、中国の村落には二、三の農家の相互扶助的な共同（換工、合夥など）はあるが、多数の農民を集めた協同活動はほとんど見られなかった(11)。実証研究の進展によって、中国社会に関する従来の認識は根底から動揺し、清水盛光の村落共同体論も理論と実証の両面から批判を受けた(12)。戦後、マルクス主義理論が大きな影響を及ぼしたなか、「村落自治」という言葉は恰も忘却されたかのように研究の対象外となった(13)。

戦後の中国研究では、伝統中国における自治の問題は「郷紳」（日本語圏）、「紳士」もしくは「士紳」（中国語圏）、「地方エリート」（英語圏、日本語圏）と結びつけて論じられ、主として郷紳の政治的・社会的役割との関連において、国家・社会関係、集権・分権関係の二つの次元で議論されてきた。

市古宙三は、中国では、政治的権威を有する地方官と社会的権威を持つ郷紳は互いに「持ちつ持たれつの関係」にあり、租税徴収と治安維持を除いて、治水・灌漑など、郷村のことはすべて郷紳に委嘱されていたと指摘している(14)。ここで自治の現象についての観察はスミスや内藤湖南のそれと基本的に同じであるが、中国の郷団が国家なしでも存立できるという内藤の認識と異なって、郷紳と国家の癒着関係、郷紳による国家行政の補完作用が強調されている。一方、郷紳自治の問題は集権・分権の方向でも捉えられた。市古は、太平天国後、政治的権威は実質的に郷紳の手に移り、督撫の権限を中央に集中させようとする清朝政府の集権的な動きに対抗して、地方社会の利益を代表する郷紳は総督・巡撫ら地方官僚と手を結び、中央と対立関係に立つようになったと指摘した(15)。溝口雄三は一九世紀半ば以降における省の自立度の増大に伴う省レベルの郷紳の勢力の増大に注目し、清末期各省に成立した官と紳の合議機関である諮議局が「隠然と兵権をも含むことにより、実質的には中央権力に対するもう一つの権力たりえていた」、と主張している(16)。

郷紳自治をめぐる以上の議論は、「合」と「離」の二つの相反する原理に沿って展開されていると見られる。「合」の原理に従えば、地方社会の秩序維持において郷紳と国家は一体両面的な存在と見なされ、自治は郷紳が地方官に代わって地方のさまざまな事務を担当することを意味し、“self-government”を含意する。「離」の原理に従えば、郷紳は地方社会の利益の代表者と見なされ、国家権力に対抗する存在となる。その場合、郷紳の自治は“autonomy”を含意し、「国家権力からの自由」という意味合いをもつ。

欧米の中国研究においても、自治の問題は基本的に以上の二つの方向で捉えられている。フィリップ・キューンは、自治を「主権国家内のより大きな政治的実体からの独立を意味するのではなく、社会組織が自らの手順で自らの人員によってその内部の一部のことを処理する能力である」としながらも、[17]地方エリートによる「自治」と国家による「支配」とを対蹠的に捉えている。それによれば、支配者にとって地方エリートは統治のエージェントでもあり、反対勢力でもある。国家支配のエージェントとして、地方エリートは公的事業の監督、救済、地域の防衛など、地域の経済的・政治的安定のために不可欠なサービスを提供することが期待される。一方、国家支配の反対勢力としての地方エリートは、自分や地域の利益のために、地域における自らの影響力を頼りに国家に対抗することができる、という。[18]ここでも、自治は地方エリートによる行政機能の補完と中央に対抗する地方分権化という二つの次元で論じられている。

近年、岸本美緒は秩序維持機能という視点から郷紳と国家の関係を捉え直している。それによれば、伝統中国の秩序の根底には、国家機関と民間勢力とを問わず、同型の秩序維持機能が本来社会全般に遍在している。「同型であるが故に、民間勢力の率いる地方社会はしばしば、国家なしでも成り立ちうる、一見自律的な相貌を呈する」。こうした視点からみれば、郷紳の性格を国家と社会とのいずれかに帰着させようとするのはあまり意味をもたない問いである、と岸本はいう[19]。

一九八〇年代以降、日本、アメリカ、中国の中国研究において、郷紳、地方エリート、紳士といった地方有力者が主体となって行った福祉、教育、水利、道路、「善挙」などの諸活動の具体像が次第に解明されてきた。とりわけ従来ほとんど注目されなかった慈善事業について多くの研究が発表された。これらの研究で取り上げられた慈善、教育、水利、防衛などの問題は戦前から論じられた中国社会の自治的現象そのものであったが、そこに「自治」という言葉はほとんど登場しない。「自治」不在の原因は、自治をめぐる二元論的な枠組み自体の限界にあると考えられるが、一九八〇年代以降各国の中国研究が発展段階論、階級闘争理論、西洋中心史観など従来の枠組みから脱却する一方で、さまざまな自治的現象を通じて中国社会の特質を全体的に把握しようとする問題意識が研究者の間に共有されなくなったこともあるであろう。

以上のように、伝統中国の自治の問題は、中国社会の性質を理解するうえできわめて重要な問題として論じられてきた。しかし、時代によって、研究者によって、自治の定義はさまざまである。前述の「離」と「合」の相反する原理に即した二つの「自治」について、筆者は、特定の歴史的条件の下で両者が絡み合うことはあるものの、一応別個の問題として捉えたい。「集権」の対概念は「分権」であり、「自治」ではない。地方が中央に対抗し、あるいは中央政府の合法性に挑戦するような極端な場合、それはもはや「自治」の問題ではなく、中央からの「自立」、「分離」もしくは「独立」といった範疇の問題になるだろう。政治学・行政学の観点からすれば、権力が中央に集中されるか、それとも地方に分散されるかは体制内部における権力配分の問題であり、両者の関係は二者択一的なものではない。中国の歴史上、権力の過度な中央への集中を批判し、地方政治における在地勢力の発言権を増大すべきだという趣旨の議論は、「封建―郡県」という文脈のなかで繰り広げられてきた。しかし、次章で見るように、封建論の代表的論者とされる顧炎武も、その改革論において目指したのは中央への対抗や中央からの分離ではなく、いかに集権と分権のバランスを調整することによって国家民生の安定をはかることであった。

一方、第一章で述べたように、自治は一定地域の住民が自らの利益の保全と向上に関わる事項について意思決定をし、それを実行することであり、既存の体制を前提とする。「自治」の対概念は「官治」——国家によって任命された官僚が人民を統治すること——である。ここで強調したいのは、そもそも伝統中国において、郷紳（「郷紳」という概念の問題点については後述するが）は科挙試験に合格することによって国家から地位や特権を与えられた人たちであり、王朝国家とイデオロギーを共有することは郷紳になることの前提である、ということである。中国の伝統的自治とは何か、自治はどこに由来したか。これらの問題を、国家権力による支配のあり方の問題と切り離して論じることはできないであろう。

二、国家による支配と民間の自治

周知のように、中国では、秦の統一から清朝の崩壊まで中央集権的な官僚制度が存在した。皇帝を頂点とした国家権力は一元的であり、国家は中世ヨーロッパの自治都市や共同体のような中間団体を介せずに人民を支配した。しかし、実際には、情報の伝達手段や輸送能力が未発達のため、社会に対する国家の統制力・動員力は低い水準に止まっており、皇帝の命令が社会に浸透できないことはしばしばであった。

地方制度についていえば、秦の統一後に郡県制が成立した後、幾たびかの変化を経て、清代には基本的に省−府−県三級の地方制度が定着した。省の下に府が設けられ、それぞれ数県を統轄する。省と府の間に監察機関として道が設けられていた。行政の末端機構は県（および県と同級の州）である。[20] 知県は「親民の官」と称され、一県の銭糧（徴税）と刑名（司法）を司る。知県の選任には本籍地廻避や任期を三年以内とするいわゆる不久任の原則がある。清朝の咸豊期から光緒末期までの五十七年間、江西省の七十二の州県のうちもっとも豊かな臨川県では、知県の数が合わせて五十三人にものぼり、一人当たりの在任期間は平均でわずか一年あまりにすぎなかった。千里以遠の地からやってきた知県は、その土地の言語・風土人情に馴染まないうちに離任してしまい、臨川県の例に端的に示されたように、地方官は「みな衙門を駅家とし、たとえ賢明な者が現れても結局何もできない」のであった。[21]

知県の下には、県丞、主簿、典吏、訓導、巡検などの官僚がおかれた。県衙門の具体的な事務に携わるのは、正式な官僚の身分を有しない書吏（もしくは胥吏）、衙役と呼ばれる人たちであった。[22] 州県官吏の人数はその管轄する人口の規模からすればきわめて少ない。一九〇五年に地方制度視察のために来日した直隷省の知県劉瑞璘は、千葉県庁を視察した後次のような感想を日記に綴っている。すなわち、中国の州県の管轄地域は二、三百里、あるいは五、六百里もの広さがある。裁判、徴税、犯人の逮捕などの権限はすべて知州・知県一人に集中している。しかし、いくら賢明な人であっても訴訟のことが必ずしも分かるとはいえず、まして他のすべてのことはいうまでもない、とある。[23]

県より下の広大な農村地域には正式の権力機構がおかれていない。通常県の下には数個ないし十数個の「郷」がある。そのうち人口の多い市街地は「市」や「鎮」と呼ばれる。郷の下には都、図、里、村といった組織がある。郷村社会に対して、歴代の王朝は何らかの形でその権力を浸透しようとした。明清期の中国に、本来地方官の行政範囲に属する徴税や治安の事務を輪番の形で住民に担当させる里甲制や保甲制が存在した。明初期に成立した里甲制の場合、地域的に隣接する賦役戸百十戸を一里とし、そのうちもっとも丁糧の多い十戸を里長戸とした。残りの百戸を十戸ずつ十甲とし、それぞれに甲首戸をおいた。里長と甲首は一年ごとの輪番で賦役をはじめとする里、甲内の公的事務の処理に当たった。「公事」を怠った者に対した厳しい懲罰を加えた。明中期以降、人頭税を土地税に繰り入れる「一条鞭法」が実施されることによって、課税単位としての里甲の存立意義は失われた。清康熙年間に入ると、糧戸が指定の場所へ納税する「自封投櫃」の方法が実施された。

一方、保甲制は北宋時代の地方官によって考案され、清初期に全国的に広がった制度である。具体的に、十戸をもって甲とし、十甲をもって保とする。甲、保にはそれぞれ甲長、保長をおく。甲長、保長は一年あるいは二、三年ごとの輪番であり、甲、保の治安維持に当たる。里甲制が納税義務のある戸を対象とするのに対して、保甲制はその区域内のすべての住民を対象とする。保甲制は郷村に対する国家の支配力が弱くなると維持できなくなり、一九世紀中期には形だけのものとなった。保甲制が衰退した後も、郷村社会には県からの命令を伝達し、事件が起きたときにそれを知県に報告する地保、地方、保長と呼ばれるポストが存在したが、一九世紀中期の知識人馮桂芬が「今日において、……都や図には地保や地総があり、民事を司る。しかし、その人品はいずれも平民より下で、論者もまたそれが治になるに足らないことを知っている」と述べているように[24]、地保や地方は「賤役」と見られ、威信ある存在ではなかった。

伝統中国では、社会に対する国家の支配は租税徴収と治安維持に止まっており、人民にとって国家は遠く離れた存在であった。これについて、梁啓超は「民間の人々は租税、訴訟の二つの事以外に、往々にして十年、二十年経っても政府と全く交渉しない」と述べている[25]。これは同時代の内藤湖南の観察と重なっている。清末期には、このような国家と人民が互いに離れている状況はしばしば「上下隔離」(上下懸隔)という語で現されていた。

中国の歴代王朝は、建前として人民の福祉を図ることを政治の目標として掲げていたが、実際に、国家による支配は粗放的なレベルに止まっていた。そのため、地域の人々の生活や利益に関わるほとんどの問題は社会が自ら解決しなければならなかった。中国の伝統国家の機能について、村松祐次はアーサー・スミスと陳翰笙の見解をまとめて、次のように述べている。(26)

中国の公共制度は結局……国家の負担に於いて公共の利益の為に運営せられるものではない。……さらに中国の租税が人民の生産する余剰を、何時も一方的に収奪して、中飽者と威力支配者との私利を増進するばかりで、絶えて公共福利のコストを支弁するものではない。

伝統中国において、国家機構の行政職能がきわめて限定的であったため、今日の公共政策に属する行政サービスのほとんどは民間の手に委ねられていた。国家の機能的限界により民間の自治が生じたのである。

「一定地域の住民が自らの利益の保全と向上に関わる事項について意思決定をし、それを実行する」という自治の本来の意味からすれば、伝統中国における自治は、すなわち国家権力が直接届かない基層社会において、「紳士」や「郷紳」と呼ばれる人々が慈善、教育、道路の修築、河川の疎浚、救貧、救荒など、地域の人々の生活に関わる公的事業（史料用語として「善挙」、「地方公事」、「地方公益」などで表現される）に携わることであった。

あらゆる人間の集団には、自律的な秩序が存在し、その集団内部の事務を自ら処理する機能が備わっている。このような意味で、自治は近代国家が形成する以前にすでに普遍的に存在するものであった。近代以前のヨーロッパや日本と比べて、伝統中国の自治はどのような特質を持っていたであろうか。中世ヨーロッパにおいては、国家と人民の間に領主、教会、自治都市、ギルドのような中間団体が存在した。都市宣誓共同体のような都市団体が都市領主と憲章を締結することによって領主と対峙しうる特権を獲得した。都市には自治機関としての公庁や裁判所が設けられ、都市法に基づいて都市の行政、裁判を司った。公権力との対峙から権利の観念に基づく自治が生まれたのである。

中世ヨーロッパの自治と比較すれば、伝統中国の自治は国家権力に対抗しうる地方的特権を背景とせず、契約や法に保障された権利も伴わないものであった。中世ヨーロッパの自治が権利の側面が強いのに対して、中国の伝統的自治は機能的な側面がより顕著であった。国家にとって、地方の出身者が自らその地方の公的事業を行うことは国家権力に対する挑戦ではなく、むしろ官治の不足を補うものとして奨励・歓迎すべきものであった。言ってみれば、自治は国家の支配秩序の一部分であった。自治が官治に対抗しない点において、近世日本の村落自治や町人自治も同様であった。徳川時代、都市と農村が「天下の公儀」と呼ばれる全国統一の幕府政権の支配下におかれ、町自体が幕府・大名の城下町として位置づけられ、町に住む商人や職人は幕府・大名の御用商人、御用職人となった。近世の村落も領主支配に対抗するものではなく、むしろ領主支配の末端組織として機能した。これは社会に対する公権力の絶対的優位を背景とするものであった。

他方、伝統中国の自治は近世日本の村落共同体の自治とも異なる性格のものであった。近世の日本では、幕府が検地を通じて村全体の年貢額（夫役も含む）を決め、年貢や夫役を村内部でどのように割り当てられるかは村人同士で協議した。年貢や夫役の割り当てをはじめ、村の本百姓が参加する寄合が定期的に開かれ、そこで村人の共同生活に関する各種の事項が審議・決定された。多くの村では、村人の行動を規制する村規約が結ばれた。その結果、村人の間に緊密な協同関係と強い結束が生まれる反面、個々の村は外部世界から孤立的に存在することとなった。それに対して、中国では、明中期から清初期まで行われた一連の賦役制度の改革を経て、国家は村落ではなく、田土を介して個々の農戸を把握するようになり、村落は国家の賦役徴収の単位ではなかった。日本の村落と異なって、中国の村落は「単に個人の集合」であり、「個々人の土地はあっても村の土地はありえない」。村と村の間には明確な境界すら存在しなかった。(27)

三、地方エリートによる自治

伝統中国の自治に関するこれまでの研究では、地方社会において指導的地位を有する「郷紳」や「紳士」と呼ばれる人々が自治の担い手と想定されてきた。しかし、「郷紳」や「紳士」の概念については、若干疑問の余地があるように思われる。清末期において、「紳士」と呼ばれるのは次の六つの条件のいずれかに該当する者であった。すなわち、「世家」（代々官僚）、「世爵」（功績によって国から五等の爵を与えられた人）、「不仕」（科挙功名をもつものの官僚にはならなかった人）、「致仕」（辞職した官僚）、「丁憂」（父母の死去で一時官職から離れた人）、「参革」（革職され原籍に戻った官僚）である。(28) つまり、代々官僚もしくは在職、退職の官僚であることが「紳士」の要件であった。これにほぼ一致した見方として、費孝通は一九四八年に書いた「紳士を論ず」と題する論文のなかで、「紳士は退任の官僚もしくは官僚の親類である」と定義している。(29) これは伝統中国における「紳士」についてのもっとも広義な定義であろう。

これに対して、張仲礼は「紳士」を科挙試験合格者のみと限定している。それによれば、「紳士」には「上層紳士」と「下層紳士」があり、前者が官吏、進士、挙人、貢生のことであり、後者は生員――「童試」と呼ばれる最初段階の科挙試験に合格し、州、県、府の学校の正式な学生――と金銭を「捐納」して科挙資格を手に入れた監生のことである。(30) 酒井忠夫は明清期の史料に現れる「郷紳」という語の用例を分析し、「郷紳」という語は士大夫、官僚となった者のみに使われるものであり、挙人以下の読書人は「士子」、「士人」と称されていたと指摘し、両者の区別を強調した。(31) 山根幸夫は張仲礼と同様に紳士を上層、下層に区別しながらも、進士資格保有者で、七品以上の退任官あるいは候選官を上層紳士とし、挙人・貢生・生員・監生など官位と直接結びつかない者を下層紳士とし、「郷紳」に属するのは前者のみであると主張した。「郷紳」の対象を進士資格を保有し、官僚経験をもつ者のみに限定する点において酒井と山根は共通している。なお、一九世紀初期河南省商城県四九四名の紳士を対象とした山根の統計によれば、そのうち上層紳士すなわち「郷紳」に属する七品以上の官僚はわずか一九名で、紳士全体の三・八％にすぎず、七品以上の待遇を受けた職員を含めても、一三％あまりにすぎない。下層紳士は全体の八六％近くを占めている。これに基づいて、山根は「郷紳」という語を安易に使用すべきではないと指摘した。[32]

以上によって、「郷紳」を最大公約数的に定義すれば、「科挙資格をもつ官僚経験者ないし官僚予備軍」であろう。先行研究において取り上げられた「郷紳」は、一県一府の範囲、場合によっては一省ないし数省の範囲で影響力を発揮する「大人物」が多い。[33]しかし、伝統中国の自治に関していえば、それに関係するのは主として国家権力が直接届かない基層社会においてさまざまな公的事業に携わる人々であり、その多くは一頭地を抜くほどの人物ではなかった。各地の地方志をひもとくと、実際に水利、道路、慈善、教育など地域の公的事業に携わる人々には、進士、挙人はもちろんのこと、生員の身分を持つ者すら少ない。張仲礼も、比較的小さい地方では科挙資格をもつ「紳士」は一人もいないと指摘した。[34]これは「郷紳」や「紳士」の概念を伝統中国の自治の担い手に当てはめるのが困難であることを示唆している。

こうした点に鑑み、本書では、伝統中国における自治の問題について議論する際に、「郷紳」や「紳士」の代わりに“local elite”の訳語である「地方エリート」という概念を使用する。エシェリックとランキンは“local elite”を「地域において勢力のある個人あるいは家」と定義した。[35]ここでは従来の「ジェントリー」（紳士、郷紳の訳語）という語に含まれた功名・富・官僚経験などの基準が外されている点が注目されるが、これとやや異なって、本書でいう「地方エリート」は、官僚経験や科挙功名の有無を問わず、儒家の教養と価値観を有し、地域社会に生活の基盤を置き、善挙をはじめとする教育、慈善、防衛、道路や橋梁の建設など、地域のさまざまな公的事業に携わる人々のことを指す。

「地方エリート」という語は幾分日本の「地方名望家」に共通する意味をもつが[36]、日本の名望家が豪農、地主を歴史的実態とするのに対して、中国の地方エリートは必ずしも従来の地主、郷紳のイメージと重ならない。なかには、都市に住む商人や農村に生活の基盤を置きながら都市と農村の間で商業を営む人も含まれる。地方エリートの一つの重要な指標は何らかの形で地域の公的事業に携わる公共の精神をもつことである。各地の地方志において、彼らの行動はしばしば「義挙」や「急公好義」（「公事に励み、義を好む」）、「以利済世」（「利をもって世を助ける」）と記されている。彼らの行動は仏教、道教に共通する「善」の価値観や「小人は利を好み、君子は義を好む」という儒家の価値観から理解することができる。言うまでもなく、彼らの行動は、地方社会において自分や一族の名声を高めようという功利的な側面をもつことも否定できない[37]。

地方エリートについてもう一つ注目に値するのは、その活動の範囲が彼らの郷里あるいはその郷里を中心とした一定の地域に限定されていた、という点である。言うまでもなく、これは人々の自分の郷里への親近感の表れであるが、次章で述べるように、中国の伝統的価値観のなかで、「郷」は単なる空間的な概念だけではなく、「修身・斉家」の延長線に位置づけられ、人々の文化的・心理的アイデンティティの帰着点でもあった。官職を退いた者や終身官職につかない士人が身を修め、郷里で民を教化するのは古くから読書人の美徳と見なされていた。儒家の教養を身につけた読書人にとって、郷は聖人の政治理想を実現させる治国・平天下の出発点であった。北宋の時代に、郷に身をおきながら民を教化するという理想に基づいて、在郷の士大夫は自発的に郷約を創設した[38]。「徳業相勧め、過失相規し、礼俗相交り、患難相恤む」を目的とする郷約は[39]、在郷の知識人が民を教化し、地域社会の秩序の安定をはかる重要な手段であった。明清時代、地方エリートによる自治が著しい社会的現象となった。とりわけ清中期以降、人口の著しい増加にともない、地域の公共事務が増大した。商品経済の発展にともなう社会の流動化、貧富の差の拡大により、貧民、流民の数が増えた。行政機能が限定的であった官僚組織では、これらの問題に対応することができなかった。

ところで、前述のように、中国の村落では村人同士の結合が弱く、村落自体が自己完結的な組織ではなかった。このことは、視点を変えれば、村が郷、市鎮、県、府、省などのより広い世界に開かれていたことを意味する。伝統中国の自治について考えるとき、村落の範囲を超えて、郷や市鎮、そして県、府、省のレベルにまで視線を上昇させる必要があるのである。とりわけ注目されるのは一六世紀以降著しく発達した市鎮である。一六世紀以降の商品生産の発達によって、手工業、商業の農業からの分離が進行し、農村には商品交換の場としての市や鎮が増加した[40]。鎮は周辺のいくつかの村をつなげる交易の中心地であり、農民が外部の世界と交易活動を行う拠点であった。稲田清一によれば、一八〇〇年前後江南地域において、特定の市鎮に深く関わると思われる幹事ともいうべき役職が存在しており、それは「鎮董」、「郷董」、「城董」、「荘董」、「経董」、「廠董」などと呼ばれた。鎮董をつとめた人々は主に科挙最下層の生員クラスに属し、その多くが商品経済の進展とともに発達してきた市鎮に在住する者で、商業と密接な関わりをもっていた[41]。地方エリートの自治的活動の範囲は県以下の郷村社会に止まらず、県、府ないし省衙門が所在する地方行政の中心地にも及んだ。多くの資金と恒常的な管理を要する善堂は一般に県城に設けられ、規模の大きい場合、府や省衙門の所在地に設けられることもあった。

地方エリートによる各種の自治事務が地方の公益事業に属するか、それとも地方の行政事務に属するか、従来の研究では必ずしも明確に区別されていない。たとえば、大谷敏夫は、清中期以降、郷紳が水利など地方公益事業に携わることを通じて、地方行政の一端を担うようになったと指摘している[42]。これに対して、ランキンは太平天国以後、エリート・マネジャー（elite manager）が従事した慈善、教育などの事業を「公共圏」（public sphere）に属する「公共活動」（public activity）と見なし、それを官僚による行政活動と個人・家族・宗教団体などの「私的活動」と区別し、それが国家と地域社会の双方にとってともに重要であったと主張した(43)。筆者の理解は後者に近い。本書では、「地方公益事業」すなわち「地方公事」と「地方行政」を区別し、地方の行政事務を県衙門による租税徴収などとし、従来地方エリートが地域において行っていた教育、衛生、慈善、水利、橋梁、道路建設などを「地方公益事業」とする。

地方エリートによる自治は、多くの場合、彼らが自発的に行うものであり、事業に必要な資金も個人あるいは数人の有志者の寄付で賄われた。その典型は明末清初期の江南地域に広がった善堂を中心とした活動であった。一般に、善堂は地方の一、二名の名士が呼びかけて、同じ志をもつ人たちが集まって結成される。メンバーは年に数回集まり、会費の徴収や善堂の経営について協議する。善堂は数人の董事による輪番の形で運営され、事業の内容は施薬（薬局を開いて貧しい病人に薬を施与すること）、保嬰（捨てられた嬰児を収容し養育すること）、恤嫠（守節の寡婦に生活援助を行うこと）、施棺（死者に棺桶を施与すること）、掩埋（路上に行倒れの死体を埋葬すること）など広汎に及ぶ(44)。慈善事業のうち、官府の手から民間人の手に移されたものもある。たとえば、江南の嘉定・宝山県では、清康熙年間官府が貧民を救済するために粥廠を設立した。しかし、清朝末期、粥廠およびその下の分廠の経営は次第に民間資金と民間人に頼ることとなった。廠の仕事の内容も救恤から知県の承認を得て地域の水利、慈善などへ範囲を広げた。廠には「廠董」と呼ばれる一、二人の責任者があり、それに任ずるのは「地方の紳士」たちであった。一般に廠は市鎮に位置し、市鎮レベルにおける行政機能の不足を補っていた(45)。

地方エリートが携わる地域の公益事業のうち、水利は従来から重要な位置を占めていた。水利事業は、大きく「紳董」が地方官の監督の下で行うものと民間人が自発的に行うものに分けることができる。前者の例として、清代乾隆・

嘉慶朝以降江南地域で地方官が地方エリートのなかから董事を選び、工事を行わせた(46)。後者の場合、たとえば清代湖北省黄州地域では各宗族の代表が定期的に集まり、資金を集めて共同で地域の水利工事を行った(47)。はじめは官弁で後に民弁に変わるケースも少なくなかった。たとえば、浙江省西湖の場合、水源の確保を目的とする疏浚事業は地方官の指揮のもとに官費で行われ、湖水の域内、域外への用益上の水路管理は個別的な受益者による民間負担で行われた。しかし、乾隆末期以降財政の窮乏化や行政機構の弛緩などにより、西湖の管理は地域の紳商グループを中心とする「民捐民弁」の方式に変わった(48)。

慈善や水利事業のほかに、教育も地方エリートの自治活動の重要な一環であった。日清戦争後、科挙制度への批判が強まり、近代的知識を普及するために新式の学堂を設立する機運が高まった。沿海の農村地域には新式の小学校が次々に設立された。近代的教育の普及において地方エリートが中心的な役割を果たした。江蘇省嘉定県では、一八九七年から一九一一年までの一四年間に、一〇一の新式学校が設立された。そのうち、八三パーセントに当たる八四校は民間人によって建てられ、官立と公立（それぞれ二校と十二校）をはるかに上回った(49)。

なお、近年の研究によって、地方エリートが慈善、教育など特定の分野ではなく、宗族を拠点に地域で行った多様な活動の実態が明らかになってきた。一例だけ挙げると、清代徽州婺源県程氏一族九百人の科挙及第者を対象とする張傑の研究によれば、程氏一族は康熙年間に商業を経営して富を積み、その後科挙試験合格者を輩出した。一族は数百年にわたって教育、慈善、道路・橋梁など地域のほとんどすべての公的事業を行った。彼らは私財を費やして道路を建設したり、文廟や書院を修繕したりした。地方官も程氏一族の協力なしには地方行政の実績を挙げることができないほどであった(50)。

結　び

本章では、「一定地域の住民が自らの利益の保全と向上に関わる事項について意思決定をし、それを実行する」という地方自治の本来的意味から、伝統中国の自治を地方エリートが国家権力の直接及ばないところで地方の公的事業に携わることと定義した。ここでいう「地方エリート」は従来の「郷紳」という概念と重なる部分もあるが、「郷紳」が科挙試験合格者もしくは官僚経験者であるのに対して、「地方エリート」は儒家の教養を身につけたものの、必ずしも科挙の資格を有するとは限らない。経済的に、「地方エリート」は必ずしも地主、郷紳とは重ならず、なかには商業を営む人も含まれた。

概して言えば、伝統中国では、社会に対する国家の支配が粗放的なレベルに止まっており、人々の生活に関わることは社会が自ら行わなければならなかった。とりわけ明清期において、人口増加、商品経済の発展による貧富の格差の拡大にともない、救貧をはじめとする地域の公的事務が増大した。これを背景に、地方エリートが自己の負担で自発的に地域の公益事業に携わる「自治」が発達したのである。このような自治は「官治」と対立するのではなく、むしろ「官治」の不足を補う性格をもつ。近代以前の日本の村落と比べ、伝統中国の村落は村人同士の結合が弱く、日本のような村落共同体な的自治はほとんど存在しなかった。その反面、伝統中国の自治は村落を超えて郷や市鎮、県、府ないし省という空間的な広がりをもった。ただし、教育、慈善など各種の自治的活動は地方エリートの個人的な行動であり、個々の自治活動の間には組織性、関連性が薄く、地域社会全体を覆う自治的秩序はまだ形成されていなかった。

近代国家の建設を緊急の課題とする二〇世紀初頭の中国において、地方自治は義和団事件後清朝政府が行った「新政」と呼ばれる一連の近代的改革の産物であった。清朝の改革が広がるにつれ、官僚の腐敗、徴税、訴訟に携わる書吏による「中飽」（私腹を肥やすこと）など制度上の問題がますます露呈した。旧来の少人数・低コストの県衙門では近代的行政職務を担うことは困難であった。これらの問題は、次の二つの方向に沿って解決策が模索されていくことになった。すなわち、末端の州県レベルの行政機構の改革と地方自治制度の導入であった。清朝の改革は官制（官僚制度）改革と地方自治の二本柱で進められた。官制改革は中央と地方の二つの部分に分けられており、前者については、各国に倣って、中央各部の権限を明確に定め、各部のうえに責任内閣を設置することが焦点となった。後者については、総督・巡撫の権限を縮小し、権力を中央に集中させることと、末端の州県レベルにおける行政・司法の分離や州県行政効率の向上が目標とされた。

一方、清末期において、地方自治は「一片の散砂」と言われる分散的な人民を組織し、国家の根本を固める救国の道と見なされていた。そこで、いかに地域社会の自治的秩序の中核となる地方エリートのエネルギーを近代国家の建設に向かわせるかが大きな課題となった。前章で見たように、ヨーロッパや日本においては、地方自治は近代国民国家形成の一環として確立した全国統一の地方体制であった。そこでは二つの異なる歴史的経験が示された。第一は自治が官治を包摂するイギリスの議会主義的地方自治である。すなわち、選挙で選ばれた県、市、教区の各レベルの地方議会がその地方の政府として機能する。地域に関わる政策決定はそれぞれの地方議会で行われ、地方政府に対する中央政府の監督は立法・司法上の監督に止まる。第二はドイツや日本の中央集権的地方自治である。日本の場合、幕藩時代において、幕府や領主の権力はすでに村役人を通じて村落内部に浸透していた。明治政府は町村合併を通じて新たに行政村を創出し、これを内務省を頂点とする中央集権的行政体制の末端に位置づけた。国家は行政官庁に従順な地方名望家体制をつくり、名望家に国家のさまざまな行政事務を肩代わりさせた。

中国の地方自治制度は、外国の「近代的」制度の単純な模倣ではなく、伝統中国の土壌のなかで培われた独特の自治的慣習を基礎に成立したものである。とりわけ注目に値するのは、自治は官治に対抗するのではなく、官治の及ばない範囲で官治の不足を補完するものであった、ということである。本書第二部、第三部で見るように、二〇世紀初頭において、中国人は中国の伝統的自治に基づいて近代的地方自治を理解し、受容した。清末期に導入された「近代的」地方自治制度の下で、地方エリートを主役とする伝統的自治が継承されていた。城鎮郷議会選挙で選ばれた議員には、従来郷里で善挙をはじめとする地域の公的事業に携わった経験のある者が多く含まれていた。たとえば、本書第十章で扱う江蘇省川沙県のように、地方自治成立後、伝統的善堂がそのまま自治公所となるケースも少なくなかった。結論から言えば、伝統中国の自治は、清末期における近代地方自治制度導入の内部条件となり、ヨーロッパ、日本の地方自治と異なる中国独特の、「官治の補足」としての地方自治の形成に大きな影響を与えていくのである。

注

（1）Arthur H. Smith, *Village Life in China: A Study in Sociology*, New York, Chicago, Toronto, Fleming H. Revell Company, 1899, p.226.

（2）「支那論」、『内藤湖南全集』第五巻、筑摩書房、一九七二年、三六七頁、三六九頁。

（3）臨時台湾旧慣調査会『清国行政法』第一巻、汲古書院、一九七二年、一一〇―一一二頁。ここで提示されている枠組みはその後日本人研究者だけではなく、一部の中国人研究者にも影響を与えた。たとえば、曾資生は「中国古代の自治団体は、行政の不足を補うために設けられたもので、受動的自治と言ってよい」と述べている（曾資生『中国政治制度史』第一冊、南方印書館、一九四三年、二二五頁）。

(4) 山田秀二「明清時代の村落自治について」(一)(二)(三)、『歴史学研究』第二巻第三号、第五号、第六号、一九三四年。

(5) 清水はデュルケムの「環節社会」という概念を用いて中国社会の特徴を次のように説明している。デュルケムの理論によれば、あらゆる社会は機械的連帯の段階から有機的連帯の段階へと進むものであり、前者はいわゆる環節的社会であり、後者は分業的、従って組織化された社会である。ヨーロッパでは社会的機能が分化するにつれ、地縁的環節間の障壁が取り除かれ、職業を中心とする有機的な社会組織が産まれ、そこに平等思想、民主主義が徐々に出現した。これに対して、中国の社会は環節的であり、しかも「環節社会そのものの発展段階から見ても、なお極めて低度の社会状況に停頓している」(清水盛光『支那社会の研究』、岩波書店、一九三九年、一三五—一三七頁、一二七頁)。

(6) 清水盛光、前掲『支那社会の研究』、一三五—一三七頁。

(7) たとえば、松本善海はその著『中国村落制度の史的研究』の冒頭に、中国では末端の「親民の官」による支配が一般人民にはほとんど及ばず、「民間に地から生えた自治的な互助共同の組織」が生まれる。里甲・保甲の制度を国家が租税の徴収と治安の維持のために遂行した「官治行政の補助的機関としての、他律的な村落自治体」と位置づけている(松本善海『中国村落制度の史的研究』、岩波書店、一九七七年、一六六—一六七頁)。近年において、田原史起は一九八〇年代以降の村民自治を国家の統治構造から分析する際に清水のモデルを用いた(「村落統治と村民自治——伝統的権力構造からのアプローチ」、天児慧・菱田雅晴共編『深層の中国社会——農村と地方の構造的変動』、勁草書房、二〇〇〇年。同「村落自治の構造分析」、『中国研究月報』639号、二〇〇一年五月)。

(8) 清水盛光、前掲『支那社会の研究』、二〇〇頁。

(9) 福武直『中国農村社会の構造』、大雅堂、一九四六年、一五〇—一五一頁。

(10) 村松祐次『中国経済の社会態制』、東洋経済新報社、一九四九年、二九七—三〇三頁。

(11) 福武直、前掲『中国農村社会の構造』、四二〇頁、四〇七頁。旗田巍『中国村落と共同体理論』、岩波書店、一九七三年、二五二—二五七頁、二三三頁。村松祐次、前掲『中国経済の社会態制』、二二七頁、二四五頁。

(12) 実証面において、旗田巍は、中国では村落も家族も共同体ではなく、分散的個人によって構成されているという戒能通孝の主張、華中の村落があらゆる意味では村落共同体ではないのに対して華北の村落が一つの組織をもった生活共同体であるが、その共同は消極的・打算的であり、決して強固なものではないという福武直の主張、原理的に平等な個人が「個別的な契機・利益・親愛又は強制によって、その限りで集団を形成している」という村松祐次の主張を引用して、清水のいう村落共同体は事実による裏付けがなく、十分に立証されていないと指摘した。理論面において、旗田巍は、封鎖的・共同的村落共同体こそ専制主義の基礎であるという清水の主張に対して、共同体内部の階級分化は不可避的であり、それが村落の封鎖性・共同性を破り、村落共同体の解体につながる。ゆえに村落共同体は専制主義の基礎とはなり得ない、と指摘した（旗田巍、前掲『中国村落と共同体理論』、一二頁）。

その後、清水は一九五一年に出版した『中国郷村社会論』（岩波書店）において、中国における国家の郷村支配と自然村との関係、郷党道徳思想と民衆の教化、郷村の通力合作について考察した。中国の村落における村民同士の協同が合理的打算によるものであるという福武の主張に対して、清水は、村民間の治水灌漑などによる協同が存在し、場合によって一村を超えて数村あるいは十数村にも及ぶこともあることを強調した（同書、六四七－六五一頁）。

(13) 中国の村落自治に関して、戦後、松本善海『中国村落制度の史的研究』（岩波書店、一九七七年）と旗田巍『中国村落と共同体理論』（岩波書店、一九七三年）が挙げられるが、いずれも戦時中の研究をまとめたものである。そのうち、松本善海の『中国村落制度の史的研究』（岩波書店、一九七七年）は氏が戦時中から行っていた中国の村落制度に関する研究をまとめた遺稿である。主に制度史の観点から秦の統一以前から清朝まで国家権力による郷村支配の歴史を追うものである。

近年、中国農村で展開されている村民自治に対する関心が高まるなか、清水盛光の枠組みを用いて村民自治を分析する研究が現れた（田原史起、前掲論文）。

(14) 市古宙三『近代中国の政治と社会』（増補版）、東京大学出版会、一九七七年、三四三頁。

(15) 同右、三四五－三五五頁。

(16) 溝口雄三『中国の公と私』、研文出版、一九九五年、二〇九頁。

(17) Philip Kuhn, "Local Self-Government Under the Republic: Problems of Control, Autonomy, and Mobiliza-

tion", in F. Wakeman and C. Grant, eds., *Conflict and Control in Late Imperial China*, University of California Press, 1975, p.258.

(18) Ibid, p.258.

(19) 岸本美緒『明清交替と江南社会——一七世紀中国の秩序問題』、東京大学出版会、一九九九年、四六頁。

(20) 州には府と同級の州と県と同級の州の二種類に分かれる。後者の場合は「散州」とも言う。一部の地方では府と同級の直隷州、直隷庁がおかれた。その場合、地方制度は「省−州−県」、「省−庁−県」の三級となる。清代の県は糧賦の額に応じて一等、二等、三等の三つの等級に分かれ、その総数は一二八九にのぼる（廖従雲『中国県制考』、台湾中華書局、一九六九年、一〇八−一〇九頁）。

(21) 胡思敬『退廬全集』、沈雲龍主編『近代中国史料叢刊』第四十五輯、文海出版社影印版、一二八〇−一二八一頁。

(22) 宮崎市定「清代の胥吏と幕友——特に雍正朝を中心として」、『宮崎市定全集』第一四巻、岩波書店、一九九一年、一七三−一七四頁。

(23) 劉瑞璘『東游考政録』、一九〇五年、三三頁。

(24) 馮桂芬「復郷職議」、『校邠廬抗議』、沈雲龍主編『近代中国史料叢刊』、第六十二輯、文海出版社影印版、三五頁。

(25) 梁啓超「敬告我国民」（一九〇三年）、張品興他主編『梁啓超全集』第二冊、北京出版社、一九九九年、一〇九二頁。

(26) 村松祐次、前掲『中国経済の社会態制』、一六七頁。

(27) 旗田巍、前掲『中国村落と共同体理論』、五七頁。

(28) 「論紳士之資格」、『申報』一九一〇年一〇月九日。

(29) 費孝通「論紳士」、呉晗・費孝通『皇権与紳権』、天津人民出版社、一九八八年、八頁。ちなみに、本書の初版は一九四八年に刊行された。

(30) Chung-li Chang, *The Chinese Gentry: Studies on Their Role in Nineteenth-Century Chinese Society*, University of Washington Press, Seattle, Washington, 1955, pp.6-7.

(31) 酒井忠夫『酒井忠夫著作集』1、『増補中国善書の研究』上、国書刊行会、一九九九年、一〇五－一一三頁。

(32) 山根幸夫「河南省商城県の紳士層の存在形態」、『東洋史研究』第四十三巻第二号、一九八一年、六九－七〇頁、七五頁。

(33) たとえば、岸本美緒は明清期の郷紳が「当時の社会において、よい意味でも悪い意味でも一頭地を抜く威信ある存在とみなされていた」と述べている。岸本が問題にした明末清初期の郷紳は、郷里や一県一府に限らず、一省ないし数省、極端な場合は全国的に影響力を発揮する「大人物」である。岸本は「郷紳を核とする垂直的結合」の例として、郷紳－奴僕結合と宗族結合を挙げた。それによれば、明末の江南では、両者はいずれも一人物の科挙合格ないし出仕を契機に急速に結集して地方社会内の顕在的集団となり、その人物の死あるいは威勢の衰退に伴って離散零落する。郷紳勢力を支えたのは氏族や伝統的村落の閉鎖的で自然発生的な人間集団ではない。郷紳勢力が成長し人々に影響力を発揮し得た背景としては、「狭い安定した生活圏が解体し、人々がバラバラの個人として競争的社会の中に放り出されていった明末の状況」があった（岸本美緒、前掲『明清交替と江南社会――一七世紀中国の秩序問題』、三七頁、四二頁）。

(34) Chang, *The Chinese Gentry*, p.10.

(35) Joseph Esherick and Mary Rankin, eds., *Chinese local elites and patterns of dominance*, University of California Press, 1990, p.10. なお、ランキンは官僚の身分を持たず、必ずしも科挙資格を有しない「紳董」のことを「エリート・マネジャー」(elite manager) と称した (Mary Rankin, *Elite Activism and Political Transformation in China: Zhejiang Province, 1865-1911*, Stanford University Press, 1986, p.18).

(36) 山中永之佑は「地方名望家」を次のように定義している。「地方名望家とは、一定の地域のなかで、豊かな財産、経済力を基礎として、家柄、英雄的行動、慈善的行為、指導力、活動力等々、何らかの理由によって地域の住民から信頼と支持をえており、そのことによって、地域住民の代表となることができる資質、能力を有し、また地域の行政にもたずさわることができる資質、能力と可能性をもつことが期待されているという意味に置いて、地域住民から高い尊敬をうける名誉と人望を持つ人々である」（山中永之佑『近代日本の地方制度と名望家』、弘文堂、一九八九年、二一五頁、注三）。

(37) そのほかに、梁其姿は、儒教的背景をもつ商人たちが善挙に従事したのは、清廉な官僚を真似して善挙に財産を費やすことで自分が儒を棄てて商業に従事したことによる心理的苦痛を和らげるためであると指摘している（梁其姿『施善与教化——明清的慈善組織』、台湾聯経事業出版公司、一九九七年、河北教育出版社、二〇〇一年、八五―八七頁）。

（38）楊開道によれば、最初の郷約は北宋藍田呂氏兄弟が考案した藍田郷約であり、その後、朱熹の増補を経て「増補呂氏郷約」として定着した（楊開道「郷約制度的研究」、『社会学界』第五巻、燕京大学社会学系、一九三一年、一二頁）。

（39）朱熹「増補呂氏郷約」、葉暢校勘『朱子大全』文七十四、中華書局刊本。

（40）清代において、鎮は県の巡検司の管轄下におかれたが、巡検司が鎮に対して実質的な管轄を行ったとは思えない。たとえば、江蘇省の嘉定、宝山両県には、清代において合わせて三つの巡検司が設けられていた。しかし、そのうち、二つは巡検が県城に住み、一つは巡検司署すら建てられなかった。三つともほとんど行政管理機能を発揮していなかった（呉滔「清代嘉定宝山地区的郷鎮賑済与社区発展模式」、唐力行編『家庭・社区・大衆心態変遷国際学術討論会論文集』、黄山書社、一九九九年、三四七頁）。

（41）稲田清一「清末江南の鎮董について——松江府・太倉州を中心として」、森正夫編『江南デルタ市鎮研究——歴史学と地理学からの接近』、名古屋大学出版会、一九九二年、一三六―一三七頁。

（42）大谷敏夫『清代政治思想史研究』、汲古書院、一九九一年、二三九頁。

（43）Rankin, *Elite Activism and Political Transformation in China*, p.15.

（44）善堂を拠点とした地方エリートの活動について、夫馬進と梁其姿は明清期江南地域に広く見られる慈善組織である善堂や善会の理念、社会的背景、運営資金、事業内容、活動範囲および慈善組織の制度化などの問題を解明した（夫馬進『中国善会善堂史研究』、同朋舎、一九九七年。梁其姿、前掲『施善与教化——明清的慈善組織』）。

（45）呉滔「清代嘉定宝山地区的郷鎮賑済与社区発展模式」、三四三―三四八頁。

（46）大谷敏夫、前掲『清代政治思想史研究』、二一五―二四六頁。

（47）林済『長江中游宗族社会及其変遷——黄州個案研究〈明清―一九四九〉』、中国社会科学出版社、一九九九年、一四九―一五〇頁。

(48) 森田明『清代の水利と地域社会』、中国書店、二〇〇二年、三八－四三頁。

(49) 民国『嘉定県続志』巻七、「教育志」。

(50) 張傑「清代科挙世家与地方政務——以婺源県程允中家族為例」、『遼寧大学学報』二〇〇一年第一号。なお、地方エリートの社会救済活動については、余新忠「清中後期郷紳的社会救済——蘇州豊豫義庄研究」（『南開学報』哲社版、一九九七年第三号）、王衛平「清代蘇州的慈善事業」（『中国史研究』一九九七年第三号）、範金民「清代徽州商幇的慈善施設——以江南為中心」（唐力行、前掲『家庭・社区・大衆心態変遷国際学術討論会論文集』）などの研究が発表されている。

第三章　伝統中国の自治思想

はじめに

一九八〇年代以来、各国の中国研究者の間で、近代以降中国が直面した数々の問題を中国の「内なる問題」として理解すべきであることがコンセンサスを得ている。中国における自治思想の系譜を辿る際に、われわれはまず秦統一以前の古い時代に遡る中国の伝統的自治観念という「内なる問題」に逢着する。それは、すなわち、天下を治めるにはまず国、国を治めるにはまず郷を治めなければならない。郷を治めるにはまず家を斉しくし、家を斉しくするにはまず己の身を修めなければならない、という儒家の修身・斉家・治国・平天下の政治理念と一致する考え方である。筆者は仮にこれを「小から大へ」の理念図式と称する。この理念図式に含まれた自治観念は、儒家の経典をはじめとする古代の文献を通じて記憶され、中国人の自治思想の「古層」を形作ったものと考えられる。

中国の自治思想に関するもう一つの「内なる問題」は、明末清初期の顧炎武の改革論に代表されるものと見られる。これまでの研究において、一九世紀半ば以降の改革論が多かれ少なかれ「清初三大家」の顧炎武、黄宗羲、王夫之の思想に関連していることが注目されてきた。閔斗基は、近代中国の地方自治思想の根源を古くからの「封建－郡県」

論争に遡り、「封建」論が中国における「最初の地方自治に関する議論」であり、清末の立憲改革期に設立された各省の諮議局が清代の地方自治をめぐる議論の結実であると指摘している。(1) 溝口雄三は顧炎武の「封建」論に中国の地方自治思想のルーツを求め、明末清初期から清末期までの中国の地方自治論を「封建＝分権＝地方自治＝反満革命」という思想的流れのなかで位置づけている。(2) 筆者は、近代中国の地方自治論を中国の「内なる問題」として捉えるという両氏の視点から多くの示唆を受けている。しかし、これまでの研究と異なって、本章では、顧炎武の政治思想のなかで従来あまり重視されていない郷官制度の回復に関する内容に注目し、顧炎武の政治思想と清末期の地方自治論との関連性について、従来の研究と別様の解釈を試みたい。

本章では、以上の二つの「内なる問題」を念頭におきながら、まず中国古代の文献に現れた「自治」という語の字義を吟味し、近代国家の「上から下へ」の統合と逆の理念、すなわち「小から大へ」の順序に沿った中国の伝統的自治観念について考えてみたい。次に、明末清初期に現れた顧炎武の改革論、とりわけそのうち郷官に関する側面について検討し、清末期の地方自治論の前奏曲と見られる一九世紀半ば以降における郷官の再発見をめぐる思想的動きについて考察したい。

一、「小から大へ」——中国の伝統的自治観念

中国語のなかで、「自治」という語は古い歴史をもつ言葉である。「自治」という言葉は、孔子が整理・編纂したとされる「六経」の一つ『礼記』のなかにすでに現れている。『礼記』「礼運」篇には「百姓君を則って以て自ら治む、君を養って以て自ら安んず、君に事って以て自ら顕す」（「百姓則君以自治也、養君以自安也、事君以自顕也」）という文句

がある。漢代鄭玄の解釈によれば、ここで「自治」という語は動詞として使われ、今日一般に理解される「自ら治める」と同じ意味である。[3] ここに現れた「自治」という語は、管見の限り、中国語文献のなかでもっとも時期の早いものと見られる。

なお、春秋時代斉国の宰相管仲が残したとされる『管子』のなかには、次のような文句がある。[4]

> 人が治まらなければ、どうして家が治まるか。家が治まらなければ、どうして郷が治まるか。郷が治まらなければ、どうして国が治まるか。国が治まらなければ、どうして天下が治まるか。

これについて、唐代の房玄齢は「人はもし自らその身を治めることができなければ、他人を治めることはなおさらできない」(「身不能自治、則無以治人也」)という註釈を加えた。[5] ここに現れた「自治」という語も動詞として使われ、「自ら治める」ことを意味する。

中国古代の文献に出現する「自治」という語の意味について考える際に、『礼記』や『管子』、そして後に引用する『周礼』などの書物の著者、年代、内容をめぐる文献学上の問題は避けて通ることはできない。『管子』についていえば、そのなかに管仲没後のことが一部記されていることや『管子』そのものの内容についての解釈が若干含まれていることから、管仲本人の作品であるかどうかは疑問視されてきた。[6]『礼記』については、この書物が孔子およびその弟子の手によるもので、戦国時代に成立したものであるという説もあれば、この書物が後漢の儒者による偽作であるという説もある。そして、『周礼』については、この書物が周公の手によるものであるという漢代劉歆、鄭玄の説に対して、唐、宋以降、とくに清代において、『周礼』の信憑性を疑う人が少なくなかった。[7] これらの古代文献の真偽をめぐる論争は、今日でもなお決着がついていない。

しかし、上述のような文献学上の論争があるにもかかわらず、これらの書物が儒家の学説や思想を反映する重要な経典であることは否定できない。これらの書物をめぐる文献学上の論争とこれらの書物の思想史的価値とは別個の問題である。『礼記』、『周礼』は「六経」、「九経」、「十三経」の中心部分であり、儒家のもっとも重要な経典である。長い間、これらの経典は中国の伝統的読書人の教養の基礎をなし、二〇世紀に入ってからも、なお人々に影響を与え続けていた。これらの経典に現れた「自治」の観念は中国人の自治思想の「古層」として沈澱し、清末期の地方自治論の方向性を規定していたと考えられる。

ところで、前出の『管子』の引用部分に、「自治」に関する一つの重要な思想が含まれている。すなわち、「家が治まらなければ、どうして郷が治まるか。郷が治まらなければ、どうして国が治まるか。国が治まらなければ、どうして天下が治まるか」という文句に端的に示された「小から大へ」の思考様式である。孔子の「修身・斉家・治国・平天下」の教えに従えば、読書人はまず個人の修身から始まり、「斉家」、「治国」の段階を経て、「平天下」という究極的な目標に達すべきである。ここで注目すべきは、この「小から大へ」の理念図式において、読書人にとって「修身」という個人の教養と「平天下」の究極的な目標の間に、「郷」という重要な概念が介在している、ということである。

「郷」はもともと「饗」と同一の字で、二人の人間が向き合って食事を取ることを意味する。「郷」の本来の意味は郷に住む人々がともに食事することと考えられる(8)。『周礼』によれば、周天子の下に諸侯があり、諸侯の領国には王の補佐として司徒がおかれ、その下に六つの郷が設けられた。「五家を比としもって相保つ。五比を閭としもって相寄託する。四閭を族としもって相葬る。五族を党としもって相助ける。五党を州としもって相補う。五州を郷としもって相敬う」、とある(9)。郷の規模は一万二千五百家であり、郷には一郷の「政教禁令」を司る郷大夫がおかれた。郷大夫は三年一度徳行のある人を集めて郷飲酒の儀式を行い、賓客として敬う。そのときの座席は長幼の序に従う、という(10)。郷について、孔子は「吾郷を見て王者の道が容易に達成されることが分かった」(「吾観於吾郷、而知王道之易易也」)

という言葉を残している。鄭玄によれば、ここで「郷」は郷飲酒のことであり、「易」は教化の根本すなわち賢を尊い長幼の序を重んじることである。[11]つまり、郷飲酒の礼が行われるように徳行のある人を尊い、長幼の序を重んじ、民を教化すれば、王者の道は容易に達成される、ということである。

中国の伝統的政治思想のなかで、郷は孤立した存在ではなく、県、郡、国、そして最終的には「天下」につながるものと見られる。郷を治めることは、国家の「長治久安」の前提であると考えられていた。儒家の読書人にとって、郷は治国・平天下の政治理想を実現するための出発点である。それゆえ、「処郷」（郷に身をおき、民を教化すること）は重要な意味を有する。このような考え方に従って、前章で触れたように、北宋以降、在郷の士大夫が自発的に郷約を創設し、民衆の教化を通じて秩序を安定させようとしたのである。

むろん、「修身・斉家・治国・平天下」のなかの「国」と「天下」は、秦の統一以前と以後で意味は異なる。周代の封建制度の下で、「国」は諸侯の領国であり、「天下」は周天子が支配する範囲を指す政治的概念であると同時に文化的概念でもあった。秦の統一後、「国」は皇帝を頂点とした、一定の版図をもつ政治的概念となり、「天下」は皇帝の徳治の対象かつ又「中華」を中心として周辺の「夷狄」の地へと広がる文化的概念であった。

伝統中国の政治思想のなかで、人びとのアイデンティティは郷・県・府・省・国・天下の順で重層的に構成されるものと見られる。人びとの帰属意識は郷を円心に、「小から大へ」、「内から外へ」、そして「近きから遠きへ」、県、府、省、国を経て天下へと無限に広がる同心円的な構図をなしている。このような同心円的な構図は、古代に限らず、二〇世紀においてもなお中国人の思想や社会生活に大きな影響を与えた。[12]他方、郷を円心とする中国人のアイデンティティは、郷から遠く離れるほど強度が弱まるという特徴を有する。「小から大へ」の理念図式において、国や天下は郷の延長線上にあり、個人の「修身」と「処郷」を前提とするものであり、それらが完成してからはじめて実現されるものと考えられる。郷を起点としたこのような考え方こそ、「自治」や「地方自治」に対する中国人の理解を規定する思想の「古層」とも言うべきであろう。ただし「小から大へ」の順序に沿った中国の伝統的自治観念における「国」は、「天下」と同様に、明晰なイメージをもつ概念ではない。この点において、一定の領土と人民を支配する近代国家とは大きく異なる。

封建時代のヨーロッパや日本では、人々のアイデンティティは封建領主の領国に帰着し、外の世界と遮断されていた。近代に入ってから、中央集権的国家はその国土に住む個々の人間を均質的な「国民」として造成し、彼らを国家の各種の組織に組み入れ、国家の目標に従って行動させるに至った。この原理は、ヨーロッパに端を発した近代地方自治制度にもあてはまる。近代国家はそれまでに形成された地域共同社会を再編し、それを全国統一の地方体制の中に組み込む。個人を「国民」に造出する作業であれ、地域共同社会を再編する作業であれ、いずれも中国古代から受け継がれた「小から大へ」の自治観念とは正反対の、「大から小へ」の理念に従うものであったと言える。このような相違から、外国の「近代的」地方自治制度が中国に受容されるプロセスにおいて、さまざまな軋轢、誤解、歪曲が生じることとなる。

二、顧炎武改革論の二つの位相

顧炎武（一六一三―一六八二）は江蘇省崑山の人で、字は寧人、号は亭林である。顧炎武が生きた明末清初期は、明朝が滅び、異民族王朝清朝の支配体制が確立されつつある激動の時代であった。明朝政権が崩壊した翌年（一六四五年）、顧炎武の母親王氏は、兵乱を避けるために移り住んだ常熟が清朝軍隊に攻撃されるという報を受けて、自ら断食し命を絶った。臨終の王氏は顧炎武に「読書隠居し、二姓に仕えぬ」という遺訓を残した[13]。それに従って、顧炎武は幾度も官職につくのを拒み、終生清朝に仕えなかった。明王朝崩壊後、顧炎武は江南地方で抗清活動に参加したが、後に北方各地を転々とし、一介の布衣として著作活動を続けた。最後は山西省の曲沃県で七十歳の生涯を終えた。学問において、顧炎武は陽明学への反動として綿密な実証研究を重んじる考証学の道を開き、また、現実の社会に役立てようとする経世学の道をも切り開いた。彼が著した『日知録』と『天下郡国利病書』は経世学の不朽の作と見られる。梁啓超はその著『清代学術概論』において、顧炎武を明から清への学問の「黎明運動」の第一人者、清代学問の宗師と崇めている[14]。

顧炎武の人物、学問、思想を全般的に論ずる能力は筆者にはない。以下に取り上げるのは、清末期の地方自治論に影響を与えたとみられる顧炎武の改革論である。顧炎武は晩年黄宗羲に宛てた手紙のなかで、自分は中年以降「国家治乱のみなもと、生民根本のはかりごと」に目覚めたと綴っている[15]。朱熹の言う「心を正す」や王陽明の言う「致良知」のような個人の道徳修養を重んじるのと異なって、顧炎武の政治思想の眼目は、政治の能率化を高めることによって国家の「長治久安」と民生の保全をはかることにあるように思われる。

顧炎武の改革思想に関しては、すでに多くの研究が蓄積されている。これまでの研究は主として「封建―郡県」の文脈に沿ったものであり、なかでも、とりわけ地方官の任命における廻避制と不久任制に対する批判、地方官をその地方の出身者から選任すべしという「封建」論の主張が近代中国の地方自治思想の起点と捉えられてきた。顧炎武の改革論に対する評価について、従来の研究は一定の共通の基盤を持ちながらも、どちらかといえば地方出身者の政治参加の拡大を通じて中央の権力を制限し、分散させるという側面を重視する閔斗基、溝口雄三、ドゥアラ三氏の見解と、君主を頂点とした支配秩序下の安定と繁栄を目指すいわば体制内の改革という側面を重視するキューン、大谷敏夫両氏の見解の二つに分けることができる[16]。

これに対して、筆者は顧炎武の改革論には次の二つの側面があると考える。一つは中央と末端の州県をより緊密にリンクさせ、行政末端にある知県の廻避制と不久任制を廃止し、知県の権限を強化させることである。もう一つは古代の郷官制度を回復させ、地域の出身者を郷官に任じることによって地方行政の不足を補完させることである。前者が主として体制内部における権力分与の問題であるとすれば、後者は体制外における地方出身者による地方行政事務の分担の問題である。

顧炎武は秦以前の封建制度と秦以降の郡県制度を比較して、封建制の問題は権力が下に集中しすぎるところにあり、郡県制の問題は君主が私欲に基づいて権力をすべて上に集中させるところにあると指摘した。それによれば、明代に至って郡県制度の弊害は「すでに極点に達していた。……これは民生が日に日に貧しくなり、中国が日に日に弱くなり、混乱に陥った所以」である。しかし、封建制度の衰退は必然的であり、たとえ聖人が現れたとしてもきっと封建を郡県に変えるに違いない。そこでもっともよい方法は皇帝の権力を「百官」に分与し、「封建の意を郡県のなかに寓する」ことであると顧炎武はいう[17]。権力の分与について、顧炎武はこのように述べている[18]。

いわゆる天子とは天下の大権を執るものである。天子はどのように天下の大権を執るか。天下の権を天下の人々に寄託してこそ、権が天子に帰する。公卿、大夫から百里の宰にいたるまで、官に任ぜられる者は必ず天子の権を分って各々の事を行う。このようにして天子の権はますます尊い。後世には政治に長けない者が現れ、天下の権を悉く上に取り収める。しかし、もとより万里の広さは一人の人間が操れるものではない。

つまり、天下の大権を握る皇帝は、自ら一人で権力を行使することは不可能であるため、それを各級の官僚に分与しなければならない。皇帝の権力を「百官」に分与することは皇帝の権力を弱めるのではなく、却ってそれを固める効果がある。
そして、顧炎武は上意下達がスムーズに行われるために次のように提案している。すなわち、総督、巡撫、藩司、道台を悉く廃止し、三、四県、あるいは五、六県を郡としこれに太守をおき、三年ごとに交代させる。皇帝は各地に御史を派遣し、年一度交代させる。[19]そうすれば、皇帝の命令が郡を通じて県に伝わり、「大をもって小を督促し、近きにより遠きに及び、まるで体が腕を使い、腕が指を使うように網の大綱を持ち上げれば、網目は自ずから開き、襟を振れば毛は自ずと整う」という効果が期待される、という。[20]
行政制度の改革において顧炎武が特に重視したのは末端の州県であった。当時において、南出身の人を北に任ず、北出身の人を南に任ずるいわゆる「南北互選」制度と官僚の本籍地廻避の制度がしばしば批判された。知県は数千里も離れた遠方に赴任するために大概借金しなければならない。長くても三年で離任してしまう。顧炎武の話を借りれば、知県は赴任後往々にして不正を行い、「廉潔で恥を知る人は十人に一人もいない」。彼らは土地の風習言語にも通じず、政務を狡猾な胥吏に任さざるをえなかった。[21]知県は何事も上の命令に従わなければならず、人事任命権、行政決定権、財政権、軍事権のいずれも持たず、結局「守令の権が日々軽くなり、胥吏の権が日々重くなった」。このような「民のために一日も利を興じようとしない」制度は実に民を害するものである、と顧炎武は指摘している。[22]
これらの問題を解決するために、顧炎武は次のような改革案を提起した。すなわち、知県を県令に改めて、その階級を七品から五品とし、その土地の風土に詳しい「千里以内」の人をもってこれに任ずる。最初の三年間を試用期間とし、適任とされた者を正職とし、さらに九年経ってなお適任であれば終身職とする。老病によって退職を望む者は、その子または弟、あるいはそれ以外の人を推挙することができる。[23]知県に人事権（部下を任用する権限）、決定権（有事の時決定を下す権限）、軍事権（防衛のために県内で兵士を募り、それを訓練する権限）、および財政権（銭糧の一部を県に留用し、その地方の利益を興ずる権限）を与える。そうすることによって知県ははじめて管下の「百里の地」を自らの土地として愛し、その地方の人民を自らの子孫として愛し、「親民の官」として人民に幸福をもたらすための政治を行うことが可能になる。個々の県が治まれば、はじめて国家の基礎が固まる、という。(24)

以上の議論から、督撫などの中間官僚を取り除き、中央と末端の州県をより緊密にリンクさせようとする志向性と、末端の知県の土着化と権限強化という志向性が読みとれるであろう。

次に、顧炎武の改革論における郷官の側面について見てみよう。周代の郷が封建諸侯の「国」の上級地方行政区画であったのに対して、秦統一後の郡県制度の下で、郷は県より下の行政区画であった。顧炎武の考証によれば、郷官制度は春秋時代の管仲、子産によって創設され、秦漢時代に最盛期を迎えた。漢代において、郷の下に亭・里がおかれ、十里をもって一亭とし、亭長を設け、十亭をもって一郷とし、三老、嗇夫、游徼と呼ばれる郷官が設けられた。三老、嗇夫、游徼はそれぞれ民の教化、訴訟と租税徴収、および治安を司った。そのうち、三老は地方官がその地方から年齢五十歳以上、徳行のある者を選んでこれに任ずることとなっていた。(25)後漢以降、このような制度は次第に崩壊した。明清時代に「賤役」とされる里長・保正と異なって、秦漢時代の郷官は俸禄のある官吏であり、国家から高い地位を与えられた。地方官はその地方から能力・徳望のある者を選び、租税の徴収や治安の維持、および民の教化を担わせた。

郷官をめぐる議論は顧炎武の改革論において重要な位置を占めている。顧炎武によれば、皇帝が一人で国を治めることができないのと同様に、知県も一人で数万ないし数十万の人口を有する一県の事務をすべて処理することは不可能である。知県の下に多くの郷官を設置すれば、「一郷のなかに官吏が揃い、法律が詳細に定められてはじめて天下が治まる」(26)。具体的に、知県の下に丞をおき、中央の吏部がこれを任命する。在任期間が九年になれば知県に昇任する。丞の下には簿、尉、博士、駅丞、司倉、游徼、嗇夫を設け、その人選はすべて知県が決め、中央の吏部に報告する。そのうち、簿以下は本県の出身者をもってこれに任ずる。[27] つまり、一県のうち、中央政府が任命した官僚は知県と丞のみで、それ以外の簿、尉、博士、駅丞、司倉、游徼、嗇夫などはすべて知県が本県の出身者から選任する「郷官」である。

郷官をめぐる顧炎武の議論は、前述の郷をあらゆる政治の根本とする孔子の政治思想と一脈を通ずるものと見られる。顧炎武は『日知録』「郷亭之職」篇のなかで、次のように述べている。すなわち、『周礼』の制度に倣って県の下に鄙師、酇長、里宰、鄰長をおき、「一郷のうち官が備え法が詳細であれば、天下の政治が条理整然となる」。郷官を設ければ「大をもって小を督促し、近きをもって遠きに及ぶ。まるで体が腕を駆使し、幹が枝を束ねる」ようになる、である。[28] なお、彼は「里胥があってはじめて県大夫あり、県大夫があってはじめて諸侯あり、諸侯があってはじめて方伯連帥あり、方伯連帥があってはじめて天子あり」という柳宗元の言葉を引用して、「天下の政治が里胥に始まり天子に終わるのは明らかである。ゆえに古来小官が多ければその世は盛んになり、大官が多ければその世は衰える」と述べている。[29] ここでいう「里胥」や「小官」はすなわち郷官のことである。郷官制度の回復を前述の官僚制度の改革と合わせれば、政治は「上から下へ、近きから遠きへ、まるで人間の体が腕を使い、腕が指先を使う」ような理想の状態に達することになる、という。[30] ここでは、中央からの命令が府を通じて州県に到達し、そして郷官を通じてさらに下に伝達・実行されるという能率の高い政治体制についての顧炎武の構想が浮き彫りにされている。つまり、下には数多くの郷官が各々自らの郷や里に関わる事務を担当し、上にはその地方の事情に通ずる知県が責任をもって一県ことを処理すれば、政治全体の基礎が安定する、ということである。

総じていえば、顧炎武は地方官の下に多くの郷官を設置することを通じて、その地方の出身者をもって地方官の業務を補完し、行政効率を向上させることによって民生の保全をはかり、政治秩序の安定を目指していた。

ところで、従来の研究では、「千里以内」の人をもって地方官に任ずるという顧炎武の主張が事実上地方出身の有力者を知県に任ずるものであり、すなわち地方有力者の政治参加の拡大を求めるものと理解されてきた。ここで、「千里以内」について若干の説明が必要である。『日知録』「郷亭之職」篇に「県はおおよそ百里四方である」という文句があるように(31)、通常、一県の広さはほぼ百里である。「南北互選」で選ばれた官僚と比べれば、「千里以内」の人の方が任地の風土・人情に通じる。この意味で「千里以内」の人を「地方の出身者」と広く解釈することもできるのであろう。しかし、「千里以内」の人を地方官に任命し、その任期を長期化するという顧炎武の主張を地方有力者による政治参加の拡大の要求と解釈できるかどうかは疑問である。

すでに指摘したように、顧炎武の改革論において、督撫などの中間官僚の廃止、地方官の本籍廻避の範囲を「南北互選」から「千里以内」に縮小し、かつ知県任期の長期化、終身化、および地方官の権限拡大を通じて地方行政を改善することと、地方官がその地方の出身者のなかから郷官を選任し、地方行政を補完させることとが一体的な関係にある。伝統的儒家の知識人として、顧炎武が関心を持ったのは、いかに治国・平天下という究極な政治目標を達成させるべきか、具体的にはいかに行政効率の向上を通じて民生を保全すべきかという政治秩序全般の問題であった。そもそも、顧炎武の改革論において、今日のような一定の地域に住む人々の権利に基づいた「地方」という概念は存在しないし、知県はあくまでも皇帝の代わりに人民を統治する「治者」であった。したがって、当然ながら、その改革論には「地方」の立場から中央権力に対抗する意識や「民」の立場から「官」に対抗する意識はきわめて希薄であった。また、顧炎武の改革論に現れた郷官は治者である地方官が選ぶものであり、被治者であるその地域の住民の利益を代弁する者ではなかった。この点においては、斉思和によれば、一九世紀初期の著名な経世学者魏源、包世臣の改

革思想にも同様に見られる。(32)

三、郷官の再発見——一九世紀後半

清朝の地方政治は、雍正朝に吏治の面で幾分改善されたものの、一八世紀末以降は不可逆的に悪化していった。一九世紀半ば以降には、かつて顧炎武が直面していた制度の問題は、人口の圧力、民生の困窮化、官僚制度の腐敗などの新たな問題が加わることにより、ますます深刻になった。

一九世紀半ばに中国が西洋と接するようになってから、中国は「自強」、「変法」、「立憲」など国家の存亡に関わる課題に取り囲まれていた。アヘン戦争後、中国人は西洋の軍事技術に関心を示すようになり、日清戦争以降は西洋の学問、制度の全般に関心をもつようになった。こうしたなかで、西洋の思想や制度は次第に中国人に受け入れられるようになった。しかし、西洋の「外なるもの」が中国に定着するには、中国の「内なる問題」に何らかの形でマッチしなければならない。地方自治の問題もまた例外ではなかった。

西洋の地方制度は一八三〇年代から中国に紹介された。林則徐の意向で翻訳し、一八三九年に刊行された『四洲志』は、アメリカの地方議会と合議制の地方政府について紹介している。(33) 一八六〇-八〇年代末までには、郭嵩燾、劉錫鴻、徐建寅、宋育仁など清朝が外国に派遣した駐在員がイギリス、フランス、スペインなどヨーロッパ諸国の地方自治制度を紹介した。たとえば、一八七七年に公使としてイギリスに駐在した郭嵩燾は、その著『使西紀程』のなかで、イギリスの議会制度はその国の立国の根本であり、市の制度は民情に従うものである。議会と市長の制度の下で、「君と民が相つながり、……千年以上経ってもこの制度には弊害がない」、と評している。(34) 郭嵩燾の副使としてイギリスに渡った劉錫鴻は、イギリスの城や郷の議員、参事会員、市長は中国漢代の三老、明代の里老とほぼ同様であり、それらを選ぶ者も選ばれる者もみな財産をもつ人で、「民をもって民を治め、事は公議に帰し」、官はそれに関与しない、と記している(35)。

日本の地方制度にもっとも早く関心を示したのは一八七七年に清朝政府が日本に派遣した初代公使何如璋の書記官として来日した黄遵憲（一八四八－一九〇五）であった。彼は後に著した『日本国志』のなかで、日本の府県会選挙や議事の方法などを紹介している。彼は日本の地方議会が「もっぱら地方税を集める」ためのものであり、しかも議決が妥当であるかどうかは官吏の判断・取捨によるものであることから、日本の府県議会は地方官にとってきわめて好都合なものであると指摘している。なお、日本の制度について、黄遵憲は「聖人は私をもって公に済し、もって国が大いに治まる。覇者は公をもって私に済し、国も治まる。議会というのは覇者の道であろう」という興味深いコメントを付け加えた(36)。黄遵憲の議論は、日本で地方自治制度が成立される前の「三新法」時代の制度を対象としたものであるが、「三新法」の官治的な性格が明治二〇年代初期に成立した地方自治制度に継承されていくことから、日本の地方議会に対する黄遵憲のコメントは問題の核心を衝いたと言える。

一九世紀半ば以降、外国の地方制度が中国に紹介されるにつれ、「君民一体、上下一心」とされる西洋の議会制度への関心が高まり、国会開設の第一歩として、地方議会開設の必要性が認識されるようになった。この時期の改革論の特徴は、かつて顧炎武が回復させようとした郷官に西洋の議会選挙の要素を加え、地方出身者の政治参加の拡大を求めるという点にある。以下、馮桂芬と陳熾の改革論を取り上げ、西洋議会制度の受容のプロセスにおいて「郷官」という伝統の資源がどのように利用され、そして、「郷官」という概念にどのような意味の転換が生じたかについて考えてみたい。

アヘン戦争後の改革論においてもっとも注目すべき書物は一八六一年に刊行された馮桂芬の『校邠廬抗議』である。馮桂芬（一八〇九－一八七四）は蘇州出身の進士で、かつて洋務運動の中心人物の一人李鴻章の幕友を務め、宣教師ヤング・J・アレン（中国名・林楽知）と交遊があった。洋務運動のただ中に身をおき、西洋に関する知識をもつ馮桂芬は、中国と西洋諸国の情況について次のように比較している[37]。

（中国は）あらゆる人が才能を発揮させる点では夷にかなわず、土地、資源を無駄なく利用する点でも夷にかなわず、君主と人民の間に隔たりのない点でも夷にかなわず、名と実は必ず一致する点においても夷にかなわない。

中国の制度全般に対するこのような批判は、当時においてはもちろんのこと、一八九八年に若い光緒帝がこれを読んだ時にも大きな衝撃を受け、ただちに千部を印刷し各衙門に配布するよう命じた[38]。

馮桂芬の改革論は多くの点において顧炎武の影響を受けた。彼は顧炎武と同様に、官僚の廻避制度の廃止と郷官制度の回復を主張した。廻避制の廃止について彼が述べたのは、府、州、県各級の地方官をその地方から「三十駅」の距離を越えない範囲内の地域の出身者をもって任ずるということであった[39]。一駅は三十里に相当するので、三十駅は九百里である。これは顧炎武の「千里以内」の考え方とほぼ同じものと見られる。なお、郷官について、馮桂芬は「小官が多ければその世は盛んになり、大官が多ければその世は衰える」という顧炎武の言葉を引用して、知県の下に多くの「小官」を設置すべきであると主張した。郷官に関する馮桂芬の考えをまとめると、次のとおりである。すなわち、住民による「公挙」の方法で百戸をもって副董一人、千戸をもって正董一人を選ぶ。「里中の人」がそれぞれ一名ずつ候補者を推挙し、得票の多い者が当選する。候補者となるのは「みな諸生以下に限る[40]」、である。ここで「諸生以下」とは、科挙資格をもつ者のうち比較的下層に属する生員もしくは正式の科挙資格を持たない人のことと見られ、広く在郷の読書人と理解してよいであろう。馮桂芬によれば、副董は土地の寺院を公所とし、里中の耆老とともにもめ事を裁断する。当事者がその裁断に不服した場合、正董に報告する。正董は当事者と一族の者を集めて再び裁断する。なお不服の場合、罪状に応じてその身柄を巡検もしくは県に送致する。租税の徴収に際して、正董、副董は民を戒め導くが、徴収には直接関わらない。正董、副董はいずれも有給職であり、三年ごとに改選する。郷里で評判のよい者は上に推挙し、過ちを犯した者は随時退ける(41)。

前述のように、顧炎武の改革論において、郷官の人選は治者によって決められるとされ、郷官は被治者の利益を代弁したり、治者に対抗したりする存在ではなかった。それに対して、馮桂芬の改革論においては、正董、副董はいずれも住民の投票によって「公挙」されるものであった。明らかに、馮桂芬の郷官には西洋の議会選挙の要素が部分的に取り入れられている。

馮桂芬以降、鄭観応、湯震、何啓、陳虬、陳熾など多くの改革論者が西洋の議会制度を取り入れることによって上下の情を通じ、国家の根本を固めるべきであると主張した。そのなかで、本章の問題関心から特に注目されるのは、郷官を西洋の議会制度と直接結びつける陳熾の議論である。陳熾（?―一八九八）は江西省出身の官僚で、かつて上海、広東、マカオ、香港などの沿海地方を遊歴し、広く西洋の書物の翻訳書や外国駐在の官僚などが書いた書物を閲覧し、西洋の政治事情に通じた。一八九六年に刊行した『庸書』のなかで、陳熾は西洋各国の議院は「君民を一体とし、上下を通じて一心とするものである。このことはすなわち孟子の言う庶民が官の地位にあることである。これは英米各国の軍隊が強く国家が豊かで、その国の勢力が四海を縦横することの根源である」と述べ(42)、議院を開設することは中国の「君民懸隔」、「上下懸隔」の問題を解決するよい方法であると指摘した。

なお、陳熾は西洋の議会制度に倣って、各府、州、県で郷官を公選することを提案した。彼は「郷官」篇の冒頭において、「三代以下、朝野内外において大官が多すぎて小官は少なすぎる」という顧炎武の言葉を引用し、郷官の設置に関する顧炎武の議論はきわめて正しく、「たとえ聖人が再び現れたとしても、これを変えることはできない」と述べている[43]。具体的に、陳熾は郷官の選挙について次のように提案している。具体的には、それぞれの郷に「百姓の公挙」により正、副候補者を二名ずつ立て、その資格は年齢三十才以上、財産一千元以上である。交通要路に投票箱を設置し、地方官が公示し、三カ月を投票期間とする。得票の多い者が郷官となる。公所を設けて、郷官のうち徳望のある者を長とする。郷官は有給職であり、その任期は二年とする。郷官は定期的に集まって会議を開き、重要な政務や大きな犯罪事件が発生した場合、地方官は郷官を集めてその意見を聞く。教育、慈善など利を興し弊を除くこと、国家や人民にとって利益のあることを郷官に分任する、である[44]。

さらに、陳熾は各府、州、県レベルの郷官を基礎に全国レベルの国会を開設することをも構想した。具体的には、県から府へ、府から省へ、そして省から中央へ、「みな泰西の投票公挙の法に倣い、推薦者の多いことを基準とす」。このように選ばれた各省の郷官が下院の議員となり、国家の重要な事項について議論し決定する。陳熾は下院のほかに上院も開設すべきであると指摘したが、上院議員の選出方法については具体的に言及しなかった。議会開設の利点として、陳熾は「民心は則ち天心である。下に民情に従えば、上に天道に逆らうことはない」と述べ、議会は万人の心を一つにまとめる最善の方法であると述べている[45]。陳熾は自らの改革案が実施されれば、人材が養成され、民の利益が向上し、官の不正を監視することができ、上下の情を相通じ、官民の間の隔たりをなくすことができると指摘した。

陳熾は顧炎武から馮桂芬へと受け継がれた郷官論の思想を継承しつつも、次の三点において郷官という伝統の資源に新しい要素を賦与した。その新しい要素とは、第一に、年齢・財産を基準に被選挙者の資格を規定すること。第二に、選挙で得票の多い郷官が県から府、府から省、省から国会の下院議員になり、国家の重要な事項について議論し、決定すること。そして、第三に、地方官と郷官の役割分担が明確に区別されること、である。陳熾は郷官が「民を害せず、官に抗せず、政を乱せず」を望んでおり、それを保障するものとして、地方官は郷官を監督し、貪婪専断の者を随時に解任することができる。逆に、知県が貪欲で民心を失った場合には、その地方の郷官は督撫に対して知県を弾劾することができる、と述べている(46)。

そのうち、第一点と第二点は西洋、とりわけイギリスの議会制度の影響を受けたものと見られるが、地方官と郷官の関係に関する第三点は中国の現実の状況に基づいて考案されたものである。ここで注目されるのは、陳熾は郷官を官と民の間を介在するものと位置づけ、郷官を通じて官と民の隔たりをなくすことを目指している、という点である。なかでも、地方官が人民の利益を損なった場合、地域の住民によって選ばれた郷官が民意を反映してその地方官を弾劾することができる、という彼の考えは、郷官に関するそれまでの議論のなかで見られないものである。

結び

本章では、中国が西洋に接する以前にすでに存在した二つの「内なる問題」を通じて近代中国の地方自治思想のルーツを探ってみた。一つは、郷をあらゆる政治の根本と見なす自治の思想にかかわる問題である。伝統中国の政治思想のなかで、郷は個人の修身、斉家の延長線上にありながら、県、府、省、国、そして最終的には「天下」へとつながる存在であり、郷を治めることは、国家の「長治久安」の前提であると考えられていた。郷を起点とする「小から大へ」の順序に沿った自治観念は、プロイセンや日本の地方自治に代表される国民国家を前提とする「近代的」地方自治理念との間に、大きな相違が存在する。このような思想のズレは、本書第三部で見るように、二〇世紀初期中国人の近代地方自治の受容に大きな影響を与えることになる。

もう一つの「内なる問題」は顧炎武の改革論にかかわる問題である。従来の研究では、顧炎武の改革論における「封建」論の側面のみ強調され、「封建＝地方自治」が近代中国地方自治思想の源流と見なされてきた。本章では、顧炎武の改革論を官僚制度の改革と地方出身者による地方行政事務の担当の二つの側面から捉え直した。前者は体制内部における権力分与の問題であり、なかには地方官の廻避制の部分的廃止とその任期の長期化、権限拡大、および督撫の廃止、中央と末端の意思疎通の簡便化をはかることを目的とするものであった。それに対して、後者は知県がその地方の出身者から郷官を選任し、知県の業務を補佐することであった。両者を合わせれば、上には中央の命令が州を通じて末端の知県に到達し、その地方の事情に通ずる知県が責任をもって一県のことを処理し、下にはその地方出身の郷官が一郷のことを行って、官治の及ばないところでそれを補完する。これを通じて、「大をもって小を督促し、近きをもって遠きに及ぶ。まるで体が腕を駆使し、幹が枝を束ね」るように政治の基礎が安定する、と顧炎武が望んでいたのである。

なお、本章では、一九世紀後半の馮桂芬と陳熾の改革論を取り上げ、中国が西洋に接する一九世紀半ば以降の改革論と伝統的郷官との関連性について検討した。両者の改革論において、かつて顧炎武が主張した地方官任命制度の改革や郷官制度の回復に関する部分が受け継がれながらも、郷官の選出における「民意」や「公論」の重視、年齢・財産を基準とする住民投票、郷官が人民の利益を損なった地方官を弾劾することができる、などの新しい要素が加えられた。

次章でみるように、地方自治が本格的に議論されるようになった二〇世紀初頭、「小官が多ければその世は盛んになり、大官が多ければその世は衰える」という顧炎武の言葉はしばしば引用され、「郷官」という語は地方自治の同義語として使われ、郷官という伝統の資源は外国の地方自治制度を受容する際に重要な役割を果たすことになっていくのである。

注

（1）Min Tu-ki, edited by Philip. Kuhn and Timothy Brook, *National Polity and Local Power: The Transformation of Late Imperial China*, Harvard University Press, 1989, p.95, pp.112-113.

（2）溝口雄三『方法としての中国』、東京大学出版会、一九八九年、九八―一〇四頁。同『中国の公と私』、研文出版、一九九五年、二〇二―二〇八頁。

（3）『礼記正義』巻第二十二、「礼運」、李学勤主編『十三経注疏』（評点本）、北京大学出版社、一九九九年、六八六―六八七頁。

（4）『管子』巻一、「権修」第三、唐房玄齢註、明万暦十年趙用賢刊本。

（5）同右。

（6）梁啓超は司馬遷の説を引用して、『管子』のなかに少なくとも「牧民」篇、「山高」篇、「乗馬」篇などが管仲の作品であると主張した（梁啓超「管子伝」、張品興他主編『梁啓超全集』第三冊、北京出版社、一九九九年、一八六〇頁）。

（7）たとえば、梁啓超は『周礼』が漢代に現れた偽作であるとし、「この書物のなかで取り上げられたのはほとんど儒家の政治理想であり、周代において実際に実施されたとは限らない」と指摘している（梁啓超『先秦政治思想史』、東方出版社、一九九六年、第一二頁）。

（8）姚偉鈞「郷飲酒礼探微」、『中国史研究』一九九九年第一号、一一―一三頁。

（9）『周礼注疏』、李学勤、前掲『十三経注疏』（評点本）、二六四頁。

（10）同右、二九七頁。

（11）前掲『礼記正義』巻第六十一、「郷飲酒義」第四十五、一六二三頁。

（12）たとえば、費孝通は、一九四〇年代後半に著した『郷土中国』において、中国人の倫理観念、社会観念の根底には「己」を中心に、家、国、天下へと類推する「同心円的な倫常」が横たわっていると指摘している（費孝通『郷土中国』、三聯書店、一九八五年、二五－二八頁）。

（13）周可真『顧炎武年譜』、蘇州大学出版社、一九九八年、八四頁。

（14）梁啓超「清代学術概論」、『梁啓超史学論著四種』、岳麓書社、一九九八年、二八－二九頁。

（15）「顧寧人書」、黄宗羲『明夷待訪録』序、沈雲龍選輯『明清資料彙編』初集第五冊、文海出版社影印版。

（16）増淵龍夫は、日中両国の異なった思想・制度の文脈のなかで展開された「封建－郡県」論争を検証・比較する際に、顧炎武の封建論の内容を丹念に紹介したうえで、その思想が「清朝体制と対決し、その支配を拒否する中華主義と不可分の関係にあった」と指摘した（増淵龍夫「歴史認識における尚古主義と現実批判——日中両国の『封建』・『郡県』論を中心にして」、林達夫・久野収編『岩波講座・哲学Ⅳ・歴史の哲学』、岩波書店、一九六九年、二六五頁）。

顧炎武の政治思想に関する閔斗基の研究は多くの研究者に影響を与えた。それによれば、それまでの「封建－郡県」論と異なって、顧炎武の議論は政治の結果について論ずるときに必ずしも王朝の長治久安を視野に入れていない。なぜなら、おそらく彼にとって王朝の長治久安は良い統治を行った結果であるからであろう。顧炎武の議論の重点は、①官僚の任命に際しての本籍廻避制度を批判すること、②地方から推薦された人を地方官に任用することによって中央の権力を制限すること、③人民の福祉を重視すること、の三点にまとめられる。顧炎武は地方のエリートが地方官の選任に関わることについては述べていないが、彼の主張は事実上すべての官僚が地方の紳士によって任命されることを意味する。地方出身者による地方事務への参加の拡大を求める顧炎武の議論は中国における最初の地方自治論である、という（Min, *National Polity and Local Power*, p.95）。顧炎武の改革思想に関する溝口雄三の見解は閔斗基のそれとほぼ同様である。それによれば、顧炎武は地方自治論を封建論に仮託して主張し、地方官をその土地の出身者から選任することを求めていた。「その真意は、中央に集中している権力を地方に分散させ、かつ地方の発言力を強めようということにあった。地方官をその地方から選任するというのは、実際にはその地方の名望家を地方官にするということで」あり、それは富民層を中心とした「治められる地方の側から、地方の好都合を求めて主張されている」点を強調するところにある、という（溝口雄三『方法としての中国』、東京大学出版会、一九八九年、九八‐九九頁。同『中国の公と私』、研文出版、一九九五年、二〇二頁。同『中国前近代思想の屈折と展開』、東京大学出版会、一九八〇年、一〇頁）。

　これに対して、フィリップ・キューンは、「封建」をめぐる顧炎武の議論の重点はいかに地方官の任期の長期化と世襲化を通じて家族や財産を愛するという人間の自然の感情を大衆の利益に有利な方向につなげるような制度を作るべきかにあり、顧炎武の封建論は地方自治を主張するためのものではなく、むしろ君主体制の下での安定と繁栄を保障することを目指すものであると指摘した。それによれば、「顧炎武の政治構想のなかで、君主の最高権力は絶対不可欠なものである。なぜなら、帝国のなかに遍在する無数の個人の利益は君主を通じてはじめて何らかの形で大衆の利益に転じることができるからである」という（Philip Kuhn, "Local Self-government under the Republic : Problem of Control, Autonomy and Mobilization," F. Wakeman and C. Grant, ed., *Conflict and Control in Late Imperial China*, California: University of California Press, 1975, pp.263-264）。大谷敏夫も、顧炎武が望んでいたのは君主を頂点とした集権体制（郡県制）の下での分権制（封建制）の実現であり、顧炎武が唱えた封建論は、王朝権力に対する完全な自立を求めていたのではなく、むしろその傘下のもとにおける地方自治であった。なぜなら、郷紳の利益を代表する封建論が、王朝体制の中でのみ機能を発揮する分治を要求していたからである、と指摘した（大谷敏夫『清代政治思想史研究』、汲古書院、一九九一年、四二九頁、五二七頁）。

　近年、P・ドゥアラは、閔斗基、溝口雄三などの研究に基づいて、「封建」の言説は歴史的に集権国家の支配に対抗するための武器として用いられていたが、清代において、「封建」の思想はもはや王朝国家に対抗するのではなく、その権力を制限する改革案に組み込まれた。それゆえ、顧炎武は「封建」を通じて地方自治を主張したのであると述べている（Prasenjit Duara, *Rescuing History from the Nation: Questioning Narratives of Modern China*, The University of Chicago Press, 1995, pp.152-153）。そのほかに、大西克巳は顧炎武の「郡県論」と「生員論」の内容を分析し、顧炎武の改革案は「地方官に対する封建領主に準じた特権の付与を根底に置いた」ものであると指摘した（大西克巳「顧炎武の政治思想」、『文

化』第六六巻第一・二号、二〇〇二年、七頁)。
(17) 顧炎武「郡県論一」、『亭林文集』巻五、『学古斎金石叢書』第一集、山隠居校本。
(18)『日知録集釈』巻九、「守令」。
(19)「郡県論二」、前掲『亭林文集』巻五。『日知録集釈』巻八、「属県」。
(20)『日知録集釈』巻九、「隋以後刺史」。
(21)『日知録集釈』巻八、「補選」。
(22)『日知録集釈』巻九、「守令」。ちなみに、『日知録・守令』篇において郡県の守令を「親民の官」と称することから、顧炎武のいう守令は、主に末端の地方官である知県を指すものと考えられる。
(23)「郡県論二」。
(24)『日知録集釈』巻九、「守令」。
(25)『日知録集釈』巻八、「郷亭之職」。
(26) 同右。
(27)「郡県論二」。
(28)『日知録集釈』巻八、「郷亭之職」。
(29) 同右。
(30)『日知録集釈』巻九、「隋以後刺史」。
(31)『日知録集釈』巻八、「郷亭之職」。
(32) 斉思和「魏源与晩清学風」、『燕京学報』、一九五〇年、第三十九号、一八五頁。
(33) 沈懐玉「清末西洋地方自治思想的輸入」、『中央研究院近代史研究集刊』第八号、一九七九年、一六二頁。
(34) 郭嵩燾「使西紀程」、『郭嵩燾日記』第三巻、湖南人民出版社、一九八二年、三七三頁。
(35) 劉錫鴻「英軺私記」、鍾叔河主編『走向世界叢書』所収、岳麓書社、一九八六年、一五九頁。

(36) 黄遵憲『日本国志』(一)、巻十四「職官志二」、沈雲龍主編『近代中国史料叢刊続編』第十輯、文海出版社影印版、四二四頁。
(37) 馮桂芬『校邠廬抗議』、「製洋器議」、沈雲龍主編『近代中国史料叢刊』第六十二輯、文海出版社影印版。
(38) 梁啓超「戊戌政変記」、前掲『梁啓超全集』第一冊、一九七頁。
(39) 「免廻避議」、馮桂芬、前掲『校邠廬抗議』。
(40) 「復郷職議」、馮桂芬、前掲『校邠廬抗議』。
(41) 同右。
(42) 陳熾『庸書・外篇』巻下、「議院」、朱益藩署検、光緒二二年(一八九六年)刊。
(43) 陳熾『庸書・内篇』巻上、「郷官」。
(44) 同右。
(45) 陳熾『庸書・外篇』巻下、「議院」。
(46) 陳熾『庸書・内篇』巻上、「郷官」。

第Ⅲ部　二〇世紀初頭中国人の地方自治論と日本

第四章　世紀転換期の地方自治論

はじめに

中国では、一九世紀末から二〇世紀初頭にかけて、「自治」や「地方自治」はさまざまな政治言説と結びついて議論されていた。筆者なりに整理すれば、この時期の地方自治論は概ね次の三つの方向で展開されていた。第一は各個人の「自治力」の養成を強調する方向である。厳復は自由に達することの前提条件として、「民力・民智・民徳」に象徴される個人の自治力が不可欠であることを強調した。日本亡命後の梁啓超はその影響を受けて、中国が弱肉強食の世界に生き延びるためには、新しい国民を作り出さなければならないと主張した。第二は列強による中国分割の危機を目前にして、各省が中央政府=満洲朝廷から自立・独立し、漢民族の新しい政権を作るべしという「反満革命」の方向である。一八九〇年代後半の湖南「新政」に芽生えたこのような思想は、義和団事件直後の欧榘甲の「省の自立」論を経て、同盟会の反満革命の地方自治論、さらには民国期の「連省自治」につながっていく。そして、第三は「一片の散砂」と言われるバラバラの人民を地方団体に組織し、国家の基礎を固める方向である。康有為の「公民自治」論に代表されるように、この第三の流れにおいて、外国の制度は中国古代の郷官を通じて受容された。どの理念に基づいて「自治」を語るかによって、「自治」や「地方自治」のイメージは大きく異なり、議論はきわめて錯綜している。

本章では、まず近代中国における「自治」や「地方自治」という言葉の登場、およびそれぞれの語がどのようなコンテクストのなかで出現したかについて探ってみる。そして、上述の三つの方向に沿って世紀転換期に現れた地方自治論の輪郭を描きたい。ただし、本章は主に民間の知識人や海外に亡命した改良派、および彼らの影響を受けたと見られる一九〇五年以前の留日学生の議論を対象とする。一九〇五年以降留日学生による地方自治理論の受容については次章で、清朝政府の地方自治の方針や清朝の地方自治章程については第八章で取り上げることとする。

一、「自治」から「地方自治」へ

中国語のなかに「自治」や「地方自治」という言葉が一つの政治概念としていつ現れたか、この点を明らかにすることはきわめて困難である。一八九〇年代半ばから一九〇〇年代半ばまでの約十年の間、地方自治をめぐる議論は戊戌の年一八九八年を境に、およそ二つの時期に分けることができる。前半期には、「自治」という言葉が頻繁に登場し、後半期には「地方自治」という語が急激に増えた。ただし、これはあくまでも用語の出現頻度に基づく便宜上の分期で、思想そのものには断層がないことを強調しておきたい。

「自治」という語の出現について、フィリップ・キューンは黄遵憲が最初に日本語の「自治」という言葉を中国に紹介したと指摘している。その論拠となったのは、黄遵憲が一八九七年に湖南の南学会での講演で「自治」という語を使用したことである(1)。しかし、管見の限りでは、少なくとも一八九五年に発表された厳復の論文「闢韓」のなかに、

「自治」という言葉がすでに現れている。イギリス留学帰りの厳復（一八五四―一九二一）は、西洋各国と中国の状況を比較して、西洋の民が自治から自由の境地に至ることができたのは、その「民力」、「民智」、「民徳」のいずれにおいても優れているからであり、中国で「富強」を実現させるには、個々の人間の自治力を養うこと、すなわち西洋に倣って「民力」、「民智」、「民徳」を養成することが不可欠であると考えたのである。彼はもし古の聖人が現れたらきっと次のように言うに違いないと述べている(2)。

> 吾が小さな体で億兆の人の上にいるのはやむをえないことである。なぜなら、民が自ら治めることができないからである。民が自ら治めることができないのは、才知がまだ及ばず、能力がまだ伸びず、道徳がまだ和やかではないからである。吾は日夜我が民の才知、道徳、能力を増進させ、我が民の才知、道徳、能力を束縛するものを取り除くことに努め励みたい。そうすれば、民が欺いたり奪い合ったりすることによって互いに害を与えることはなくなる。……そうすれば、幸いに民が自ら治めるに至る。吾は悉く彼らに（自治を）与える。

同じ時期に発表した論文「原強」のなかで、厳復は「自治」という言葉を使って、なお次のようにいう(3)。

> いわゆる富強とは、民に利をもたらすような政治を行うことにほかならない。民に利をもたらす政治を行うことは、民が各々自分に利をもたらすことから始めなければならない。民が各々自分に利をもたらすことは、各々自由を得ることから始めなければならない。民が各々自由を得ることは、民が各々自ら治めることから始めなければならない。

以上において、厳復は各個人の能力という意味で「自治」という語を使用しているが、それは個々の中国人が自治力を備えることは、中国が優勝劣敗の競争の世界で独立を保つ必要条件であると彼が認識したからである。次節で見るように、このような認識は二〇世紀初頭の中国人の自治観に多大な影響を与えることになる。

厳復とほぼ同じ時期に、黄遵憲も「自治」が中国を救うよい道であると主張した。ただし、黄遵憲は厳復と異なった理念、すなわち前章で述べた「小から大へ」の順序に沿った伝統中国の自治観念に基づき、地域出身者による「自治」が政治改革の根本であると考えていた。

一八九七年、改革推進派の湖南巡撫陳宝箴が湖南省で南学会を設立したとき、当時湖南按察使に在任中の黄遵憲はその中心人物の一人であった。南学会での講演のなかで、黄遵憲は地方官の廻避制や不久任制が「官民懸隔」という問題をもたらしたと指摘し、湖南各地から集まってきた聴衆に向かって、「自らその身を治め、自らその郷を治める（自治其身、自治其郷）」と、それぞれの郷里で学校、水利、農工商業、治安などの公益事業に従事するよう呼びかけた。なぜなら、人々が自らその郷を治めれば、「郡県専制の弊害」を取り除くことができる。さらに、各々の県・府・省において自治が実現されれば、政治が「共和郅治」という理想の境地に至るからである、という。[4] ここで言う「共和」とは、君主制と対立する共和制の意味合いではなく、中国の古き良き「三代」に象徴される政治の理想的状態を意味する。[5]

一方、「地方自治」という語の出現については、筆者の閲覧する史料の範囲でいえば、康有為が一八九八年「百日維新」の最中に光緒帝に呈した上奏文に遡ることができる。そのなかに次のような一節が含まれている。[6]

国を治めることは大きなことであるが、微細のことから始まります。孔子は政治を語るに必ず郷から始めます。地方自治とはすなわち古代の郷政です。およそ道路、学校、医学、衛生、戸籍はみな郷治に頼って行われます。そうでなければ、土地が広くても荒廃してしまい、たとえ万里の広い土地があっても、ただそれを捨てるのと同様です。

ここで康有為が「地方自治」を、郷をあらゆる政治の起点とする孔子の郷治思想の延長線上に位置づけていることは注目に値する。康有為にあっては、「地方自治」は黄遵憲の「自治」と同様に、「小から大へ」の順序に沿った伝統中国の自治理念に基づいたものと見られる。康有為の弟子梁啓超は、一八九八年に書いた『戊戌政変記』のなかで、「民政局を設けて地方が自治する」と光緒帝に建言した康有為を「地方自治」の提唱者と讃えている(7)。

梁啓超が言及した民政局は、戊戌変法期に康有為が提起した改革の一つである。康有為は顧炎武、馮桂芬らの改革思想を受け継ぎ、地方官の廻避制と不久任制の廃止、地方出身者による行政事務の担当を通じて、「上下懸隔」の問題を解決すべきであると主張した。彼は一八九八年一月に呈した上奏文のなかで次のように提案している。すなわち、漢代の制度に倣って、郡に相当する道を設け、その中に民政局をおき、一品から七品の在京の官僚をもって道尹とする。道尹は総督、巡撫と同様に皇帝に上奏する権限を有する。道は県を統轄し、県には民政分局を設け、官僚と地方の紳士が合同で事務を処理する。租税と訴訟は従来どおりに知県が司るが、地図、戸籍、道路、山林、学校、農工商業、衛生、治安はすべて民政分局が行う、とある(8)。

このなかで、とりわけ次の二点が重要である。すなわち、第一に、前章でみたように、かつて顧炎武は総督と巡撫の制度を廃止し、中央が郡を通じて末端の県を統轄すると同時に、知県の任期を長期化し、その権限を拡大すべきであると主張した。康有為の提案においては、督撫の廃止にまでは至らないものの、道尹の権限拡大は事実上督撫の権限の縮小を意味する。顧炎武と康有為の改革案の間には、「中央（皇帝）－郡・道－県」とする共通の図式が見られる。このような考えは、数年後、省の廃止と中央が直轄する道の設置という康有為の改革案につながっていくものと見られる(9)。第二に、地域出身者による地方行政事務への参与。前章でみた郷官の設置をめぐる陳熾の主張と比較すれば、康有為の改革案においては民政分局の仕事に携わる紳士の具体的な資格が不明確で、地方議会に関する内容も含まれていない。しかし、地方官と地方の紳士が合同でその地方の事務を処理すること、具体的には租税と訴訟は「官」、それ以外のことは「紳」の活動範囲に属するといった点からみれば、康有為の提案には「官」と「紳」の間に明確な境界が定められている。この点は陳熾の郷官論と共通している。

以上のように、近代中国において、「自治」や「地方自治」といった言葉は遅くとも一八九〇年代半ばには出現している。そのうち、厳復にあっては「自治」が西洋に倣って「民力」、「民智」、「民徳」の養成を意味するのに対して、黄遵憲のいう「自治」は「小から大へ」の順序に沿った伝統中国の自治理念に基づいたもので、具体的には地域の出身者がそれぞれの郷里で学校、水利、農工商業、治安などの公的事業に従事することであった。康有為の改革論に現れた「地方自治」という語は、孔子が重視した古代の「郷政」と同様の意味を有するものと解釈され、具体的には黄遵憲の「自治」とほぼ同様に、地方の「紳士」が道路、学校、医療、衛生、戸籍など地域に関わる事項を担うことを意味するものであった。

二、個人の自治力と「群の自治」

二〇世紀初頭、日本に亡命した梁啓超は、前節でみた個人の自治力に重きをおく厳復の自治論から影響を受け、精力的な文筆活動を通じて自治を鼓吹し、日本にいる中国の留学生や中国国内の多くの人々を魅了した。

梁啓超は一八九八年、二十六才の時に日本に亡命し、一九一二年に帰国するまで十四年間の歳月を日本で過ごした。この間、彼は一時期孫文の革命の方向に傾いたが、一九〇二年の「新民説」の発表を境に再び改良へ回帰した。(10) 一九〇二年は「自治」をめぐる梁啓超の思想の分水嶺でもあった。それまで梁啓超がもっとも関心を注いだのは「群の自治」、すなわち弱肉強食の世界のなかで中国がいかに独立を維持すべきかの問題であった。彼は一八九八年一二月に創刊した『清議報』の発刊詞のなかで、天賦人権や自由平等の理念を根拠に、黄色人種が西力東漸に対抗し「二〇世紀アジアの自治」を求めるべきであると強調した[11]。同じく康有為の弟子麦孟華は、義和団事件の際に外国が中国の内政に干渉し、「中国の自治の主権は悉く失われた」と述べ[12]、「国家の主権」という意味で「自治」という言葉を使っていた。

ところで、「群の自治」と関連して、「合群」は清末期の知識人がしばしば使う常套句であった。「合群」とは、文字通り「群を合わせる」ことで、団体を結成することもしくは団結することを意味する。これについて、梁啓超は一九〇〇年に次のように述べている[13]。

合群とは数多くの個人が集まって群になることである。生存競争と自然淘汰の公理に従えば、合群の力が大きければ大きいほど、世界のなかで勝利を勝ち取ることができる。……我が中国に群がないかといえば、四百兆の人が数千年来族に集まって居住してきた。それだけではなく、地方自治が頗る早い時期に発達した。（中国では）同業連盟の組織が甚だ厳密であり、四民のなかに無数の小さい群れが含まれている。しかし、結局「一片の散砂」という批判を免れなかったのは、合群という道徳がないからである。

つまり、中国には宗族のような一見地方自治団体のような組織はあるが、西洋の社会団体や国家の根底にある「合群」の精神が欠如している、ということである。

ところが、「新民説」の発表をきっかけに、梁啓超の自治論は「群の自治」から、かつて厳復が提起した個々人の自治力の問題、すなわち「民力・民智・民徳」の増進を通じて自治・自由に到達するという方向へ傾いた。「新民説」には次のような一節がある[14]。

そもそも天下の混乱は長く続かない。人は自ら治めることができなければ、必ず他の力のあるものが代わりにそれを治める。自治ができなければ、人に統治されることは不可避である。……文明人が野蛮人を統治するのは野蛮人に自治力がないからである。人にして自治力がなければすなわち鳥獣であって、人間ではなくなる。

ここで、梁啓超は厳復と同様に、中国の衰弱と西洋の強盛の原因を探り、国家の富強を実現するには国民一人一人の素質を高めることが不可欠であると強調している。なお、梁啓超は「個人の自治力」について、次のように詳細に論じている。すなわち、個々の人間の心に先天的に存在する良識と同様に、「(個人の自治)があってはじめて人道に適し、はじめて我の自由を保ちながら人の自由を侵さないことが保たれる」。個人の自治がきわめて優れた状態に達すれば、機械を操るように体を自由に操ることができる。一人一人の自治から群の自治が成り立ち、それがきわめて優れた状態に至れば、その群の行動はまるで軍隊のように進退を共にすることができる、という[15]。つまり、自治力をもつ個々の新しい「国民」が組織を結成し、軍隊のように効率よく行動すれば、中国は新しい社会を組織することができる、と梁啓超は考えたのである。

しかし、梁啓超は厳復の影響を受けて各個人の自治能力を重視しながらも、厳復と異なって、個人の自治を州、郡、郷などと結びつけて、個人の自治から地方の自治、そして国家の自治へという「小から大へ」の順序に沿った自治論を展開させた。『新民説』のなかに、次のような一節がある[16]。

国には憲法があり、それは国民の自治である。州、郡、郷、市にはそれぞれ議会があり、それは地方の自治である。あらゆる良い政体はすべて自治から由来する。一人の人間が自らその身を治め、数人あるいは十数人が自らその家を治め、数百人数千人が自らその郷、市を治め、数万ないし数十万、数百万、数千万、数万万の人が自らその国を治める。自治の範囲はそれぞれ異なるものの、その精神は同じである。すなわち法律である。

ここで梁啓超は前述の黄遵憲と同様に、「小から大へ」の順序に沿った中国の伝統的自治観念に基づいて、個人の自治を起点とした同心円的な自治の構図を描いている。

以上から見れば、「自治」や「地方自治」に関する梁啓超の議論は、必ずしも焦点の定まったものではなかった。総じていえば、議論の重心は、西洋列強に対抗する中国人、アジア人の「群の自治」を主張することから、教育を通じて自治の能力を身につけた新しい国民を創出し、そして個人の自治を通じて州、郡、郷、市、そして国家の自治を実現する方向へと変化したと見られる。ここでいう国家の自治とは、一国の政治が法律に基づいて行われることである。

ところで、地方自治論を含めて、二〇世紀初頭留日学生の思想全般にもっとも大きな影響を与えたのは梁啓超であった。一八九六年に第一陣十三人の中国人留学生が来日した後[17]、留学生の数は年々増え、清国留学生会館が一九〇三年三月に行った統計によると、当時日本の各大学・専門学校に在学した中国の留学生は六七二人であり[18]、同年一一月には一二四二人にのぼった[19]。この時期、留日学生の間に出身省別に同郷会が結成され、そのうちの多くは機関誌を発行している。留日学生の人数がもっとも多い江蘇、浙江、湖南、湖北の四省の同郷会がそれぞれ『江蘇』、『浙江潮』、『游学訳編』、『湖北学生界』（後に『漢声』に改名）を創刊した[20]。留日学生に関する従来の研究には留日学生の革命活動を重視する傾向があるため、これらの雑誌もほとんどが反満革命を宣伝する「革命出版物」と見なされてきた[21]。しかし、全体的に、この時期に出版された留学生雑誌の大半の紙面を占めるのは外国の学説の翻訳である。そのほか、中国各省の経済、社会などの状況についての調査資料も多く掲載されている。中国同盟会が成立する一九〇五年以前の時期には、留日学生の雑誌のほとんどが「救国」の目標を掲げていた。政治的立場からみれば、これらの雑誌においては、清朝政府の下で政治改革を行う「改良」と清朝打倒を目標とする「革命」とが混在しており、明確な「革命」の主張が形成されていたとはいえない。

留日学生が地方自治の問題に関心をもつようになったのは、彼らが外国と中国の内政を比較して、地方自治の有無が国家の勝敗と強弱を決める要因であると認識したからである。『浙江潮』第二号の社説には、世界各国が地方自治を「立国の基礎」としているため、「国中の事が悉く順調に運んでいる」。中国にも古来事実上の地方自治の兆しがあったが、地方自治の組織は不完全である。そのため、中国は今日の貧弱な状態に陥ったのである、と書かれている。(22)

地方自治に関して、当時の留日学生がもっとも関心を示したのは次の二つの問題である。すなわち、個々人の自治能力、および中国人の「群」としての自由と生存権の問題である。一部の留学生は、厳復や梁啓超と同様に、西洋と中国を比較して、国民一人一人が自治の能力をもつことが西洋の富強の原因であると考えた。ある湖南省出身の留学生は、「彼ら白人の領土は大地に遍く行き渡っている。……それはほかでもない、自治の能力があるからである」としている。(23)

「自治の能力」について、ある留学生は次のように述べている。「いわゆる個人の自治とは、宋代の儒家が言う身を束ね、過ちを慎むこととは異なり、知識を拡充し、進取の気概を養って、はじめて激しい競争の世界に立つことができ、聳えたって自存することができる」、とある。(24) つまり、「個人の自治」とは国民が激しい競争の世界において自立し、生存する能力である。それは単に個人が自分の意思に基づいて行動するのではなく、個々人が独立した人格と進取の精神を持つことを意味する。

ある湖北省出身の留学生は、「群」の立場から中国の四億の人民「全体の自由」について次のように論じている。(25)

小さな群から大きな群へ進むことが今日の世界の強国が勝利した所以である。その道とは何か。それは各郡、各省の自治を行い、その群を合わせることである。……自由が群を保つに足りないのなら、他族の侵略と略奪を待たずとも、同胞の間に互いに略奪することがやまないであろう。果たして個人の自由はどこにあるのか。一個人の自由のみを知り、全体の自由を知らないのはまさに自由の大きな害である。

この一節には、「個人の自治力」から郷、県、省、国という「小から大へ」の順序に沿った中国の伝統的自治観念が映し出されている。そこで強調されるのは、中国人「全体の自治」を実現させるには、一人一人の自治力をもつ個人が団体を結成し、さらに小さな団体が大きな団体へと発展することが必要である、ということである。

三、「省の自立」と反満革命

一九世紀末、列強による中国の「瓜分」という危機的な状況のなかで、個々の省が中央政府から「自立」をはかることによって危機を乗り越えようとする「省の自立」の思想が端を発した。その後、「省の自立」の思想は二〇世紀前半期の反満革命や中央に対抗する「連省自治」へ脈々と尾を引いていった。

ドイツによる膠州湾占領事件の直後、梁啓超は湖南巡撫陳宝箴に次のような趣旨の上申書を呈した。すなわち、中央政府に頼って変法を行うことはもはや不可能である。「方今の計は、必ず内地の一、二の省を自立させることである。そうすれば、中国には一筋の活路が残さる」、という。(26) この「省の自立」の思想は同じ時期に発表された譚嗣同の文章にも見られる。譚嗣同は列強によるヴェトナム、インドの植民地支配を目の当たりにして、中国がおかれた厳しい国際環境を深く憂慮した。彼は、台湾や山東が外国の軍隊に占領された際に清朝の官僚が先を争って逃亡し、人民の頼りになる者は一人もいない。このことから、人民が官僚に頼らず、「早めに自ら謀るべきである」と主張した。(27) 中央集権の専制支配体制が長く続いた中国では、省が中央政府から離脱し「自立」をはかるという見解は驚異的ともいうべきであろう。むろん、このような見解は国家が空前の危機に陥ったことから生まれたものである。

戊戌変法が失敗した後、「省の自立」の思想は清朝の支配体制を打倒しようとする政治運動と結びついた。海外に亡命した康有為の弟子梁啓超、欧榘甲、徐勤らは清朝の腐敗政治に失望し、孫文の率いる勢力に接近し、急速に革命の方向に傾いた。なかでも、欧榘甲はもっとも急進的であった。彼が義和団事件の翌年に書いた『新広東』は一世を風靡した。

欧榘甲（一八五八—一九一二）は広東省帰善県の出身で、万木草堂で康有為に師事し、一八九八年に梁啓超に続いて湖南時務学堂の総教習となった。日本に亡命した後、彼は梁啓超が創刊した『清議報』の執筆者の一人となった。当時北米にいた康有為は孫文と接近する弟子たちを激しく批判し、欧榘甲にアメリカに赴くよう命じた。それを受けて欧は渡米し、サンフランシスコで『文興報』と『大同日報』の編修責任者になった。しかし、彼はその後も反満の主張を堅持し、『大同日報』に「太平洋客」の筆名で「新広東」と題する長文を二十七回にわたって連載した。梁啓超は横浜の新民叢報社でこれを小冊子の形で出版した。『新広東』の巻首には彩色の広東省の地図が載せられている(28)。

「新広東」の内容を要約すると、次のようである。すなわち、中国は現在列強による国土の分割という空前の危機に瀕しているが、腐敗軟弱な満洲朝廷はもはや頼りにならない。広東省をはじめ、各省が清朝政権の束縛から「自立」することは中国人が西洋人の奴隷になる運命から逃れる唯一の方法である。広東省は人才、財力、地理的位置、人口のいずれにおいても、ほかの省を先駆けて「自立」する条件を備えている(29)。欧榘甲は広東「自立」の方法として次の三点を挙げている。すなわち、第一に、広東独自の新聞社を設立し、独立の精神を養成すること。第二に、広東が毎年中央に多額の賦税を納めることを取りやめ、その一部をもって広東自らの学校を設立すること。第三に、斎会、三点会、三合会、哥老会など民間の秘密結社を連合させ、漢民族の土地を回復させ、中国を救うこと、である。

「新広東」の最大のポイントは国家と政府、すなわち「中国」と「満洲朝廷」を切り離して考えることである。欧椝甲によれば、秦の統一以降、各地の人民はそれぞれの地に住み、互いに交流せず、親愛の情をもたない。人民にとって巨大で遠く離れた「中国」より自分の生まれた省は親しみやすい。巨大かつ親和力のない中国は、腐敗売国の異民族満洲族に支配されている。このような状況では、中国の人民――人口の大多数を占める漢人のこと――が自らを救う方法として、各省が満洲朝廷から自立し、そして自立した省と省が連合し、各省政府の上に全国の政府を設立するよりほかにない、という(30)。なお、欧椝甲は次のようにいう(31)。

広東は広東人の広東であり、他人の広東ではない。広東人は広東の地主である。広東人が真に広東の地主であるならば、広東の政権、財権、兵権、教育権、警察権、鉄道鉱山の所有権、土地所有権、森林所有権、海の所有権は悉く広東人自らが操り行うべきである。広東人をして広東のことを辦理せしめ、もって広東自立の勢いを築き、中国全体の自立の起点とする。

欧椝甲のいう広東省の「自立」とは、中央政府を否定することを前提としており、事実上広東省の中央からの独立を意味している。広東省が政治、軍事、教育、警察などあらゆる権力をもち、中央政府からの干渉を一切排除する一小独立国となることが想定されている。しかし、欧椝甲は国家としての「中国」の存在を否定するのではなく、朝廷と国家を切り離して、清朝の支配体制を否定し、自立した省の連合体としての新しい中国を建設すべきであると考えていたのである。具体的に、彼がイメージしたのは、広東省と湖南省の「湘粤結合」、広東省と広西省の「両広連邦」、そして直隷総督、両江総督と雲貴総督がそれぞれが統轄するいくつかの省を連合して「独立国」を結成し、その上で南部、中部、北部諸省が連合する、というものであった(32)。梁啓超は欧椝甲の主張に同調して、「楚人が新しい楚をはかり、蜀人が新しい蜀をはかり、……以て我が中国を一新し、竟に中国人の中国になることを願っている」と述べている(33)。

ところで、「新広東」のなかには、「自治」や「自立」のほかに、「地方自治」という語も登場している。欧榘甲が述べたところによれば、西洋人の言う地方自治は「地方の人が自ら治まり、もって政府を助ける」ことであり、そこには「義理に合わないところはなく、急いで実現すべきである」。しかし、広東省の場合、まず清朝の支配から自立しなければ、地方自治はとうてい実現できない、という。[34]

「新広東」は、出版されると、留日学生を中心に海外の中国人の間で広く流布し、たちまち大きな反響を呼んだ。一九〇三年には、早稲田大学の留学生で、湖南省出身の楊篤生が「新広東」と同じ趣旨の小冊子『新湖南』を出版した。楊篤生は国家と政府を切り離して考え、中国が二〇世紀の世界競争において生き残るためには、満洲人の清朝政権に頼らず、漢民族による新しい中国を建設すべきであると主張し、「我が湖南人は、もし中国をはかるのなら、まず湖南をはからなければならない」と言い、湖南省が清朝から「独立」すべきであると主張している。[35]彼は「湖南巡撫衙門を独立の政府とし、独立の議政院を開き、独立の国会議員を選挙し、独立の憲法を制定し、独立の機関を組織し、独立の主権を拡張し、独立の地方自治制を企画し、生計、軍備、教育、警察など諸般のことが次第に行われるようにする」ことを提言した。[36]ただし、「独立の地方自治制」の具体的な内容について、楊は明確な方案を提示しなかった。

『新湖南』の出版と同じ年に、反満の革命家として知られる鄒容は「革命軍」と題した論文を発表した。このなかで鄒容は、各地方の人民が「異種人」の満洲朝廷に服従する義務をすべて消滅させ、満洲王朝を打倒し、「中華共和国」を樹立すべきであると主張した。「中華共和国」の憲法については、悉くアメリカの憲法に基づいて中国の状況を参照して定め、自治の法律もアメリカの自治法律を採用する、という。[37]しかし、「自治」の具体的な内容については言及していない。

欧榘甲の「新広東」に端を発した反満革命の自治論は、言うまでもなく、列強の中国侵略に対する清朝政府の軟弱な姿勢への痛烈な批判と、漢民族意識の高まりを背景とするものであり、やがてそれは、中国が伝統的王朝国家から近代国家へ転換するための新しい国家意識につながっていく。

一九〇五年、中国国民党の前身である中国同盟会が東京で結成された。同盟会は清朝の支配を打破し、漢民族の政権を樹立することと、君主専制の中央集権体制を打倒し、共和国家の民主政体を建設するという方針を掲げた。革命派の政治理論のなかで、「自治」や「地方自治」は清朝の専制支配に対抗する重要な一部分であった。梁啓超の元弟子、後に孫文の同士となった秦力山は、「革命を論ず」と題した論文のなかで、「世界各国の興亡の歴史を振り返ってみれば、その人民が独立の資格を有する者は悉く自治の精神がある。故に自治は国民の元素である」と述べ、自治は革命の基礎であり、国民の自治精神の有無は国家の運命に直接関わっていると指摘した[38]。秦は、「地方自治は国家の命脈である。各地方を腋の皮とし、中央政府を立てて裘とする。自治を抜きに革命を論ずる者は根本の議論をなすことができない」と述べ[39]、個々の国民の自治精神が国家興亡の決め手であり、地方自治が中央政府の基礎であると論じていた。

しかし、秦力山の議論は革命派の地方自治論のなかでは少数の意見であった。全体的にみれば、革命派は「地方自治＝分権＝反満」vs「中央集権＝清朝の専制支配」という二項対立の枠組みのなかで地方自治の問題を論じていた。たとえば、同盟会の主要メンバーの一人陳天華は、『民報』第一号の「中国は宜しく民主政体に改めるべきことを論ず」と題した文章の中で、盛京、吉林の省境にある韓姓の一族が集まった村の例を取り上げて、次のように述べている。すなわち、その地方において完全な自治権を有し、日本、ロシア、清朝のいずれもそれに干渉することができず、「実に一つの小さい共和国に等しい」。韓一族の例が示すように、漢民族は清朝の「野蛮政府」の下で自治の組織がないものの、本来文明諸国の国民も及ばぬ「天然の美質」を備えている[40]。なお、陳天華は別の論文のなかで、秦以前の封建時代において人民は言論・著述・集会の自由を享有していたが、秦の統一後に成立した中央集権の郡県制度の下で、地方の自治権が奪われたばかりか、人民の言論・著述・集会の「三大自由」も悉く剥奪されてしまった、と専制制度を批判し、人民がこれらの権利を奪い戻すには、地方自治の確立よりほかにない、と主張した[41]。

同盟会の重要な論客汪兆銘も、清朝の支配を中国の歴史上数千年続いた中央集権の専制支配の集大成であり、それに対抗するために、「地方の分権自治」、すなわち大多数の漢人による自治を実現すべきであると主張した。汪兆銘によれば、漢人の現在の使命は、満洲人から主権を奪回すると同時に、「まず地方の自治権を掌握し」、具体的には、漢人が各地方で団体を設立し、それぞれの地方の警察権を掌握し、次第に満洲人の中央政府の警察権までも手に入れることである[42]。汪兆銘にとって、地方自治は、中央政権を握る満洲朝廷の支配が比較的弱い地方で漢人がまず警察権を掌握し、そしてこれを基盤に全国の政権を奪取する革命戦略の重要な一環であった。

以上の陳天華、汪兆銘の議論において、地方自治の問題は、被治者の漢民族が治者である満洲族による中央集権的専制支配から統治権を奪回する、いわば反体制的に位置づけられていた。この点は、前述の「省の自立」に関する欧榘甲、楊篤生らの議論と共通している。

革命派の地方自治論について、溝口雄三は「専制」と「民権」の対立軸において次のように論じている。すなわち、中国における民権思想の一つの特徴は地方分権の思想として現れている。地方分権の思想は、明末清初期の黄宗羲、顧炎武の「封建」論、康有為の「公民自治」論、太平天国期における湘軍将校の勢力の増大、および清末期に成立した各省の諮議局へと貫くものであった。地方権限の拡大は実質的に紳による地方行政の担任の増大を意味し、地方行政が省単位に自立度を増すにつれ、官と紳による省単位の地方分権が形成された。清末期に成立した諮議局は「隠然

として兵権をも含めることにより、実質的には中央権力に対するもう一つの権力」となった、という。(43)

ここで、汪兆銘に代表される革命派の地方自治論を「黄宗羲・顧炎武－太平天国期の地方勢力の増大－康有為－諮議局」の系譜に位置づける点については、多少異論の余地がありうるように思われる。前章で述べたように、顧炎武はその改革論において、知県の任命制度の改革や権限の増大と地域の出身者による地方行政事務の分担を主張した。そもそも顧炎武の改革論において、「封建」と「郡県」は対抗関係ではなく、また、「封建」という概念は具体的には「省」ではなく、末端の「県」に対応するものとして使われていた。顧炎武にあっては、省はむしろ中央と地方の意思疎通を妨げるものであり、ゆえに省レベルの総督、巡撫、藩司などの官職は廃止されるべきものである。また、後に見るように、康有為の「公民自治」論も中央権力に対抗するものではなく、むしろ自治を通じて「官治」を補足する構えを見せている。顧炎武から康有為への思想的流れと、湘軍将校の勢力増大や諮議局の出現など、「隠然として兵権を含める」省レベルの「地方分権」や、清朝打倒を目指す反満革命の地方自治論の流れを一つの思想的系譜の中に位置づけることは困難であろう。この難題は、「地方自治＝中央に対抗する地方分権」という理解自体に疑問を投げかけており、さまざまな政治言説に結びついた近代中国の「地方自治」を一つの理念の下に括ろうとすることにもまた疑問を投げかけている。

四、郷官と地方自治

近代中国において、多くの知識人は「古已有之」――「外国のものは中国の古においてすでに存在した」――という託古の手法を用いて外国の思想や制度を理解し、解釈していた。中国の知識人の外来文化受容には、暗黙のうちに、ある共通のパターンが存在している。すなわち、儒家の経典を通じて記憶された「三代」(夏・殷・周)という「過去たる自我」を媒介に外国の思想・制度という「現在たる他者」を取り入れる、というパターンである。広く知られるように、西洋の議会制度を「三代の法度と一致する」とする鄭観応、王韜や、「託古改制」の手法で維新変法の旋風を巻き起こした康有為は、いずれも「古已有之」の認識パターンで外国の制度を手本に改革を行うべきであると主張していた。

ジョセフ・レベンソンは、西洋の思想や制度に対する近代中国人の選択と対応には二つの相反する傾向があると指摘している。すなわち、反伝統主義者が伝統を否定しようとする進歩的な傾向と、伝統主義者が伝統を維持しようとする保守的な傾向である。[44] さらに、彼は、「中体西用論」に関して、一部の伝統主義者たちは、中国古代の思想のなかにすでに変革の要素が含まれており、中国の文化は普遍的な価値を有すると確信し、別の頑固な伝統主義者たちは、単に感情的に西洋のものを中国古代のものに付会した、と述べている。[45] この見解は中国人の地方自治認識にも当てはまる。ただし、「古已有之」は近代中国人が外国の事物を認識する際の共通の心理パターンであり、必ずしも古代に固執する伝統主義者のみに限られるものではないことも留意すべきである。さらに、外国の制度を受け入れる際に、人々の「古已有之」の心理を利用して、彼らの知識の範囲で理解することのできない外国の観念・制度を、彼らにとって理解可能な中国の「三代」に付会することによって、納得させようとしたということも考えうることであろう。

「古已有之」の認識パターンにおいて、外国の思想や制度は、「三代」という中国の「過去」に照射・比類され、「三代」に合致すると思われる部分は取り入れられ、そうでない部分は捨象されてしまう。しかし、「過去」というものは、実は、バラバラで混沌とした事象にある特定の意味を賦与されることによってはじめて形成されるものである。「古已有之」の根拠とされる「三代」そのものも、後世の人々の想像の成分を多く含んでおり、必ずしも明晰な図像をもっていない。

一九世紀末から二〇世紀初頭にかけて、中国の知識人の多くが「古已有之」の認識パターンを通じて外国の地方自治を認識していた。一九〇〇年代、「小官が多ければその世は盛んになり、大官が多ければその世は衰える」という顧炎武の言葉がしばしば引用され、外国の地方自治制度はすなわち顧炎武が回復させようとした中国古代の郷官であるという考え方が一般的となった。一九〇二年、上海の『政藝叢書』に「鶏鳴風雨楼治言・郷官」と題した文章が掲載されている。著者鄧実は、顧炎武の言う郷官はすなわちスイス、イギリス、フランスなど西洋諸国の下院の議員であり、西洋各国の制度の神髄は中国古代の聖人の考えと一致しており、「ますます郷官が適当な制度であると信じるようになった。蓋し公理は東西を問わず、大道は古今を問わない」と述べ、中国でも地方自治を実施すべきであると主張した。彼は、「人が郷に集まればその世は治まり、城に集まればその世は乱れる。……小官が多ければその世は盛んになり、大官が多ければその世は衰える」という顧炎武の言葉を引用し、一県の賦税、訴訟のすべてが知県の一身に集まるという中国の制度を批判し、地方の行政事務を郷官に任せれば、「上は煩わされず、下はそれぞれの業に安んじる」ことができると述べている[46]。また、『東方雑誌』に掲載された論文「顧亭林日知録の地方自治論」の著者によれば、日本の地方自治は町村自治から始まるものであり、村長は賦税の徴収、学校、警察、道路、衛生、慈善などすべての事務を担当し、「まるで漢代の三老、嗇夫、游徼のようである」。このことから見れば、中国では千年前からすでに地方自治の制度が存在していたという[47]。清末期の地方自治論に顧炎武が登場しているが、ここで留意すべきは、これらの議論には、顧炎武の改革論に見られない要素が含まれている、ということである。すなわち、中国が外国の制度に倣って、地域の人たちが選挙を通じて自ら選んだ「小官」がその地域の公益事業を行い、地域の公益を増進させる、ということである。

むろん、「古已有之」はすべての近代中国人が外国の地方自治を理解する唯一の認識パターンではなかった。外国に留学した経験をもつ一部の人たちは、「古」を媒介とせずに外国の地方自治制度について論じていた。たとえば、厳復は中国古代の郷官が西洋の地方自治と異なるものであると指摘し、郷官を西洋の地方自治に付会する議論を批判した。彼は、ジェンクスの『社会通詮』（A History of Politics）に付け加えた註釈のなかで、地方自治は中国古代にない制度であり、また、三代の封建制と秦漢以降の郡県制はいずれも自治制度ではなかったことを明言している(48)。

要するに、中国と西洋の政治思想はけっして同じものではない。人を治める者が治められる者から推挙されるという思想を、たとえ古代の聖人の胸中、前代の賢人の脳裏に求めようとしても、そのような議論はけっして見出せないと私は確信している。

海外での留学生活や長年外国の著作を翻訳することを通じて、厳復自身の外国認識は同時代の大多数の人のそれと異なり、外国の事物を美化された「三代」に付会する「古已有之」の方法を否定するに至ったのであろう。

ところで、清末期に現れた「地方自治＝郷官」という言説において、理想化された古代の郷官のイメージと中国社会で伝統的に自治を担う地方の「紳士」のイメージが二重写しになっており、そこで地方の「紳士」は地方自治の主役と想定されている。たとえば、故郷の南通で地方自治を試みた張謇は「変法平議」と題する論文のなかで、自らが提案した府県議会の選挙が行われる際に、「選挙人と被選挙人は紳士でなければならない」と述べている。なぜなら、学堂、警察、農工商業の諸般の改革を行い、「上下の情を通ずる」者は紳士よりほかにないからである、という(49)。かつて日本に留学した陸宗輿は、国会開設の準備として、まず章程を定め、省、府、県、郷のそれぞれにおいて議会を設立し、人民の政治能力を鍛えるべきであると主張した。具体的に、山東省の紳董局、山西省の郷社のような組織を生かして、郷団、学校、保甲、徴兵、道路、水利、衛生など「あらゆることをすべて紳士に任せるべきである」と提案した(50)。また、ある論者は、清朝の新政改革が始まって以来、「紳士は教育の機関を掌握し、実業の大権を手に握り、将来自治局、諮議局などの董事や議員に充当する者の大半を占めるであろう」と述べている(51)。地方の「紳士」を地方自治の主役とする考え方は、地方エリートが国家権力の直接届かないところで地方の公益事業に携わるという中国の自治的伝統からすれば、自然のなりゆきであろう。

「地方自治＝郷官」という文脈に沿ったこの時期の議論のなかで、康有為の「公民自治」論は特に注目に値するものである。彼は、一九〇二年に明夷の筆名で発表した長文「公民自治篇」のなかで、中国では「大官はあるが小官はない。国の官はあるが郷の官はない。国政はあるが民政はない。民の代わりに統治することはあるが、（民が）自ら治めることはない」と批判し(52)、地方自治は中国の三代、漢、晋、六朝にすでに存在し、現に存在する制度であると主張した(53)。海外亡命後の康有為は、欧米、日本、さらには専制のロシアにさえ「公民」の制度があることを「発見」し、公民による地方自治こそ国家富強の根本であると考えるようになった。「公民自治篇」のなかで、彼は日清戦争の結果について次のように分析している(54)。

> 中国のような大国がちっぽけな日本に敗れたのは、我が国の将校や大臣が日本のよりはるかに劣るのではなく、我が国が日本に及ばないのは公民がいないというところである。公民がいないため、四万万の人がばらばらでわずか数人のようである。逆に公民がいれば、数千万人をあわせて一人になるということができる。これこそが勝敗の定めである。

日本について、戊戌変法期に康有為が注目したのは明治政府が行った政治、法律、学問、技術、軍事などの改革であった(55)。それに対して、海外亡命後の康有為は、右の引用文が示したように、中日両国の根本的な違いは公民の有無であると考えていた。それによれば、欧米や日本では戸籍、産業、警察、防衛、治安、裁判、中小学校の設置、道路、橋梁、消防、衛生、救貧、徴兵などは悉く郷が行うことである。一つの郷は、一つの小さい国とほとんど変わらない。なぜ各国においてこれが可能であるか。それは「民に任せて自ら人を選んでそれを治めている」からである。一方、中国では「官が民の代わりに治まり、民が自ら治まるようにさせない」。それを救う道は地方の自治に任せるにほかならない」と彼は指摘した。(56) ただし、ここで注目すべきは、康有為は外国の地方自治制度を詳細に研究したわけではなく、諸国の制度を区別せずに「公民自治」と一括りしており、彼が描いた外国の地方自治制度のなかには理想化された部分が含まれている、という点である。これは康有為だけではなく、彼と同時代の多くの人に共通して見られる特徴である。

なお、康有為は中国の古くからの習俗にイギリス、ドイツ、フランス、日本の制度を取り入れ、「公民」による省、府、州、県、郷、村の議会を設置すれば、地方自治はただちに実行できると考えていた。それによれば、公民になる条件は年齢二十歳以上、一定の居住期間を経過し、年間十元以上の公民税を納めるなどである。四万人以上、広さ十里の地方を局もしくは邑とし、公民が選挙を通じて議員を選び、議会を設置する。議会のなかから局長、裁判官、警察官、税官、郵政官を選ぶ。局長以下の「郷官」は教育、警察、戸籍、道路、通信、徴税、衛生、農工商、善堂の事務を担当する。郷官に対して、「地方官は監督を行うに止まり、法律はおおよその範囲を定める。それ以外のことは悉く（郷官）に任せる」(57) とある。

このように、康有為は、明末清初期以降の地方行政改革論に通底する郷官論という思想の連鎖に、西洋の近代地方自治制度に由来した「公民」という新しい要素を加えた。康有為の「公民自治」論についてとりわけ注目すべきは、官治と自治はそれぞれ一定の空間を占めるものと想定されており、地域のことはすべてその地域の「公民」が選んだ議会およびそこで選ばれた「郷官」の手に委ね、地方官は地方議会の議決・執行には関与せず、それを監督するに止まる、という点である。前章で扱った一九世紀九〇年代の陳熾の議論と同様に、康有為の「公民自治」論にも、イギリスの議会中心の近代地方自治制度が影を落している。

では、清末期の緊迫した情勢のなかで、人々はなぜ「郷」に関心をもったのであろうか。その根底には、郷が国家全体の基礎であるという中国の伝統的自治思想が横たわっている。前出の鄧実は、「天下の治は必ず一郷からはじまる。なお、一郷の治は必ず個人の自治からはじまる」と述べている(58)。また、「顧亭林日知録の地方自治論」の著者も、「必ず郷が自ら治めてはじめて県が自ら治まる。県が自ら治めてはじめて州や郡が自ら治まる。州や郡が自ら治めてはじめて全国が自ら治まる。ゆえに、一郷はまるで一国の模型のようである」と述べ、天下の治乱の根本は郷にあると主張していた(59)。ある論者は清朝政府が詔書を発布し、各府庁州県で投票を行い、その地方の紳士を選び、民間からの資金で地方の公益にかかわることを行えば、「民は自ら一郷一邑のことを自分のことのように扱う。それを通じて方今の種々の弊害を救うことができる」、と述べている(60)。

以上の議論において注目されるのは、国を治めるにはまず省、省を治めるにはまず県、県を治めるにはまず郷からスタートしなければならないという「小から大へ」の伝統的自治観念に基づいて、郷はあらゆる政治の起点と見なされる。そして、郷・県・省・国のなかで郷は県より、県は省より、省は国より優先される、という点である。これは国家を前提とするプロイセンや日本の「大から小へ」の地方自治とは逆の論理である。しかし、他方において、地方自治をめぐる清末の民間知識人の議論のなかで、郷とその上の県・省・国とは放射線状につながっており、郷を起点とした地方自治には、国家と対抗したり、あるいは地方に独立した権力を確立させたりするような政治的意図はきわめて稀薄である。むしろ、国家権力が直接及ばない範囲で、地域の人々がその地域のさまざまな公益事業を行うことによって、国家行政の不足を補完する、という傾向があったと見られる。言い換えれば、自治は官治と対立するのではなく、むしろ官治を補強するものと考えられていた。民間知識人の地方自治論と、後に考察する清朝政府の地方自治論との接点がここに見いだせることをあらかじめ指摘しておきたい。

結び

これまでに見てきたように、「自治」や「地方自治」をめぐって、一九世紀末から二〇世紀初頭にかけての中国では、個人の自治力、「省の自立」および「地方自治＝郷官」の三つの思想的傾向が現れていた。そのうち、厳復、梁啓超らが唱えた個人の自治力は、「民力・民智・民徳」を高めることによって国家の独立と富強を達成させることを目指すものであった。欧榘甲や革命派が唱えた「省の自立」は、反満革命という政治的目標を達成するための方策であった。そして、「地方自治＝郷官」をめぐる議論は、郷をあらゆる政治の根本と見なす中国の伝統的自治観念や慣習に西洋の地方自治制度の要素を加えたものであった。さまざまな政治言説と結びついた世紀転換期の地方自治論を、中央集権対地方分権、もしくは官治対自治の二項対立の枠組みで理解するのは困難であり、かつ不十分であるように思われる。

中国の春秋時代に起源をもつとされる郷官制度は、古代の文献を通じて古き良き「三代」の理想の政治を象徴するものと記憶された。秦漢時代において、郷官は国家の支配体制の一環として全国に広がった。明末清初期に顧炎武がその改革論において郷官制度の回復を主張したのをきっかけに、郷官は理想の政治を象徴するものから、中国の政治体制における「上下懸隔」、「官民懸隔」という現実の問題を解決するものへと傾斜した。一九世紀後半から二〇世紀初頭にかけて、郷官は地方エリートが国家権力の直接届かないところでその地方の公益事業に携わるという中国の伝統的自治、さらには、西洋や日本の富強の根本とされる議会制度、地方自治制度と同一のものと見なされた。このように、「郷官」は、中国人が外国の地方自治を理解し、受容する重要な媒介となったのである。伝統の資源としての郷官は、顧炎武から馮桂芬、陳熾へ、そして、康有為ら二〇世紀初頭の知識人へと受け継がれていくなかで、郷官の選出方法や郷官の役割など、それぞれの時代の政治的、思想的特徴を反映する新しい要素が次々と加えられた。異なった時代の人たちが、中国の政治制度における「上下懸隔」、「官民懸隔」の問題を解決するには、地域のことをその地域の出身者に任せるべきであるという共通の認識から、「郷官」にさまざまな思いを寄せていたのであろう。郷官をめぐる議論には、国を治めるにはまず県、県を治めるにはまず郷を治めなければならない、あらゆる政治の根本は郷にある、という中国の伝統的自治観念が通底していたように思われる。

注

（1）Philip Kuhn, "Local Self-Government Under the Republic: Problems of Control, Autonomy and Mobilization", F. Wakeman and C. Grant, eds., *Conflict and Control in Late Imperial China*, University of California Press, 1975, p.270.

メアリ・ランキンも黄遵憲が一八九七年に日本語の「自治」という言葉を中国に紹介したというフィリップ・キューンの指摘に異論を唱えている。彼女は『申報』一八七八年九月六日に掲載された論説のなかに「自治」という言葉が使われているのを例に挙げて、「自治」という語が一八七〇年代末にすでに広がったと指摘した（Mary Rankin, *Elite Activism and Political Transformation in China: Zhejiang Province, 1865-1911*, Stanford University Press, 1986, p.129, p.349 note 165）。その論説は、杭州の房捐徴収における書吏による不正の問題を解決するために、官僚が適切な処置を取るべきであるという趣旨のものである。論説の最初に「欲施信於民必自治其胥吏始」という文言があり、その意味は「民に信を施すには胥吏を治めることから始めなければならない」である。ランキンは文中の「自治」を“self-government”として読みとっているが、それは誤読である。

(2) 厳復「闢韓」(一八九五年三月)、王栻主編『厳復集』第一冊、中華書局、一九八六年、三五頁。

(3) 厳復「原強」〈一八九五年三月〉、『厳復集』第一冊、一四頁。

(4) 銭萼孫『黄遵憲詩論評』、沈雲龍主編『近代中国史料叢刊』第九十六輯、文海出版社影印版、一〇五―一〇六頁。

(5) 「自治」に関する黄遵憲の考え方は、具体的に一八九七年に成立した警察・行政・議会を兼ねた湖南保衛局に現されている。黄遵憲は保衛局設立の提案者であり、またその成立章程の起草者でもあった。彼が起草した四十四カ条の「湖南保衛局章程」をみると、保衛局は官、紳、商合弁の機構であり、議案は多数決の原則で審議・議決された後、巡撫に報告し、許可を得てから保衛局で実行される。なお、保衛局は長沙市内の中心地に総局、東西南北の城門の近くに四つの分局を設け、各分局はさらにそれぞれ六つの支所を統轄する。総局と同様に、分局も官吏を局長、紳、商を副局長とし、局長、副局長の人選はいずれも官紳の推薦によって決める。保衛局の管轄範囲は九つの項目に分けられ、そのうちもっとも重要なのは治安維持、救難、道路、戸籍、集会の取締などである(黄遵憲「湖南保衛局章程」、鄭海麟・張偉雄編『黄遵憲文集』、中文出版社、一九九一年、二九八―二九九頁)。

(6) 康有為「請計全局籌巨款以行新政築鉄路起海陸軍摺」、戊戌(一八九八年)七月二〇日後、『(南海先生)戊戌奏稿』、徐勤序、辛亥(一九一一年)五月刊行、五四頁。

(7) 梁啓超「戊戌政変記」、張品興他主編『梁啓超全集』第一冊、北京出版社、一九九九年、二二一頁。

(8) 「上清帝第六書」(一八九八年一月二九日)、湯志鈞編『康有為政論集』上冊、中華書局、一九八一年、二一六頁。

(9) 康有為「析疆増吏篇」、『康南海官制議』(一九〇一年康有為自序)、上海廣智書局、一九〇三年。

(10) 小野川秀美は、来日後の梁啓超の思想的変化を「改良―革命―再び改良―開明専制」のいくつかの段階に分けている(小野川秀美『清末政治思想研究』、みすず書房、一九六九年、二六一―二七七頁)。

(11) 梁啓超「清議報叙例」、『清議報』第一号、光緒二四年(一八九八年)一一月一一日。

(12) 先憂子（麦孟華）「論義和団事中国与列強之関係」、『清議報』第四十三号、光緒二六年（一九〇〇年）四月一日、一頁。
(13) 梁啓超「十種徳性相反相成義」、前掲『梁啓超全集』第一冊、四二九頁。
(14) 梁啓超「新民説」、前掲『梁啓超全集』第二冊、六八一頁。
(15) 同右。
(16) 梁啓超「新民説」、前掲『梁啓超全集』第一冊、六八二頁。
(17) さねとう　けいしゅう『中国人日本留学史』、くろしお出版、一九六七年、一五頁。黄福慶『清末留日学生』、台湾中央研究院近代史研究所、一九七五年、一三頁。
(18) 清国留学生会館第二次報告「日本留学中国学生題名録」、房兆楹輯『清末民初洋学学生題名録初輯』、台湾中央研究院近代史研究所、一九六二年、一－四五頁。
(19) 董守義『清代留学運動史』、遼寧人民出版社、一九八五年、一九六頁。
(20) これら四誌はいずれも一九〇二、一九〇三年の間に東京で創刊され、一九〇四年末までに停刊している。
(21) たとえば、『辛亥革命前十年間時論選集』の「書刊介紹」には、『湖北学生界』が「反満の民族革命思想を宣伝する刊行物」とされ、『浙江潮』が「留学生の革命刊行物」とされ、『江蘇』は「革命を鼓吹し、改良に反対する重要な刊行物である」とされる（張枡・王忍之編『辛亥革命前十年間時論選集』（以下『時論選』と略す）第一巻、三聯書店、一九六〇年、九六七－九六八頁）。
(22) 攻法子「敬告我郷人」、『浙江潮』第二号、一九〇三年、一頁。
(23) 「与同志書」、『游学訳編』第七号、七頁。
(24) 「湖南自治論」、『游学訳編』第十二号、四頁。
(25) 社説「論中国合群当自地方自治始」、『漢声』第七・八合併号、一－三頁。
(26) 梁啓超「上陳中丞書」、葉徳輝編『翼教叢編』、沈雲龍主編『近代中国史料叢刊』第六十五輯、文海出版社影印版、四五六頁。

(27)　譚嗣同「記官紳集議保衛局事」、『譚嗣同全集』、大安出版、一九六六年、一六八頁。

(28)　丁文江『梁任公先生年譜長編初稿』、世界書局、一九五六年初版、一九七二年再版、一五七頁。前掲『時論選』第一巻、九六九頁。

「新広東」の出版時期については次の三つの説がある。第一、一九〇〇－一九〇一年説。『浙江潮』第三号の社説「省界を非ずる」によれば、「省界（省を界にする）の議論は庚辛の間に広東人の「新広東」が世に出たことに由来した。以来、省界をめぐる議論が盛んに行われ、各省の同郷会、懇親会も相次いで成立した。その流行が今日まで続き、省界という言葉はすでに定着した」。これによれば、「新広東」は「庚辛の間」、すなわち一九〇〇－一九〇一年の間に出版されたものである（「非省界」、『浙江潮』第三号、一九〇三年、五頁）。第二、一九〇二年説（前掲『時論選』第一巻、九六九頁）。第三、一九〇三年説（張玉法編『晩清革命文学』、経世書局、一九八一年、一頁）。しかし、「新広東」の文中にある「去年義和団」という文句から、それが一九〇一年に書かれたものと断定してよい（前掲『時論選』第一巻、二九八頁）。

(29)　「新広東」、前掲『時論選』第一巻、二七〇頁。

各省が清朝政権の束縛から「自立」すべき理由として、欧榘甲は次の六つを挙げている。すなわち、第一、「中国は中国人の中国」であり、満洲人は中国人から中国を強奪した。彼らが中国を守ることができないなら、当然それを中国人に返すべきである。第二、満洲人は中国を支配するようになってから、一貫して漢人を圧迫する政策を取り、しかも、外敵を前にして、何の断りもなく沿海の土地を外国に割譲している。第三、満洲人の無道によって君臣の義はすでに絶ち切られ、「彼は我の君ではなく、我は彼の臣ではない」。ゆえに、漢人は満洲人を敵として拒まなければならない。第四、きわめて衰弱し、自らの命さえ保つことのできない満洲朝廷が、漢人を守ってくれるはずがない。第五、自立とは天地の間の大義である。専制政権を倒し、天賦の権利を回復するのは当然のことである。第六、広東省は中央から遠く離れているため、割譲された土地がほかのどの省よりも多い。広東全省が他人の俎上の肉になるよりも、広東の人民が力をあわせて自立したほうがましである（「新広東」、前掲『時論選』第一巻、二七三－二七五頁）。

(30)　「新広東」、前掲『時論選』第一巻、二七〇頁。

（31）同右、二八七頁。
（32）同右、三〇九頁。
（33）梁啓超「『新広東』」、『新民叢報』第十四号、五六頁。
（34）「新広東」、前掲『時論選』第一巻、二八七頁。
（35）湖南之湖南人（楊篤生）「新湖南」、前掲『時論選』第一巻、六一三―六一五頁。
（36）同右、六四二―六四三頁。
（37）趨容「革命軍」、前掲『時論選』第一巻、六七五―六七六頁。
（38）秦力山「説革命」、彭国興・劉晴波編『秦力山集』、中華書局、一九八七年、一二〇頁。
（39）同右、一二一頁。
（40）思黄（陳天華）「論中国宜改創民主政体」、『民報』第一号、一九〇五年、四三頁。
（41）思黄（陳天華）「中国革命史論」、『民報』第一号、一九〇五年、五八頁。
（42）精衛（汪兆銘）「満洲立憲与国民革命」、『民報』第八号、一九〇六年、一八頁。
（43）溝口雄三『中国の公と私』、研文出版、一九九五年、二〇八―二〇九頁。
（44）Joseph Levenson, *Confucian China and its Modern Fate: The Problem of Intellectual Continuity*, Introduction, University of California Press, 1966.
（45）*Ibid*, p.59.
（46）鄧実「鶏鳴風雨楼治言・郷官」、鄧実主編『光緒壬寅（二十八年）政藝叢書』、沈雲龍主編『近代中国史料叢刊続編』第二十七輯、文海出版社影印版、一三四頁。
（47）「顧亭林日知録之地方自治論」、『東方雑誌』一九〇六年第五号、一一四―一一五頁。
（48）前掲、『厳復集』第四冊、九三二頁。
（49）張怡祖編『張季子（謇）九録』、「政聞録」、沈雲龍主編『近代中国史料叢刊続編』第九十七輯、文海出版社影印版、六〇頁。

(50) 陸宗輿「立憲私議」、『晋報』一九〇五年八月一五日、『東方雑誌』一九〇五年第十号に転載、一六九頁。
(51) 「論紳権」、『申報』一九〇八年三月二二日。
(52) 康有為「公民自治篇」、前掲『康南海官制議』、一三－一四頁。この論文は「明夷」の筆名で『新民叢報』一九〇二年第五、六、七号（一九〇二年四－五月）に連載されている。
(53) 康有為は彼の故郷広東省を例に、民間において現に機能していた自治について次のように説明している。それによれば、一県の土地が広く、人口が多いため、知県一人と数人の八、九品の補佐だけでは対応できない。民自らがその地方の訴訟、防衛、学校、道路、橋梁、慈善、医療を行わなければならない。紳士、郷老、族正が争い事を裁断し、自ら資金を集めて壮勇を訓練し郷を守っている。太平天国の際、紳士は各々団練を組織し郷を守った。一郷の力が足りないときは数郷ないし数十の郷を連合する。規模の大きい郷が独自に一つの団となり、局と呼ばれる。時々税も徴収し、郷官がそれをとりまとめる。彼の出身県である南海県には同人局という局が設けられ、その下に三十六の郷、男女約五万人を擁する。紳士、挙人、生員をもって局長に充当する。局紳はみな紳士が選んで官がそれを認めた者である。局は郷人同士の争い事を裁断したり、治安や防衛に当たったりする。「規模の大きい局には章程が制定され、純然たる地方自治の制度である」、という（康有為「公民自治篇」、前掲『康南海官制議』、一五－一六頁）。
(54) 康有為「公民自治篇」、前掲『康南海官制議』、一五頁。
(55) 康有為は、『日本明治変政考』の序文のなかで、日本は明治維新を通じて、「二十年間に政治制度、法律を整備し、欧米の学問、技術を悉く採用し、これを国民に消化させ、一年に数十万の軍隊を養い、十数隻の軍艦を作り上げて、我が大国に勝利しました」と述べている（康有為「『日本明治変政考』序」、西順蔵編『原典中国近代史』第二冊、『洋務運動と変法運動』、岩波書店、一九七七年、一九二頁）。
(56) 康有為「公民自治篇」、前掲『康南海官制議』、一一－一三頁。
(57) 同右、七頁、二二－二五頁、二七頁。
(58) 「自治論（二）」、鄧実、前掲書、一六二頁。

（59）「顧亭林日知録之地方自治論」、『東方雑誌』一九〇六年第五号、一一四頁。

（60）「論立憲当以地方自治為基礎」、『南方報』一九〇五年八月二一日、『東方雑誌』一九〇五年第十二号に転載、二一七－二一八頁。なお、Joan Judge も、清末の立憲派が発行した新聞『時報』の検討を通じて、郷、県の自治を国家の根本とする地方自治論が当時の地方自治論の主流であったことを指摘している（Joan Judge, *Print and Politics: "Shibao" and the Culture of Reform in Late Qing China*, Stanford University Press, 1996, pp.170-171）。

第五章　留日学生による地方自治理論の受容

はじめに

一九〇五年に、中国で千年以上も続いた科挙制度が廃止された。このことは、儒家の経典を根底とする学問の基盤が崩れ、読書人の官僚への上昇の道も塞がれてしまった、という重要な意味をもつ出来事である。一方、この時期には「新学」と呼ばれる西洋近代の教育体系は未だ確立されていなかった。そこで多くの若者にとって、外国への留学、中でも距離が近くて、学資も比較的少ない日本への留学は、新しい知識を求める道、そして立身出世の新たな道であった。前章で述べたように、中国から日本への留学生の人数は一九〇三年末に千二百人を超えた。留日学生の人数は、一九〇四年には二千四百人になり、一九〇五年には八千人に達し、さらに、翌年の一九〇六年には一万二千人のピークを迎えた(1)。なかには、すでに「登竜門」した進士も含めて、科挙試験で功名を得た人も少なくなかった(2)。

ベンヤミン・シュウォルツは、厳復を含む近代の中国人留学生に共通する心理について次のように述べている(3)。

中国の、全般的にあまりにも不完全な状況が留学生受け入れ国の富強と対比され、留学生の注意はいやおうなしに、特定の分野ではなく、全般的な問題にむけられたのである。彼らは中国の全般的苦境に対する憂慮に心を奪われ、その憂慮は、特に厳復の次の世代において、留学生個人の将来の見通しも不安定であるという意識が膨らむにつれ、ますます高まっていった。

一九〇〇年代の留日学生は、年齢から言えばおよそ厳復の次の世代に当たる。厳復がイギリスに赴く一八七〇年代後半の中国と較べて、この時期、中国は日清戦争の敗北と八カ国連合軍による北京占領、そして列強による国土の分割という空前の危機に瀕していた。「富強」の道を模索しつづけた厳復の世代と比べ、彼らはまず「溺れかかった祖国」を救わなければならなかった。それゆえ、この時期の留学生が抱いていた国家の運命に対する焦りの心情は、厳復の世代の留学生の何十倍にも匹敵するものであったのであろう。留日学生の一人、『民報』の主筆の一人であった胡漢民は、後年、当時の留日学生についてこう振り返った。「(彼らのなかに) 日本のすべてが未来の中国の正鵠という迷信にとらわれた者もいれば、日本に不満を持ち、欧米の政治制度や文化を語る者もいた(4)」。

ところで、一九〇五年は、日露戦争が勝敗を分けた年でもあった。中国では、東方の小さな国日本がヨーロッパの大国ロシアに勝ったのは、日本が西洋の立憲制度を取り入れたからであると受け止められ、立憲改革を求める声が高まった。そして、あらゆる立憲国家に地方自治制度があるということから、地方自治は「立憲の基礎」として朝野の広い関心を集めたのである。こうしたことを背景に、日本にいた中国の留学生たちは、翻訳や出版活動を通じて、地方自治に関する理論や知識を中国国内に紹介した。一九〇七年に創刊された留日学生の雑誌『法政学報』の発刊詞に「我国の政治、社会、その他に相応しいあらゆるものを随時輸入し、もって国民の自治の資格を養成することを望んでいる」とあるように(5)、彼らの視線は中国国内に向けられていた。留日学生のなかに、帰国後直接に地方自治制度の導入に携わる人も少なくなかった。

地方自治について、留日学生が日本で何を学び、それをどのように受容し、受容の際にどのような変容が生じたかは、後に中国における地方自治制度の導入に大きな影響を与えるものと見られる。本章の第一節では、一九〇五年前後の留日学生を取り巻く教育環境を、当時日本の私立大学に設立されていた中国人留学生を対象とするいくつかの教育機構を中心に考察してみたい。第二節では、留日学生を対象とした授業の講義録を中心に、留日学生が学んだ知識のうち地方自治に関連する内容を検討し、留日学生による地方自治理論の受容の客観的条件について考察する。そして、第三節では、留日学生が出版した雑誌に掲載された地方自治関連の文章を素材に、留日学生による地方自治理論の受容、およびその際に生じた変容について検討したい。

一、私立三大学と中国人留学生

二〇世紀初頭中国からの留学生が急増する事態に対応して、法政大学、明治大学、早稲田大学の三つの私立大学では中国人留学生を対象とした教育機構が相次いで設立された(6)。これらの教育機構は設立の時間順に次のとおりである。

(1)法政大学清国留学生法政速成科、一九〇四年五月に設立。
(2)明治大学付属私立経緯学堂、一九〇四年九月に設立。
(3)早稲田大学清国留学生部、一九〇五年九月に設立(7)。

三校の教育方針からみれば、経緯学堂は「同文諸国ノ隆盛ヲ裨補スルコトヲ宗旨」とするものであり(8)、早稲田大学清国留学生部は日中両国の「同文同種」による両国の共通の国益をはかることを目標に掲げていた(9)。それに対して、法政速成科は中国の改革に必要な法律、行政の「実用の人材の養成」という方針を打ち出した。法政大学総理梅謙次郎によれば、「清国が各国に匹敵するには、もとより立法と行政の改革よりほかに道はない。……実用の人材の養成は今日の清国にとって最も重要な任務である」[10]。修学期間については、経緯学堂の場合、修業年限三年の普通科、一年の高等科のほかに、一年以内の速成科コースが設けられていた[11]。法政速成科はもっぱら一年ないし一年半を期間とする速成教育を行っていた。具体的に、法政速成科で開設された第一期から第五期までの五つの班のうち、第一期の期間が一年であり、第二期の期間が一年八カ月、第三、四、五期の期間が一年半であった[12]。それに対して、早稲田大学清国留学生部の場合は、予科一年、本科二年を経てから、研究科に入学するという三段階の長期教育の方針を取っていた[13]。

短い期間の速成教育に備えて、法政大学、明治大学の留学生を対象とした講義は通訳付きで行われていた。通訳付きの授業は、実際の授業時間のおよそ半分が通訳に費やされるため、もちろん学んだ内容も半分程に止まる。しかし、当時の留学事情からみれば、日本語で講義を受けうる段階に至るまでには、一般に三、四年間が必要であった。大多数の留日学生にとって、それを支える資金は大きな問題であった。一方、中国国内で新政改革が進められるなかで、短期間に大量の人材が必要とされていた。日本で中国人留学生を対象とした通訳付きの速成教育はこうした状況に対応したものと見られる。むろん、当時の日本における中国人留学生を対象とした速成教育の隆盛の背後に、授業料収入の拡大という大学側の経営上のねらいがあったことも否定できない。たとえば、一九〇三年以降損金が続いた法政大学では、速成科在学生が膨張した一九〇六、一九〇七年度には急に益金を出した。法政速成科の授業料収入が大学の財政を大いに潤したのは事実である[14]。

当時、通訳付きの速成教育は営利目的と批判を浴びたが、西洋をモデルとした明治初期日本の近代化のプロセスにおいても、外国人講師の通訳付きの講義が行われていた。たとえば、司法省の法律学校でフランス人教師による普通学、法律学の授業が行われていた。漢学の試験だけで採用された生徒たちに対して、フランス人教師ボアソナードの通訳つきの授業が行われた。また、一八七二年に、陸軍ではフランスより参謀中尉マルクリー以下三十名の軍事教官団が招聘されたが、「各人に通訳を付けなければ何事もできなかった」有様であった。[15] 外国語の習得に時間を費やさずに、通訳を介して各々の専門知識を短期間で学ぶことは、急速な近代化に備えた応急措置であったと言えよう。これと同じ発想から、梅謙次郎は清国公使館の要請に応じて、「（中国人学生が）邦語を習わずただちに専門の学が学べ、帰ってから迅速にそれを実行する。もって清国の改革事業を助ける」ため、法律学・政治学を教える通訳付きの法政速成科のコースを開いたのである。[16]

三校の授業科目をみると、経緯学堂と早稲田大学清国留学生部は、一部の講義を除けば、日本語と初等・中等教育レベルの内容であった。経緯学堂では、修業年限がもっとも長い三年制の普通科の場合でも、日本語、地理／歴史、算術、物理、鉱物、絵画、音楽、体操など、当時日本の初等、中等教育に相当するレベルの授業が行われていた。法律・政治に関連するものは、三年目の週二時間の「法制」だけであった。[17] 早稲田大学清国留学生部の場合、修業年限一年の予科と二年の本科（師範科）のうち、予科の授業はもっぱら日本語と「普通各学」であり、本科には物理化学科、博物科、歴史地理科が設置された。予科の講義九項目のうち、日本語は週時間数の半分を占め、残りの半分は歴史、地理、理科、数学、英語、唱歌、図画、体操と、経緯学堂の科目とほぼ同様であった。本科では、授業科目のうち、日本語と英語の週時間数が半分近くの十五時間を占め、残りの半分が物理化学、博物、歴史地理などそれぞれの専門科目であった。[18]

これら二校に比べ、法政速成科ではより専門性の高い講義科目が設けられていた。表一は法政速成科第四期（明治三八年〈一九〇五年〉一二月に入学）の政治部学科の授業科目と週授業時数である。

表一　法政速成科政治部学科課程

第一学期		第二学期	
科目名	毎週授業時数	科目名	毎週授業時数
法学通論	二	民　法	二
民　法	七	比較憲法	二
憲法汎論	四	行政法	五
国際公法	四	地方制度	一
経済学原論	三	刑　法	四
近世政治史	三	政治学	三
政治地理	一	応用経済学	三
		財政学	三
		警察学	一
合　計	二四	合　計	二四

出典：『法政大学史資料集』第十一集、法政大学、一九八八年、九頁。

表一からみれば、法政速成科の講義には、民法、憲法、国際法、行政法など「法学」に属す専門の講義が大きな比重を占める。なかでも、第二学期の授業のうち、地方自治を講ずる「行政法」と「地方制度」の週授業時数を合わせれば六時間となり、全体の四分の一を占める。なお、法政速成科では著名な学者を含む講師陣が授業を担当していた。表二は法政速成科の主要科目の担当講師とその所属などである。

表二　法政速成科担任講師および担当科目

科目名	担任講師	所属	学位
法学通論、民法	梅謙次郎	東京帝国大学法科大学教授	法学博士
憲　法	筧　克彦	東京帝国大学法科大学教授	法学博士
	美濃部達吉	東京帝国大学法科大学教授	法学博士
行政法	清水　澄	学習院主事、内務書記官	法学博士
	吉村源太郎	法制局参事官	法学士
商　法	志田鉀甲太郎	東京帝国大学法科大学教授	法学博士
国際公法	中村進午	東京高等商業学校教授	法学博士
国際私法	山田三良	東京帝国大学法科大学教授	法学博士
刑　法	岡田朝太郎	東京帝国大学法科大学教授	法学博士
政治学	小野塚喜平次	東京帝国大学法科大学教授	法学博士
経済学	山崎覚次郎	東京帝国大学法科大学教授	法学博士
財政学	岡　実	農商務省参事官	法学士
……	……	……	……

出典：『法政大学史資料集』第十一集、一一五－一一六頁。

梅謙次郎は自らが法政速成科の「法学通論」と「民法」の二科目の授業を担当するほか、東京帝国大学や裁判所、政府部門での人脈を生かして、多くの学者、専門家に法政速成科の講義の担当を依頼した。そのうち、「憲法」、「政治学」を担当する美濃部達吉、小野塚喜平次はそれぞれ法学、政治学研究を代表する学者であり、「行政法」を担当する清水澄（内務書記官、学習院主事）は当時屈指の法律学者で、清朝政府によって派遣された政治考察大臣載澤一行の来日の際に、彼は穂積八束と共に、伊藤博文の命を受けて明治憲法についての講義を担当した。それに対して、早稲田大学清国留学部と経緯学堂の場合、講義科目がほとんど初等・中等レベルのものであったため、法政速成科ほどの講師陣を備える必要もなかったことは容易に想像できよう。

以上見てきたように、一九〇五年前後、中国人留学生がもっとも集中していた法政、明治、早稲田の私立三大学のうち、法政大学の法政速成科は、教育方針、内容、方法および講師陣において、中国人留学生に地方自治およびそれに関連する法律学・政治学の理論知識を学ぶための、比較的に有利な条件を提供したと言えよう。これに鑑み、以下は法政速成科に焦点を当てて、地方自治関連の講義の内容についてみることにする。

表三は法政速成科の留学生を対象とした授業と同じ時期に法政大学本科の日本人学生を対象とした授業の講義科目、担当講師を比較したものである。

表三　法政大学本科・速成科の授業科目及担当講師一覧表

本科（一九〇三年）		速成科（一九〇六年）	
科目	担当講師	科目	担当講師
民法	梅謙次郎（他十四名）	民法	梅謙次郎　乾政彦
憲法	清水澄	憲法	筧克彦　美濃部達吉
行政法	美濃部達吉　筧克彦（他三名）	行政法	清水澄　吉村源太郎
法学通論	中村進午	法学通論	梅謙次郎
商法	志田甲太郎（他七名）	商法	志田鉀太郎（他一名）

国際公法	中村進午（他二名）	国際公法	中村進午
国際私法	山田三良（他二名）	国際私法	山田三良
刑　法	岡田朝太郎（他二名）	刑　法	岡田朝太郎
民事訴訟法	板倉松太郎（他四名）	民事訴訟法	板倉松太郎
刑事訴訟法	鶴見守義（他一名）	刑事訴訟法	板倉松太郎
経済学	山崎覚次郎（他一名）	経済学	山崎覚次郎（他二名）
財政学	岡　実	財政学	岡　実（他一名）
論理学	野田義夫	論理学	西河龍治
破産法	松岡義正		
法理学	穂積陳重		
ローマ法	田中　遜		
		政治学	小野塚喜平次
		警察学	久保田政周
		監獄学	小河滋次郎
		裁判所構成法	岩田一郎
		近世政治史	立　作太郎（他二名）
		政治地理	野村浩一（他一名）
		殖民政策	山内正暸
		警察事務	藤井秀雄

出典：法政大学本科に関しては『法政大学百年史』（一六二―一六五頁）、法政速成科に関しては『法政大学史資料集』第十一集（一一五―一一六頁）より。

表三からみれば、中国人留学生を対象とした法政速成科の科目数は二十一であり、日本人学生を対象とした法政大学本科の科目数より五つ多い。また、本科と速成科とは、授業科目や担当講師の大部分が重なっている。

次に、地方自治関連の講義の内容を見てみたい。当時日本のほとんどの大学では科目ごとに講義録が刊行されていた。法政大学では、日本人学生を対象とした講義録と、法政速成科の中国人留学生を対象とした中国語訳の講義録が別々に刊行されていた。法政大学で刊行された中国語訳の地方自治講義録のうち、筆者が日本で入手しえたのは平島及平の『地方自治要論』（明治四一年に法政大学で出版、訳者不明）の一冊だけであるが、南京図書館には法政速成科の卒業生によって中国語に翻訳されたものが三冊所蔵されている。[19] これら四種類の中国語に訳された講義録のほかに、他大学で刊行された地方自治関連の講義録のうちその著者が同時に法政速成科でも講義を担当した十一冊の講義録も、法政速成科の地方自治関連授業の内容を知るうえで参考になると思われる。[20]

四種類の中国語に訳された講義録と十一種類の日本語の講義録の内容からみると、『地方自治制』、『市町村制』、『行政法』と題したもののうち、地方自治に関する部分は互いに大同小異で、いずれも当時日本の地方自治に関する法律の内容の解説を中心としたものである。たとえば、法政大学本科で使われた松浦鎮次郎の『市町村制』（日本語）と速成科で使われた吉村源太郎の『市町村制』（中国語）の目次を較べると、両者の内容はほとんど同じものであり、ともに「市制」「町村制」の内容に関する解釈書であったことが明らかになる。

松浦鎮次郎『市町村制』（日本語）	吉村源太郎『市町村制』（中国語）
緒言	総論
第一章　自治体タル市町村	第一章　緒言
第一節　総説	第二章　公共団体

第三章　自治之観念
第四章　地方団体之種類
本論・第一章　市町村之成立及消滅
第二章　市町村之組織
第三章　市町村会
第四章　市町村之自治権
第五章　市町村之財政
第六章　市町村内一部之行政
第七章　町村組合
第八章　市町村之監督

第二節　市町村ノ成立及廃合
第三節　市町村ノ構成
第四節　住民ノ権利義務
第五節　市町村ノ機関
第六節　市町村ノ行政
第七節　町村組合及町村学校組合
第八節　市町村ノ内ノ区
第九節　市町村ニ対スル監督
第二章　行政区画タル市町村

通訳付きの速成コースとはいえ、法政速成科の講義内容と本科コースの同じ科目のそれとは基本的に同じものであったと言えよう。ただし、速成コースの修業年限が本科コースのそれよりはるかに短いこと、通訳の時間が授業時間の約半分を占めることを考えれば、法政速成科の授業内容は本科コースのそれを大幅に圧縮したものと見られる。

次節では、法政速成科の中国人留学生が地方自治の理論についてどのような知識を学んだかについて考察したい。もちろん、教科書以外に、留学生たちは美濃部達吉、有賀長雄らの著作から影響を受けたことも考えられるが、これらの著作のなかで地方自治に関する内容は基本的に大学の講義録とほぼ同じものであったため、中国語に訳された講義録、当時各大学で出版された、速成科で講義を担当した講師の講義録、および当時の学者（法政速成科で講義を担当した者に限る）の著作の順に資料を採取する。

二、地方自治関連の講義

一八八八年に「市制」「町村制」、一八九〇年に「府県制」「郡制」が発布された後、これらの法律の内容についての解釈が日本の各大学の行政学関連の講義において大きなウエートを占めるようになった。「市町村制」、「府県制」と名付けられる講義録はもちろんのこと、「地方自治制論」、「自治制大意」、「行政法講義」などの講義録においても、地方自治関連の法律内容の解釈が中心となっている。各大学の行政学関連の授業の講義録を全般的にみると、日本の府県、郡、市町村の組織構成や財政的、法律的地位に関する法律内容の解釈のほかに、どの講義録にも、地方自治の定義や地方自治団体の法的地位に関する各国の主要な学説、およびイギリス、ドイツ・プロイセンをはじめとするヨーロッパ各国の地方自治制度の特徴を紹介する「理論部分」の内容が一定の比重を占めている。明治期日本の地方自治制度に関連する法律の内容については、第一章ですでに触れた。ここでは、講義録の「理論部分」に焦点を当てて、地方自治の定義、官治と自治、集権と分権の三点を中心に、留日学生が近代地方自治理論を受容する際の知識背景についていて見ていきたい。

1、地方団体と国家

明治後期日本の各大学で発行された地方自治関連の講義録では、共通してイギリスとドイツをそれぞれの代表とする地方自治の二つの類型を比較することによって「地方自治とは何か」を説明している。一例を挙げると、前出の平島及平『地方自治要論』（中国語訳）においては、イギリスでは貴族が国家の事務に参与することが地方自治であると理解されるのに対して、ドイツでは地方自治が「町村区郡の政務及び政府の制御を受ける民間の結社」を意味する、と両国の地方自治を区別して説明している。(21) 以下は地方自治関連の講義録から拾った三つの「地方自治」の定義である。

(1)自治制度とは、行政法の一部分であり、行政法において、自治とは公共団体が国家の監督を受けて公共事務を処理することを意味する。(22)

(2)自治は自主と異なる。自主が自ら一つの国家になるのに対して、自治は国家の下にある。行政（学）における自治の定義は、公共団体が国家の監督を受けて自らの生存目的に関わる事務を処理することである。(23)

(3)「自治は自主に非す。……自治は自己の事務を行政するに非すして、国家の法律に依り国家の事務を執行するなり」。(24)

以上の三つの定義から二つの共通の要素が抽出される。すなわち、第一に、地方自治の範囲は、行政事務の処理・分担をめぐる公共団体と国家の間の関係に限定される。ここで言う公共団体は、統治者である国家がその目的を達成させるために法令を通じて設立した機関であり、「人民任意ノ団体ト異ル」ものである。(25) 第二に、公共団体が行政事務を処理する際に、国家の法律の許容範囲を越えてはならず、国家の監督を受けなければならない、ということである。

当時において、特に第二点の地方団体に対する国家の優越性が強調されていた。清水澄によれば、国家の権力は統治権であり、地方団体の権力は自治権である。統治権は国家固有のものであるのに対して、自治権は市町村固有のものではなく、「国家から委任され与えられて初めて存在し得る所の権力」である、という。(26) 吉村源太郎は、市町村団体は国家の委任で国家の事務を代理するものであり、「故にその成立は国家の意思に反してはならない」と述べている。(27) 平島及平は、地方自治団体は「国家が認めた範囲以外に、何の権利も義務も有しない」し、国家が定めた行政範囲においても、絶対的な独立した意思を持たず、国家の監督を受けなければならない、と述べている。(28) 美濃部達吉は、国家の監督権に服することは自治観念の一要素であり、もし自治体が外部の束縛を受けなければ、一つの独立国家になる恐れがあると述べている[29]。

このように、当時日本の学界では、地方自治の定義や地方団体の法的地位について、イギリスとドイツの地方自治の間にあって、例外なくドイツの地方自治の方に一辺倒になる傾向があった。言うまでもなく、ドイツ・プロイセンの地方自治理念に沿って地方自治を定義したのは、明治二〇年代初頭に成立した日本の地方自治制度そのものが、ドイツ・プロイセンの地方自治の法制度をモデルにしたからである。地方団体と国家との関係について、当時日本の学者たちは例外なく、地方団体に対する国家の絶対的優位性を強調していた。この点はまさに明治期日本の地方自治の本質であり、同時に、当時日本の地方自治制度の実態を如実に反映したものでもあった。

2、官治と自治

一般に、官治と自治は、一定地域の公共団体の首長が国家によって任命されるか、それともその地域の住民によって選挙されるかによって区別される。明治期日本の各大学で発行された地方自治関連の講義録において、ほとんどの場合、両者は区別されている。平島及平によると、官治は外交、軍事など全国にわたる行政事務、および府県知事・郡長によって処理される地方の行政事務である。それに対して、自治は地方の人民が国家の監督の下で、自らが経費を負担し、自らの切実な利害に関わる地方の公共事務を処理する、ということである[30]。有賀長雄は自治と官治、自治と封建制度下の行政とを区別すべきであると強調した。それによると、自治は職権上、財政上その上官に従属する専門の官吏が担当する行政と異なるものであり、土地を領有し、私権上の権能をもって国家の行政を営む封建領主の行政とも異なっている、という[31]。

当時日本の法律学者の間では、府県・郡・（市）町村の地方団体のうち、市町村を府県・郡と区別する傾向があった。清水澄によれば、府県知事は中央政府によって任命され、その職務は自治の範囲に属さない。それに対して、市町村は国家の「一番最下級の行政上の区劃」でありながらも、国に認められて「其行政を自治する」ものである(32)。松浦鎮次郎も「市町村ハ国ノ行政竝ニ府県ノ行政ヲ施行スル行政区画ニシテ、市長・町村長ニ依リテ統轄セラレル。自治体タル市町村ノ機関タル市長・町村長ハ同時ニ法律、命令ノ規定スル所ニ従ヒ、……事務ヲ管掌スルモノトス」と述べている(33)。

しかし、第一章で述べたように、明治期日本の地方自治制度において、首長が地域住民による選挙で選ばれる市町村団体を含め、地方団体はその地域内部の「固有事務」を処理すると同時に、国家の地方行政機構として、本来国家行政に属する一部の「委任事務」を執行する、いわば「二重の性格」をもっていた。府県や郡の官治と対照的に捉えられた市町村の自治をその具体的な内容からみれば、市町村が担う委任事務は量的に固有事務をはるかに越えていた。したがって、官治と自治を区別するのは事実上困難であった。

3、集権と分権

官治・自治の問題と異なって、集権と分権という概念は、一国の中央政府と地方政府の間の権限配分をめぐる関係を問題にするときに使われるものである。言い換えれば、集権と分権の問題は、中央政府がどの程度まで権限・財源を留保し、どの程度までそれを地方団体に委譲するかの問題である。明治後期日本の各大学が発行した地方自治関連の講義録においては、官治と集権、自治と分権はそれぞれ別個の概念として扱われていた。

すでに述べたように、明治期日本の地方自治制度は、廃藩置県に象徴される高度の中央集権体制を支える基盤であった。こうしたことを背景に、当時日本の法律学者たちは、集権と分権のバランスを強調しながらも、例外なく中央集権に対抗する意味での「分権」を強く否定していた。平島及平は「分権にも偏らず、集権にも頼らない。その中間を取るものは地方自治よりほかにない」と述べ、地方自治が集権と分権の間にバランスを保つもっとも良い手段であると指摘した[34]。吉村源太郎は『市町村制』のなかで、純然たる集権と純然たる分権はいずれも存在せず、「両者の区別は性質上のものではなく、程度のものであるにすぎない」と述べている[35]。一方、自治と分権の関係について、当時日本の学者たちは両者を同一視すべきではないことを強調した。清水澄は、清朝の行政制度を例に引いて分権と自治の区別を説明した。それによると、清朝の各省の総督と巡撫は地方に官庁を設けて、行政事務を処理している。これは明らかに一種の分権制度であるが、「自治とは全く別のことである」[36]。なお、有賀長雄によれば、地方自治は行政の分任であり、その事務は完全に中央政府の法律・命令に従わなければならない。それに対して、分権は「大国家の中に幾多の小国家」ができるという結果を招きかねないと述べている[37]。このように、当時日本の各大学の講義では、集権と分権は法理の上では均衡的に扱われたが、実際には、集権だけが強調され、場合によっては、「分権」という概念を否定する議論すらあった。

三、留日学生の地方自治論

1、グナイスト理論の受容

留日学生による近代地方自治理論の受容においてもっとも注目に値するのはグナイスト自治理論の受容である。ドイツ人ルドルフ・フォン・グナイスト（一八一六－一八九五）はベルリン大学の教授で、若いころにイギリスに留学した。彼は「千八百年世紀ニ於テ英吉利私国民ハ実ニ自治ノ社会ヲ生育シ其自治ノ社会ハ自ラ法令ヲ制定シ又法令ヲ制定スル所ノ社会ハ即チ法令自施ノ責任ヲ保スルニ至リタリ」と述べ[38]、地方自治こそがイギリスの優れた国家制度の根本であると捉え、それをヨーロッパ大陸に紹介した。グナイストの考えでは、国家と社会はつねに対立関係にあり、立憲主義国家において両者の対立を避けることは、内部の各部分の利害が著しく対立する社会の力ではとうてい不可能である。それを実現する唯一の方法は法の主体である国家が自治団体を創出し、相対立する諸階級を国家に包摂する、それによって、はじめて国家と社会の対立は解消される、という[39]。彼にとって、地方自治は国家の政治と個人の私事との間に介立する一つの小さな領域であり、「政府ト社会トノ結合」である。地方の貴族やジェントリーによる地方の公共事務への義務的奉仕を中心としたイギリスの名誉職のような組織こそ、国家と社会を結びつける「中間項」としての役割を果たすものであった[40]。

留日学生は比較的に早い時期からグナイストの自治理論に関心を示した。筆者の知る限りでは、遅くとも一九〇三年に刊行された留日学生の雑誌のなかにすでに「葛奈斯特」（グナイスト）の名が現れている。ある留学生は「自治とは国家と社会の間の連鎖である」というグナイストの言葉を引用して、「自治とは官治に対して語るものである。……自治体は国家間接の行政機関であり、地方の人をもって地方のことを行わせ、間接的に国家の行政目的を達成させる。自治には教育、警察、および地方人民の安寧と幸福に関するあらゆることが含まれる。……自治の制は官治の不足を補い、官治と相並行して行われるものである」と述べている[41]。別の留学生は「自治とは地方の名誉職をもって、国家の法律にしたがって、国家の行政事務のうち地方に関わる部分を処理することである」というグナイストの言葉を引用して、「所謂自治とは、国家が行政の一部を公共団体に委ね、公共団体が国家の委任を受けて、一定の範囲内で自己の生存の目的を達成させるものである」と述べている[42]。一九〇五年以後も、グナイストの名はしばしば留日学生の文章に登場し、グナイストの「地方自治が国家と社会の連鎖」という語は「不滅の言葉」と崇められるほどであった[43]。湖南省西路同郷会地方自治研究会のリーダー、法政大学に留学した瞿方書は、グナイストを「ドイツの大儒」と称した[44]。

一方、これと対照的に、当時において、グナイストの理論は日本の学界では批判を受けていた。岡実と織田萬は、グナイストが自治職員の名誉職制を自治の要素に加えたのは妥当ではないと述べた[45]。一八八八年「市制」「町村制」の発布に際して、その起草者であるモッセ（グナイストの弟子）は、これら両法律の内容を解釈する「市制町村制理由書」のなかに、人民を自治権の主体とする内容を盛り込んだ。これに対して、美濃部達吉は「人民ナルモノハ権利義務ノ主体タルモノニ非ラズ」と、それに真っ向から対立する意見を示した[46]。美濃部は、グナイストの「国家－社会連鎖説」に依拠して自治を「人民が行政に参与する」と解釈するのは原理としては不当ではないとしながらも、法律上人民を自治権の主体とすることは妥当ではないと考えた。織田萬も、モッセが「市制町村制理由書」において自治の権利を市町村の自主権としたことに対して、これを「従前ノ学者ノ誤謬ヲ踏襲シタル」ものと批判し、市町村が条例・規則を制定するに当っては法律命令の指示に従わなければならないことを強調した[47]。これらの批判は、日清、日露戦争の勝利を経て天皇を頂点とした絶対主義体制の下で国権至上の傾向がますます強まり、「強権的な国家至上主義」による国権の高まりを背景とするものと考えられる[48]。

グナイストの理論が日本でこのような批判を受けたもう一つの背景は、明治二〇年代にプロイセンから導入された地方自治制度が実施されるなかで制度的な欠陥が現れたことである。そもそも、近代以前の日本では、地方名望家が領主による村落支配を代行する側面と農民の利益を代弁する側面をもったが、イギリスの貴族・ジェントリーのように地域の公益事業に奉仕する社会的慣習はなかった。グナイストやモッセが強く主張した自治職員の名誉職制は「町村制」実施の当初から難航していた。明治地方自治制度成立後、市町村役員に選出された人が無給で市町村役場の事務を処理することは公民の義務であり、これを拒んだ者は罰金などの処分を受けることになっていた。しかし、「町村制」実施の当初から、このような上から強制された「自治」への不満が根強く存在し、宮城県では村長、助役、議員の辞職が相次ぎ、大阪府では「町村長助役共ニ出奔踪迹ヲ失シタル者」があった(49)。

では、日本の学界でグナイストの自治理論が批判されたにもかかわらず、なぜ中国の留学生たちはこれに強い関心を示したのだろうか。第三章で述べたように、中国の「内なる問題」として、顧炎武から一九世紀末の知識人が批判した権力の高度な集中と末端行政の非効率化による「上下懸隔」、「官民懸隔」の問題が二〇世紀初頭になるとますます深刻になった。この問題を解決するには、地域出身者の役割を増大させ、「君民一心、上下一体」の政治体制を作るべきであると考えられていた。他方、外国の侵略から国を救うには、バラバラになった人民を組織し、国家の基礎を強固にすることが喫緊の課題であった。康有為らの改良派と同様に、二〇世紀初頭日本にいた中国の留学生たちも、西洋、日本の強盛の根本的な原因が地方自治制度にあり、地方自治こそ中国が直面した二つの課題を解決する良い方策であると考えていた。彼らにとって、地方自治を通じて国家と社会を結びつけるというグナイスト学説は、国家と社会が互いにかけ離れ、官吏と民衆が互いにかけ離れるという中国の問題を解決するための最適な理論であったのであろう。

2、地方団体と国家

自治の制度は天理に起源するものであり、また社会の趨勢でもある。……自治心は地方制度の根源である。故に東西各国の地方制度はつねにその国民の自治心の盛衰と正比例する。また、国家もその影響を受ける。……ロシアは国土が日本の三十倍もあるが日本に敗れた。それはロシアの兵士に専制国家の国民の劣等根性があったのに対して、日本の兵士が地方の公民の資格を有するからである。国家の観念をもたない国民がその国を地球上に存立させることはありえない。また、地方の公民の資格なしに国民が成り立つこともありえない(50)。

これは一九〇七年に刊行された留日学生の雑誌『牖報』に掲載された「中国を救うには地方自治のほかにない」と題した文章の一節である。この引用文から、当時日本にいた中国の留学生たちが日露戦争における日本の勝利の原因は地方自治制度にあると考えていたことが見て取れる。一九〇五年以降の留日学生たちは、中国が弱肉強食の国際競争のなかで生き残るためには、個々の国民が力を合せて強い国家を作り上げなければならない、ということを実感した。彼らは個々の人間の運命は国家の運命と切実につながっており、各個人が国民・公民としてそれぞれの責任を果たさなければならない、と認識していた。ある湖南省出身の留学生は、列強の国々において、「その国民がそれぞれ自らの地方団体を治め、経営・計画を行い、国家の責任を分担しているからこそ、国家は軍備に力を入れることができたのである」と述べている(51)。

要するに、中国では個々の人間が組織されないままバラバラに存在しているため、国家全体が空洞かつ虚弱である。それと対照的に、列強の国々においては、国民一人一人が地方団体の中に組織され、地方団体が国家の事務を分担することによって国家の基礎が固まる、と彼らは考えたのである。このような認識は前章で取り上げた康有為、梁啓超らの考え方と基本的に同じであった。

ところで、前述のように、地方団体と国家の関係について、当時日本の学者たちは例外なく地方団体に対する国家の絶対的優越性を強調していたが、この問題をめぐって、留日学生の認識は当時日本で主流を占めていた学説との間に「思想の変容」を生じさせたのである。

第一の変容は地方団体の自治権がどこに由来したかという問題をめぐって現れている。すでに述べたように、当時の日本では、ドイツ・プロイセンの地方自治原理に基づいて、地方団体の自治権は国家によって授与されたものであると説かれていた。この問題について、ある四川省出身の留学生は、「現在流行の学説」にしたがって、地方自治を「国家の中にある公共団体が自らの意思に従って自らの存立目的を実現させるに必要な公共事務を処理すること」と定義し、自治団体の自治権が国家の下にあり、自治団体は国家から独立した存在ではなく、国家の意思に反して行動してはならないとする一方で、「人民が自治の主体であり、人民がなければ自治の主体が存立し得ない」と述べている(52)。当時の留日学生の間で、「人民が自治の主体である」という理解は多くの人々によって共有されていた。たとえば、ある留学生は、「地方というものは国家の基礎であり、人民というものは国家活動の主体である。土地と人民がなければ国家は存在することすらできない。地方の責任を国家に委任することができるのだろうか」と述べている(53)。

イギリスの地方自治制度の根底にある人民自治の思想に共通するこのような認識は、明らかに、前述の人民が自治権の主体であるという学説に対する美濃部達吉らの批判と立場が逆である。人民主権説に立脚して、ある留学生は「国家行政の権力はけっして少数の者によって独占されてはならず、その権力の一部を地方団体に委任することによって官治の不足を補う」べきである。なぜなら、「官吏が人民の代わりに物事を謀るよりも人民自らが謀る方がはるかによいに決まっている」からであると述べている(54)。ここで注目に値するのは、留学生のいう「官治の補足」の自治とは、国家行政の一部を肩代わりするいわば政府にとって都合のいいものではなく、人民が自治の主体であり、「一定地域の住民が自らの利益の保全と向上に関わる事項について意思決定をし、それを実行する」という地域住民の利益に立脚した自治であった、ということである。

第二の変容は地方団体と国家の関係をめぐって生じたものである。法政速成科第一期の卒業生樊樹勛の「地方自治

原論」と題する長文のなかには次の一節がある。(55)

今日において政治を論ずる者は必ず地方自治を語る。地方自治とは何か。曰く官治に対して語るものである。官治に対するものはなぜ地方自治でなければならないのか。曰く地方団体が自ら地方の事務を処理し官治の基礎をなすのである。一国の人民は地方自治団体の構成員であると同時に国家の構成員でもある。故に、個人の精神面、物質面における発展を実現させ、それによって国家の富強を図るには、地方の自治を実現させなければならない。……西洋人が政治を論ずるときに、国の中の小さい国ほど重要なものはないと言っている。ここから地方自治がまさに国家の根本であることが分かる。一面において、地方の人民が自治団体を結成し、自らの地方と直接関係する事務を処理し、もって自らの生存目的を達成させることは、まるで国の中の小さな国のようである。このことは地方団体自身にとって大きな利益がある。他方、地方自治団体は国家の政治機関の一つであり、国家が一定の事務をこれに委任する。（地方自治団体は）間接的に国家の行政目的を達成する手段である。このことは国家にとって深遠なる利益がある。……天下を縦覧して、地方の自治ができていないのに国家の立憲が実現できたとは聞いたこともない。逆に地方の自治ができているのに国家の立憲が実現できないのも聞いたことがない。なぜなら、その要は国家にあらず地方にあるからである。

ここで、国家富強の前提が地方団体の自治にあり、地方団体の自治はその団体を構成する各個人の精神面、物質面における発展を前提とする、という著者の思考パターンが読みとれる。明らかに、これは第三章で述べた「小から大へ」の順序に沿った中国の伝統的自治観念に基づいた考え方である。著者は、中国の伝統的自治観念にしたがって、地方自治を「国の中の小さい国」と位置づけ、個々の「国の中の小さい国」において自治が実現されてからはじめて全国レベルの立憲政治が実現され、国家の根本が固まる、ということを強調した。「国の中の小さい国」の自治を求める留学生の主張が前述の「大国家の中に幾多の小国家」を批判した有賀長雄の意見とは真っ向から対立していることも興味深い。

ある留学生は「国を治めるにはまず家を斉しくしなければならない」という孔子の言葉を引用して、地方自治について次のように説明している。すなわち、「斉家とは地方の一族が斉しければ国が治まるということではない。各地方団体という家がともに斉しくなってはじめて国が治まるのである」、という。(56) このように、留日学生が構想した地方自治は伝統中国の「下から上へ」の自治観念に基づいたものであり、国家が地方団体を設立し、行政事務の一部を地方団体に肩代わりさせるプロイセンや日本の「上から下へ」の地方自治とは正反対のものであった。

3、モデルの選択

前章で取り上げた康有為ら二〇世紀初頭の改良派の人々に比べ、一九〇五年以降の留日学生は近代地方自治の理論をより体系的に紹介し、とりわけイギリスとヨーロッパ大陸諸国の地方自治制度の相違を意識していた。たとえば、『新訳界』第三号に掲載された美濃部達吉『府県制要義』の一部の翻訳のなかで、地方自治には、立法、司法、行政の区別がなく、被治者としての人民が国政事務に参加することをすべて自治と称するイギリスの制度、人民が大統領を選挙するアメリカの制度、もっぱら地方の行政に限られるドイツの制度とがあることが紹介されている。(57) ある四川省出身の留学生は、イギリスが地方自治の発達のもっとも早い国であり、その自治の範囲はもっとも広く、人民はみな政治に参加しているのに対して、大陸諸国では自治の範囲が漸次に縮小され、行政に限定されている。日本の地方自治制度は大陸に範を取ったため、その自治の範囲もまた行政の一部にすぎない、と述べている。(58) このようなイギリスとドイツ・日本の制度に対する評価の違いは、当然イギリスモデルとドイツ・日本モデルのどちらを選択するかに影響を及ぼしていく。

前出の瞿方書は中国がイギリスの制度を導入すべきであると主張した一人である。彼は「西路同郷に対し急ぎ地方自治を行うべき理由書」と題する長文のなかで、各国の学者の理論、および英・独・日三国の地方自治制度を比較したうえで、「吾人が今日言う地方自治は英米を模倣し、ドイツや大陸、日本諸国を模倣すべきではない」と主張している。[59] それによれば、英語の“Self-government”は直訳すれば「自ら政治を行う」ことを意味し、立法、司法、行政をともに包含し、「自ら一つの小国家となる」のである。君主に国会の命令を執行する義務があるのと同様に、地方の官僚も地方議会の議決を執行しなければならない。それに対して、ドイツ語の“Selbstverwaltung”は直訳すれば「自ら行動する」、すなわち立法、司法を除く国家の事務を行うことであり、その範囲はもっぱら行政に限られている。それに、地方議会の議決を実行するかどうかは官僚の判断によるのであって、人民はそれに関与することができない。こうした点からみれば、イギリスの制度は人民を重視するものであり、ドイツの制度は官僚を重視するものである。イギリスの自治は人民による「自動的な地方自治」であり、その発達は国家よりも早かった。それに対して、ドイツなどの大陸諸国や日本では地方自治団体は政府が法律を発布した後に作られたものであり、その自治は「官辦的」自治にすぎない。「もし政府の指揮命令に従ってその事務を処理するならば、それは地方自治とは言え」ない。なぜなら、地方自治とは国家内の団体が自らの独立した意思に基づいて公共事務を処理することでなければならないからである。結論として、瞿方書は、地方自治の法律がまだ公布されていない中国では、人民が政府の力に頼らず、自らイギリスのような「自動的な地方自治」を実施すべきである、と述べている。[60] ここにイギリスの地方自治の根底にある人民自治説の影響が窺える。

一方、瞿方書が高く評価したイギリスの地方自治制度について、同じく法政大学で学んだ湖南省出身の楊度（当時日本にいる中国人留学生の最大の組織、留日学生総会の幹事長）はまったく異なった見解を示した。一九〇五年以降、中国では立憲政治への関心が高まるなかで、地方自治と国会開設の順序をめぐって意見が対立していた。一部の人は、中国では人民の政治的意識が低いため、イギリスの立憲政治の経験からすれば、まず地方自治を実施することによって人民の政治的レベルを高めてから国会を開設すべきであると主張した。それに対して、楊度はイギリスの経験を模倣すべきではないと主張した。それによれば、世界中の国々のなかで、各地方に地方団体が成立したうえで国会が開設された国はイギリスだけである。それはイギリス人の政治能力がもっとも高いからであると言われているが、実のところ、それはイギリスが島国だからにすぎない。なぜなら、常時隣国と争う状態にあるヨーロッパ大陸の国々では、権力を中央政府に集中させなければ、外国の脅威から国を守ることはできない。逆に、島国のイギリスは外敵からの脅威がなかったため、権力を中央政府に集中させる制度が必要ではなかった。それに、イギリスで地方自治が発達しえたもう一つの理由は、その国土が狭いゆえ、地方と中央の距離が近く、人民の公共の集会が自然と国会へと発達したことにある。したがって、イギリスの地方自治が各国のなかでもっとも進んでいるどころか、イギリスにおける国家制度の発達が他国より遅れているというべきである。国土の広さがイギリスの数十倍もある中国では、ヨーロッパ大陸と同様に、国家そのものが発達し、また中央は地方より発達し、官治は自治より発達している。そのため、イギリスのような、地方自治が自然に発達してから国家が形成される道は、中国の歩むべき道ではない、と楊度はいう。(61)

これと同様に、法政速成科で学んだ熊範輿は、イギリスの地方自治は国家間の競争がまだ激しくなかった時期において発達したものであり、国際競争が激しい一八世紀末から一九世紀初頭以降、イギリス以外のどの国においても、イギリスと異なって、先に国会を開設してから地方自治制度を設立したと指摘したうえで、中国では、現在国家がきわめて危険な状況におかれているため、先に地方自治の組織を設立してから国会を開設するというイギリスの経験にこだわるのは非現実的である、と述べていた[62]。

楊度のイギリス後進説は、ヨーロッパ各国における近代国家の発展に関するチャールズ・ティリーの見解を想起させる。ティリーは、西ヨーロッパにおける近代国民国家建設の達成の基準として、自治、分業化、中央集権、国内の諸機構間の協調（autonomy, differentiation, centralization, and internal coordination）の四つの要素を挙げている。この基準に照らしていえば、フランスは一五〇〇年以降終始ヨーロッパをリードしてきた。それに比べ、一九世紀のイギリスでは、国家権力による支配は低い水準に止まっていた[63]。楊度とティリーがイギリスの制度を評価する際の基準はそれぞれ異なっていたとはいえ、イギリスの制度が他国のそれに比べて未発達であったとする点において、両者は共通している。イギリスがその特殊な地理的条件により中国を含む多くの国々より発達が遅れていたため、その制度は中国のモデルにはなれない、と楊度が主張していたのである。

モデルの選択には、選択主体の動機や価値観、そしてモデルとなる制度が受け手側に適応できるかどうかなど複数の要素が影響している。前出の瞿方書が人民による「自動的な地方自治」という理念からイギリスの制度をモデルに選択したのと対照的に、留学生の中には、中国にとって日本の制度がもっとも相応しいものであり、それをモデルにすべきであると主張する人もいた。ある湖南省出身の留学生は、世界各国の地方自治制度の歴史を比較して、次のように述べている。すなわち、ヨーロッパ諸国のなかで地方自治がもっとも発達したのはイギリスであり、それに次ぐのはドイツ、フランス、オーストリアなどである。アメリカは新興の国ではあるが、イギリスと同様に地方自治は完全に実施されている。古代の日本には自治制度がないが、鎌倉時代に自治の萌芽が現れ、徳川時代には地主による自治が行われた。明治二一年に市町村制度が発布された後、地方自治制度が成立した。これらの制度のうち、日本の府県、郡、市がおよそ中国の省、府や直隷州、庁に相当するため、日本の制度を参考に省を上級地方団体とし、その次は府と直隷州、さらにその下には州県、最後には郷村を最下級の地方団体とするのが適切である、という。[64] つまり、イギリスの地方自治をもっとも発達した制度としながらも、具体的な実施については、中国に近い日本の制度をモデルに選んだのである。なお、ある留学生は、地方自治制度には英国と大陸の二つのタイプがあり、後者はドイツの制度に由来したものである。中国で地方自治を行うなら、「ドイツをモデルにするのがもっとも適宜である」と述べている。[65] このような見解は、当時日本の学者たちが例外なくドイツモデルに一辺倒の立場を取ったことと無関係ではないであろう。

4、官治と自治

モデルの選択から地方自治をどのように実施すべきかという具体論に入ると、中国の留学生たちはたちまち官治と自治の対立の問題に遭遇した。日本の場合、理論上官治と自治が区別されていたものの、現実には、官治と自治が一体となっていた。官撰の知事・郡長をもつ府県と郡の場合、そもそも知事・郡長と民選の府県会・郡会とは対立関係にあった。この対立を解消するために、プロイセンの執行機関たる参事会を副議決機関へと変形させ、議会に対する知事・郡長の優位を最大限に確保する制度上の工夫がなされた。その結果、官治と自治の対立は事実上官治が自治を包摂することによって解消された。しかし、中国では事情はまったく異なっていた。まず、ある留日学生が故郷で行った地方自治の実験から見てみよう。その留学生は夏休みに帰国し、自分の故郷で地方自治の実施を試みた。具体的に、学校の整頓、巡察制度の改良、道路や橋梁の修築、地域の衛生事業、議会の開設、郷団の設立、及び植樹、新聞の購入、郵便ポストや図書室の設置など一連の改革を計画した。故郷の人々ははじめは「みな喜んでこれに賛成した」が、これらの事業に必要な資金はすべて民間から集めなければならないことを聞いて、「ひねくれて狡猾な奴は金を出すのを拒否し、さまざまなデマを飛ばした」、という。その留学生はやむをえず知県に支援を要請したが、知県は「甘い言葉でごまかしたり、面会を拒否したり」した。結局、改革は失敗に終わった。この失敗の教訓から、その留学生は、地方官の協力を得なければ、あらゆる改革が成果を収められないと痛感し、「嗚呼、このような状態で、東西五六の強国の間にある我が中国は、どうして亡国を免れることができようか」と嘆いた(66)。

この事例は、留学生が帰郷の短い期間に地方自治の実験を行った点では特殊なケースとも言えるが、地方自治の実施に際して財政上の保障がない点、および地方官の支持がなければ自治の推進が困難である点においては、清末期に地方自治制度が導入された際の共通の問題を衝いていた。

官治が自治の妨げになることを予想して、熊範輿は地方自治を立憲の基礎と認めながらも、地方自治より国会開設を優先すべきであると主張した。彼は清朝政府の予備立憲の宣言は空文にすぎないと批判し、立憲改革の実施にはまず国会の設立から着手しなければならないと考えた。それによれば、もし先に地方自治を行うなら、方法は次の二つしか考えられない。一つは地方官に地方自治を実施するよう要請すること、もう一つは地方官がそれを許すか否かにかかわらず、人民が自ら自治を決行することである。前者についていえば、府庁州県の官僚は総督、巡撫から、総督、巡撫は中央政府からの許可を得なければならない。結局のところ、政府は一片の空文で言い逃れをするに違いない。もし地方官が許可するかどうかを問わず、人民が自ら議会を結成し自治を行うならば、地方官がそれを座視するはずがない。そうすれば、自治を行おうとする人民と自治を阻止しようとする地方官との間には必然的に衝突が起きる。それよりも、むしろ先に国会を開設し、あらゆる重要な問題を国会が審議、提案し、責任政府がそれを実行した方が効果的である。国会が成立すれば、地方自治も容易に普及される、ということである(67)。

国会を開設し、責任政府を通じて上から地方自治を実施することによって、官治と自治の対立を回避させようとする熊範輿の構想とは正反対に、一部の留学生は人民が自ら自治機構を組織し、銭糧の徴収における官治の不正を取り除こうという、下からの改革を提案した。ある湖南省出身の留学生は、故郷の桃源県で行った調査に基づいて次のように述べている。すなわち、桃源県では正税のほかにさまざまな名目の雑税が徴収されている。その際に、地方官や書吏は「浮収」、「陋規」や「中飽」など諸種の不正を働いている。そこで人民が自ら団体を結成し、議会の承認を得て不正な徴収を拒否し、その分の収入を自治経費に帰せば、地方にとって大いに役立つに違いない。これらの弊害を除去すれば、人民の負担が軽減され、官治にとっても不利なことはない。不利益を蒙るのは不正をした官吏だけである。(68)

近代地方自治制度の成立は近代的な税財政制度の整備を前提としなければならない。しかし、清末期の中国では、中央行政から独立した地方財政の制度が確立されておらず、末端の州県では、銭糧の徴収に際して「陋規」や「中飽」が恒常的に行われていた。このような伝統的な徴税制度の下で地方自治が導入されると、さまざまな問題が生じることは想像にかたくない。なかでもいかに自治経費を確保するかがもっとも大きな問題になるはずであった。第三部で見るように、官治と自治の対立の問題は、実際に地方自治制度が導入される段階において、一層現実の問題として現れてくるのである。興味深いことに、第九章で取り上げる江蘇省川沙県の事例では、地方エリートを中心とした議会で前述の桃源県出身の留学生が考案した官僚・書吏による中間搾取を取り除き、その分の収入を自治経費に当てるという方法とまったく同じ趣旨の提案が可決されるのである。

5、集権と分権

第二節で触れたように、明治期日本の学者たちは集権と分権を一体的に把握し、集権に対抗する意味での分権を強く否定した。それに対して、留日学生の多くは中央集権と地方分権とを二項対立の関係として捉えていた。ある留学生は、「近世国家において、地方自治と中央政府の権力の盛衰はまったく反比例になっている。中央政府の勢力が衰えた時期に地方団体の勢力が盛んになる」と述べている。[69]「集権」を中央の専制支配、「分権」を地方の自治とそれぞれ重ね合わせたこの留学生の視点は、前章で取り上げた汪兆銘、陳天華の議論に共通している。

中央集権と地方分権の関係について、ある留学生は地政学の観点からこう説明している。[70]

山国の民は分権を行うのが多く、平野の民は集権を行うのが多い。欧州諸国の地形はほとんど山が高くて険しく、一片の土地、一本の川が隔たるところが隠然と一つの独立国となる。人民の性格が強くて奥深く、団結、忍耐の力がある。一国の中に異なった民族や人種が雑居していると、各々独自の性格を保つことになる。故に政治上は分権となる。平野の国は山や壕の険しさがなく、土地が豊饒で気候も適宜であり、統一して大国になりやすい。人民が団結して治まる能力は未だに養成されていなければ、政治上は集権に止まる。

「山国＝分権」、「平野の国＝集権」という原理に照らしていえば、地形的に山岳と平野の両方を有する中国の政治体制はどのような特徴を有するか。これについて、留日学生の間で、「山国説」と「平野説」の二とおりの説明があった。一説によれば、中国の豊穣万里の平野は、秦の統一とそれ以後の極度の中央集権の恰好の条件であった。平野の地では統一は容易に達成されるが、その反面、中央集権の政治体制は人民の「群治」、すなわち団体を結成し、自ら治めることを大いに妨げた、という。[71]もう一つの説によれば、中国は広大な国土を有するが、「風気未開」のため、文明思想の輸入は困難である。なお、交通が未発達のため、人民が互いに情誼を通ずることは困難である。「中国は国家の性質からみれば平野国家にあらず、山岳国家に属すべきである」。それゆえ、秦以来続いてきた中国の集権体制は、ヨーロッパ諸国のような地方分権＝地方自治制度に変えるべきである、という。[72]中国を山国と見るか平野の国と見るかにかかわらず、秦の統一以来続いてきた中央集権体制を批判し、官僚が人民を統治するという現存の体制に取って代わって、各地方の人民が自ら政治を行い、地方自治＝地方分権の体制を確立すべきであると主張する点において、両説は共通している。そして、集権と分権の関係に対する留日学生の理解が当時の教科書から「脱線」していたことは注目すべき点である。

ヨーロッパでは、近代国民国家の形成は、中世の政治権力の分散的状態から全国統一の中央集権体制への確立という共通のプロセスを経た。近代国家は程度の差こそあれ、その成立期にはいずれも中央集権の志向が見られた。日本でも、明治維新後の廃藩置県、地租改正、全国的官僚制度の整備などを通じて、中央集権的政治体制が確立された。その一方で、近代国家においては、中央に集中された権力は官僚体制内部において分散される。したがって、集権と分権は、あくまでも既存の政治体制の内部における権力の集中と分散の問題である。一方、清末期の中国では、政治体制の腐敗、列強による国土分割の危機の問題と絡んで、地方自治は、多くの場合、行政の範囲を越えて、政治体制全般の改革として論議されていた。そこで、留日学生の地方自治論においては、近代行政学における集権・分権の一体的な関係が、往々にしてゼロ・サムの関係、もしくは排他的な対立関係として捉えられることになったのである。

結　び

本章で考察したように、日本では、一九〇五年前後、法政大学など三つの私立大学に中国人留学生を対象とした教育機構が相次いで設立された。日本の留学生教育がそれまでの初等、中等レベルのものから法学、行政学を含む大学レベルのものへと変化したことは、中国の留学生たちに近代地方自治理論についてより体系的な知識を習得しうる環境を提供した。留学生たちが刊行した雑誌に掲載された地方自治関連の文章からみれば、地方自治に関する彼らの認識は、基本的には大学の教科書の内容に沿ったものであったが、日中両国がおかれた国際環境並びに国内条件が大きく異なっていたため、留学生たちの論議が教科書から脱線することもしばしばであった。

地方自治理論の受容にともなう変容としてまず注目されるのは、中国の留学生たちが当時日本で批判を受けたグナイストの自治理論を受け入れた、ということである。それは、地方自治を国家と社会を結びつける「中間項」とするグナイストの理論が、「上下懸隔」、「官民懸隔」という中国の現実の問題を解決するための最適な理論であると考えられたからである。第二の変容は、一部の留学生が当時日本の学界で主流となる意見に反して、「人民が自治の主体である」と理解した点に見られる。彼らはイギリスの地方自治の基本理念でもあった地域住民を主体とするという立場から、地方が国家の基礎であり、人民が国家活動の主体であると主張した。第三の変容は地方団体と国家との関係をめぐる留日学生の認識に見られる。もっぱら地方団体に対する国家の監督権を強調する日本の学者たちと異なって、留日学生は「国の中の小さな国」である地方団体の自治があってはじめて国家の富強が達成されると主張した。これは、国家が地方団体を設立し、行政事務の一部を地方団体に肩代わりさせるという日本の「上から下へ」の地方自治とは正反対の発想であった。

一九〇五－一九〇七年の中国人の日本留学ブームは、日中双方からの速成教育批判、とりわけ一九〇五年（明治三八年）一一月に文部省が公布した「留学生取締規則」に対する留学生の抗議・退校・帰国により、まるで潮が引くように急速に冷めていった。しかし、中国国内で立憲改革が進められていくなか、日本から帰国した留学生、ことに「法政生」と呼ばれる法律学、政治学を学んだ留学生たちは、中央や地方レベルで大きく活躍していった(73)。日本からの帰国留学生が直接に地方自治に関わった例としては、第七章で扱う直隷省天津県で行われた地方自治の実験があった。そのほかに、帰国後各省の法政学堂で教鞭を取ったり、民国期に各級の裁判官や弁護士として活躍したりする人も少なくなかった。たとえば、前出の夏同龢は帰国後、一九〇六年に広東法政学堂の監督に就任し、法政人材の育成に力を注いだ。(74) 法政速成科第二期の卒業生謝健は、一九〇九年帰国後、湖北省で私立法政学堂を設立した。この学校は十二回にわたってあわせて二千人あまりの卒業生を世に送った。(75)

地方自治に対する留日学生の関心は主に理論的なものであり、日本の地方自治制度の実態に関する紹介は少なかった。この点において、同じ時期中国各地から派遣された官僚・紳士の視察者は、まさしく留日学生と対照的であった。これについては次章で取り上げる。

注

（1）小島淑男『留日学生の辛亥革命』、青木書店、一九八九年、一三頁。なお、一説によれば、日本にいる中国人留学生の数は一時期二万人に達した（法政大学大学史資料委員会編『法政大学史資料集』第十一集、『法政大学清国留学生法政速成科関係資料』、法政大学、一九八八年、一三五頁）。

（2）この時期に来日した留学生のうち、戊戌科（一八九八年）の状元夏同龢は当時もっとも注目される人物であった。一九〇五年に法政速成科第一期を卒業した夏は、成績優秀のため法政大学の総理梅謙次郎に賞賛され、その卒業論文「清国財政論策」は法政大学の学内新聞『法学新聞』に全文掲載された（前掲『法政大学史資料集』第十一集、一四〇－一四二頁）。ところが一方、中国国内には、夏の「剪辮」、出洋、留学を「自ら身分を賤くすること」と批判した人もいた（胡思敬『退廬全集』、出版年代不明、沈雲龍主編『近代中国史料叢刊』第四十五輯、一三〇五－一三〇六頁）。

（3）B・I・シュウォルツ著、平野健一郎訳『中国の近代化と知識人――厳復と西洋』、東京大学出版会、一九七八年、二七－二八頁。

（4）『胡漢民自伝』、国民党党史編纂委員会主編『革命文献』第三巻、一九五三年、一三頁。

（5）「本報五大特色」、『法政学報』第一号、一九〇七年。

（6）それまでに中国人留学生受け入れの最大の学校は嘉納治五郎の宏文学院であった。この学校はピークの一九〇六年に本校以外に五つの分校を抱え、在校生の数が一六一五人に達した（阿部洋『中国の近代教育と明治日本』、福村出版、一九九〇年、七二頁）。陳天華、魯迅、楊度、黄興、陳独秀など多くの著名人がかってこの学校で学んだ。

（7）次の表は一九〇四年以降の八年間にこの三校で学んだ中国人留学生の人数の統計である。

留日学生の入学・卒業者推移表

受け入れ校名	存在時期	入学者A	卒業者B	B／A
法政大学清国留学生法政速成科	明治三七－四一年	二一一七人	九八六人	四六・六％
明治大学私立経緯学堂	明治三七－四三年	二八六三人	一三八九人	四八・五％
早稲田大学清国留学生部	明治三七－四三年	二〇〇六人	一一一九人	五五・八％

出典：明治大学百年史編纂委員会編『明治大学百年史』第三巻『通史編』Ⅰ、明治大学、一九九二年、六三一頁より。

（8）「私立経緯学堂章程」、『明治大学百年史』第一巻、『史料編』Ⅰ、明治大学、一九八六年、八五二頁。

（9）高田早苗（早稲田大学学監）「同文書院ニ於ケル演説ノ要領」、細野浩二「早稲田大学と中国をめぐる新資料について」、『早稲田大学史紀要』第六号、一九七三年、一五三頁。

（10）梅謙次郎「清国留学生法政速成科設置趣意書」、明治三七年（一九〇四年）四月、前掲『法政大学史資料集』第十一集、二頁。

（11）『明治大学百年史』第三巻、『通史編』Ⅰ、明治大学、一九九二年、六三三頁。経緯学堂については、島田正郎『清末における近代的法典の編纂』（創文社、一九八〇年）第九章Ⅲ「私立明治大学経緯学堂」を参照。

（12）「法政速成科班別・開班（開講）卒業一覧」、前掲『法政大学史資料集』第十一集、附録第二表。

（13）「清国留学生部章程」、早稲田大学大学史編修所編『早稲田大学百年史』第二巻、早稲田大学出版部、一九九二年、一六五頁。

（14）安岡昭男「解題・清国人留日学生と法政速成科」、前掲『法政大学史資料集』第十一集、二六〇－二六一頁。

（15）梅渓昇『お雇い外国人1・概説』、鹿島研究所出版会、一九六八年、一七九－一八〇頁。

（16）梅謙次郎「清国留学生法政速成科設置趣意書」、前掲『法政大学史資料集』第十一集、二頁。一方、法政速成科で通訳を担当した曹汝霖（中央大学卒業）の回想録によれば、最初に梅謙次郎に法政速成科の設置を要請したのは彼ともう一人の留学生范源濂であった（曹汝霖著・曹汝霖回想録刊行会編訳〈兼発行〉『一生之回憶』、一九六七年、一六頁）。

（17）「経緯学堂普通科一～三学年の授業科目」、前掲『明治大学百年史』第一巻、『資料編』Ⅰ、八三二頁、八五三－八五四頁。ただし、一般教育以外の専門教育として、経緯学堂には在学期間一年（一説は七カ月、阿部洋、前掲書、八一頁）の警務科が設けられた。その講義科目には日本語、歴史、地理のほか、警察学大意、行政警察大意、監獄学大意、刑法各論などが並んでいる（前掲『明治大学百年史』第一巻、『資料編』Ⅰ、八五五頁）。

（18）「清国留学生部章程」には、予科と本科のほかには研究科を開設するとある（前掲『早稲田大学百年史』第二巻、一六五－一七〇頁）。しかし、一九〇八年以降留学生の激減によって、実際には開設されなかった。また、本科には、師範科のほか、当初は政法理財科と商科を設置することを予定していたが、結局開設されなかった（阿部洋、前掲書、八八頁）。

（19）この三冊の講義録の著者、訳者、書名、および出版年代は次のとおりである。

⑴吉村源太郎著、張家鎮編訳『地方行政制度』、上海、予備立憲公会、明治三九年（一九〇六年）。

⑵吉村源太郎著、朱徳権編訳『市町村制』、明治四〇年（一九〇七年）。

⑶清水澄著、陳登山訳『憲法汎論』、明治四一年（一九〇八年）。

前掲『法政大学史資料集』第十一集に掲載された法政速成科卒業生名簿によると、張家鎮は法政速成科第四期（明治四十年〈一九〇七年〉）の卒業生であり、朱徳権と陳登山はいずれも第五期（明治四十一年〈一九〇八年〉）の卒業生であった。

（20）十一種類の講義録は以下のとおりである。

①松浦鎮次郎『府県制』、法政大学、明治三六年（一九〇三年）。
②筧克彦『行政法各論』、法政大学、明治三九年（一九〇六年）。
③松浦鎮次郎『市町村制』、法政大学、明治四一年（一九〇八年）。
④島田鉄吉『戸籍法』、法政大学、出版年代不明。
⑤清水澄『地方自治制論』、早稲田大学、明治四二年（一九〇九年）。
⑥清水澄『行政法各論』、早稲田大学、明治四三年（一九一〇年）。
⑦美濃部達吉『行政法総論』、早稲田大学、出版年代不明。
⑧岡実『行政法講義』、明治大学、明治三八年（一九〇五年）。
⑨美濃部達吉『行政法各論』、明治大学、明治四二年（一九〇九年）。
⑩島田俊雄『自治制大意』、明治大学、明治四三年（一九一〇年）。
⑪美濃部達吉『行政法講義』（上・下）、東京帝国大学、明治四五年（一九一二年）。

(21) 平島及平著、梅謙次郎校閲『地方自治要論』、法政大学、一九〇八年、一一―一二頁。
(22) 前掲吉村源太郎述、張家鎮編訳『地方行政制度』、五頁。
(23) 前掲吉村源太郎述、朱徳権編訳『市町村制』、六―七頁。
(24) 有賀長雄『国法学』（早稲田大学三十八年度政治経済科第一学年講義録）、早稲田大学出版部、一九〇五年、五四七頁。
(25) 岡実『行政法講義』（明治大学三十八年度法律科第二学年講義）、明治大学出版部、一九〇五年、一八六頁。
(26) 清水澄『地方自治制論』（早稲田大学四十二年度政治経済科第二学年講義録）、早稲田大学出版部、一九〇九年、三〇頁。
(27) 吉村源太郎、前掲『市町村制』、一五頁。
(28) 平島及平、前掲『地方自治要論』、三四―三五頁。
(29) 美濃部達吉『行政法総論』、早稲田大学出版部、出版年代不明、二八八頁。
(30) 平島及平、前掲『地方自治要論』、二五―二六頁。

(31) 有賀長雄、前掲『国法学』、五四七頁。

(32) 清水澄、前掲『地方自治制論』、一二頁。

(33) たとえば吉村源太郎、前掲『地方行政制度』、一一一頁、一三〇頁。なお、松浦鎮次郎は、「市町村ハ国ノ行政竝ニ府県ノ行政ヲ施行スル行政区画ニシテ、市長・町村長ニ依リテ統轄セラレル。自治体タル市町村ノ機関タル市長・町村長ハ同時ニ法律、命令ノ規定スル所ニ従ヒ、……事務ヲ管掌スルモノトス」と述べている（松浦鎮次郎講述『市町村制』、法政大学、一九〇八年、一七四頁）。

(34) 平島及平、前掲『地方自治要論』、七頁。

(35) 吉村源太郎、前掲『市町村制』、一一頁。

(36) 清水澄、前掲『地方自治制論』、一二頁。

(37) 有賀長雄、前掲『国法学』、五四五頁。

(38) グナイスト『建国説』、小松済治訳、東京独逸協会、一八八三年、一一八頁。

(39) 山田公平『近代日本の国民国家と地方自治』、名古屋大学出版会、一九九一年、一八二頁。

(40) ブルンチュリー著、中根重一訳『政治学』、東京独逸学協会、一八八二－一八八三年、一〇一頁。ブルンチュリー（一八〇八－一八八一）は一九世紀ドイツ公法学の代表的学者で、その学説は加藤弘之や美濃部達吉に多大な影響を与えた。この著のなかでブルンチュリーは、地方自治をめぐる当時ドイツのいくつかの学説をまとめ、このグナイストの「国家－社会連鎖説」がもっとも適切な理論であると評した。

(41) 攻法子「敬告我郷人」、『浙江潮』第二号、「社説」、一九〇三年、三－五頁。

(42) 耐軒「自治制釈義」、『江蘇』第四号、一九〇三年、二〇頁。

(43) 獅厳「論救中国莫善於地方自治」、『牖報』第二号、一九〇七年、七頁。

(44) 瞿方書「勧告西路同郷亟行地方自治理由書」、留東湖南西路同郷会第壹次報告『地方自治』、一九〇八年、二五頁。ちなみに、「西路」とは湖南省北西部地域の俗称で、常徳、邵陽、桃源、永順、鳳凰などを含む地域を指す。当時西路同郷会は各省留日学生のうちもっとも人数の多い湖南同郷会の下の組織であり、その下にさらに地方自治研究部が設立された。地方自治研究部の規則によれば、研究部の趣旨は湖南西路各県の地方自治事情について研究し、将来における地方自治の実施に備える、ということである。なお、外国の地方自治関連の書籍の翻訳、各種の地方自治法案の起草、研究部の会員誌である地方自治報告書の発行も行う（「湖南西路同郷会増設各部規則」、留東湖南西路同郷会編『地方自治』、一九〇九年、一三七頁）。

（45)　織田萬『行政法』、和仏法律学校（法政大学の前身）第三期講義録、一八九七年、四三頁。岡実、前掲『行政法講義』、一八九―一九〇頁。

(46)　美濃部達吉『改正府県制郡制要義』、有斐閣書房、明法堂、一八九九年、二五頁。

(47)　織田萬、前掲『行政法』、五一頁。

(48)　遠山茂樹「日本のナショナリズム」、『遠山茂樹著作集5・明治の思想とナショナリズム』、岩波書店、一九九二年、二四一頁。

(49)　大島美津子『明治国家と地域社会』、岩波書店、一九九四年、二一七頁。

(50)　獅厳「論救中国莫善於地方自治」、『牖報』第二号、「社説」、一九〇七年、四頁。

(51)　田永正「留日湖南西路同郷会組織地方自治部意見」、前掲留東湖南西路同郷会第壹次報告『地方自治』、七五頁。

(52)　思群「論地方自治」、『四川』第二号、一九〇七年、六四―六五頁。

(53)　劉健「地方自治与国家関係之概論」、前掲留東湖南西路同郷会第壹次報告『地方自治』、六四頁。

(54)　思群「論地方自治」、前掲『四川』第二号、五五頁。

(55)　樊樹勲「地方自治原論」、『新訳界』第八号、一九〇八年、二四―二五頁。

(56)　劉健「地方自治与国家関係之概論」、前掲留東湖南西路同郷会第壹次報告『地方自治』、六四頁。

(57)　美濃部達吉「地方自治之意義及議会参事会之組織」、谷鐘秀編訳、『新訳界』第三号、一九〇六年、一二頁。

(58)　思群「論地方自治」、前掲『四川』第二号、五八頁。

(59)　瞿方書「勧告西路同郷亟行地方自治理由書」、前掲留東湖南西路同郷会第壹次報告『地方自治』、二五頁。

(60)　同右、二四－二七頁。
(61)　楊度「金鉄主義説」(『中国新報』第一－五号連載、一九〇七年一月－五月)、劉晴波主編『楊度集』、湖南人民出版社、一九八六年、三三三－三三四頁。
(62)　熊範輿「国会与地方自治」、『中国新報』第五号、「論説」、一九〇七年、九〇－九一頁。
(63)　Charles Tilly, ed., *The Formation of National States in Western Europe*, Princeton University Press, 1975, p.35.
(64)　陳焱「擬辦桃源県地方自治要論」、留東湖南西路同郷会『地方自治』、一九〇九年、七九－八一頁。
(65)　獅厳「論救中国莫善於地方自治」、『牖報』第二号、一九〇七年、一〇頁。
(66)　同右、七頁。
(67)　熊範輿「再論国会与地方自治」、『中国新報』第六号、一九〇七年七月、四三－五一頁。
(68)　陳焱「擬辦桃源県地方自治要論」、前掲留東湖南西路同郷会『地方自治』、七一－七三頁。
(69)　樊樹勲「地方自治原論」、前掲『新訳界』、第八号、二五頁。
(70)　思群「論地方自治」、前掲『四川』第二号、六二－六三頁。
(71)　同右、六三頁。
(72)　獅厳「論救中国莫善於地方自治」、『牖報』第二号、五頁。
(73)　清末期の立憲運動における留日学生の活動については、張学継「論留日学生在立憲運動中的作用」(『近代史研究』、一九九三年第二号)を参照されたい。
(74)　賀躍夫、「清末士大夫留学日本熱透視――論法政大学中国留学生速成科」、『近代史研究』一九九三年第一号、五四頁。
(75)　謝健は民国初期、国民党勢力支配下の上海で司法署の裁判員、検察庁庭長、武昌府地方検察庁検察長を歴任し、後に弁護士として活躍していた(謝健『謝鑄陳回憶録』、一九六〇年序、沈雲龍主編『近代中国史料叢刊』第九十一輯、文海出版社影印版、三〇－三一頁)。

第六章　清末官僚・紳士による明治地方制度の視察

はじめに

本章は一九〇〇年代に来日した中国の官僚・紳士の視察者による日本の地方制度視察を考察の対象とする。清朝の「新政」改革が進むなか、直隷総督袁世凱は直隷省において、全国ではじめて末端の州県官僚を日本に派遣し、日本の地方制度を視察させることを制度化した。まもなく末端官僚の日本派遣は全国多くの地域で実施されるようになった。なお、その後、直隷省では、三回にわたって各州県から選抜された「士紳」を日本に派遣する大がかりな計画も遂行されていた。視察者たちが残した「東遊日記」と総称される数多くの視察記録には、日本の行政制度・地方自治制度に関する見聞が生々しく記されている。(1)

清末期における中国人の対日視察について、すでにいくつかの先行研究が発表されている。(2)しかし、この時期における地方制度の視察に関する研究は、管見の限り、まだ存在しない。本章は、東京都立図書館実藤文庫所蔵の「東遊日記」を主な素材とし、外務省外交史料館の外交記録と照らし合わせて、日本への地方制度視察者派遣政策の形成、視察者の人的構成、日本側の対応、そして、府県・郡・市町村での具体的視察過程の解明を試みる。それを通して、これまでに見てきた改良派の地方自治論、留日学生による地方自治理論の受容とは別の角度からの、明治地方自治制度に対する視察者の認識について検討を加えたい。

一、清末対日視察の新しい流れ――地方制度の視察

1、清末期における中国人の対日視察の方向変化

一国の政府が他国に視察者を派遣し、他国の制度を視察し、それをモデルにして改革を行う、ということは、世界各国の歴史上よく見られることである。日本の歴史上、かつて数回にわたって遣隋使・遣唐使が中国に派遣され、その後中国の政治制度に基づいて律令国家が創り出された。近代においては、一八七一―一八七三年に岩倉具視を特命全権大使とした使節団が条約改正準備のために欧米諸国に派遣され、大がかりな調査を行った。一八八二年に伊藤博文が率いる憲法視察団がヨーロッパ諸国に派遣され、帰国後ドイツ・プロイセンの君主立憲制度をモデルに明治憲法体制が制定された。しかし、清末期における中国人の対日視察は、その人数や回数、そして視察の範囲のいずれにおいても、それまで類のないものであったと言える。

清末期における中国人の対日地方制度視察者の人員構成について正確な統計を求めることは、資料の制約によりきわめて困難である。以下の表一は筆者が外務省外交記録、「東遊日記」など現段階で入手した資料に基づいて作成したものである。この表は、一八九八年から一九一一年までの十四年間の間に来日した中国の視察者のうち、視察目的別に、視察者の人数の変化を示すものである(3)。

表一　清末対日視察者の視察目的別人数（1898－1911）

年代＼項目	①教育視察のみ	②地方制度視察のみ	③教育・地方制度視察	④教育・その他の視察	⑤地方制度・その他	⑥その他の視察	合　計
1898	4			21			25
1899				10		11	21
1900				5			5
1901	19			4		30	53
1902	13			8			21
1903	51		6	27		18	102
1904	30	4	4	7	3	35	83
1905	36	25	34	25		74	194
1906	25	80	59	21	12	121	318
1907	13	223	36	8	2	145	427
1908	4	88	1	1		39	133
1909		4			1	20	25
1910		19	26			21	66
1911		1				58	59
合　計	195	444	166	137	18	572	1532
%	12.7	29	10.8	8.9	1.2	37.4	100

出典：外務省外交資料館所蔵「外国官民本邦及鮮・満視察雑件」(「清国之部・二～七」)、「東遊日記」、『北洋官報』、『北洋公牘類纂』、および明治の地方自治模範村千葉県山武郡源村、静岡県賀茂郡稲取村に保存されている中国人視察者の記録などの資料により作成。

表一では、視察の目的を六つの項目に分類しているが、これは、外務省外交資料館に保存されている清国公使の日本外務大臣宛の視察者紹介状にある視察目的にしたがったものである。六つの項目のうち、①と②はそれぞれもっぱら「教育視察」と「地方制度視察」を目的とするものである。③～⑤は公使館の紹介状にしたがって主要な視察目的とそれ以外の視察目的を併記するものである。⑥は「実業、軍事、農業、監獄、警察、郵便、鉄道」など、教育・地方制度以外の視察目的をまとめたものである。[4] なお、通訳者兼案内者として視察者に同行した留日学生はこの表には含まれていない。

清末期にさまざまな目的で来日した視察者の中に、地方制度視察者はいったいどのぐらいいたのか、その人数がどのような趨勢で変化したか、これらの視察者の人的構成（官僚と紳士の割合）にどのような特徴があるか、などの問題を解明する必要がある。地方制度視察を目的に来日した視察者を他の目的で来日した視察者と区別するため、筆者は外務省外交資料館に保存されている清国公使の日本外務大臣宛の視察者紹介状に注目し、紹介状に書かれた視察目的を、六つの項目に分けることを試みた。その結果が表一である。

表一からみれば、地方制度視察者は一九〇四年に初めて現れ、一九〇七、一九〇八年にピークに達している。人数について言えば、②の「地方制度視察のみ」の人数は視察者全体の二九％を占め、「教育視察のみ」の一一・七％の二倍を超える。一九〇〇年代、視察目的と関係なく、学校参観はほぼすべての視察者の視察日程に含まれていた。地方制度視察のために来日した人の多くも東京市内の学校を見学した。視察先別で視察者の人数を統計すれば、学校見学者がもっとも多いことになるのであろう。しかし、視察目的別でみると、表一に示されるように、この時期、単純に教育視察で来日した者は少なく、むしろ教育視察が地方制度や実業、軍事などの視察と合わせて行われたケースが多い。

表一のデータを項目別のグラフで表すと、次のようになる。

清末対日視察目的別人数図（1898－1911）

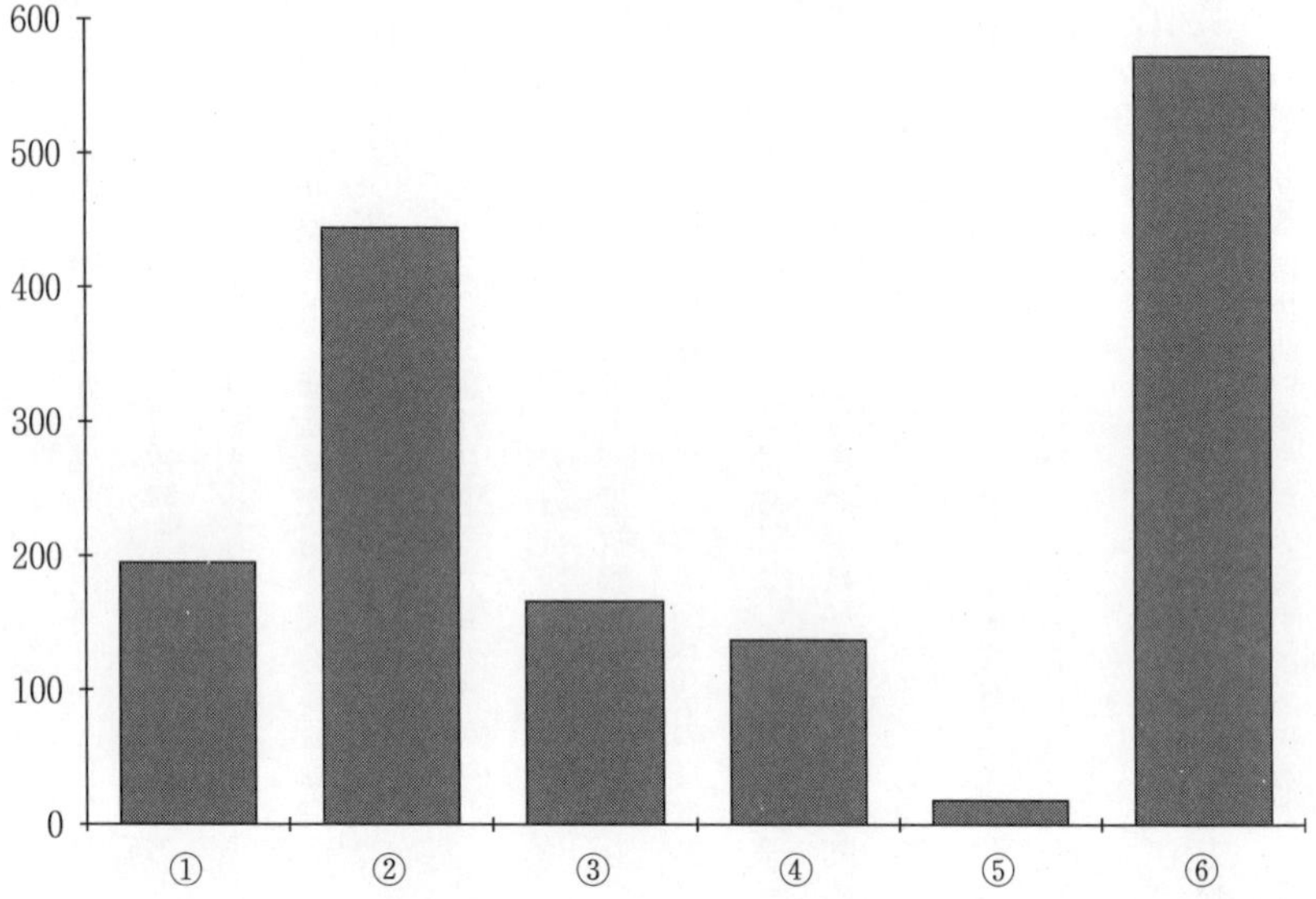

ところで、視察者の身分に目を転じると、この時期に来日した視察者の紹介状には、官僚、紳士のほかに、「委員」や「游歴員」などが書かれている。本章では、「官」と「紳」のどちらに属すか判断できない者は、すべて「その他」と分類する。表一のうち視察目的に地方制度視察が含まれている②、③、⑤のグループに属する六二八人の視察者のうち、官僚は二八五人（四五・四%）、紳士は二六〇人（四一・四%）、その他は八三人（一三・二%）である。官僚の人数は紳士の人数をやや上回るが、官僚と紳士がそれぞれ四割強を占めている。身分が判別しにくい「その他」の類に入るのは全体の一割あまりである。官僚の中では、現職の知州、知県あるいはその候補者が圧倒的多数を占めている。つまり、この時期に来日した地方制度視察者の大半は、地方の末端官僚と紳士であったことが分かる。

2、地方制度視察者増加の国内的背景

表一が示したように、一九〇五年を境に、地方制度の視察を目的に来日した視察者の人数が増加した。その背景と

して、一九〇一年にはじまった清朝の「新政」改革が次第に州県レベルに及び、地方自治の動きが一部の地域に現れたことが注目される。

「新政」の具体的な内容は明確に示されなかったが、新式学校の設立、警察の設置、農工商業の促進などが挙げられる。張之洞、袁世凱、劉坤一など改革推進派の官僚は、それぞれの地域において、新しい学校制度の設立を中心に改革を進めていた。彼らは日本の学校制度が中国に相応しいものであると考え、末端官僚・紳士を学校制度視察のため日本に派遣した。

一方、この時期、一部の地域では地方自治を実行する動きが見られた。趙爾巽は一九〇二～一九〇三年の山西省布政使の任期中に、従来の「郷社」組織を基礎に、地方の紳士を中心とした地方自治を考案した。(5) 趙は一九〇五年に盛京将軍に就任した後、奉天で自治局を設立し、奉天府知府管鳳龢を自治局の総辦に任命した。そこで日本人教習による行政法、地方自治論などの講義が行われていた。(6) 一九〇四年八月、奉天紳商の推挙によって、地方治安の維持を目的とする「東三省保衛公所」が設立された。その設立の章程に外国の地方議会に倣って議員を選挙し、「地方の人材、地方の財力をもって地方のことを行う」という趣旨が述べられている。(7) 翌一九〇五年に、上海の紳士李平書らは「地方の人材をもって地方の利益を興じ、地方の資金をもって地方の政治を行う」ために、蘇松太道袁樹勳の許可を得て上海城廂内外総工程局を設立した。総工程局は議事会と董事会の二つの部分から構成され、それぞれ地方自治の議決機関と執行機関となり、都市の衛生、道路、下水道の建設などの事業を担っていた。(8)

こうした地方レベルの動きはやがて清朝政府内部に伝わり、清朝政府は一九〇五年一〇月に趙爾巽と袁世凱に合同して自治章程を起草するよう命じた。(9) これを受けて、直隷省天津県に日本からの帰国留学生を中心とした天津自治局が翌年に設立された。天津自治については次章で取り上げることとして、以下では対日視察が教育制度の視察から地方制度の視察へと流れが変わっていたことにおける袁世凱の役割に触れておきたい。
袁世凱は張之洞と並んで、早くから中国の「新政」改革は日本をモデルに進めるべきであると主張した官僚の一人であった。一九〇四年までは、張之洞と同様に、袁世凱も多くの地方官僚と「学董」を日本に派遣し、日本の学校制度を視察させた。ところが、一九〇四年一一月に直隷省保定府知府朱家宝一行三十余人が地方制度視察のために日本に派遣されたのをきっかけに、袁世凱の視察者派遣の方針に明らかな変化が生じた。彼は一九〇五年七月二〇日（光緒三一年六月二八日）に呈した上奏文のなかで、州県の現職官僚あるいは官僚候補者、および各県から少なくとも一名ずつ選ばれた紳士を、それぞれ三カ月～四カ月を期間として日本に派遣し、その費用は、地方官の場合は官費で、紳士の場合は各県で調達もしくは自己負担させる、と建言した。袁世凱の計画が完全に実施された場合、直隷省を例にしてみれば、一二五の州県で現職の知州・知県と各州県に一名ずつの紳士としただけでも、その人数が最低二五〇名と予想される。(10)

このように大がかりな派遣計画を打ち出した目的はいったいどこにあったのだろうか。前出の上奏文からみると、袁世凱の考えでは、現在の中国の問題は民の知識がいまだ開いていないことにあり、「民智」を開くには、まず地方官と紳士から始めなければならない、ということである。彼は「今の時局を変革させるには、ただ上下一心し、広く隣邦の良法を取り入れるほかはありません。これは目前の行政改良の方法であり、将来の地方自治の基礎をも築くものです」と述べ、地方の官僚・紳士を日本に派遣し、見聞を広めることが必要であると主張した。(11)

袁世凱は「新政」改革を地方で成功させるには地方官が決定的な役目を果たさなければならないと考え、とりわけ地方官僚の派遣を重視していた。前出の上奏文と相前後して、袁世凱は直隷省の布政使、按察使、留学監督に「数年後、外国に行ったことのない地方官が一人もいなくなることを望んでいる」と述べ、「もし口実を設けて行かない者があれば、制裁として直ちにその赴任を停止させる」ことを命じた[12]。こうした方針は一九〇七年末に袁世凱が直隷総督を離任した後も、後任の楊士驤の手によって貫かれた。これは、当時日本での地方制度視察の内容を記した「東遊日記」の執筆者のなかで、直隷省の知州・知県がほかの省よりはるかに多いことの所以である。

ところで、地方官僚による地方制度視察の具体的な目的について、袁世凱は上奏文のなかで、「行政、司法各署および学校、実業の大概の情形を参観させます」と述べているが、紳士の視察については、「各州県の学堂・工芸の諸端は官吏だけではその労に任ずることは出来ず、みな紳董の協力に頼らなければなりません」、とその派遣理由を述べるに止まり、視察の具体的な内容については触れていない[13]。また、官僚視察者は帰国後視察日記の提出を義務づけられていたが、紳士視察者は日記の提出を要求されていない。

袁世凱の上奏文は提出された後、ただちに清朝政府の許可を得て、各省で実施されるようになった。一九〇五年以後、湖広総督張之洞、南洋大臣端方、山東巡撫楊士驤（一九〇七年一二月に袁世凱の後任として直隷総督に就任）などの官僚も末端の官僚・紳士を日本に派遣し、地方制度を視察させた。その結果、表一に示されるように、一九〇五年以後、地方制度の視察者が教育視察者を上回る勢いで増加していったのである。

3、日本側の対応

日本側において、前述の中国人による対日視察の方向的変化にもっとも敏速に反応したのは、北京の日本公使館および天津総領事館の外務官僚であった。

外務省記録によると、地方制度視察のために来日した視察者のうちもっとも時期の早い者は、前出の一九〇四年一一月に来日した直隷省保定府知府朱家宝一行であった。一行の来日の情報を得た天津総領事伊集院彦吉は、一〇月一七日に小村寿太郎外務大臣に書簡を送り、朱が管轄する保定府には多くの日本人顧問と教習がいることから、「将来ノ為メ好都合ヲ可有」として、一行の視察に協力するよう要請した。この書簡のなかで、伊集院は朱家宝一行が「専ラ地方制度ヲ研究シ、自国制度ノ改良ニ実地応用スル」ために袁世凱に派遣されたため、その調査は「従来ノ漫然トシタ調査」とは趣旨が異なるものであると強調している(14)。その後も中国各地の日本領事館からしばしばこのような紹介状・依頼状が外務省に送られた。例えば、地方行政制度を調査するために張之洞に派遣された湖北省の知府黄慶瀾が、一九〇五年三月に外務省を訪れたとき、上海総領事館領事官補佐松岡洋介の紹介状を持参していた。

一般に、視察者たちは東京に到着すると、その翌日に清国公使館を訪れ、国内の派遣機関の紹介状（その多くはそれぞれの派遣元の総督衙門、巡撫衙門の公式文書）を提出する。その紹介状に基づいて、公使館は公使名義で新たに外務大臣宛の紹介状を作成する。そこには視察者の氏名、視察目的、および視察への協力の依頼が書かれている。場合によって、視察先の学校、政府機関のリストもつけられている。これを受けて、外務省は視察先の各省庁、府県庁、学校などに協力を依頼する紹介状を送る(15)。現在、外務省外交資料館所蔵の「外国官民本邦及鮮満視察雑件」（清国之部）には、外務省宛の公使館の紹介状と視察先宛の外務省紹介状が数多く保存されている。前出の視察目的別に視察者を分類した表一は、主にこの外務省宛の公使の紹介状に基づいて作成された。

外務省記録をみる限り、地方制度視察者に対する外務省の態度は、それまでの教育視察者に対しての態度とほとんど変わらない。初期の地方制度視察者は一般の視察者と同じように扱われ、視察先はほとんど学校一色であった。たとえば、地方制度視察のために袁世凱によって派遣された直隷省の知県涂福田一行は、一九〇六年四月二六日に外務省を訪れた翌日から一週間、東京盲唖学校、靖国神社、東京高等女子師範学校、東京府立第一中学、第一高等学校、常磐小学校など、学校見学を続けていた(16)。この時期、視察者の来日の目的と関係なく、その視察先のリストにほとんど一律に東京市内の大、中、小学校、幼稚園、靖国神社、巣鴨監獄など、定番の見学先が並んでいる。中国から視察者が急増したことは、外務省や見学先の学校に大きな負担となった。その結果、時には視察者は粗略に扱われ、外務省の紹介状は数人に一枚で、しかも事前に印刷されたものを渡され、宛名も、視察者の氏名も書かれていないこともあった[17]。

涂福田一行は、このまま学校見学を続けていては、視察の目的が達成できないと不満を持ち、再び外務省を訪れて、「法政調査のための紹介状」を発行するよう要請した。彼らの要請は難無く受け入れられ、数日後行政機関と市町村役場への訪問を開始した。彼らの視察先のリストには、内務省地方局、東京市役所、麹町区役所、大森町役場が記載されている[18]。

教育視察者への対応と対照的に、地方制度視察者に対する各行政機関、市町村役場の対応は丁重かつ友好的であった。内務省地方局長吉原三郎は来訪の視察者に対し、日本の行政制度や行政機関同士の職権区分について、数時間を費やして詳しく説明した。それればかりか、翌日、吉原は内務省警保局を訪問する予定の一行に、「昨日話した内容は理解したのか。なお説明したいことがある」と言い、前日に続いて府県制度について説明した。直隷省からの知県段献増の日記に、吉原のことについて、「態度が穏やかな人である」と記されている[19]。

そのほかにも、視察者たちの日記には、府県庁・市町村役場の職員が熱心に遠方からの来客を案内することについて多く記されている。東京以外の県庁・町村に行くと、態度はなおさら親切であるという。一九〇八年一二月に千葉県成田町を訪れた吉林省の知県定樸の日記には、町長が頗る熱心で、町役場のありとあらゆる文書を見せてくれ、三時間を費やして説明した。なお、その内容について千葉県庁の役員が夜十一時まで解説した、と記されている[20]。日本側のこのように丁重な対応が地方制度視察者に良い印象を与えたことは想像に難くない。

二、中央省庁と府県庁の視察

1、中央省庁の視察

明治日本の地方制度は府県・郡・(市)町村の三層構造であり、府県・郡・(市)町村は内務省地方局の強い監督下におかれていた。一八九八年(明治三一年)に発布された「内務省官制」によれば、内務省地方局の管轄範囲は「府県会・府県経済其ノ他総テ府県行政ニ関スル事項」に及び、郡と市町村の議会と執行機関についても同様である(21)。地方局は、多くの中国人視察者が訪れるところであった。

内務省地方局への訪問に関して、複数の視察者の視察日記に、吉原三郎局長との談話が記録されている。吉原は、たとえば、一九〇五年八月二三、二四日の二日間、田鴻文、劉瑞璘、鄭元濬ら直隷省から派遣された知県たちと会見し、一日目には日本の各行政機関の構成と官制、二日目には府県制度について詳細に説明した。鄭元濬は日記のなかで、通訳を介して吉原の話を聞いたので、「訳語が四、五割しか得られなかった」と記している(22)。「地方自治とは何か」という視察者たちの質問に対して、吉原は次のように答えている(23)。

地方自治とは、国家行政と異なるものである。……地方自治制度においては、団体の公益、交通のこと、たとえば道路、橋梁、河川、学校、工業、衛生、森林の栽培など、すべて地方自らが行わなければならない。国家はただそれを提唱し、補助するにすぎない。

吉原の説明について、劉瑞璘は「その話は悉く適切である」と共感を示している。また、劉と同行した鄭元濬はその日の日記に、吉原の話について長文の感想を記している。それを要約すると次のようである。日本の市町村の長は自治の責任を持ち、政府はそれに自治の権限を与えている。市町村長と府県知事との間に、互いの不正を防ぐ監視の制度が設けられている。そのため、「上下が相通じ、ゆえにあらゆることはうまく運ばれ、地方には日に日に良い効果が現れている」。中国の状況は日本のそれとは逆で、「官」と「紳」が互いに離隔し相通じない。地方官が何かの事業を行うために紳士に相談を持ちかけると、紳士はだいたい言い訳をつけて責任を逃れようとする。たとえ賢明な地方官がいたとしても、何もすることができない。地方の治政は悪化する一方である、とある。(24)

このように、行政末端の州県官僚も、第四章、第五章で取り上げた康有為ら改良派や留日学生と同様に、地方自治は中国の「上下懸隔」、「官民懸隔」の問題を解決するよい方法であると認識したのである。

内務省のほかに、視察者たちは司法省、大審院、東京地裁、東京控訴院、逓信省などの省庁をも訪問した。(25)ある視察者は大蔵省訪問を通じて日本の税制度の一面を知り得た。田応璜の日記によれば、日本では政事が多く税の負担も重いが、人民と政府の間にいざこざはない。これは議員の賛成を得たからであるとはいえ、警察の力によるところが実に大きい。一九〇七年に煙草と酒が増税された際に、抗議者が集会し、抵抗したが、結局警察の力が人心を脅したため、大きな混乱は生じなかったという。これについて、田は「警察がなければ、内政ということはとうてい出来ない」との感想を記している。(26)

2、府県庁の視察

日本の府県は地方の上級行政機構として、中国の省と同等の地位であり、中国の州や県よりランクが高かった。しかし、この時期に来日した中国の州県地方官のほとんどは、日本の府県の地位が中国の州や県と同等であると考えていた。たとえば、一九〇八年に千葉県、静岡県を視察した謝紹佐は、『東游分類誌要』のなかに、「日本の府と県の知事の階級は同等であり、中国の州県官の如く各々その地方を治めている。……日本の市町村長は中国の城や郷の紳董の如きものである」と記している。(27)

府県庁への訪問は地方制度視察のために来日した視察者たちの欠かせない視察内容であった。なかでも彼らが必ずといっていいほど訪れたのは東京府であった。当時、東京府と東京市が有楽町にある同じ建物のなかにあったため、ほとんどの視察者は両方を視察した。東京近辺の千葉県、埼玉県も多くの視察者が訪れたところである。なお、神戸港から帰国する視察者の中には、東京を訪れた後静岡県、兵庫県、大阪府を訪問する者も少なくなかった。「東遊日記」からみれば、官僚視察者たちがもっとも興味を示したのは府県の官制、府県の行政機能、および徴税における府県会の役割の三点である。

すでに述べたように、明末清初期の顧炎武から清末に至る改革論者によって、地方官の任命における本籍廻避や不久任の制度から生じた末端行政のさまざまな問題がしばしば批判されていた。日常茶飯事のようにこれらの問題に接する官僚視察者たちは、東京府、千葉県、埼玉県の県庁を訪れた後、日本の府県の細かい職権区分とそれによる高い行政効率に興味を示した。江蘇省江都県知県龍曜枢は、日本の県庁に役人が二百人もいることを聞いて非常に驚いた。「その職掌の分配をよく見れば、我国の幕友や門丁、書吏を悉く役所の職員にしたに過ぎない」と述べ、日本の制度について次のように記している。(28)

職務を分任すれば諸般の事務はスムーズに処理される。府県の部長の職務は我が国の幕僚のそれに似ている。ただし、部長に任ずる者はその分野の専門知識を持たなければならない。部長は自らの職務に対して責任を持っている。府県知事の任務はただそれをチェックするのみである。

龍はこのような制度を中国の現状と対比し、たとえ知県が全知万能の人物であっても、あらゆることを処置するのは不可能であり、千端万緒の「新政」を行うにはなおさらであると述べ、顧炎武の「小官が多ければその世は盛んになる」という名言を引用し、知県の下に佐治員を多く設置すれば、「腕が指先を駆使するように」必ず良い効果が得られる、と強調している。龍は、中国が日本の府県制度に倣って知県の下にその職務を分任する官吏をおき、各々責任を持って事務の処理に当たり、もって行政効率を向上させるべきであると主張した。ちなみに、龍も日本の府県知事の地位が中国の知県と同等であると見なしていた。

前出の劉瑞璘は、日本の府県には行政から独立した裁判所が設けられているため、府県知事が行政事務に専念することができる。もし中国で府にそれぞれ裁判所を設置すれば、知県が財政と教育に専念することができる、と日記に記している。(29) 涂福田は埼玉県庁を視察した後、行政部門とは別に内務省に所属する警察部が設置される日本の府県制度は、地方の行政、訴訟、徴税のあらゆることが知県の一人に集中される中国の制度と大きく異なっていると視察記録に綴った。(30)

府県庁を訪ねた視察者たちは、府県行政の高い効率性に関心を示した。李宝淦は東京府を訪れた後、日常事務を処理する際の各部署のしきたりに深い印象を残した。その日記によれば、一つの事を決定するには、担当職員→課長→部長→知事の順で報告され、それぞれが書類に自分の判を押す。財務支出に関わることなら、議会の議決文に各官僚の判が押された後、銀行で支払われる。官僚はそれに一切関与しない。各学校や神社の器具・制服の購入、そして民間の建設事業に官費が支出される場合も、各官僚の判が押された後銀行から金が支払われる、という。(31)

対外戦争が続いた明治期の日本では、徴兵と徴発は各府県のもっとも重要な任務であった。日清、日露の二回にわたる大きな戦争に際して、戦争に必要な人員と物資の調達は府県・郡・(市)町村を通して行われていた。これについて、李宝淦の日記には、東京府の軍事調達機能について次のようなコメントが書かれている。(32)

凡そ府県知事の仕事のうちもっとも重要なのは兵事である。兵事徴発の文書は赤い字で書かれている。（文書が伝えられたら）たとえ深夜であっても、知事以下全員が集まり、一刻の遅延も許されない。軍服や機械の調達を決め、足りない分は管下の郡と市町村から取り立てて、時価で償う。誰もがそれを阻止することはできない。

劉瑞璘も、千葉県知事石原健三の話として、勅令が県に到達したら、知事は管下の各郡役所へ、郡役所はさらにそれを各市町村長へ、最後には百姓に伝え、一刻の停滞もない、と日記に記している(33)。軍事徴発などの命令が一夜にして下へと伝わることは、来訪者たちに深い印象を与えた。ある視察者は、日本では「各人の頭のなかに国家の思想があり、まるで体が腕を駆使し、腕が指先を駆使するように、あらゆることがうまく運ばれ、あらゆる費用は充分に足りるのである」と評している(34)。

視察者の日記に「小官が多ければその世は盛んになる」、「上下が相通じ、まるで体が腕を使い、腕が指先を使う」などの顧炎武の名言が引用されているのは興味深いことである。中国の官僚視察者たちは、州県衙門での自らの体験を日本での見聞と比較して、行政効率の面における両国の制度間のギャップを感じた。彼らの目には、日本の現実は、まさに顧炎武が描いた理想の政治が実現されたかのように映ったのであろう。

日本の府県庁を訪れた視察者たちのもう一つの関心事は府県の徴税であった。前出の直隷省の知県涂福田は、日記のなかで当時の埼玉県の税額について次のように記している。世帯数十九万あまり、人口百二十万あまりの埼玉県では、毎年負担する国税、県税、市町村税の総額は四百八十万円あまりで、一世帯あたりの平均額は二十四円もある、とある(35)。視察者からみれば、これは想像もできない重税である。同じく直隷省の知県鄭元濬は、「民間から取り立てられた税は中国より数十倍も多い」ことに驚いた(36)。視察者たちは日本の国税および地方税の高さに驚き、なかには、人民が重い税負担を強いられるにもかかわらず、なぜ反乱を起こさないのか、疑問を持つ者もいた。これについて、劉瑞璘の日記には次のようなコメントが綴られている[37]。

日本は一島国に過ぎないが、国家の歳入は五、六千万元もあり、それに府県の予算は数万元もある。国に納めるための重税はいうまでもなく、府県に納めるものは一飲一食、一枝一葉の微細なものに及ぶ。古人の所謂微細に及ぶものである。人民の膏血でなければどこから来るか。もし我が民がこのようなことに遭ったら、きっと頭を痛め、額にしわを寄せて、苛政は虎よりも恐ろしいと相告げるに違いない。日本では民からこれほどの税を取り立てているものの、民がそれを恨まないのはなぜだろうか。それは先に憲法があり、それに継いで議会が開かれている。予算の表をもって予め公開され、決算の表をもって後に示される。国民の財をもって国民のために使い、すなわち民の財を民のために散らすことである。どうして民がそれを恨むのだろうか。

このように、中国の官僚たちは複雑な心境で日本の地方制度を見ていた。彼らは、一面において、儒家の民本思想に基づいて、国家が人民に重い税金を負担させることには顰蹙し、もし中国人が日本人のように重税を強いられたら、必ず叛乱を起こすに違いないという不安を感じた。しかし、もう一面では、さまざまな改革に取り込む際に深刻な資金不足の問題に直面していた彼らにとって、日本の府県知事が多額の税が取り立てられるのは羨むべきことであろう。ある視察者は、千葉県一年の地方税額が百二十万元もあることを聞いて、「資力が豊かで物事は悉くうまく運ばれる」と漏らした[38]。

税金の徴収に関して、視察者たちは、人民自らが選んだ議員が集まって議会を開き、政府の予算や税金の使途を審議する議会がきわめて重要な意味を持つと見ていた。議員たちが徴税の必要性を人民に説明したからこそ、日本の人民は進んで税金を納入し重税を耐え続けているのだ、と彼らは受け止めていた。直隷省井陘県の知県郭鐘秀は視察日記に、日本では、水利、土木、教育、役場などの諸税の負担はすべて町村が自ら議定し、郡や府県がそれを監督し、最後に内務省に上達すると記している。[39] 第一章で述べたように、市町村が国からの委任事務を執行する際に必要な費用は、市町村議会の意向とは無関係に市町村の財政支出となっていた。しかし、郭鍾秀の日記には、明治国家が地方自治の名の下で市町村に諸費用を拠出させるという強制的な側面は反映されていない。市町村住民がさまざまな負担を強いられたことは、恰も市町村議会で合意を得たかのように描かれている。このように、中国の視察者たちは、議会が人民の代表として官治に協力するという側面のみに着目し、「地方自治」の名の下で府県、市町村の強制予算制が行われたなど、明治国家の強権的・抑圧的な側面を見逃していた。

三、市町村の視察

中国人による日本の地方制度の視察において、市町村役場の視察は大きなウエートを占めていた。訪問先になったのは主に東京市とその下の区役所、町役場と、東京近辺の県の町村役場、特に地方自治模範村であった。

東京は視察者のほぼ全員が訪れたところで、しかも視察の際に通訳者・案内者として欠かせない留学生が多数いる地でもあった。数十人の視察者が視察日記に東京市役所訪問についての記録を残した。外務省の記録には、東京市長宛の視察紹介状が数多く保存されている。[40] 視察者たちは主に当時の東京市の中心にある麹町区から京橋区、神田区、小石川区、芝区などを訪れた。東京府管下の郡や町への訪問先として、南豊島郡の淀橋町（浄水場見学）、荏原郡の大森町（町役場見学）と目黒町（林業試験場見学）などが挙げられる。[41] そして、東京以外の地方での町村視察については、明治の三大模範村は多くの中国人視察者が訪れたところである。

1、東京市議会の視察

前述の官僚・紳士視察者の日本への派遣政策が定着してまもなく、清朝政府は載澤、端方ら五人の政治考察大臣を欧米、日本に派遣した。これをきっかけに、清朝部内に立憲改革をめぐる議論が盛んになり、やがて予備立憲の詔書が発布された。従来の一君万民の専制体制から、君主立憲制度へ移行することが、中国を内外の危機から救う唯一の方法であると認識されるようになった。立憲気運の波に乗って来日した視察者たちは、当然、日本の議会制度に興味を持っていた。

東京市役所視察では、市役所職員の案内で市議会の会堂から、会計、庶務、土木、教育、勧業など十の課を回るのが一般的であった。東京市の行政運営に対する視察者の評価は府県のそれとほぼ同じものであった。たとえば、前出の郭鐘秀は、数百人の職員が「それぞれが机のそばに座って文書を処置し、ぶらぶらする者は一人もいない」と日記に綴った(42)。

多くの視察者は東京市議会会堂の見学ではじめて議会制度についての実感を得た。最初に東京市議会を訪れ、視察記録を残したのは、前出の田鴻文、鄭元濬、劉瑞璘、段献増の一行であった。一九〇五年八月二日の劉瑞璘の日記には、東京市議会の会議の情景について、次のような一節がある(43)。

> 建議する者、参議する者は向き合って円形に座る。議論に参加しない者は、後方の席に座る。傍聴者は二階に座る。……およそ市の中でなされるべきこと、禁止すべきことはすべて衆人の賛否により是非を定める。

劉は、はじめて見た議会から中国の古き良き「三代」を連想し、「ゆえに市政は公平に行われ、あらゆることが理に適っている。これは周礼の言う百官に意見を求め、そして群臣や万民に意見を求めるのと同じことで、まことに良法である」と述懐した(44)。議会という新しいものに相対した中国の視察者は、議会の制度を儒家の経典を通して理想化された「三代」の政治に重ね合わせることによって、彼らのそれまでの体験や知識では理解不可能なものを理解しようとし、また、このような類比を通じて、議会の良さをその日記を読む上官をも納得させようとしたのであろう。そして、劉瑞璘はただちに議会制度を中国に導入すべきであると考えた。劉の日記には次のような一節がある。(45)

（知県）の下には多くの官吏を置く。いずれも毎年公選で選ばれる人望のある本県出身者をもってそれぞれ分任させ、日本の市町村長と同様に彼らに給料を支払う。知州、知県が彼らを統轄する。このようにすれば百度の維新が出来る。これはまさに顧亭林が言う小官が多ければその世は盛んになるということである。……内において実状を察し、外において大勢を見れば、私はいずれこれを実行する者が現れると思う。

しかしながら、見逃してはならないのは、視察者たちのこのような認識が、当時の東京市政、市議会の運営の実状との間に大きなギャップがある、ということである。当時の東京市政は、多くの視察者たちの言う「悉くうまく運ばれている」どころか、まさに問題山積の状態であった。中国人による対日視察のピークの時期であった一九〇六～一九〇七年ころには、日露戦争が終わった直後であった。日本国内では、多額の戦費の拠出、戦後の持続的な経済不況、物価の高騰、および戦争賠償問題の未解決など、国民の不満は高まるばかりであった。こうしたなかで、東京市の市政は多くの問題を抱えていた。

東京市は首都として従来から市政面において内務省の厳しい管轄下におかれていた。一八八八年に発布された「市制」にしたがえば、等級選挙で名誉職の市議会議員（東京の場合、市議会の議員定数は六十人）が選出され、議員の互選で参事会が構成され、さらに参事の互選で市長が選ばれる仕組みとなっていた。(46)市政に関する決定は、原則として、議決機関としての市議会の多数決によるもので、それが市長を中心とした市参事会によって執行される。ただし、ある議案が市議会で可決されたとしても、その執行には参事会の同意が必要であった。そこから、多数派工作をめぐって、一連の収賄・汚職事件が生じた[47]。そのことはさておき、市政運営の面において、市長は新しい事業を行うためには議会と参事会の両方の同意を得なければならないため、困難な立場に立たされていた。視察者が多く訪れたころの東京市長は、政界の風雲児と言われる尾崎行雄であった[48]。その前任の市長であった松田秀雄は土木工事費を市会に削られたことにより辞任した。尾崎自身も民営電車を買収する電車市営問題やガス会社合併と電気事業問題でそれぞれつまずいていた[49]。このような難しい立場にあった尾崎は、遠来の中国人視察者たちに対し、現行の制度への不満を洩らし、アドバイスもしている[50]。

仕事をやるには人が多すぎてはならない。本市ではあらゆることが参事会を通らなければならない。参事が十数名もいて、往々にして意見が一致せず、なかなか決定を下すことができない。これはまさに人が多すぎることから生じた弊害である。中国では是非ともこれを戒めとすべきである。

これに対し、鄭元濬は尾崎の話を「何かのことに刺激されて発せられた議論であり、正論ではないのだ」と受け止め[51]、尾崎のアドバイスに耳を傾けなかった。

2、地方自治模範村の視察

地方自治模範村とは、明治政府の内務省が日露戦争期およびその後の時期において推進した地方改良運動において、治績が顕著であった村を選び、地方自治の模範として大々的に喧伝した村のことである。なかでも、千葉県山武郡源村、静岡県賀茂郡稲取村、宮城県名取郡生出村は「三大模範村」として広く知られていた。この三つの村はいずれも人口が少なく、かつ交通不便なところにあり、それぞれ農業、漁業と林業を主な生業としていた[52]。三村が模範村に選ばれた理由は、「源村ハ闔村ノ一致ニ於テ、稲取村ハ天賦ノ富源ニ於テ、生出村ハ村長ノ精励ニ於テ、各其ノ特長ヲ有ス」とさまざまであったが[53]、村長の献身的な努力と優れた指導力の下、村人が自らの力で生産・実業・教育の発展に励み、そして、青年会・処女会・母の会・老人会などの組織を通じて、「乱れた人心を収拾する」という共同体の道徳的統合をはかるなどは三村の共通の治績であった[54]。当時、模範村は「豈に暗夜の光明、萬緑叢中の紅一点ならずとせんや」と高く評価されていた[55]。三村が内務省に表彰されてから、各県の市町村役場・青年会・学校などから数多くの視察者が模範村に見学に行くようになった。

模範町村視察の動機について、千葉県の模範町成田町などを訪れた吉林省の知県定樸は次のように述べている。すなわち、明治維新以来、日本政府は内政にもっとも力を入れ、そして内政においては特に地方自治に力を注ぎ、「千葉県は地方自治の成績の著しいところである。……我国の憲政にとって重要である。そのため、今回は模範自治の視察を重点とする」、とある[56]。源村を視察した倪鑑の日記によれば、地方自治模範村を訪ねたのは、公使館員が稲取村など三つの模範村のことについて紹介したからである[57]。以下、今までほとんど注目されることのなかった明治末期における中国人の模範村視察について考察したい。

まず、中国人による源村視察について。千葉県文書館に所蔵されている山武郡源村役場の「視察者芳名簿」（本書写真四がその一部）からみると、最初に一九〇五年（明治三八年）に同村への日本人視察者が現れてから、以後、一九四一年（昭和一六年）まで後を絶つことなく続いていく。一九〇七年から一九一〇年までの四年間における中国人の同村視察としては、「視察者芳名簿」に計七十一名の視察者の氏名、出身地、および来村年月日が視察者の自筆で記録されている[58]。中国人視察者の人数を年代別で見ると、一九〇七年に十七名、一九〇八年に三十九名、一九〇九年に六名、一九一〇年に九名、合わせて七十一名となる。そのうち、留学生は十四名で、中国からの視察者は五十七名である。一回の人数としてもっとも多いのは、一九〇八年六月四日に来村した直隷省の「考察自治游歴紳」の一行二十人（山東省出身の留学生胡光第が通訳者として同行）である。時期からみれば、これら直隷省派遣の紳士は、次節で取り上げる法政大学の「地方自治講習班」の聴講者の一部であると推察される。

「東遊日記」には、源村視察に関する記録は少なくとも以下の三冊が存在する。

①一九〇八年二月一九日に来村した倪鑑の〈東遊日記〉（一九〇八年）

②一九一〇年七月一三日に来村した林志道の『東游偶識』（一九一〇年）

③一九一〇年七月二八日に来村した管鳳龢の『四十日万八千里之游記』（一九一〇年）

三人の著者のうち、林志道は江蘇省無錫県の出身で、一九〇九年冬に直隷省通永道道台に任ぜられ、一九一〇年五月から八月にかけて約三カ月間日本に滞在し、日本の政治、財政制度を考察した(59)。林志道の日本視察について、日本側の外交記録には、林と同行者三名の大蔵省、内務省、大審院、控訴院、東京地方裁判所、東京府庁、東京市役所訪問が記録されている。管鳳龢の出身地は不明であるが、一九〇九年に奉天高等審判庁丞に任ぜられ、司法制度視察のために来日し、四十日間日本に滞在した(60)。倪鑑については、外交記録にはその名がないことから、私費游歴者と推測される。一九〇八年に刊行されたその視察記には題名、著者の身分、派遣者などは記されていないが、その内容によると、著者は丁未一一月初八日（一九〇七年一二月一三日）に上海を出航し、東京で法政大学、東京市役所、京橋区役所などを見学した後、一九〇八年二月一九日に法政大学学生沈仲芳（通訳）とともに源村を訪れた。しかし、その名は前掲「視察者芳名簿」には記されていない。源村を訪れたものの「視察員芳名簿」に記録が残されていない中国人視察者がほかにいるかどうかは不明であるが、「視察員芳名簿」に名を残した七十一名の中国人視察者のほか、倪鑑と沈仲芳を加えると、明治末期に源村を訪れた中国人視察者は少なくとも七十三名いたことが確認される(61)。

中国人による「三大模範村」のほかの二村の視察に関しては、福建省からの視察者鐘麟祥ら一行四人の稲取村訪問を記録した『地方自治実記』が筆者の見た唯一の視察記録である(62)。当時早稲田大学在学中の方兆亀（明治四二年同大学政治科卒業）は同級生の陳遵統、李含章とともに、同じ福建省出身の視察者鐘麟祥の通訳者として、日本人峰間鹿水の案内で、一九〇七年一二月二九日から翌年一月二日まで稲取村を訪問した(63)。一行の稲取村視察は、稲取村（現在静岡県賀茂郡東伊豆町）に保存されている「福建人と田村又吉氏の写真」によって裏付けられている（本書写真五、静岡県東伊豆町所蔵「福建人と田村又吉氏の写真」を参照(64)）。

源村への訪問について、倪鑑と林志道は東京から千葉に到着した後まず千葉県庁を訪れ、知事もしくは県の職員から府県、郡、町村の制度、および源模範村に関する概況説明を受けた後、県職員の案内で汽車および人力車で現地に向かった。千葉県知事は林志道と懇談し、自ら源村の治績を紹介した。知事と面談しているころには、山武郡長太田資行はすでに林を迎えるべく郡書記土屋を日向駅に赴かせ、自らも源村に向かい、村長山本八三郎とともに林を待ち受けていた(65)。

早稲田大学を卒業した山本村長は、非常に丁重かつ謙虚な態度で中国の来訪者たちに接し、村役場のさまざまな文書を彼らに見せ、村役員の給料、村の納税状況、そして生産・教育などについて一々詳しく説明した。林志道は山本村長のことを次のように記している。「純粋かつ誠実な気概が眉間に溢れ出る。村長は朴訥かつ温厚で無口な人である(66)」。現在、旧源村上布田の井口家には、当時源村小学校の井口義十郎校長が太田郡長の命を受けて「隣邦高官ノ特ニ来村セラレタル光栄ニ答フル」ために執筆し、林志道に提供した「源村事跡」の稿本が保存されている。そこには、源村の自治の精神、歴代村長の事跡、および村の小学校の教育状況について詳しく紹介されている(67)。稿本の内容を、林が帰国後に刊行した視察記『東游偶識』と照らし合わせてみることで、この稿本と同じ内容の資料が、山本村長が林志道に提供した村役場の資料とともに『東游偶識』の源村治績に関する記述の素材になったことが分かる。

鐘麟祥一行が稲取村を訪ねた時には、すでに全国的に有名になった田村又吉前村長が、現村長、村役場の助役、小学校の校長、病院の院長など村の顔役らとともに視察者を案内し、一行が稲取村に滞在した四、五日の間に、村の歴史、模範村になった経緯などを来訪者たちに詳細に紹介した。

視察者たちが源村と稲取村訪問を通じて両村の村人たちが自力で村の経済を再建し、教育に力を入れたことに強い印象を受けた。明治以降、幾度の戦争に必要な費用の大半は市町村の税負担に頼っていた。都会から遠く離れ、産業の発達が遅れていた寒村の場合、深刻な税金滞納の問題が生じ、重い税負担に耐えられず、破産に追い込まれた村も少なくなかった(68)。その中で、源村と稲取村は村長の指導の下で、村人が自力で疲弊した村の経済を立て直した。これは両村が模範村として表彰された最大の理由であった(69)。

視察者に深い印象を与えたもう一つのことは、両村が経済的危機から脱出した後、いずれも村の収益金の大部分を小学校の建設に使ったことであった。田村又吉の説明によると、稲取村では、一八九〇年（明治二三年）に滞納金の返済が終わった後、ただちに村に小学校を建設することを計画し、四年後に完成した。当時、村の主要産業であった石花菜（寒天草）から得た利益の四割以上を学校の基本財産に充てた(70)。源村の場合、村税を減らすため、村の小学校や村役場、伝染病隔離病室までもすべて村人の寄付で賄われた。村の教育支出は毎年度収入の六割をも占め、小学生の授業料はすべて免除されていた。そのため、一九〇九年には源村の三百八人の児童全員が学校に通い、就学率は百パーセントに達した(71)。

視察者の日記には、経済再建と教育振興のほかに、社会改良などの面における模範村の治績についても詳しく記されている。とりわけ視察者たちの目を引きつけたのは、稲取村と源村において村民たちが自主的に納税規約を制定し、税金代納組織を作ったことである。ある視察者は、両村が政府の力に頼らず、村人自らの資金と努力によって疲弊した村の経済を立て直したことについて、これは「みな村長らが自ら率先して倹約を行い、公徳心を養い、実業および教育などを奨励した結果である」と、その功労を村長たちに帰した[72]。林志道は、源村の村長山本八三郎が大学を卒業した後故郷の村に勤務し、長い間村長を努めてきたことによって村民から厚く信頼され、よってあらゆることに良い結果が得られていると述べ、「自治の効果は村民によるものだが、村長の力が欠かせない。良い村長がいれば、半分の力で倍の効果が得られる」と評した[73]。

この時期に地方自治模範村を訪れた中国の視察者たちは、地方エリートが自発的に地域の公益事業に携わるという中国の伝統的自治を念頭に、模範村で見聞した村人たちが村長の指揮の下で自らの力で村の公益の向上に励む「自治」を高く評価した。その一方で、「町村制」実施以降の町村が村の住民の利益を向上させるための自治というよりも、末端において国家のさまざまな行政事務を執行する行政機構であったことについては、視察者が残した視察記録にはまったく触れられていない。

四、法政大学の「自治班」

一九〇七から一九〇八年にかけて、直隷省当局は地方自治の人材を育成するために、三回にわたって紳士視察者を日本に派遣した。紳士の日本派遣について、直隷省当局は、地方自治視察とそれまでの学務視察とは内容的に違うものと見て、「自治視察と学務視察は難易の差があり、自治は法律を根本とするもので、平素からそれについて研究している者でなければ、緻密な調査を行うことができない」としていた[74]。直隷省当局は事前に法政大学総理梅謙次郎に連絡を取り、これらの紳士のために特別なコースを開き、地方自治に関する講義の開講を要請した。それを受けて、法政大学では、前章で取り上げた中国人留学生を対象とした清国留学生速成科とは別に、直隷省により派遣された紳士を対象とする「自治班」の特別講義が開設された(75)。

紳士視察者の派遣は、まず各州県から紳士を三名ずつ天津に送らせ、自治研究所で地方自治に関連する法律知識を四カ月間勉強させ、修了後試験を行い、各県から派遣された紳士のうち成績優秀者を一名ずつ選び、三回に分けて日本に派遣する、ということを決めた(76)。

筆者の知る限り、直隷省の「自治班」に関連して、以下の五点の史料が存在する。

①直隷省によって派遣された第一期八十一人の紳士の帰国に際して、当時の日本駐在公使李家駒は直隷総督楊士驤に照会を送った。それによると、第一期「自治班」は一九〇七年九月に日本に到着し、法政大学で受けた講義は同年一二月二五日に終了した(77)。ゆえに、第一期の講義の開始時期は一九〇七年九月と推定される。

②一九〇七年一二月頃、着任直後の直隷総督楊士驤が八十六人の紳士を日本に派遣した(78)。

③民政部より派遣され、一九〇七年一一月に来日した劉梼は、一二月九日に法政大学で「地方自治講習班」の講義を聴講（講義は二カ月後に終了）した(79)。

④直隷省永平府盧龍県紳士王三譲の日記によれば、王は「第三期自治班」の一員として、一九〇八年三月二二日に来日した(80)。

⑤一九〇八年一〇月出版の湖南西路同郷会編『地方自治』に掲載されている梅謙次郎の演説の中国語訳（翻訳者、法政大学学生瞿方書）に、「今年の春に天津から八十人が法政学校に派遣され、三カ月の速成班が開講され、もっぱら地方自治の大要を演習」、と述べられている(81)。

以上の史料を照合すれば、一九〇七年夏から翌年春にかけて、三回の「自治班」紳士が日本に派遣されたことが分かる。右に挙げた史料のうち、①は「自治班」第一期、②と③は第二期、④と⑤は第三期に関するものと見られる。

表二は「自治班」の開講時間、人数、および派遣者である。

表二　法政大学「自治班」

	開講期間	人数	派遣者
第一期	一九〇七年九月	八一	袁世凱
第二期	一九〇七年一二月	八六	楊士驤
第三期	一九〇八年四月	八〇	楊士驤
合計		二四七	

「自治班」第二期の聴講者劉樗の日記によれば、「自治班」の講義期間は当初三カ月と定められていたが、紳士一人当たりの渡航費用が二百元と限られたため、聴講者たちの要望により講義は二カ月に短縮された。三カ月の授業内容を二カ月間で修了するために、講習班の授業は週六日間計二十七時間となり、そのうち昼間授業が八時間、夜間授業が十九時間であった(82)。これは法政速成科の週二十四時間よりもさらに多いもので、かなりハードなスケジュールであった。聴講者たちには日本語が通じないため、授業は法政速成科の授業と同様に、講師が日本語で講義し、通訳者によって中国語に訳され、聴講者たちがそれを筆記する方式で行われていた(83)。二カ月の講義が終わった後試験が行われ、合格者に修了証書が授与された(84)。

法政大学総理梅謙次郎は、法政速成科と同様に、「自治班」の開講に際しても演説を行い、修了後にはクラス全員と一緒に記念撮影をした。前記の史料③と⑤にはそれぞれ第二、第三期「自治班」の開講式における梅の演説の中国語訳が載せられている。それによれば、「自治班」はもっぱら政治・法律・経済を研究する法政速成科と同様に、中国の改革に必要な人材を育成するために開設されたものであった。梅は、地方自治は国家の運命に関わるものであり、立憲国家は言うまでもなく、たとえ専制国家においても、地方の自治がなければ、国家の基礎は不安定であると述べ、地方自治制度の重要性を強調した(85)。

「自治班」の講義科目と担当講師一覧は表三のとおりである。これを前章でみた法政速成科のそれと比べると、「自治班」の講義科目はおよそ速成科の三分の一に相当する。講師のほとんどは法政速成科で講義を担当していた。「自治班」の講義内容は、講義期間が短いこともあって、法学原理、行政学理論など理論を重視する法政速成科の講義と比べ、日本の地方自治法令の解釈と実施状況、および選挙法・戸籍法などに主眼をおき、実用性を重視する傾向が見られる。「市町村制」と「府県制」の二つの科目は、「市制」「町村制」と「府県制」の内容を詳細に解説するものであった。

聴講者たちが残した記録からみれば、「自治班」の聴講者たちは戸籍の調査、登録などの基礎知識を講ずる「選挙法」、「戸籍法」の二科目に高い関心を示した。「選挙法」の講義は選挙区の画定、有権者の資格審査、名簿編制の方法などを説明するものであり、「戸籍法」の講義は日本の身分登録と戸籍登録の二種類の登録手続きを中心に説明するものであった(86)。前出の劉檮は、七つの科目のうち「戸籍法」がもっとも重要であると述べ、「今日立憲のことが議論されているが、誰もがこのこと

表三　「地方自治講習班」の科目名と担当講師

科目名	担当講師
市町村制	吉村源太郎
府県郡制	黒沢久次郎
憲　法	清水　澄
戸 籍 法	島田鉄吉
選 挙 法	工藤重義
警察行政	小浜松次郎
教育行政	松浦鎮次郎

出典：王三譲『遊東日記』、一九〇八年。

（戸籍法）を重視しない。まったく手の付けようもない状態である」と、中国の現状を批判した[87]。

ところで、直隷省当局が紳士視察者を日本に派遣する際に、法政大学で聴講する傍ら、日本の「府県会、参事会、市町区村役場およびそれぞれの議会、公立学校、警視庁、消防署」などを参観することを規定したため[88]、「自治班」の聴講者たちは講義終了後、外務省の紹介で千葉、静岡、埼玉、茨城、栃木の五つの県で視察を行った[89]。以下、第三期「自治班」の茨城県での地方自治視察を例に見ていきたい。

一行は茨城県に四日間滞在し、県庁、県議会、監獄、水戸地方裁判所など県の主要機関、中学校、および茨城県の模範村東茨城郡吉田村の村役場を見学した。茨城は朱舜水の亡命地であったこともあって、中国からの来訪者に対し、「官吏と人民の接待は格別に温かかった」という[90]。

茨城県庁では、知事森正隆が視察者たちに府県、郡、市町村の制度について説明した後、県の財政状況を紹介した。それによれば、県は毎年一一月に予算案を県議会に提出し、議会の承認を得た後税金を徴収する。「人民が租税の負担を義務とし、官吏が法律に基づいてそれを徴収するので、滞納者は一人もいない」という。一行は茨城県議会をも訪問し、王三譲は一般の人民も議会で傍聴できることを聞いて、「これをもって自治の精神が円満の境地に達する」と日記に記している[91]。その後、一行は中学校、監獄、水戸地方裁判所などを見学し、最後には茨城県の模範村東茨城郡吉田村の村役場を訪れた。

「自治班」紳士の視察は、日本側の史料によっても裏付けられている。第二期「自治班」紳士の日本視察に関して、一九〇七年の外務省記録に次のような内容がある。すなわち、駐日公使李家駒は一九〇七年一二月一九日（光緒三三年一一月六日）、外務大臣宛に「（自治班紳士の）聴講がまもなく終わる。その模範とするため、各県において実地調査を行えるとよい」と、紳士らの実地調査に協力するよう、依頼の書簡を送った。その末尾には、茨城、栃木、千葉、埼玉、静岡を視察する「自治班」第二期八十六名の紳士の名簿が添付されている。これを受けて、一二月二四日に、外務省政務局は内務省および前記の五県の知事宛にそれぞれ紹介状を送った[92]。

「自治班」に関する日本側のもう一つの史料は前出の山武郡源村役場の「視察者芳名簿」である。明治四一年（一九〇八年）六月四日の欄に、留学生胡光第と直隷宣化府懐安県士紳徐寿光ら「考察自治游歴紳」二十人が源村を訪れたという記録が残っている。王三譲らの茨城県訪問も六月上旬に行われたことから、徐寿光らが王三譲と「自治班」の同期であることが推察される。

五、「東遊日記」にみる視察者たちの改革案

「東遊日記」の内容からみれば、日本にわずか二、三カ月間滞在しただけで、日本に対する印象がそれまでと百八十度変わってしまった人が少なくなかった。前出の劉檮はその一例である。劉の帰国後、彼が書いた『蛉洲遊記』の原稿を読んだ彼の友人たちは、「あなたはなぜ東夷の国にこんなに傾倒したのだろうか」と、一様に驚いた。それに対し劉は次のように答えた[93]。

私は海を渡って東へ行く前には、頭を下げて日本に傾倒することになるとは思ってもいなかった。しかし、その地に足を踏み、毎日のように珍しいことを目に見、耳にし……、自分もよく分からないまま時が経ち、知らず知らずに心酔するようになった。

日本は「東夷の地」として中国の士大夫の間で軽蔑されていたが、実際に日本を訪れた視察者たちの多くは、日本での見聞を通じてそれまでの印象を変えた。

官僚視察者たちは、自らの地位が日本の府県知事に相当するものであると誤解していたためもあり、とりわけ日本の府県制度に関心を示した。彼らは、日本の府県において司法と行政が分離され、知事の職務範囲は行政に限られ、中央からの命令が「府県知事－郡長－（市）町村長」を通じて一夜のうちに人民に伝わる行政の効率性を高く評価した。視察者たちは中央省庁、府県庁、市町村での実地視察を通じて、「地方自治とは何か」という問いに次の二つの回答を得た。一つは内務省地方局長吉原三郎の回答である。すなわち地方自治は国家行政と異なり、地方団体が自らの財力で、地域の公益事業を行う。国家は地方団体に自治権を与え、自治を提唱し補助する、ということであった。これは、「地域の人材と財力をもって、その地域のことを行う」という当時中国で一般に理解されていた地方自治の概念と一致するものである。もう一つは、もっぱら地方団体に対する国家の監督に着目するものである。それによれば、自治とはけっして民権を伸張し、国権を損なうようなことにつながるものではない。ある視察者は、日本で府県知事が府県議会の選挙や府県の予算編成において強い監督権をもつことに注目し、「重要なのは、地方自治は官の力が及ばないところを補うことであり、けっして官の権力を侵害することではないということである」と明言している[94]。

一方、視察者たちは日本の郡、市町村のいずれにも民選の議会が設立され、市町村ではその長も議会から選ばれ、議会は多数決で運営されることは、「上下懸隔」という中国の政治制度の弊害を取り除く良い方法であると考えた。彼らは、日本で人民が重い税負担を強いられることに驚きを示しながらも、徴税に際して、議会、議員が「官」と「民」の間に立って両者の意志疎通をはかることを評価した。

日本での見聞に基づいて、視察者たちはさまざまな改革案を提起した。ある者は「もし我が国が立憲を行おうとするならば、日本に範を取るのがもっとも相応しい」と言い[95]、ある者は「われわれの師は近くにある。……我が直隷は日本で実施されて効果のあるものに急いで倣うべし」と述べている[96]。その理由として多くの視察者が挙げたのは、西洋と日本の制度を比較して、現在の中国にとって日本の制度がより適切である、というものである。たとえば、前出の劉檮は、イギリスと日本の地方制度を比較し、イギリスでは立法、行政諸般の大権がすべて人民の手に握られており、君主はそれに干渉することができない、このような制度は、君主制度が数千年も続いてきた中国には相応しくない、と主張した。劉は日記に次のように書いている(97)。

衣服は華麗である必要はなく、体にあったものであればよい。食は珍しいものである必要はなく、飢えをおさえることができればよい。今日において、国の運命を憂え、救国をはかる朝野の士は、東隣に範を取ることで十分であろう。欧米に追いつき、さらに上へ進むことは後にして宜しい。

劉にとって、人民が自ら政治を行うイギリスの制度は理想としては望ましいものであるが、中国の国情には相応しくなく、ただちに中国に導入すべきものではない。中国を目前に迫る危機から救うには、むしろ日本に範をとるのがより適切であった。この例が示したように、モデルの選択において、理念や原理を重んじる留学生たちに比べ、視察者たちはより現実的であったと言えよう。

では、具体的に、視察者たちはどのような改革案を提出したのだろうか。表四は、「東遊日記」のうち内容が比較的にまとまった五人の視察者の提言を、①地方行政、②地方自治、③地方の諸事業、④教育の四つの項目に整理したものである。

表四の五人の提案者はいずれも地方レベルの官僚もしくは官僚候補者であった。劉瑞璘、涂福田、郭鐘秀の三人は袁世凱によって派遣された直隷省の知県で、劉檮は民政部派遣の知府であり、譚襄雲は広東省の知県候補であった。五人の改革案には、①改革の内容、②その内容に関連する日本の具体的な状況、③日本での効果、④導入の具体的な方法、という共通のパターンが見られる。

表四　「東遊日記」にみる視察者たちの改革案

	提案者	提案内容の要約	出　典
地方行政	劉瑞璘	・地方裁判所を設立し、知県が徴税、教育、地方事業に専念すること。	『東瀛考政録』
	劉　棏	・地方裁判所を設立し、行政と司法を分離させること。	『蛉洲遊記』
		・総督・巡撫の権限を明確にすること。	
		・官僚の統一試験を行うこと。	
地方自治	郭鐘秀	・人民の公選で選ばれた紳士をもって地域のことを行う（州県官僚はそれを監督する）。	『東遊日記』
	劉瑞璘	・知県の下に多くの「小官」を設け、公選で選ばれた人望のある者をもってそれに任ずる。知州、知県がそれを統轄する。	『東游考政録』
	涂福田	・地方議会が成立する前に、州県官僚が選んだ数人の「正紳」をもって参事会を結成し、「上下の情」を通ずること。	『東瀛見知録』
	劉　棏	・各郷に巡察を設置し、郷団を訓練すること。	
	譚襄雲	・天津、保定に演説の練習所を設立すること。	『蛉洲遊記』
		・広く警察を設置すること。	『東游管見』
		・紳董を督促し、団練の訓練を行い、もって地方自治の基礎を築くこと。	
地方の諸事業	涂福田	・天津に農蚕試験場、森林水利局を設置すること。	『東瀛見知録』
	譚襄雲	・各県に銀行の支店を設置し、州県に地方債の起債権を与えること。	『東游管見』

		・勧業によって游民をなくすこと。地方の紳士をもって人民に職業技術を教えさせること。 ・勧業銀行の方法に倣って、土地の開墾に投資すること。	
教育改革	郭鐘秀	・県には高等小学校、郷村には初等小学校を普及し、新しい知識を教えること。	『東遊日記』
	譚襄雲	・県以下の各都、区に都正、区正を設け、行政手段で教育を推進し、各州県に小学校を広く設立すること。	『東游管見』
	涂福田	・小学校に女子学生を入学させること。	『東瀛見知録』

本章の課題に直接関連するものとして、右の四項目の改革案のうちとりわけ注目されるのは「地方行政」と「地方自治」に関する提言である。「地方行政」の欄には、地方裁判所を設置することによって司法と行政を分離させること、そして官僚制度の改革を通じて行政効率を向上させることなどが挙げられている。官僚視察者たちが日本の府県庁視察から得た感想がここに直截に表されている。そして、「地方自治」について視察者たちがもっとも期待したのは、民選の「郷官」が地方官の行政事務を分担し、地域のさまざまな事業を担当することであった。これは基本的に一九世紀後期の郷官論の系譜に沿ったものと見られる。

官と民の関係について、官僚視察者の改革案には、州県の官吏が「随時にこれ（紳士）を監督し、勤勉な者を奨励し、過ちを犯した者を退ける」ことが含まれている。[98] しかし、地方官が紳士に対して賞罰の権を有することが強調される一方で、民選の代表が知県を監督することに言及した者は一人もいない。つまり、地方の紳士に義務は負わせるが、権利は与えない。このような官治に従属すると位置づけられた自治は、前章で見た一部の留日学生が提起した「人民による自治」とは対照的である。こうした立場の相違からみれば、民間人と官僚は、同じく「上下懸隔」、「官民懸隔」という問題の解決を目指していたとはいえ、その改革案には、官僚と紳士の権限の配分をめぐっては、両者の間に大きな溝が横たわっていた。

結　び

本章では、まず一九〇〇年代に来日した中国人視察者に、地方制度視察を目的とする者が著しく増えたことの背景、視察者に対する日本側の対応について考察した。そして、史料の許す限り視察者たちが残した視察記録を中心に、中央省庁、府県庁、市町村役場を訪れた中国の官僚・紳士視察者の足跡を追った。最後に、視察者たちが日本での見聞に基づいて提出した改革案の内容について分析した。

この時期日本に派遣された地方の官僚・紳士の視察者たちは、日本の府県における司法と行政の分離、行政に限定された知事の職務範囲と、数百人の職員による事務の処理、軍事徴発などの命令が内務省から府県－郡－（市）町村を経て、一夜にして個々の家へ伝わること、などに強い印象を受けた。そして、彼らは日本の府県、郡、市町村のいずれにも民選の議会が設立され、市町村ではその首長も議会から選ばれ、議会が多数決で運営されることに注目し、地方議会の設立は上下が相通じないという中国の政治制度の弊害を取り除くための良い方法であると考え、中国でこのような制度を取り入れることを提言した。興味深いことに、ある視察者は、明末清初期の顧炎武がその改革論のなかで描いた「まるで体が腕を使い、腕が指先を使う」ような理想の政治があたかも日本で実現されたかのように見ており、地方に議会制度を導入することによって、税金の取り立てと民衆叛乱の防止が可能となることを評価した。また、ある視察者は、日本では「郷官」をもって地方のことを行っており、それは「小官が多ければその世は盛んになる」という顧炎武の言葉を実現させたものである、と受け止めていた。視察者たちは日本での見聞に基づいてさまざまな改革案を提起した。これらの改革案は、やがて視察日記の形で袁世凱や張之洞ら実権を握る官僚の手に届き、その後地方自治の全国的な展開に少なからぬ影響を及ぼしたと考えられる。

ところで、筆者が閲覧した二百冊あまりの「東遊日記」のなかで、少数の例外を除けば、清末期に中国各地から来日した官僚・紳士視察者たちは日本の制度を高く評価する傾向があった。しかし、東京市政・市議会運営の実態からすれば、視察者たちが日本で得た印象と日本の現実の制度との間に大きなギャップがあった。その原因として、視察者たちの日本滞在期間がわずか数カ月と短く、日本社会との接触がごく限られていたこと、視察者という特殊な身分で、日本側が事前に選んだものしか見せなかったこと、などの点が挙げられる。

注

(1)「東遊日記」に関する研究として、佐藤三郎の『中国人の見た明治日本──東遊日記の研究』(東方書店、二〇〇三年)がある。そのなかで、著者は李圭の『東行日記』など清末期来日した中国人が残した十二冊の日記の内容を分析している。

(2) 清末期における中国人の対日視察の全般的な状況および日本視察の影響に関しては熊達雲の『近代中国官民の日本視察』(成文堂、一九九八年)がある。直隷省派遣の視察者の日本遊歴の状況および視察者の対日認識に関しては孫雪梅の『清末民初中国人的日本観──以直隷省為中心』(天津人民出版社、二〇〇一年)がある。そして、教育視察に関する研究として、汪婉の『清末中国対日教育視察の研究』(汲古書院、一九九八年)、田正平著、蔭山雅博訳「清末における中国知識人の日本教育視察」(国立教育研究所『国立教育研究所研究集録』第二五号、一九九二年九月)。蔭山雅博「明治日本の中国教育近代化に及ぼした影響について——中国教育近代化の事例研究」（『専修大学人文科学年報』第二五号、一九九五年三月）、Paula Harrell, *Sowing the Seeds of Change: Chinese Students, Japanese Teachers, 1895-1905*, Chap. 2 (Stanford University Press, 1992), Douglas Reynolds, *China, 1898-1912: the Xinzheng Revolution and Japan* (Massachusetts: Harvard University Press, 1993) が挙げられる。

（3）外交文書に記録が残されている視察者に限って行った熊達雲の統計によれば、一八八四―一九一一年の間に来日した中国人視察者の人数は一四四五人である（熊達雲、前掲書、九八―一〇〇頁）。これと異なって、筆者は外交記録のほかに、日本の地方自治模範村の視察記録や「東遊日記」、『北洋官報』、『北洋公牘類纂』など中国側の資料をも統計の対象とした。

（4）一九〇五年に来日した政治考察大臣端方、戴鴻慈一行三十七人、および一九〇六年の載澤一行四十三人は、いずれも⑥「その他の視察」に含まれる。

（5）Roger Thompson, *China's Local Councils in the Age of Constitutional Reform, 1898-1911*, Harvard University Press, 1995, pp. 23-35.

（6）沈懐玉「清末地方自治之萌芽（一八九八―一九〇八）」、『中央研究院近代史研究所集刊』第九、一九八〇年、二九七―二九八頁。蔭山雅博「清末奉天省の教育近代化過程——初等教育の普及過程を中心として」、学習院大学東洋文化研究所『調査研究報告』40、一九九三年六月、八一―八五頁。

（7）「創立東三省保衛公所章程」、『新民叢報』第三巻（一九〇六年）第八号、五七頁。この東三省保衛公所の成立にはただちに各方面から高い関心が寄せられた。その成立章程が上海の『時報』などに転載され、梁啓超は自らが主筆した『新民叢報』にそれを載せ、「私はこの章程を読んでそれを歓迎し、鼓舞された。これに対して私は無尽の希望をもっている」と熱い期待を寄せた（飲氷「東三省自治制度之公布」、『新民叢報』第三巻（一九〇六年）第八号、五八頁）。

（8）沈懐玉、前掲「清末地方自治之萌芽（一八九八―一九〇八）」、三〇〇頁。その他に、上海総工程局について、呉桂龍「清末上海地方運動述論」（『近代史研究』一九八二年第三号）を参照。

（9）次章第一節、特に注（6）を参照されたい。

（10）「遣派官紳出洋游歴辦法片」、『袁世凱奏議』（下）、天津古籍出版社、一九八七年。明清時代、州には府と同級の直隷州と県と同級の散州の二種類がある。ここで言う「州県」は末端の県と散州のことを指す。実際に、一九〇〇年代に日本に派遣された地方官僚視察者のうち、知県の人数は知州をはるかに上回る。

（11）同右、一一六二頁。

（12）袁世凱「督憲袁勅司暁諭嗣後実缺州県無論選補先赴日本游歴三箇月再勅赴任札」、甘厚慈編『北洋公牘類纂』巻三、「吏治」一、一九〇七年、一九一ー一九二頁。外務省外交資料館「外国官民本邦及鮮満視察雑件」（以下「外国官民視察雑件」と略記する）（清国之部ノ二）のなかに、日本の清国駐在公使内田康哉が抄録し外務大臣に送った袁世凱の一通の札文「督憲袁勅司暁諭嗣後実缺州県無論選補先赴日本游歴三箇月再勅赴任札」がある（清国駐在公使内田康哉抄録（一九〇五年一〇月二日）「督憲袁勅司暁諭嗣後実缺州県無論選補先赴日本游歴三カ月再勅赴任札」、前掲「外国官民視察雑件」〈清国之部ノ二〉）。

（13）前掲『袁世凱奏議』（下）、一一六二頁。

（14）天津総領事伊集院彦吉の小村寿太郎外務大臣宛の書簡（明治三七年一〇月一七日）。天津総領事伊集院彦吉の杉村濬外務省通商局長宛の書簡（同日）、前掲「外国官民視察雑件」（二）。

（15）外務省宛の公使館の紹介状は郵便で送られる場合もあれば、視察者本人が外務省へ持参した場合もある。視察者の官位が比較的に高い場合、たとえば後に述べられる一九一〇年に直隷通永道林志道一行の来日視察のケースのように、外務省側がまず視察先の省庁に照会し、先方の承諾を得てから、公使館を通じて視察者本人に通知する。視察者がこれを受けて視察先へ向かう。一般の視察者の場合、視察者たちは公使館を訪れる翌日に外務省を訪ね、政務局の翻訳官岩村成允から視察先の行政機関・学校などへの見学紹介状をもらい、それから各視察先を回る。

（16）涂福田『東瀛見知録』、一九〇六年。郭鐘秀『東遊日記』、一九〇六年。段献増『東鄰観政日記摘録稿』、一九〇八年。鄭元濬『東游日記』、一九〇五年。

（17）たとえば、視察者がもっとも頻繁に訪問する学校の一つであった東京麹町区にある市立富士見小学校では、校長の小関が中国からのある高官と一時間足らず面会した後、「用事があるという口実で十余才の小僮に命じて案内してくれた」という

（汪婉、前掲『清末中国対日教育視察の研究』、一八〇―一八一頁）。
(18) 郭鍾秀、前掲『東遊日記』、五頁。
(19) 段献増、前掲『東鄰観政日記摘録稿』、五頁。
(20) 定樸『東遊日記』、一九〇九年、六八頁。
(21) 『内務省人事綜覧』第2巻、日本図書センター、一九九〇年、一四〇頁。
(22) 鄭元濬、前掲『東游日記』、一五頁。
(23) 劉瑞璘『東游考政録』、一九〇五年、五頁。
(24) 鄭元濬、前掲『東游日記』、一一頁。
(25) 前掲「外国官民視察雑件」(二)。
(26) 田応璜『東瀛行記』、一九〇六年、一〇八―一〇九頁。
(27) 謝紹佐『東遊分類誌要』、一九〇九年、「自叙」。
(28) 龍曜枢『調査日本政治紀略』、刊行年代不明、四頁。
(29) 劉瑞璘、前掲『東游考政録』、三三頁。
(30) 涂福田、前掲『東瀛見知録』、四〇頁。
(31) 李宝洤『日遊瑣識』、一九〇六年、三八頁。
(32) 同右、三八頁。
(33) 劉瑞璘、前掲『東游考政録』、二九頁。
(34) 蘭陔『東遊随筆』、一九〇七年、二五頁。
(35) 涂福田、前掲『東瀛見知録』、三九―四〇頁。
(36) 鄭元濬、前掲『東游日記』、一五頁。
(37) 劉瑞璘、前掲『東游考政録』、四三頁。

(38)　龍曜枢、前掲『調査日本政治紀略』、五頁。
(39)　郭鐘秀、前掲『東遊日記』、一三頁。
(40)　ただし、東京の各区の視察については、外務省を通して紹介されるのではなく、東京市がその所轄地方に視察者を紹介するという形であったため、外務省記録には記録が残っていない。
(41)　涂福田の日記には、大森町役場への視察は「東京府から電話で紹介された」との記録が残されている（涂福田、前掲『東瀛見知録』、一五頁）。
(42)　郭鐘秀、前掲『東遊日記』、六頁。
(43)　劉瑞璘、前掲『東游考政録』、一五頁。
(44)　同右、一五頁。
(45)　同右、三三頁。
(46)　「市制」「町村制」が実施される直前に、東京は大阪、京都とともに特別市に指定された。これら三市は、市長の勅撰をはじめ、一般の市と較べ、自治の発達が遅れていた。以後十年間、市民による特別市制度撤廃を求める運動が続き、その結果、一八九八年八月にはじめての市長選挙（市議会議員による互選）が行われ、初代市長が選ばれた（大島太郎『官僚国家と地方自治』、未来社、一九八一年、一一七頁）。その後、一般の市と同様に、東京市の市議会議員は一定の財産資格を持つ公民から選ばれた名誉職の議員であり、任期は六年で、三年ごとにその半数が改選される。
(47)　同右、一三四－一三五頁。
(48)　尾崎行雄（一八五九－一九五四）、三重県出身で、慶應大卒。大隈重信の一派で、明治一四年の政変で大隈重信とともに辞職し、改進党を組織した。後に『新潟新聞』の主筆として活躍し、一八九〇年（明治二三年）初期帝国議会衆議院議員に当選した。その後、文部大臣を経て、二期八年にわたって東京市長をつとめた（一九〇三～一九一二年、明治三六～四五年）（『現代人名辞典』、ヲの部、中央通信社、一九一二年、二頁）。尾崎は東京市長在任中の主な実績は、市区改正、下水工事、路面改良、路傍樹栽培、ガス会社合併、電車の市有化である（『尾崎行雄伝』、尾崎行雄伝刊行会、一九五一年、七四八－七六六頁)。

(49) 大島太郎、前掲『官僚国家と地方自治』、一三五頁。ちなみに、当時の東京市政のあり方について、『尾崎行雄伝』には次のように記されている。「尾崎行雄が市長に就任したとき、市役所に出てみると、種々雑多な仕事が一々市長の決裁を待っていた。参事会に出席してみると、材木の値段がいくらだとか、割栗道路の坪当が何円だとか、先生の従来の活動分野では想像も出来ないことを盛んに議論していて、門外漢の先生にはさっぱり解らなかった。市長が行くたびに、参事会から尾崎が知らない材木や石の値段などの質問をした」。つまり、当時の市長と参事会との関係においては、参事会は決議機関であるとともに執行機関であり、市長は参事会の委任によって事務の執行に当たる、実権の小さいポストであった。このような状況に不満をもつ尾崎は、参事会の委任事項を全部返上し、市長の権限を拡張した（前掲『尾崎行雄伝』、六九〇—六九一頁）。

(50) 鄭元濬、前掲『東游日記』、一九頁。

(51) 同右、二〇頁。

(52) たとえば、稲取村は「一方に天城山脈を背ひ、一方に海洋に面し、海岸に向かって全般に傾斜の地あり、而も清流のこんこんとして流るるものなき」「寒村僻地」とされた（八二〇余戸、人口五一六〇余人）。その内「農業専門のものわずかに一四〇戸程にして、他は凡て漁業専門又は兼業のものたり」（三模範村校長閲・山田太一郎著『実顕の理想郷』、山崎延吉序文、愛知県農会蔵版、一九〇五年、二一—三頁）。

(53) 「日本帝国ニ於ケル三模範村」、『千葉県報』第千九百六十九号、明治三八年（一九〇五年）二月二四日。

(54) 明治日本の「三大模範村」についてはいくつかの研究が発表されている。三浦茂一「〝日本三大模範村〟の成立事情——地方改良運動と千葉県山武郡源村」、『歴史手帖』一九七八年、第六巻第二号、大島美津子『明治国家と地方社会』、第四章、岩波書店、一九九四年などを参照。

(55) 山田太一郎、前掲『実顕の理想郷』、序一—二頁。この序文は一九〇六年再版のときに綴られたものである。

(56) 定樸、前掲『東遊日記』、一九—二〇頁。

(57) 倪鑑〈東遊日記〉（原書の題名部分は脱落した。〈東遊日記〉は実藤文庫での整理題名である。なお、原書にはページ番号がついていない)、一九〇八年。

(58) 山武郡源村役場「視察者芳名簿」。この資料は千葉県文書館の三浦茂一らによって調査・整理され、現在同文書館に保存されている。この資料の閲覧に際して筆者は三浦氏および同文書館から多大な協力を得た。ここに記して感謝の意を表したい。

(59) 林志道は比較的身分の高い官僚であったこともあって、外務省は数日前から林の訪問について大蔵省、内務省、大審院などの各省庁に照会し、司法省、大蔵省はそれぞれ大臣官房秘書課課員、書記官によって一行を案内することを承諾した。外務省は清国公使館を通じて各省庁からの承諾の返事を林志道に通知した。その後林志道が外務省倉知政務局長に出した手紙にも、一行の官庁視察が「非常ナル御優待ヲ受ケ」たことが記されている。前掲「外国官民視察雑件」(六)。

(60) 管鳳龢『四十日万八千里之游記』、一九一〇年、「縁起」。

(61) 本文で挙げた源村視察に関する視察記のほかに、明治末期中国人による千葉県の模範町村の視察に関連するものは実藤文庫に二冊存在する。すなわち、①千葉県成田町を訪れた吉林省の知県定樸の『東遊日記』(一九〇九年)。②湖北省から派遣され、日本の三大模範村の地方自治事績、および日本の警察、監獄制度を視察した謝紹佐の『東遊分類誌要』(一九〇九年)、である。

(62) 方兆亀編『地方自治実記』、一九〇六年。

(63) 方兆亀、陳遵統が早稲田大学の卒業生であることについては、興亜院調査資料第九号『日本留学中華民国人名調』(一九四〇年、三八二頁)を参照。

(64) この写真のコピーは静岡県賀茂郡東伊豆町郷土史研究会の岡田善十郎氏が同町教育委員会の前田和夫氏(社会教育係)を通して筆者に提供したものである。岡田氏の説明によると、一行は峰間信吉(方兆亀『地方自治実記』には峰間鹿水と記される)の案内で、一九〇七年(明治四〇年)一二月二九日より翌年一月二日まで稲取村に滞在し、稲取村を視察した。そして、写真に写ったのは、稲取村の元村長田村又吉、当時の村長山田富吉および助役、学校の校長、病院長と四人の中国人視察者、および日本人の案内者峰間鹿水である。なお、前田和夫氏は筆者宛の手紙のなかで、この写真は、現在東伊豆町に保存されている明治期中国人の稲取村視察に関する唯一の資料であると記している(前田和夫「明治四〇年代における模範村についての資料提供について」、一九九六年四月一六日）。
(65) 林志道、前掲『東游偶識』、三五頁。
(66) 同右、二三頁。山本村長について、当時「三大模範村」の事情を調査した山田太一郎によれば、山本青年は千葉の師範学校を出てから東京へ進学し、早稲田専門学校を卒業した後、父親の意思に従って帰郷したという（山田太一郎、前掲『実顕の理想郷』、一九〇五年、八九頁）。
(67) 井口校長編『源村事跡』（明治四三年一〇月）。ちなみに、井口校長は二十数年間源村小学校の教育事業に献身し、山本村長とともに源村を地方自治模範村に建設する中心人物の一人であった（三浦茂一「井口義十郎先生と千葉県山武郡源村」、『千葉教育』、一九九七年九月号、四一—四二頁）。
(68) たとえば、地方自治模範村になる前の稲取村は、一八八四年（明治一七年）に税金の滞納が起き、翌年に村の学校教員の給料も払えず、学校が閉鎖に追われるほどの「難村」であった（島根県隠岐島農会『田村翁村治談』、一九〇八年、五頁）。
(69) 田村又吉が最初に戸長に選ばれた一八七八年に、稲取村はすでに財政的に破産状態に陥っていた。八百戸あまりの住民が五千六百円の負債を抱えていた。田村又吉は村の人々を集め、勤勉に働くよう呼びかけ、自分の貯金で村の唯一の産業石花菜（寒天草）の生産を回復させた。村が雇い主として村民を雇用し、採取した石花菜の量と質に応じて賃金を支払った。その結果、石花菜の収益金が増え、一八九〇年には未納の税金を納入した後、なお八二五円が残った。源村の場合、一八九九年に村の歳入はわずか六四五円にすぎなかった。名主から戸長、戸長から村長へと長い間村の指導者であった前村長猪野七郎右衛門の指導の下で村人が生産に励み、一九〇二年には歳入を二〇五〇円に増やした（市川伝吉『模範自治村稲取村の治績』〈附田村翁略伝と村治経営苦心談〉、成美商会、一九〇七年、七頁、八一頁。島根県隠岐島農会、前掲『田村翁村治談』、七三頁。）。
(70) 方兆亀、前掲『地方自治実記』、九二—九四頁。
(71) 林志道、前掲『東游偶識』、二四頁。
(72) 倪鑑、前掲〈東遊日記〉。

(73)　林志道、前掲『東游偶識』、二五頁。
(74)　「覆盧学台為選派紳士游歴日本考察自治辦法移文」、『天津自治局文献録要』第二編、一九〇六―一九〇七年、四一頁。
(75)　「自治班」の名称について、聴講者の一人である劉㟲の『蛉洲遊記』(一九〇八年)には「地方自治講習班」とされ、もう一人の王三譲の『遊東日記』(一九〇八年)には「自治班」とされる。後者は日本側の外交記録の用語と一致している。本章においては「自治班」と称する。
(76)　「直隷提学司盧擬定通飭各州県籌備公款続派紳士游学日本考察地方自治辦法」、『北洋官報』第一三〇五号(一九〇七年三月二〇日)、一二頁。
(77)　「督憲楊準出使日本大臣咨直隷游学自治紳畢業回国札飭提学司査照文」、『北洋官報』第一六六六号(一九〇八年三月二四日)、六頁。
(78)　前掲「外国官民視察雑件」(六)。
(79)　劉㟲、前掲『蛉洲遊記』、一二頁、二四頁。
(80)　王三譲、前掲『遊東日記』、一三頁。
(81)　瞿方書訳「筆記梅謙次郎演説」、留東湖南西路同郷会第壱次報告『地方自治』、一九〇八年、一三一頁。
(82)　劉㟲、前掲『蛉洲遊記』、五頁。
(83)　第二期「自治班」開講中に講義録はまだ発行されていなかったが、第三期では中国語訳の講義録が発行された。
(84)　劉㟲、前掲『蛉洲遊記』、二四頁。
(85)　同右、五頁。留東湖南西路同郷会、前掲『地方自治』、一三一頁。
(86)　王三譲、前掲『遊東日記』、一三―一八頁。
(87)　劉㟲、前掲『蛉洲遊記』、七頁。
(88)　「覆盧学台為選派紳士游歴日本考察自治辦法移文」、前掲『天津自治局文献録要』第二編、四一頁。
(89)　「督憲楊準出使日本大臣咨直隷游学自治紳畢業回国札飭提学司査照文」、『北洋官報』第一六六六号(一九〇八年三月二四日)、六頁。
(90) 王三譲、前掲『遊東日記』、一九頁。
(91) 同右、二一頁。
(92) 前掲「外国官民視察雑件」(四)。
(93) 劉樗、前掲『蛉洲遊記』、「自叙」。
(94) 龍曜枢、前掲『調査日本政治紀略』、二頁。
(95) 沈厳『江戸遊記』、一九〇六年、八〇頁。
(96) 涂福田、前掲『東瀛見知録』、四五頁。
(97) 劉樗、前掲『蛉洲遊記』、二三頁。
(98) 郭鐘秀、前掲『東遊日記』、二六頁。

第Ⅳ部　近代中国における地方自治制度の受容と変容

第七章　直隷省における地方自治実験と日本

はじめに

清末期における地方自治制度の実施は次の三つの段階に分けることができる。第一段階（一九〇五～一九〇七年）は、地方自治が上海、天津などで局地的に行われた時期である。第二段階（一九〇八～一九〇九年）は、「天津モデル」にしたがって全国各地に画一的に自治研究所が設立された時期である。第三段階（一九〇九～一九一一年）は、清朝政府による「城鎮郷地方自治章程」の発布をきっかけに、多くの地域で自治選挙が行われ、自治公所が設立された時期である。本章で扱う直隷省天津県で行われた地方自治実験は、その第一段階にあたる。天津自治は、清朝の膝元にある直隷省で行われた諸改革のうち最大の治績の一つと見なされた。当時天津にいた吉野作造は、袁世凱を清朝官僚のなかで唯一「卓然時流を抜き、立憲制度に関して正確なる見識を有」する官僚とし、その指導の下で行われた天津の自治が、「清朝の立憲運動のほとんど唯一の副産物」であると高く評価した(1)。

天津自治については、いくつかの注目すべき研究が存在する。沈懐玉は天津県議会の選挙及び直隷省各県での地方自治の展開について(2)、浜口允子は、直隷省諮議局との関連で、天津各県における自治活動の展開についてそれぞれ考察した[3]。そして、天津県議会の人的構成、議事会・董事会の活動、及び県以下の城郷鎮各級議会の成立と運営については、貴志俊彦の研究がある[4]。なお、ロジャー・トンプソンは、趙爾巽の地方自治が治安と社会コントロールを重視したのと対照的に、日本からの帰国留学生の影響を受けた袁世凱の地方自治が立憲主義という「外国モデル」を提示したと指摘した[5]。

しかし、これらの研究では、トンプソンの研究が日本からの帰国留学生について触れた以外に、天津自治と日本との関連性の問題はほとんど提起されていない。本章では、先行研究の成果を踏まえながら、天津の「自治章程」とそのモデルである日本の「府県制」の内容を比較し、地方自治制度の導入および実施段階に生じた変容の問題について検討したい。最後に、「天津モデル」の意味、および天津県以外の直隷省各州県や他の省における「天津モデル」の影響についても触れておきたい。

一、天津自治局の帰国留学生たち

予備立憲期には、「凡そ物事は準備が万全であればうまく運ぶ」という言葉がしばしば引用されていた。これは、新しい改革を行うにあたって、まず小さな範囲内で実験を行い、ある程度成功し、経験を積んだ後、全国的に押し広げていこうという清朝政府の意図とも合致していた。

一九〇五年、侍郎沈家本は「民情に通ずる」ため、州県において「公挙の紳士を聘用し……地方のことを行う」という趣旨の上奏文を提出した。また、翌年には、御史顧瑗が、州県行政の不足を補うために郷官を設置することを進言する上奏文を提出した。これを受けて、清朝政府は盛京将軍趙爾巽と直隷総督袁世凱にそれぞれ奉天と直隷で実験的に地方自治を実施することを命じた(6)。奉天と直隷が地方自治の実験の地に選ばれたのは、両省が北京から近いこと、趙爾巽と袁世凱が西太后から厚い信頼を受けていたこと、そして二人が「新政」改革に積極的な姿勢を示し、それぞれすでに幾分かの成果を得ていたことが挙げられる。これを受けて、袁世凱はその膝元にある天津県を実験の地に選び、天津府知府凌福彭と翰林院検討金邦平に一カ月以内に開始するよう命じた。

一九〇六年八月、地方自治を行うための準備機関として天津自治局が設立された。自治局の下に法制課、調査課、文書課、庶務課の四つの部署が設けられており、日本からの帰国留学生が多く配属された。自治局章程にも、「日本に留学し、法政学校を卒業した官紳を入局させ、地方自治の事宜について研究し、練習させる」と記されている(7)。日本からの帰国留学生金邦平は自治局の事実上のトップであった。金は安徽省の出身で、一八九九年に李鴻章によって直隷省の官費留学生として日本に派遣された。彼は早稲田大学を卒業した後帰国し、清朝の留学生試験で優等の成績を取り、進士号を取得した(8)。

この時期、袁世凱は、「新政」改革に必要な人材として、直隷省の各部門に欧米、日本から帰国した多くの留学生を集めていた。もっとも有名なのは京張鉄道の設計者詹天佑と開灤炭鉱の責任者呉仰曾の二人であった(9)。人数からいえば、日本から帰国した留学生が圧倒的に多かった。法政速成科第二期五十人の学生は天津自治局が設立されたころに帰国し、その一部が自治局に入った。後に登場する天津県の自治章程の起草者呉興譲も、そのうちの一人であった。袁世凱は清朝政府に上奏文を呈し、中国の学問の素養があり、地方の民情に通じ、吏治にもある程度の経験を持つ「法政速成生」は、「速成といえども、完全科と差がない」ので、速やかに官僚に任命するよう建言した(10)。

この時期、外国で法律学・政治学を学んだ中国の留学生は、帰国後「法政生」と呼ばれ、「新政」の各分野で活躍していた。日本語から援用されたと見られる「法政」という言葉は、現代中国語では使用されていないが、清末期には、全国各地に「法政学堂」が多く設立されたほど広く使われていた。自治局のような新しい部門の設立は、「法政生」たちにとって立身出世の恰好のチャンスであった。

自治局設立の目的の一つは、地方自治の推進に必要な人材を育成することであった。天津府は天津初級師範学堂内に地方自治研究所を設立し、管下の天津、静海、青県、滄州、南皮、塩山、慶雲の七県の知県に、それぞれ六名ないし八名の紳士を選んで天津に送り、地方自治研究所で地方自治の講義を受けさせるよう命じた。「自治紳」の費用には各県の公費が当てられた。それ以外に、私費で聴講することも可能であった。自治研究所では、自治制、選挙法、戸籍法、憲法、地方財政論、教育・警察行政論、経済学、および法学通論の八つの科目が開講され、講師に任ずるのはいずれも日本で法政専門科ないし法政速成科を卒業した帰国留学生であった[11]。

この自治研究所の八つの科目は、法政速成科の講義科目を想起させるものである。地方自治研究所で使用された教科書のうち、自治局の帰国留学生たちが各国の立憲政治関係の書物から重要な内容を翻訳・編纂した『立憲綱要』という書物がある。その内容は主に憲法、政体、君権、国務大臣の責任、臣民の権利と義務、立憲の準備、議員資格の養成、および選挙法である。この書は袁世凱の命令で二千部印刷され、自治研究所の講義用だけではなく、直隷省の各州県、各部門にも配られた[12]。なお、この時期には、少なくとも十数種類の日本語から翻訳・編訳された地方自治関連の書物が全国各地に流布していた。そのなかには、清水澄『憲法』、美濃部達吉『地方制度要論』、島田俊雄『地方自治制要義』が含まれている。清水、美濃部、島田の三人が法政速成科の講師も担当していたことから、彼らの講義録あるいは著作が翻訳され、天津自治研究所の教科書とされた可能性は高い。それ以外に、湖南省の帰国留学生が編訳した『法政粋編』、湖北省の帰国留学生が編訳した『法政彙編』、および法政速成科第二期卒業生閻鳳閣が編訳した『地方法制通覧』が挙げられる[13]。

一九〇七年一月に自治研究所第一期生の四カ月の講義が終了し、四日間の終業試験が行われた[14]。以下は試験に出された六つの問題とそれぞれの標準回答である[15]。

①「自治の必要性」。個人の自治力を養うことや、身近なところの問題を解決することによって国家の転覆を防ぐこと、そして官府を補助・指導・監督することなど（回答者・趙春芳）。

②「自治成立の要件」。国家法律の認可、議会の成立、団体メンバーの意思力（趙振鑾）。

③「自治制度と自治条例の区別」。自治制とは行政法規の一つとして公法人の一部もしくは全部に適用し、団体の権利と義務を定め、地方の公共利益を増進するものである。自治条例とは団体が自らの意思によって定めた条項である（周春煕）。

④「府県郡と市町村機関の異同」。府県、郡の区域は大きいが自治の範囲は小さい。市町村の区域は小さいが自治範囲は大きい。府県、郡には議事会と参事会があるが、市町村には議事会があるのみ（韓玉瓚）。

⑤「市町村会の議決内容」。（「市制」「町村制」十一条をそのまま抄録）。

⑥「市町村は公法人か、私法人か」。民法と市町村制に基づいて成立していること、営造物の設置と維持が公共行政の範囲に属すること、その区域が市町村公法人の一部であることから、市町村は公法人である（周文俊）。

以上の標準答案の内容からみれば、地方自治の必要性や概念に関する①を除けば、いずれも日本の「市制」「町村制」と「府県制」の内容に沿ったものである。つまり、地方自治研究所の講義は法政速成科の講義内容の再現であり、その内容は、日本の大学で行われた講義と同様に、地方自治に関する法律の解釈が中心となっていた。明治中期に成立したこれらの法律は、日本においても明治末期までには幾たびかの改正が加えられている。言うまでもなく、その多くの条文は中国の現状に適合するものではなかった。右の標準回答に現れた「公法人」、「営造物」などの単語は日本語のまま直接援用されたもので、後に中国語には定着しなかった。これらの点からみて、地方自治研究所の講義は、留学生による日本の地方自治講義の「翻訳的移植」であったと言えよう。

自治研究所第一期四カ月の講習が終わった後、直隷省の提学使は各州県に三人ずつ紳士を選び、一九〇七年三月、五月、六月の三期に分けて天津に送るよう命じた。さらに、各県から送られた三人のうち、それぞれ成績優秀者一名を選んで日本に派遣し、法政大学での聴講及び市町村などでの実地視察を行う計画も立てられた。その費用はすべて各州県の公費で支弁されることとなっていた(16)。これが前章で取り上げた直隷紳士の「自治班」の由来であった。

この時期、自治研究所での講義を通じて地方自治の知識を普及する方法は、主に知識層を対象に適用されていた。読み書きの能力を持たない大多数の民衆に対しては、「宣講」と呼ばれる通俗講演が行われた。内容をよりよく理解させるため、講演のときには地元の方言を用いることが要求された。日本からの帰国留学生で直隷省出身の高振鋆、趙宇航、歩以詔、高振褘の四人（いずれも法政速成科第二期卒業生）が宣講員に選ばれ、天津の東西南北の四つの城門付近で定期的に講演を行った。講演は夜八時から八時半までの三十分間、日曜日を除く、週三回、一日おきに行われていた(17)。講演の内容は宣講員自らが決め、毎回の内容は口語体で講義録にまとめられた。これはその後自治局によって毎月一冊ずつ印刷され、広く配布された(18)。聴講者の資格については、女性以外はだれでも参加できる、ということであった(19)。

『北洋官報』に掲載されている宣講員の演説稿からみると、大衆向けの「宣講」の内容は条理が明白で、分かりやすいものであった。たとえば、「なぜ立憲にはまず地方自治を行わなければならないのか」についての説明は次のとおりであった(20)。

イギリス、ドイツ、日本などの外国はみな立憲の国で、地方の事はすべて地方の人々自らが行う。われわれ中国は、その国々の強盛ぶりを見て、この立憲の方法を学ぼうとしている。家を立てる前にまず地突きから始めるのと同じように、立憲は地方自治から着手しなければならない。なぜなら、土台をしっかりしないと、建てた家は倒れやすいからである。

なお、「地方自治の意味」については、次のように説明されている。地方とは各地の一郷、一村、あるいは一府、一州、一県のことである。自治とは、その地域の人々が地域にとって利益のあることを行うことである。つまり「地方自治とはその地域の人が団体を結成し、公益を行うことである」(21)。一般民衆を対象とした「宣講」において、地方自治は、もっぱら「地域の人々がその地域の利益のために地域の公益事業を行う」と解釈されていた。しかも、地方自治は村から郷へ、郷から県へ、県から州へ、州から府へ、府から省へ、省から国へ、という伝統中国の「小から大へ」の自治観念に基づいたものと説かれていた。この点は、次に引用する演説稿の一節にも現れている(22)。

もし地方自治を講じて、一人一人が団体を結成し、地方の公益を行うことを知れば、それはそれぞれの地方から一県、一州、一府、そして国家に及び至ることになる。上と下が力を合わせれば、各地方の治安のみならず、国家も強くなれる。

つまり、地方自治は、まず人々が日々生活し、親しみを感じる村や郷といった小さな単位からはじまり、これを中心として放射線的に広がり、最終的に国家に至る、と説明されている。ここで注目すべきは、村や郷を中心とする同心円の円心からは遠く離れた位置におかれている「国家」は、一定の国土と人民を支配する近代的な意味での「国家」と異なり、必ずしも明晰な輪郭をもつものではない、ということである。すでに述べたように、美濃部達吉など明治後期の学者たちの地方自治講義において、国家は地方自治成立の前提とされていた。それによると、国家は自らの意思で地方団体を設立し、地方団体の自治権は国家によって賦与されたものである。このような国家本位の地方自治理論と中国の伝統的自治観念との相違は、右に引用した一節にはっきり現れていたと言えよう。

一般民衆を対象とした地方自治の通俗講演に近代地方自治理論の変容・変質が生じたのは、民衆の知識レベルや理解力が低く、「近代的」地方自治理論を受け入れることができなかったからではなく、「下から上へ」の順序に沿った中国の伝統的自治観念が中国人の意識の深層に深く根を下ろしていたからであると言うべきであろう。この点においては、たとえ外国で「近代的」地方自治理論を学んだ帰国留学生であっても、例外ではなかった。

二、天津自治の性格――制度の比較を通じて

天津自治局が成立した後、地方自治に関する法案を起草するため、新たに自治期成会が設立された。そのメンバーは勧学所が推挙した天津県出身の二十人、自治局が推挙した十二人、商界が推挙した県出身の十人、および自治局メンバー全員となっていた。(23)

具体的な草案作りに携わったのは法政速成科第二期卒業生呉興譲であった。自治期成会は十九回にわたって会議を開き、毎回呉興譲が一条ごとに草案の内容とその理由を述べ、最終的に全員の意見が一致するまで議論を行い、「一字のために多くの時間を費やして推敲したり、ときには一つの条文のために二回も会議を開いたり、すでに決まった箇条を何度も修正したりした」という。(24)一九〇七年二月末、自治期成会が起草した「試辦天津県地方自治公決草案」が袁世凱に提出された。(25)まもなくその批准を得て、中国最初の地方自治法律「直隷天津地方自治章程」（八章百十一條、以下は「自治章程」と略記）が公布された。(26)

自治期成会の草案に対して、袁世凱は次の二つの条文について修正を加えた。一つは第六十九条である。原案では「董事会の議決がその権限を越えもしくは法令に背き、あるいは地方の公益を妨げた場合、会長、副会長が合意し、理由を説明した上でその執行を阻止し、再議せしめる……」とあった。それに対し、袁世凱は「いざとなったときに互いに牽制するのを防ぐため」、「副会長」の文字を削除し、「会長が理由を説明する」と改めた。これを「自治章程」第五十五条の「本県知県が董事会の会長を兼任し、副会長および董事会会員はすべて議員の互選で選ぶ」という規定と照らし合わせると、自治に対する地方官の優位を確保しようとする袁世凱の意図がはっきり表されていた。もう一つは第九十九条に対する修正である。原案では「県の自治の監督官庁は本府の知府を第一級とし、本省の総督を第二級とす」とあったが、袁世凱は「監督官庁」の「庁」という文字を削除し、これを「自治の監督官は本府の知府を第一級とし、本省の総督を第二級とす」と改めた(27)。ここには、自治に対する「官」の監督権を知府、総督に一本化させようとする袁世凱のねらいが窺える。

ところで、「制度の変容」について検討する前に、日中両国の地方制度、とりわけ府県と州県の制度について簡単に触れておきたい。

第一章ですでに述べたように、日本では、明治維新後、幕藩時代の分散的地方体制を打破するため、明治四年に廃藩置県が実施された。一八七八年（明治一一年）「三新法」の発布をもって、公選議員による府県会の設置と、地方税をもって施行すべき事項に関する府県会の議決権が規定された。また、国税と地方税が分離され、混乱していた諸税は地方税として府県税に統合され、それとは別に付加税の形で区町村費用が徴収されることになり、住民の費用分担関係が明確に定められた。「府県制」「郡制」が発布された後も、府県知事、郡長が内務省によって任命される官僚であることに変わりはなかった。「内務省－府県－郡－（市）町村」の中央集権体制において、府県は上級の地方行政機構であった。一方、第二章で述べたように、中国では、秦の統一から清朝の崩壊まで、皇帝を頂点とする中央集権的官僚制度が存在した。地方制度に関しては、秦の統一後郡県制が成立した。幾たびかの変化を経て、清代には、基本的に省−府−県三級の地方制度が定着した。末端の知州、知県は一県の徴税と司法を司ることとされた。

廃藩置県によって設置された日本の県は地方の上級行政機構であり、中国の省と同等のもので、中国の県よりランクが高い。しかし、前章で触れたように、清末期に来日した中国の官僚視察者をはじめ、当時の中国人の多くは、日本の県を中国の県と同等であると認識していた。天津の「自治章程」が日本の「府県制」に範を取ったことは、日本の府県が中国の県と同等であるという認識と無関係ではないであろう。

次の表一は天津の「自治章程」と日本の「府県制」の要目である。

表一　「自治章程」と「府県制」の要目

「自治章程」	「府県制」
第一章　総　則	第一章　総　則
第二章　議事会	第二章　府県会
第三章　董事会	第三章　府県参事会
第四章　薪水酬金及辦公経費	第四章　府県行政
第五章　自治之財政	第五章　府県ノ財務
第六章　自治之監督	第六章　府県行政ノ監督
第七章　賙恤及懲罰	第七章　附　則
第八章　附　則	

表一の要目に天津の「自治章程」と日本の「府県制」との類似性が示されている。「自治章程」は、選挙による議員選出、議員の名誉職制、議会と董事会（日本では参事会）の並立制、議会に対する「官」の監督などに関する規定は「府県制」と同様である。しかし、内容を仔細に吟味すれば、両者の間の大きな相違点も浮かび上がってくる。この相違点こそ両者の性格、とりわけ制度継受の際に生じた変容の問題を解明するための鍵となろう。以下、「自治章程」と「府県制」の内容を比較する作業を通して、天津自治の性格を検討したい。「府県制」は一八九〇年発布後一部の地域にしか実施されず、一八九九年に改正されたが[28]、内容からみれば、天津「自治章程」は改正前の「府県制」に範を取ったものと推察される[29]。

以下、六つの項目に分けて、両者の内容を比較してみたい。

(1) 府県／県の法的地位について

「府県制」では、府県の公法人としての地位について言及されていない。府県は純然たる国家の行政機構であるとされ、地方団体としての地位は与えられていなかった。これと同様に、天津の「自治章程」においても、県の法人格についての言及はない。

(2) 府県会／県議事会の権限について

「府県制」では、府県会の議決事項は主に以下の六つであった。①府県の歳入出予算を定めること、②決算報告を審議すること、③府県税の賦課徴収方法を定めること、④府県有不動産の売買、交換、譲渡などに関すること、⑤歳入出予算をもって定めるものを除く外、新たに義務の負担をなし、および権利の棄却をなすこと、⑥府県有財産の管理および営造物の維持方法を定めること[30]。それに対して、天津の「自治章程」では、議事会の議決事項は主に以下の六つとされた。①本県の下級自治団体の設立、②自治事務（教育、実業、工程、水利、消防、衛生などが含まれる）、③地方収入の整理および醵金、④地方経費の予算と決算、⑤地方の「公款公産」（公有財産）およびその利息の貯蓄と運用、⑥董事会副会長が弾劾された時の処分[31]。

両者を比べれば、日本の府県会は、府県の歳入出予算、決算を主な審議事項とし、府県の教育・実業・水利などの諸事項に関する審議権は与えられていなかったのに対して、天津の議事会は教育、実業、工程、水利、消防、衛生など、地域住民の生活に関わる具体的な「自治事務」に関する審議権を有するとされたのである。

なぜこのような相違が生じたのだろうか。前述のように、廃藩置県後に設置された府県は、本来国の官吏である府県知事が管轄する国の行政機構であった。府県の実業、教育、水利、衛生、消防などの諸事務はすべて府県知事による「官治」の範囲に属するものとされた。府県のほとんどすべての事務が「地方官官制」において国の官僚とされる府県知事の職務範囲に属するものであった。こうした前提の下では、当然、「府県制」における府県議会の権限が府県歳入出の予算と決算を審議することに限定されたのである。しかも、「府県制」には、府県会における知事の発案権、原案執行権（かりに議案が府県会で否決された場合においても、知事が原案を執行することができる）、および勅令に基づく府県会解散権など、府県会に対する「官」の強い権限が規定されていた。本質的に、日本の地方自治制度は明治国家の外見的な立憲制度の一環であり、地域住民の立場に立脚した地方分権の理念に基づいたものではなかった。なかでも、「府県制」は著しく官治的な制度であり、府県レベルにおいて、自治は事実上官治に包摂され、官治と一体になっていたのである。

一方、清朝時代の中国では状況は日本とまったく異なっていた。第二章で述べたように、伝統中国においては、国家権力は自らの支配を県以下の郷村社会に浸透させることができず、末端の県の機能は主として徴税と裁判に止まっていた。水利、衛生、救貧などの地域の公益事業は、善挙を始めとする地方エリートによる自治の形で行われていた。

二〇世紀初頭に「新政」が始まると、近代的警察制度・学校制度の導入、農工商業の推進、アヘン禁止、道路建設など一連の改革を行うことが当面の課題となった。しかし、行政機能がきわめて限定されている末端の州県には、これらの改革を遂行する人的・財政的能力が備わっておらず、従来地域の公益事業に従事する地方エリートに頼らざるを得なかった。こうした状況の下で、地方自治は、知県による官治とは別に、地域の人々が自ら選んだ代表が地域のことを行うと理解されていた。この点について、袁世凱自身も上奏文のなかで、地方自治はすなわち周代の郷官のような制度であり、地方自治を行えば「官治の及ばないところを補うこと」が期待できると述べていた。(32)

また、第四章で指摘したように、地方自治が広く関心を集めた清末期において、自治の主役は官僚ではなく、従来地域社会で水利、慈善などの公益事業に携わった紳士や紳董と呼ばれる地方エリートであると一般に考えられていた。これを背景に、天津の「自治章程」において、地方官の手に負えない教育、実業、工程、水利、消防、衛生など、地域住民の生活に関わる「自治事務」が地域出身のエリートたちが中心となる議会の審議範囲に帰せられたのである。結果的に、このことは、地方自治に携わる地方エリートにより大きな自治空間を与えることになる。

(3) 府県参事会／県董事会の構成と権限について

「府県制」では、府県参事会は府県知事、高等官二名および名誉職参事会員から構成され、府県知事がそれを招集し、その議長をつとめると定められていた。(33)「自治章程」でも本県知県が董事会の長を兼任し、副会長および董事会員は議員の互選で選ぶこととなっている。(34)ただし、日本の府県参事会が府県会の副議決機関とされたのに対して、天津の董事会は議事会の執行機関と位置づけられていた。なお、府県参事会の職務権限は、府県会の権限に属する事項にしてその委任を受けたものを議決すること、臨時必要のとき府県会に代わって議決すること、府県知事およびその他官庁の諮問に対し意見を述べること、臨時必要のとき府県の出納を検査することなどと規定されていた。(35)それに対して、天津の董事会の職務範囲は主に議事会の議決事項の執行、議事会の議決に基づいた予算・決算の執行となっている。[36]

日本の府県参事会と天津の董事会の法的位置づけおよび権限をめぐる相違は、前述の府県会と県議事会の権限の違いに由来する。天津自治の場合、議会は教育、実業、公共事業など諸般の「自治事務」についての審議権を有した。議会の議決を執行する機関として董事会が設けられていた。これと対照的に、日本では府県の諸事務は官僚としての府県知事の職務範囲に属し、府県会の権限は主に予算と決算の審議に限られていた。府県参事会は府県会の副議決機関となり、府県知事と府県会を媒介する役割を果たすにすぎなかったのである。[37]

(4) 府県／県議会議員の選挙・被選挙資格について

「府県制」では、府県会議員の選挙は複選制で、市町村会議員が府県議員を選挙するという仕組みになっていた。つまり、市町村議会選挙で当選した議員が府県会議員の選挙人となる。具体的に、市では市議会と市参事会が会同し、市長を会長として投票を行う。郡では郡議会と郡参事会が会同し、郡長を会長として投票を行う。ただし会長は投票に加わることができない。[38] 府県会議員の選挙資格については規定が設けられていなかった。市町村会議員が府県会議員選挙の有資格者であると定められたため、市町村会議員の選挙・被選挙資格を見る必要がある。市町村会議員の選挙・被選挙資格はいずれも市町村公民であることであった。市町村公民の条件は以下の三つであった。①満二十五才以上で、一戸を構える男子、②二年以来市町村の住民となり、その市町村の負担を分任する者、③その市町村において地租を納めもしくは直接国税年額二円以上を納める者。[39]

天津「自治章程」では、県議事会議員の選挙は二段階に分けて行われることとなっている。つまり、選挙資格を有する者が一次選挙において代表者を選び、そこで選ばれた代表者が二次選挙において議員を選挙する、という仕組みである。選挙資格については、本県内に戸籍を有する二十五歳以上の職業を有する男子で、その生活が地方公費による救済に頼らず、自ら姓名、年齢、職業、住所を書くことのできる者となっている。(40)

被選挙資格に関しては、「府県制」では府県内市町村の公民で、市町村会議員の選挙権を有し、かつその府県において一年以来直接国税十円以上を納める者と規定されていた。(41) それに対して、「自治章程」では、「選挙権をもつ本県籍の者」のうち、次の条件を満たした者が被選挙権を有すると規定されている。すなわち、①高等小学堂あるいはこれと同等ないしこれ以上の学歴を有する者、もしくはかつて著作を刊行した者、②自ら二千元以上の営業資本もしくは不動産を所有する者、あるいは代理人として経営し、営業資本が五千元を超える者、③学務もしくは地方公益に従事した経験を有する者、④官僚経験者もしくは科挙資格を有する者、の四項目いずれかに該当する者が被選挙権を有すると規定された。(42)

つまり、日本の制度では選挙・被選挙資格においていずれも納税要件をもっとも重要な基準とした。これと違って、天津自治の場合、選挙資格に関する納税基準は設けられなかった。被選挙資格に関しては、学歴、著作、資産、官僚経験や科挙身分など複数の基準が設けられ、従来教育など地方の公益事業に従事した経験を持つ者、あるいは官僚経験や科挙資格を有する者であれば、被選挙資格を与えられたのである。

このような「制度の変容」は、単純に日本の府県と中国の県との間の不整合性や税制度の相違だけに由来したものではなく、両国における「自治」理念の違いや議会権限の違いと密接に関わっていたと考えられる。日本の場合、府県の事務はすべて府県知事による官治の範囲に属し、府県会の権限は限られていた。結果的に、府県レベルの自治が事実上官治に吸収され、官治と一体になっていた。他方、天津自治の場合は、自治は官治の外で官治の及ばないところを補足するものであると位置づけられていた。地方自治を行うためには、すでに地域の公益事業に携わった経験と実績をもつ人たち、あるいは地域社会において何らかの形で影響力をもつ人たちの積極的な参加が不可欠であった。しかし、これらの人たちは必ずしも地主や有産者とは限らない。当然、納税額を選挙・被選挙資格を決めるもっとも重要な基準とする日本の制度はそのまま適用することはできなかった。ここでも、日本の地方自治制度が継受される際に、継受側の内部条件に応じた変容が生じたのである。

ちなみに、「府県制」では府県会議員は名誉職であり、その任期は四年で、二年ごとに半数を改選するとされていた。議長・副議長はいずれも府県会議員の互選で選出され、その任期は議員と同様であると規定されている(43)。「自治章程」では、議員は名誉職でその任期は二年になっていた。議長・副議長はいずれも府県議員の互選で選出され、その任期は議員と同じであると定められている(44)。

(5) 経費について

「府県制」では、府県の支出、府県会、府県参事会、府県吏員の給料・退隠料、府県会議員・府県参事会員の旅費、出務日当などは、府県税およびその他府県の収入をもって充当すると定められ(45)、「自治」費用に関する規定を設けていなかった。一方、天津の「自治章程」では、地方の公的資産である「公款公産」およびその利息をもって自治経費に充当し、不足分は議事会が新たに定めると規定された(46)。日本では、府県の「自治」が事実上官治と一体となっており、府県知事が管轄する官治以外に議会が審議する新たな「自治」事項は存在しない。そのため、「自治経費」に関する規定を設ける必要はなかったのである。それに対して、天津自治の場合、知県による官治事務とは別に、議事会による「自治」事務が存在した。したがって、その実施に必要な経費、すなわち「自治経費」を法的に規定する必要があったのである。

天津の「自治章程」では、地方「公款公産」が不足する場合、議事会が新たに定めると規定されたが、実際には、ほとんどの場合、自治経費に充当する「公款公産」はないに等しかった。地方自治を実施するためには「自治捐」といった新たな税目を設けざるをえないのが実情であった。自治経費について、「自治章程」の起草者呉興譲は問題の重要性を十分認識し、原案に「自治経費捐」の徴収に関する条文を盛り込んだのである。しかし、自治期成会における審議の段階でそれが削除され、自治経費の問題は議会設立後へと回された。呉は「自治章程」が発布された後も「断じてそれ（自治経費捐）はなくてはならない」と主張した。[47]

天津「自治章程」において自治経費について明確な規定が定められていなかったことは、天津県議事会に地方自治の保障ともいうべき自律的な財源が確保されていなかったことを意味する。清末期の中国では、国税と地方税が分離されておらず、地方の諸費用は丁銀、漕糧などの「正税」に対する一定比率の付加税すなわち「捐」の形で徴収されていた。もし「自治捐」といった新たな税目を設けるとすると、それは「新政」のためにすでに徴収されていた教育捐、警察捐などの「苛捐雑税」に新たに一つを加えることになる。清末期、「自治捐」を含むこれらの「捐」が民衆の負担を増大させ、自治反対行動を招く要因の一つになったケースは全国的に見られる。[48]後にみるように、天津自治の場合、自治経費の問題は議会側と行政側の対立という形で現れてくるのである。

(6)自治の監督について

「府県制」では、内務大臣が府県の行政を監督し、府県の歳入出予算中不適当と認める費目を削除することができ、勅令をもって府県会を解散することができると規定されていた。[49]「自治章程」は、所在する府の知府を県自治の第一級監督官とし、所在する省の総督を第二級監督官とすると規定した。[50]官の立場を強調し、自治を官の統制下に位置づけようとした点は両者に共通している。

三、制度変容の意味

「自治章程」が公布された後、天津自治局は議会選挙の準備を手がけていった。その第一歩として、自治局は巡警の各分局の協力を得て、(51)「填注格式紙」という調査表を軒並みに配布し、選挙調査を行った。(52)しかし、調査表に「財産」の欄があったことから、調査は増税のためではないかと疑念が持たれ、人々は調査表に実際のことを書くのをためらった。(53)七万枚余り配布された調査表のうち、回収されたのは約五分の一、一万三千枚余りにすぎなかった。調査の結果、選挙権を有するものはわずか二五七二名となった。一九〇七年六月、天津市内とその郊外で一次選挙が行われ、一三五名の代表が選ばれた。八月には二次選挙が行われ、三十名の議員が選出された。議長と副議長は議員の互選で選出された。(54)当選者には教育関係者、自治推進者が複数おり、生員以上の科挙資格を有する者がおよそ全体の三分の一を占めていた。(55)

これをもって、一九〇七年八月一九日、天津県議事会は正式に成立した。天津自治局の設立からわずか一年であった。しかし、その後の天津自治の道はけっして平坦なものではなかった。以下、天津県議事会成立後半年も続いた自治経費をめぐる議会側と行政側の対立の問題を取り上げ、制度導入の際に生じた変容が現実にどのような意味をもったかについて検討したい。

前述のように、天津「自治章程」において議事会の執行機関として董事会を設立することが規定されている。董事会なしには、議事会の議決は実行できない。そのため、董事会を設置することが議事会成立後の当面の課題であった。名誉職の議員と違い、董事会のメンバーは議事会の議決を執行する専門職の有給職員であった。議事会の見積もりでは、一年間の董事会の運営費は銀一万六千両になった。議事会は董事会の設立費と運営費の確保・調達という難問に直面することになったのである。

この董事会の設立費と運営費をめぐり、議会側と行政側に対立が生じた。まずその経緯を見てみよう。天津県議事会は成立の二カ月後、直隷総督楊士驤に対し、董事会設立に必要な経費を調達するよう要請したが、楊はそれを天津府自治局に回した。(56) 三カ月後、自治局は一時金として三千元を議事会に交付するが、今後の議事会、董事会の経常経費については董事会成立後、自治章程に基づいて議事会自らが議決し、董事会に執行させる、との案を出した。(57) これを不服とした議会側は、再び楊士驤に長文の上申書を提出し、家屋捐、車船捐を徴収する官営の捐務科を董事会に合併し、その収入の一部を董事会の経常経費に充当するよう求めた。(58) ちなみに、天津県の家屋捐、車船捐は、八カ国連合軍の天津占領期に商人による請負の形で徴収されていたが、袁世凱が天津を接収した後は、それを工巡局（後に捐務科と改める）に扱わせ、官営の形となっていた。

この上申書の提出をきっかけに、議会側の要求は董事会開設費としての一時金の支給から、官営の捐務科の捐税徴収権を議会の執行機関である董事会に移譲させることへと変化した。換言すれば、「董事会に徴税権があるかどうか」という法的な問題が焦点になったのである。議会側の理由は次の三つであった。第一に、人民の捐税負担はすでに極端に重く、新たに自治の名目で捐税を設けることはその負担能力を越える。第二に、日本の制度では、国税、地方税、付加税の三種の税はすべて府県参事会によって徴収される。府県参事会と同等の地位にある天津の董事会にも当然地方の捐税を徴収する権限がある。第三に、天津「自治章程」の第二十八条によれば、地方収入の整理及び醸金は議会の職務範囲の一つである。捐務科によって徴収される家屋捐、車船捐がすべて地方の収入であるため、地方自治成立後は、当然董事会がそれを徴収し、自治費用に充当すべきである、というのであった。(59)

そのうち、第二の理由は日本の現実の状況とは一致していなかった。前述のように、日本の府県参事会は実権のない副議決機関にすぎず、地方税を徴収するのは府県知事を長とする府県行政機構であった。したがって、この点において議会側の主張には理不尽なところがあったと言わざるをえない。だが、第一と第三の理由はいずれも説得力のあるものである。選挙で選ばれた議会にとって、すでに「正税」のほかに各種の雑税によって窮地に追いつめられている人民に対して、地方自治実施のために新たに捐税を徴収するのはなるべく避けたいことであった。当時、議会にとってもっともよいとされた方法は、現在徴収している捐税のうち「地方の収入」に帰すべきものの一部を自治経費に当てることであった。そのため、議会側は、官営の捐務科によって徴収される家屋捐、車船捐は地方の収入であり、地方自治成立後、自治機関がこれらの「捐」を徴収するのは本来の筋道である、と力説したのである。ここで議会側は地方自治の本質に関わる一つの重要な問題を提起している。すなわち、地方自治とは「地域の人々が自らの意思によって地域のことを決定し実行する」ことである。地方自治の成立をきっかけに、地域の税源は官の機構から地域の住民が選んだ自治機構に委譲すべきである、という問題である。

しかし、議会側のこうした要求は、天津巡警局督辦、天津知府、天津道台が合同協議した結果、真正面から否定された。結局、議事会は捐務局から一時金六千元を受け取り、それを董事会の開設費用とし、以後毎月一千元が支給され、董事会の経常経費とすることになった。これで、自治経費をめぐる半年に及ぶ議会側と行政側の対立はようやく一段落した。議事会の成立より遅れること一年、一九〇八年八月に董事会はようやく成立した(60)。

天津自治の内容に関しては、すでに貴志俊彦の研究がある。重複を避けるため、ここではその要点をまとめることにとどめよう。天津県議事会の活動は、主に①籌辦（議会自らが行う事項）、②協議（行政機関と協議して行う事項）、③監察（行政の執行事務を監督すること）の三つであった。三者のうち、大半を占めるのは①である。なかでも、議会の運営経費と自治経費を確保するための公款・公産の調査案件がもっとも多かった。次に多いのは同じく①に属する土地や家屋をめぐる裁判と調停案件である。その他、教育の普及、禁煙、風俗の改良、巡警業務などが挙げられる。[61]全体的に、天津自治において、従来地方エリートによる自治の内容とされた教育、救貧などの諸事項が、議事会・董事会の活動に収斂される傾向がみえた。また、土地や家屋をめぐるトラブルの仲裁・調停への関与から見ても、知県による官治に対して議会が一定の補完的な役割を果たしたと言える。

地域社会における天津県議会の活動を見るとき、議会と行政、つまり「民＝紳」と「官」の関係を抜きにすることはできない。次に述べる議事会と天津、武清口岸の塩税徴収との関わりのケースは、天津における議会と地方官の関係を示す恰好の事例である。

一九〇七年八月、直隷総督離任直前の袁世凱は、従来商人の請負方式で徴収されていた天津、武清口岸の塩税を官営化することを決定した。これによって従来より年間十二万両の増収が予想された。袁世凱はその一部を学堂などの地方公益に当てるよう指示した。天津府自治局は、このことは議会の活動にも関わりがあるため、当然議事会もそれに参与すべきであると考え、議事会に代表を派遣し、「共同で議論し、もって官と商の連絡を増進させよう」と指示した。しかし、これに対する議会の態度はきわめて消極的であった。議会は「自治が始まったばかりであるから、物事の処理にはとりわけ慎重な態度を取るべきである」ことを理由に、官営の塩税徴収に議員が関わると、「自治をもって官治の権限を侵す」と批判されることを恐れて、代表の派遣を見合わせたのである。[62]つまり、議会側の方針は、「官治」の範囲に足を踏み入れることをなるべく避けようとするものであった。このケースは、前述の地方捐税の徴収権をめぐる議会側と行政側の対立と同様に、天津における議会側と行政側の力関係を端的に示している。

このように、天津地域社会において、官は依然として絶大の権力を持っており、議事会・董事会の役割は、あくまでも行政の力が及ばない範囲での「官治の補足」に限られた[63]。換言すれば、天津自治において、自治と官治の関係は、決して自治が官治に取って代わる、あるいは自治によって民権が伸張し、官権を脅かすといったものではなかったのである。

四、天津モデルの展開

天津県で行われた地方自治実験は次の四つの段階に分けることができる。第一は地方自治知識の普及段階、第二は自治法案の起草段階、第三は議会選挙の実施段階、そして第四は議事会と董事会の設立段階であった。しかし、天津県議事会が一九〇七年八月に成立してから清朝の「城鎮郷地方自治章程」が発布されるまでの一年半近くの間、直隷省各県における地方自治の実施は、ほぼ上の第一段階、すなわち自治知識の普及と自治人材の育成に止まっていた。

直隷省天津以外の地域で地方自治が足踏み状態になったことには、概ね次の二つの原因がある。一つは直隷省指導層の自治方針に直接に関わるものである。天津県議事会が成立した後、天津自治局の閻鳳閣、王琴堂、斉樹楷、李金榜（いずれも法政速成科第二期卒業生）と自治研究所第一期卒業生趙春芳などが連名して、袁世凱に対して直隷省全域で一斉に地方自治を行うよう建言したが、「急がば回れ」を理由に却下された[64]。袁世凱の後任の楊士驤もその方針を受け継ぎ、一九〇八年に深州の紳士が議事会設立のための準備機構である議事会籌備公所を設立したことは「章程に反するもの」として、それを退けた[65]。結局、天津県以外の地域では、地方自治の推進は主に自治人材の育成に止まり、議会選挙は全省範囲には波及しなかった。いま一つは清朝政府の自治方針に関わるものである。清朝政府は一九〇七年一月に国会開設の準備として、各地の総督・巡撫に速やかに諮議局（省議会）を設立するよう命じた。これを機に、直隷省を含め、各省において諮議局議員の選挙が優先され、地方自治の動きは一時中断された(66)。

直隷省における「新政」改革の推進について、マッキノンは、袁世凱の教育、警察、経済改革に次のような共通のパターンがあると指摘した。それは、省、県の行政機構を通じて、地方の紳士を選抜し、天津、保定に集め、教育、警察、経済などの方面でそれぞれの専門訓練を行う、その後、訓練を受けた紳士がそれぞれの県に戻り、改革を推進する、というものである(67)。このパターンは清末直隷省における地方自治の実施過程にも当てはまる。つまり、各県の知県が選んだ数名の紳士が天津の地方自治研究所で数カ月間の講習を経て郷里に戻り、それぞれの県城を拠点に自治学社を結成し、自治講習を行い、県議会成立に向けた準備を行う、という共通のパターンであった。

次に、紳士たちの帰郷後の活動を見てみよう。地方自治研究所の第一期生たちは卒業した後、天津府所属の七つの県に帰り、天津自治局の指示にしたがって、それぞれの県で自治学社や自治研究所などの自治機関設立の準備に着手した(68)。具体的な事例を見ると、地方自治研究所第一期の卒業生、塩山県出身の趙振鑾らは天津から郷里へ帰った後、知県の支持を得て自治学社を結成し、各郷からの代表を集め、無給で講義を行った。講義の内容は国法学、自治制、警察行政、財政学、戸籍法など、天津地方自治研究所のそれとほぼ同じものであった(69)。景州から天津に送られた十名の「自治紳」も、帰郷後県城に自治研究所を設立し、学生を召集して講義を行った(70)。その他、青県の陳甫傑ら二人も帰郷後、知県の支持を得て、自治学社を結成し、各郷から集まった紳士を対象に自治講義を行った。

一九〇七年秋から一九〇八年末までに各州県から直隷総督に送られた数多くの報告書をみると、自治の進展が知県の態度によって左右されたことが分かる。明確に地方自治に反対する態度を取る知県もいた。たとえば、束鹿県知県張鳳台は、袁世凱に二回にわたって自治反対の意見書を提出した。そこで挙げられた理由は以下の三点である。第一に、自治という語は「経典に見られず」、その意味も漠然として分からない。第二に、外国から入ってきた「自由」、

「自治」という言葉も「平権」、「革命」などの言葉がしばしば併用されるが、その意味は漠然としており、難解である。「自治」という言葉もその意味をはっきりさせなければ、「自由」や「平権」とともに人々の脳裏に侵入し、大きな弊害を招きかねない。第三に、自治には具体的な利益がないばかりか、日本に紳士視察者を送るための費用も、各県が公費から捻出しなければならない。それは各県にとって大きな負担である。なお、天津から帰ってきた自治研究所の卒業生の配属もやっかいな問題である。それに対する袁世凱の批語において、張の第一と第二の理由は反駁されたが、第三の経費の問題に対しては言及が避けられていた(71)。しかし、この第三の問題こそ各州県の地方官を悩ませた共通の問題であった。各州県にとって、「新政」開始以来、教育、警察などの負担で経費はすでに負担能力の限界に達し、さらに「自治紳」の費用を定期的に拠出することはきわめて困難であった。地方自治の実施に積極的であった慶雲県知県章紹洙によると、同県で学務、警務のために一年間徴収された捐税額はすでに三万吊あまりに達し、自治学社の開設さえ省政府からの資金援助に頼らなければならなかった(72)。このような財政難の下、一部の地方官はさまざまな手法を使って、天津および日本に「自治紳」を派遣することを怠った。直隷省当局は各県が日本留学中の「留東学生」でつじつまを合わせることを禁止したが、あえてそうする地方官も少なくなかった(73)。

他方、「自治紳」に選ばれた者のうち、自治に消極的な態度を取る者もいた。阜平県知県葉嗣高の報告によると、ようやく「自治紳」派遣に必要な経費を調達したものの、選ばれた三人の紳士には、「困難を恐れて観望する者もいれば、口実を設けてそれに応じようとしない者も」いた。そして、天津に行くことで農事に支障が出ないように出発を延期することを求める者もいた。こうした紳士の要請を受けて、知県はやむをえず省当局に「自治紳」の派遣の延期を要求した(74)。

このように、天津県議事会の成立から清朝の「城鎮郷地方自治章程」の発布までの約一年半の間、直隷省各州県における地方自治の展開は、主に自治知識の普及と自治人材の育成に止まったのである。この間、天津県のような議会選挙を行った州県は一つもなかった。浜口允子の統計によれば、天津県以外の州県における議事会、董事会の設立は、時期的にはほとんど一九一〇年と一九一一年の二年間に集中している。[75]このことから見れば、袁世凱およびその後任楊士驤が意図したのは、天津県の実験を通じて地方自治の看板を掲げることだけであり、天津県で行った地方自治を積極的に直隷省ほかの地域に広げようとはしなかった。直隷省当局が省以下の行政機構を通じて、緩慢な順序で地方自治を行ったため、日本からの帰国留学生や地方自治研究所で講義を受けた「自治紳」の自発的な自治要求は抑えられていた。結局、直隷省の地方自治は天津県における議事会、董事会の設置に止まり、末端の郷村レベルには及ばなかった。

全国的にみれば、清朝の「城鎮郷地方自治章郷程」が発布される以前、清末期の地方自治は主に「天津モデル」に即して展開されていた。すなわち、省・府・県の行政機関を通じて、自治局、自治研究所、自治学社など自治の研究、講習機関を設置することを中心に自治準備を行うものであった。広東省は地方自治の盛んな地域の一つであった。広東省の地方自治は、最初は地方紳士の自発的な行動であったが、省当局によって「天津モデル」に即した方向へと転換された。黄遵憲の出身地嘉応県では、一九〇六年、紳士黄遵譔によって「研究地方自治公益会」が結成された。公益会には、農務、工業、商務、学務、詞訟の五つの部門があり、毎週日曜日に会合を行った。翌年の秋、知州と総督の許可を得て公益会は自治局に変わった。[76]また、香山県においては、紳士楊景旒らが自治章程を定めたが、省当局は風気が未開で、民衆の知識が未だ幼稚であることを理由に、地方自治が行われる際には「国家の権力をもってそれを導いて、その範囲を定めるのが切実である」という態度を取っていた。つまり、天津の自治研究所の方法に倣い、各県から集められた紳士が地方自治の知識を学習し、それぞれの郷里に帰り、地方官を補佐して自治を行うべきである、というのであった[77]。直隷省と同時に地方自治の実験の地として選ばれた奉天省においても、地方自治の実施は一九〇六年における奉天自治局の設立に止まった。その責任者は奉天府知府管鳳龢（前章で登場した地方制度視察者の一人）であり、日本からの帰国留学生傅疆（法政速成科第二期卒業生）が参議に任じられていた。趙爾巽は奉天民衆の知識のレベルが他の省よりはるかに低いため、ただちに地方自治を実施することはできないと主張した[78]。

総じていえば、各省における地方自治の推進は、省・府・県の官僚によって、自治局を設立し、人事を決定すること、そして自治局の指導の下で地方自治の知識を普及することにとどまったという点で共通している。広東省の例が端的に示したように、地方エリートが自発的に結成した自治会や起草した自治章程も省当局によって否定され、結局地方エリート主導の自治が官僚主導の「天津モデル」の方向へと帰着したのである。

結　び

天津自治は、中国史上はじめての民選議会を誕生させたという点において、その歴史的意義は大きい。天津自治では、日本からの帰国留学生が制度継受の段階、すなわち地方自治に関する理論知識の普及、自治人材の育成、および地方自治に関する法案づくりにおいて中心的な役割を果たした。

天津自治は、日本の地方自治制度のなかでも官治的性格が強く、自治的要素がきわめて微弱であった「府県制」から範を取った。制度の比較を通じて分かるように、天津「自治章程」は日本の「府県制」から議員代表制度、議員の名誉職制度、議会・参事会並立の制度、および議会に対する官僚の監督などの要素を取り入れたが、選挙権・被選挙権の基準、議会の権限、董事会の位置づけ、および自治に必要な経費の財源においては「府県制」と大きく異なっていた。

地方の上級行政機構である日本の府県と地方の末端行政機構である中国の県はランクが著しく異なっていた。そもそも天津自治が日本の「府県制」から範を取ったことには不整合性がともなう。しかし、制度継受の際に生じた変容は、根本的には、両国の異なった政治的、社会的条件、および自治理念に由来したものと思われる。ドイツ・プロイセンの地方自治制度をモデルにした明治期日本の地方自治制度は、地域共同社会を国民国家の中央集権体制に統合する重要な制度であった。なかでも、廃藩置県後設置された府県は、本来国の官吏である府県知事の所管する行政機構であり、府県の実業、教育、水利、衛生、消防などの諸事務のすべてが「官治」の範囲に属していた。このことを前提に、府県会の権限は主に府県歳入出の予算・決算の審議に限られ、議案が府県会で否決された場合でも府県知事が原案執行権を有した。府県参事会が府県会の副議決機関にすぎなかったこともこれと関連していた。言い換えれば、日本では「自治」は「官治」と一体になり、あるいは「官治」に吸収されている。

それに対して、清末期の中国では、地方行政の基礎単位である県の機能は徴税と裁判に限られ、「新政」の諸改革を行うために必要な人的・財政的能力を持たず、地域出身のエリートたちに頼らざるを得なかった。そこで、地方自治は、選挙で選ばれた議員が構成する議会が教育、実業、水利、衛生などの「自治事務」を行うことによって、地方官による官治の外で官治の不足を補うことと考えられていた。結果的に、日本の府県会に比べ、天津の県議事会はより大きな職務範囲を与えられ、董事会も議事会の副議決機関ではなく、執行機関と位置づけられた。その結果、地方自治に携わる地方のエリートたちがより大きな活動の空間を得ることになった。しかし、他方において、清末期の中国で近代的税財政制度が確立されていないなかで、地方自治の実施に不可欠な財源をいかに確保するかが大きな問題となった。天津の「自治章程」においては自治経費に関する明確な規定がなく、天津県議事会には諸般の自治事務を行うための財源が保障されていなかった。

なお、厳しい納税基準を設け、有産者層だけに府県議員の選挙権・被選挙権を与えた日本の制度と異なって、天津自治の場合、資産などの条件を満たさない者であっても、従来地方の公益事業に従事した経験を持つ者、あるいは官僚経験や科挙資格を有する者であれば、選挙・被選挙資格を与えた。これは、日本と違って、むしろ地域社会において何らかの形で影響力をもつ者や地域の公益事業に経験と実績のある者を積極的に地方自治に参加させることによって、地方自治がより広い社会的支持を得られることが期待されていたからである。このような「制度の変容」は、後に清朝の地方自治章程においても見られる。

プロイセンや日本の制度に代表される、国家権力による統合の一環としての「地方自治」のイメージから一歩離れ、「地域の人々が自らの意思によって地域のことを決定し実行する」という地方自治本来の趣旨からすれば、天津自治に見られる「制度の変容」はむしろ積極的な意味を有する。第三節で取り上げた天津県議事会による捐務科民営化の要求に示されるように、議会側は、自治の名目で新たに税を徴収するのではなく、「官」が握っていた徴税権の一部を「民」の代表である議会に移譲させることによって、自治経費を確保することをねらっていた。自治経費をめぐる議会側の主張の背後には、究極的に、選挙で選ばれた議会がその地域の利益を代表するという考え方があったと言えよう。このような発想から、後に清朝政府による「城鎮郷地方自治章程」が発布され、地方自治が全国的に展開すると、各地の議会で地域の立場から住民の利益を主張する議案が多く出されることとなるのである。

清朝の「城鎮郷地方自治章程」が公布されると、地方自治はもはや一省、一県での実験ではなく、全国範囲での地方自治実施に移行していく。こうしたなか、直隷省においても、地方自治はようやく県以下の郷村レベルにおよび、郷や鎮の議会・董事会が次第に設立されていくことになる。

注

(1) 吉野作造「天津に於ける自治制施行の現況」、『国家学会雑誌』第二十一巻第六号、一九〇七年六月。ちなみに、吉野作造は一九〇四年に東京帝国大学法科大学政治学科を卒業した後、師の梅謙次郎の推薦で、一九〇六年から三年間天津で教習生活を送った。最初は袁世凱の長男袁克定の家庭教師として招かれたが、翌年、袁世凱が天津に設立した北洋法政学堂の教習に就任し、政治学、法律学の講義を担当した（阿部洋『中国の近代教育と明治日本』、福村出版、一九九〇年、一八一―一八二頁）。

(2) 沈懐玉「清末地方自治之萌芽（一八九八―一九〇八）」、『中央研究院近代史研究所集刊』第九期、一九八〇年。

(3) 浜口允子「清末直隷における諮議局と県議会」、辛亥革命研究会編『中国近現代史論集』、汲古書院、一九八五年。

(4) 貴志俊彦「『北洋新政』体制下における地方自治の形成――天津県における各級議会の成立とその限界」、横山英・曾田三郎編『中国の近代化と政治的統合』、渓水社、一九九二年。

(5) Roger Thompson, *China's Local Councils in the Age of Constitutional Reform, 1898-1911*, Harvard University Press, 1995, pp.37-52. 天津自治に対する日本の影響について、トンプソンは主に留学生の地方自治宣伝活動に注目しているが、彼らが日本から持ち帰った地方自治という「外国モデル」の実態や、地方自治制度の導入と実施の過程については検討を加えていない。

(6) 「北洋大臣袁世凱奏天津試辦地方自治情形摺」、光緒三三年（一九〇七年）七月二二日、「盛京将軍趙爾巽奏奉天試辦地方自治局情形摺」、光緒三三年（一九〇七年）三月一八日、故宮博物院明清檔案部編『清末籌備立憲檔案資料』（以下『籌備立憲檔案』と略す）、中華書局、一九七九年、七一七頁、七一九頁。

(7) 「天津府自治局督理凌守福彭金検討邦平稟定開辦簡章」、『北洋公牘類纂』巻一、一九〇七年、甘厚慈輯『項城袁世凱有関資料彙刊』所収、文海出版社影印版、七三頁。

(8) Thompson, *China's Local Councils in the Age of Constitutional Reform*, p.43。なお、吉野作造によれば、金邦

平は日露戦争における戦功により日本政府から勲六等を授けられた（吉野作造「天津に於ける自治制施行の現況」、前掲『国家学会雑誌』第二十一巻第六号、七三九頁）。
(9) 来新夏主編『天津近代史』、南開大学出版社、一九八七年、二〇一頁。
(10) 『袁世凱奏議』（下）、天津古籍出版社、一九八七年、一四六九頁。なお、この上奏文に挙げられた徐増礼、李祖煕など十三名の帰国留学生の名前は、『法政大学史資料集』第十一集「法政速成科第二班卒業生姓名」（一四五一一四七頁）に掲載されている。
(11) 「自治研究所規則」、『天津自治局文献録要初編』、一九〇六年、一三頁、『北洋官報』第一一五一号（一九〇六年一〇月五日）、一二頁。
(12) 『北洋官報』第一一五〇号（一九〇六年一〇月六日）、七頁。
(13) 「慶雲県章令紹洙稟創辦自治局情形文附再稟並批」、同右、第一三九五号（一九〇七年六月一八日）、六－七頁。資料の制約により、これらの書物の出版年代は不明である。
(14) 『北洋官報』第一二八二号（一九〇七年二月二七日）。
(15) 同右、「官報附録」第一巻（一九〇七年三月二七日－五月二日）。
(16) 同右、第一三〇五号（一九〇七年三月二〇日）、一二頁。なお、「自治紳」の費用の内訳は、天津での費用一五〇元、日本に派遣される一名の旅費、学費など二五〇元、あわせて四百元であった（「直隷提学司盧擬定通飭各州県籌備公款続派紳士游学辦法」、同右、第一三〇六号（一九〇七年三月二一日）、一二頁）。
(17) 「宣講地方自治簡章」、『北洋官報』第一一四〇号（一九〇六年九月一六日）、七頁。
(18) 「天津府自治局督理凌守等稟籌設地方自治研究所暨派員宣講自治法理編輯白話講義文並批」、同右、第一一七五号（一九〇六年一〇月三〇日）、五頁。
(19) 「本省近事」、同右、第一一四〇号（一九〇六年九月一六日）、七頁。
(20) 「自治局設立之原因與宣講之宗旨（宣講員講稿）」、同右、第一二六九号（一九〇七年二月二日）、「憲政浅説」（附録）、三三頁。

(21)「地方自治的意思」、同右、三一―三二頁。

(22)同右。

(23)「天津県自治期成会簡章」、『天津自治局文件録要初編』、一九〇六年、二四頁。

(24)「呈送天津県試辦地方自治章程稟」、『天津府自治局文件録要二編』、一九〇七年、四頁。

(25)「試辦天津県地方自治公決草案」、鄧実輯『光緒丁未政芸叢書』、「内政通記」巻二、沈雲龍主編『近代中国史料叢刊続編』第二十八輯、文海出版社影印版。

(26)『東方雑誌』一九〇七年第五号、二〇八―二一二頁。

(27)「遵改天津県試辦地方自治章程呈請査核咨部詳文」、前掲『天津府自治局文件録要二編』、二三頁。

(28)「府県制」の内容は山中永之佑監修『近代日本地方自治立法資料集成』二（明治中期編、弘文堂、一九九四年）、「改正府県制」の内容は同『近代日本地方自治立法資料集成』三（明治後期編、弘文堂、一九九五年）、「直隷天津地方自治章程」の内容は『東方雑誌』一九〇七年第五号をそれぞれ参照。

「府県制」に対する主な改正点は次の四点である。①府県の公法人としての地位が明らかになった。②府県会議員の選挙方法が複選制から直接選挙に変わった。③府県会の権限が実質的に縮小された。④府県吏員に対する府県知事の統率権が強化された（山中永之佑「日本近代国家の成立と地方自治制」、山中永之佑、前掲『近代日本地方自治立法資料集成』三、二八―二九頁）。

(29)これについて、以下の三点が挙げられる。①「府県制」では、府県の公法人としての地位が与えられていないのに対して、「改正府県制」では、府県の公法人としての地位が明らかになった。天津の「自治章程」では、「府県制」と同様に県の公法人としての地位については言及されていない。②「府県制」では、府県の支出や府県会議員、府県参事会委員の旅費、出務日当などは府県のほかの支出と同様に、府県税をもって充当すると定められている。「改正府県制」ではこの項目が削除されている。なお、「改正府県制」には府県の経費についての条文が含まれていない。天津「自治章程」は前者に倣って経費に関する条文を設けている。③「府県制」第二十四條では、「議員ハ自己及其父母兄弟若ハ妻子ノ一身上ニ関スル事件ニ付テハ会議ノ承諾ヲ経ルニ非サレハ府県会ノ議事ニ参与シ及議決ニ加ハルコトヲ得ス」となっている。この箇条は「改正府県制」では削除された。天津「自治章程」第四十四条では、「議員本人もしくはその父母、兄弟、妻子の一身上に関わる事件については、該当議員はその議決に加わることができない」とあり、「府県制」と全く同様の内容が含まれている（「凡議事有関係議員本身、或父母兄弟妻子者、該議員不得加於議決之数」）。以上のように、府県／県の地位、経費、および議員の一身上に関わる事件の審議への回避に関する「府県制」の規定は、「改正府県制」においていずれも改められたが、天津の「自治章程」には改正前の条文と同様な内容が含まれていたのである。こうした点から、天津の「自治章程」は改正前の「府県制」に範を取ったものと見られる。

（30）「府県制」第十五条。

（31）「自治章程」第二十八条。

（32）「北洋大臣袁世凱奏天津試辦地方自治情形摺」、前掲『清末籌備立憲檔案』、七一九－七二〇頁。

（33）「府県制」第三十八、三十九条、四十条、四十四条。なお、そのうち、府の名誉職参事会員は八名で、郡議員、市議員がそれぞれ四名ずつを互選する。県の名誉職参事会員は四名で、県議会議員が互選する。府県参事会員になる高等官は、府県庁に奉職する高等官のうちから内務大臣が任命する。

（34）ただし、現職の議員が董事会メンバーに選ばれる場合には、議員を辞任すべきである（「自治章程」第五十五条）。

（35）「府県制」第四十三条。

（36）「自治章程」第六十四条。

（37）日本の府県参事会制度の元となるドイツ・プロイセンの参事会制度は、中世期に商工業が発達した東部都市の市参事会に遡ることができる。都市の最高行政権は領邦君主とその官吏の手中にあったが、特権商人層の都市民の共同体的結合が成長するにつれ、市参事会が都市固有の裁判権・警察権を掌握していった。一九世紀になると、絶対主義国家が都市固有の公共的機能を国家行政事務に転化させ、参事会を国家の下級官庁として位置づけ、これを通して行政全般への官権的干渉を実現させた（山田公平『近代日本の国民国家と地方自治』、名古屋大学出版会、一九九一年、二二五頁）。
(38) 亀卦川浩『地方制度小史』、勁草書房、一九六二年、七八頁。
(39) 「市制」第七条、「町村制」第七条。
(40) 「自治章程」第五条、第六条。ただし、本県内に戸籍を有しない本国人で、第六条の条件を満たし、かつ現在本県内に五年以上居住し、二千元以上の営業資本ないし不動産を所有する者も選挙権を有する（第七条）。
(41) 「府県制」第三条、第四条。
(42) 「自治章程」第十一条。
(43) 「府県制」第五条、第十九条。
(44) 「自治章程」第十三条、十四条、十六条。
(45) 「府県制」第五十四－五十六条。
(46) 「自治章程」第八十五条。
(47) 呉興譲「地方自治章程理由書」、『大公報』一九〇八年二月二五日。
(48) 清末期地方自治の導入に対する民衆の反対については、江蘇省川沙県の事例を扱う第九章を参照されたい。
(49) 「府県制」第八十一条、八十八条、八十九条。
(50) 「自治章程」第九十九条。
(51) 義和団事件の際に天津を占領した八カ国連合軍が撤退した後、直隷総督袁世凱は保定、天津にはじめて巡察を設置し、一九〇四年に天津の周辺に四つの巡察総局を設置した。まもなく直隷省ほかの地域にも広がった（徐永志「論二〇世紀初直隷地区的社会整合－兼評袁世凱与北洋新政」、『清史研究』二〇〇〇年八月、第三号、二頁）。
(52) 吉野作造の論文には、天津県議会選挙の前に配布された選挙人、被選挙人の登録用紙、「選挙執照」（選挙資格証明書）、一次、二次選挙の投票用紙が図式で示されている（吉野作造、前掲「天津に於ける自治制施行の現況」、七四二頁、七四八－七五一頁）。

(53)『北洋官報』第一三三八号（一九〇七年四月二二日）、八頁。
(54)「天津府自治局詳開辦選挙各情形文並批」、「天津自治局督理複選挙報告書」、前掲『北洋公牘類纂』巻一、一一一－一一四頁。
(55)貴志俊彦、前掲「『北洋新政』体制下における地方自治制の形成――天津県における各級議会の成立とその限界」、一五〇頁。
(56)「天津県議事会函請自治局督理籌撥経費開辦董事会文」、『北洋官報』第一五七九号（一九〇七年一二月一九日）、六頁。
(57)「天津府自治局詳督憲核議天津県議事董事両会経費文」、「天津府自治局移天津県議事会解付款項文」、『北洋官報』第一六一一号（一九〇八年一月二〇日）、七頁。
(58)「天津県議事会稟督憲請接辦捐務科藉籌議事董事両会常年経費文」、『北洋官報』第一六一一号（一九〇八年一月二〇日）、八頁。
(59)同右。
(60)「天津県議事会稟督憲遵飭籌設董事会暫為権変辦法並選挙日期請備案文」、『北洋公牘類纂続編』、甘厚慈輯『項城袁世凱有関資料彙刊』、一九〇七年、文海出版社影印版、七一－七三頁。
(61)貴志俊彦、前掲「『北洋新政』体制下における地方自治制の形成――天津県における各級議会の成立とその限界」、一五二頁。
(62)「天津県議事会申覆自治局津武塩局議員礙難由会選派文」、前掲『北洋公牘類纂続編』、八七－八八頁。
(63)清末における「新政」の展開にともなって、袁世凱管轄下の直隷省においては、従来の行政組織の機能が地方捐税徴収の官営化などによって絶えず増大していた（Stephen Mackinnon, *Power and Politics in Late Imperial China: Yuan Shi-kai in Beijing and Tianjin, 1901-1908*, University of California Press, 1980, pp.57-59）。議事会・董事会は官の推進によって成立したものであり、官に対抗する組織ではなかった。
(64)「閣紳鳳閣等稟請改辦直隷全省自治詳文並批」、前掲『北洋公牘類纂』巻一、一一〇頁。
(65)「深州続牧県申批設議事会籌辦公所請示遵文並批」、『北洋官報』第一七一六号（一九〇八年五月一三日）、六頁。

（66）直隷省諮議局に関しては、前出の浜口允子論文を参照。
（67）Mackinnon, *Power and Politics in Late Imperial China*, p.175.
（68）「天津府自治局稟自治研究所第一班学員畢業文並批」、前掲『北洋公牘類纂』巻一、九八頁。
（69）『北洋官報』第一五九五号（一九〇八年一月四日）、一四頁。
（70）民国『景州志』巻四、「自治」。
（71）「藩司増詳東鹿張令鳳台稟請将自治二字申明更正並批」、「東鹿県張令鳳台稟考察自治二字請示飭遵文附再稟並批」、前掲『北洋公牘類纂』巻二、一四五―一五五頁。
（72）「慶雲県章令紹洙稟創辦自治局情形文附再稟並批」、『北洋官報』第一三九五号（一九〇七年六月一八日）、六頁。
（73）「昌黎県普令容詳中書閻廷献等公挙邑紳留東学習自治文並批」、同右、第一三七〇号（一九〇七年五月二四日）、五頁。
（74）「阜平県葉令嗣高稟應派游学紳士人数未斉請緩俟下期送津文並批」、同右、第一三七一号（一九〇七年五月二五日）、六頁。
（75）浜口允子、前掲「清末直隷における諮議局と県議会」、一九九―二〇一頁。
（76）『東方雑誌』一九〇八年第三号、二一二頁。
（77）『北洋官報』第一四五三号（一九〇七年八月一五日）、一一頁。
（78）沈懐玉、前掲「清末地方自治之萌芽（一八九八―一九〇八）」、二九七頁。

第八章　清朝の地方自治制度と日本

はじめに

一九〇七年、清朝政府はやむをえず朝野の国会開設要求に譲歩し、西太后は各省の総督・巡撫にそれぞれの省都で省議会にあたる諮議局を設立するよう命じた[1]。諮議局の設立にあたって、清朝政府はそれが「各省における世論採取の場であり、資政院の人材を蓄える」ことを目的としたが[2]、諮議局が成立した後、清朝政府の意向に反して、諮議局は各省における国会請願運動の拠点となった。各省諮議局の代表が北京で「速やかに国会を開設する同志の会」を結成し、清朝政府にただちに国会を開設するよう請願運動を広げた。

これに対し、清朝政府は、地方自治を通じて人民の知識を高めなければ国会は開設すべきではないことを理由に、それを拒否した。清朝政府が意図した地方自治は、地方エリートが官治の直接届かないところで地方の公益事業を行うことによって官治の不足を補うものであり、省レベルの諮議局や全国レベルの国会とはほとんど無関係であった。なお、清朝の地方自治は、清朝政府が一九〇九年一月に発布した「城鎮郷地方自治章程」と翌年二月に発布した「府庁州県地方自治章程」の法律の名称にも示されるように、下級の城鎮郷と上級の府庁州県に分かれており、そのうち、府庁州県レベルの地方自治は、辛亥革命の勃発による政局の混乱で、ごく一部の地域を除いて、ほとんど実施されなかった[3]。結果的に、清末期の立憲運動のなかで、地方自治と諮議局はそれぞれ別個の理念に沿って展開されることになり、当初「立憲の基礎」と喧伝されていた地方自治は省議会、国会とはほとんど無関係な存在となった。この点に鑑み、本章では、本来ならば当然地方自治の問題として扱うべき諮議局を議論の対象としない[4]。

清末期の地方自治は清朝の最後の十年間に行われた改革の一環として重要視されてきた。それに関する研究は一九六〇年代に始まり、これまですでに多くの研究が発表されている[5]。しかし、日本の地方自治制度との関連性という視点からの研究は皆無である。また、国家権力が直接届かない県より下の郷村レベルに視線を降下させ、清末の地方自治の実態を把握することも未だに課題として残されている。序章の先行研究の部分で述べたように、清朝の「城鎮郷地方自治章程」と「府庁州県地方自治章程」がそれぞれ日本の「市制」「町村制」と「府県制」を原型としたものであることは日中両国の論者によって当初から指摘されてきた。しかし、前章で行った天津の「自治章程」と日本の「府県制」との比較が示したように、両国の地方自治法律は一見きわめて類似しているように見えるが、両者の間に本質的な差異が存在した。本章で扱う清朝の地方自治法律においても、同様の「制度の変容」が見られる。清末期の地方自治制度の性格を明らかにするには、両国の地方自治に関する法律の内容に対する立ち入った分析が不可欠であろう。

本章では、まず政治考察五大臣の海外視察をきっかけとする清朝高官の日本訪問、日本の地方自治への関心、清朝政府の自治方針について考察する。そして、清朝の「城鎮郷地方自治章程」とその法律の原型とされる日本の「市制」「町村制」の内容を比較することによって、「制度の変容」の問題に焦点を当てたい。県より下の郷村レベルにおける地方自治実施の実態や制度変容の意味については、次章で江蘇省川沙県の事例を通じて見ることとする。

一、政治考察大臣の海外視察と地方自治

清朝政府は一九〇六年、諸外国の制度の考察を目的に、載澤、端方、戴鴻慈、尚其亨、李盛鐸の五人の政治考察大臣を日本、アメリカ、ヨーロッパ諸国に派遣した。五大臣は二つの陣に分かれ、載澤、尚其亨、李盛鐸は日本、イギリス、フランス、ベルギーを、戴鴻慈と端方はアメリカ、ドイツ、オーストリア、ロシア、イタリアをそれぞれ訪問した。政治考察大臣の海外派遣に関する諭旨には、「分けて東洋、西洋各国に赴き、一切の政治を考察し、善を選んでそれに従うことを期する」とされただけで、視察の具体的な内容については言及されていなかった(6)。つまり、五大臣に最初に与えられた任務は政治全般の考察だけで、憲法など特定の項目の視察ではなかった。結果的に、その視察は清朝政府が立憲改革に踏み切る直接的な動因となった。この視察は半年余り続き、その内容は各国の政治・経済・軍事各方面にわたる大がかりのものであった。五大臣は派遣先の国々の高官と会見したり、憲法などの講義を受けたり、現地視察をしたりした。なお、五大臣はそれぞれ旅先から清朝に上奏文を呈し、各国の立憲政治の状況について報告し、国会開設こそ清朝の選ぶべき唯一の道であると進言した。そのなかで、地方自治は各国の立憲政治の基礎として、五大臣の関心を引いたのである。

地方自治に関しては、載澤一行が訪問先の日本とイギリスから本国に送った上奏文が特に注目に値する。載澤一行は一九〇六年一月一四日に上海を出発し、日本に約一カ月間滞在した。一行は訪日中、伊藤博文、大隈重信らの政府要人と会見し、伊藤博文、穂積八束から明治憲法について説明を受けた。その他に、議会、裁判所、警察署、学校、工場などをも視察した(7)。伊藤博文は「貴国が数千年来君主の国であり、主権は民にあらず君にある。日本と同じくで

ある。日本の政体を参考にするのが適宜である」と述べた。なお、伊藤は明治憲法に定められた十七条の君主の権利について説明し、「もし貴国が立憲制度を実施すれば、大権は必ず君主に帰すべきである」と述べた(8)。載澤は、立憲が皇室の大権を損なわないものであるという伊藤博文の話しに心を打たれ、日本から本国に送った上奏文のなかで、日本の立国の方針は「公議を臣民とともにし、政権は君主が握る」ことにあり、「政治に関する諸種の変革にまったく弊害がないわけではありません。とはいえ、三島の地で二、三十年の経営を経て、次第に列強と拮抗するほどになりました。実に見くびるべきではありません」と述べている(9)。

載澤一行は訪日中、法律学者穂積八束から十二回にわたって憲法講義を受けた(10)。その最終回は日本の地方制度に関する内容であった。その要点をまとめると次のとおりである。すなわち、第一に、地方自治と立憲との関係について、日本では国会開設を前に、「国民の自治の習慣」を養成するため、まず地方自治制度を整備した。「これは誠に順当である」という。第二に、日本では欧米の立憲国家と同様に中央集権を根本としており、地方自治はそれを補う制度である(11)。穂積は日本の市町村長の法的地位についても説明した。それによると、市町村長は知事・郡長と違って国家の官吏ではなく、自治団体の役員である。しかし、市町村長は法律および郡長の命令にしたがって、中央政府の行政命令を実行する役目を果たさなければならない。

日本とヨーロッパ諸国の地方自治制度について、穂積は次のように説明した。すなわち、イギリスの地方自治制度の特徴は貴族が名誉職に任じられ、その地域の公共事務に携わることにある。この制度は歴史が古く、地方自治制度として世界中でもっとも進んでいるが、「きわめて錯綜繁雑で、その国の学者すら解明できない」。日本にはイギリスのような貴族が存在しないため、ドイツの制度を受け入れ、「平民による純粋な合同政治」を基礎とした地方自治制度を作り上げた、という(12)。イギリスの地方自治制度に関する穂積の意見は、後にみるように、中国における地方自治モデルの選択において載澤に少なからぬ影響を与えた。

日本を離れた後、載澤一行はイギリスを訪問した。イギリス滞在中、載澤らは政府の地方自治を管轄する部門を訪問し、イギリスの学者から地方自治について説明を受け、ロンドン市政府の自治局をも視察した。載澤はイギリスから発した上奏文のなかで、「その一国の精神は海軍の強盛、商業の経営にあるとはいえ、その特色は地方自治の完備にあるにほかなりません」と述べ、イギリスでは、地域の人々がその地域の公共事務を行うため、法律が厳しくても民はそれを過酷とはせず、嫌がらない。地域の資金がその地域のために使われるため、徴収が繁多であっても民は不満を持たない、と述べている。載澤は、このような制度は「深く周礼の制度に符合し、実に内政の本源」であると述べ、イギリスの地方自治制度を高く評価した[13]。

しかし、その一方で、載澤はイギリスの地方自治制度について、「官職の設置と職務の分担が頗る複雑で拘泥、固執するところがあり」、中国には適していないと述べ、中国ではその短を棄て長を取る必要があるとの考えを示した[14]。こうした認識は、イギリスの地方自治を模倣すべきではないという楊度の見解を想起させる。楊度がイギリスにおける地方自治制度の発達をその国の政治制度の発達がヨーロッパの大陸諸国より遅れていたことに由来したと主張したのに対して、載澤はイギリスの地方自治制度の複雑さに着目していた。しかし、こうした視点の相違はあるものの、イギリスの地方自治制度は中国のモデルとしては相応しくないと指摘する点は共通していた。

日本、イギリスのほかに、政治考察大臣らはドイツ、ベルギーの地方自治制度にも興味を示し、地方自治制度がそれらの国々の強盛の根本であるという認識を示した。一方、彼らはいずれもヨーロッパ諸国の地方自治制度が中国に相応しくないという結論を出した。たとえば、ドイツを訪れた戴鴻慈は視察日記のなかで、ドイツの自治制度が国民一人一人の自治精神を育成し、そこから国家の基本である「全民皆兵」が実現したとする一方、この制度は中国に導入すべきではないと述べた。なぜなら、人民が兵士になった後生計をはかることができず、必ず土匪になるに違いなく、逆に社会の混乱につながるからである、と指摘した[15]。

一九〇六年夏、海外から帰国した載澤、端方、戴鴻慈は、各国の富強の根本は立憲にあり、そのため、中国も素早く憲法を制定し、国会を開設すべきである、という趣旨の上奏文を提出した。戴鴻慈と端方は、その上奏文のなかで、中国の改革は西洋に倣うよりも、直接に日本をモデルとするのがより効果的であると建言した[16]。

蓋し各国の国力と人民の素質は自ずから異なっていますが、日本は彼の国の長を取って短を棄て、彼の国の利を尽くして弊を取り除くことができました。今日において、中国は改革を行おうとしますが、我が国の情勢はまさに昔の日本のそれに似ているものです。故に、各国の経験を参考にするよりも、むしろ日本の経験に鑑みた方が努力は半分で倍の効果が得られるのです。

五大臣の海外視察をきっかけに、立憲政治への関心は輿論だけではなく、清朝政府の官僚の間でも一気に高まった。清朝政府は立憲を求める朝野の圧力に譲歩し、一九〇六年九月一日に予備立憲を行うことを宣言した。その趣旨は、各国の富強は憲法の公布、君民一体、権限が明確に区分され、一切の政務が公論によって決められるところに由来するとし、それに倣って、中国でも憲政を行い、「大権は朝廷に集まり、庶政は世論に公にす」る状態にしようとするところにあった[17]。地方自治に関しては、翌年、西太后が民政部に地方自治章程を起草するように命じた[18]。それを受けて、本章第三節で取り上げる「城鎮郷地方自治章程」が制定・公布されたのである。

二、清朝政府の自治方針――「官治の補足」

立憲の気運が高まるなか、地方自治をめぐる議論は清朝内部においても活発に行われた。政治考察五大臣の一人、載澤と同行して日本、イギリスなどを視察した端方は、帰国後立憲体制の樹立をはじめとする政治制度全般の改革に関する上奏文を呈した。そのなかで、地方自治については次のように述べた。「地方自治の制度は国事の一部分を人民自らこれを行うことに委任し、もって官吏の及ばないところを補います」。それは官吏の責任を分担することによって、官吏がその職務に専念することができるためである、とも述べた(19)。

ここで注目すべきは、地方自治は地域住民の利益向上のためではなく、官僚が管轄する行政事務の一部分を地方の人民に分任し、官治の不足を補うことと想定されていた、ということである。後に取り上げる清朝の「城鎮郷地方自治章程」でも見られるように、この一節に清朝政府の自治理念が凝縮されていたと言えるのである。

清朝政府の自治方針についてとりわけ注目されるのは、清朝の立憲改革が日本の明治憲法に範を取る方針を定めたことを背景に、地方自治のモデルとしても日本の制度を選ぶべきだという意見が多く出された、ということである。ドイツ駐在大使楊晟は、欧米各国の富強の秘訣は地方自治にあり、日本はそれに倣って、わずか三十余年の間に経済や教育などが開港以前の十倍も百倍もの発展を遂げている、このことから地方自治の効力を想像することができる、中国の改革は地方自治から着手するよりほかに方法はない、と進言した(20)。また、御史趙炳麟は、日本で明治七年に地方官会議、一二年に府県会が開かれ、一八年に新しい内閣が組織され、明治二二年には立憲政治が遂行された歴史を振り返り、日本で立憲が地方自治から始まったのと同様に、中国も立憲政治を行うなら地方自治から着手しなければならないと述べた(21)。しかし、趙が言う日本の地方自治は明治前期の地方官会議、府県会のことであり、「市制」「町村制」発布後の地方自治制度を指すものではなかった。黒龍江省巡撫程徳全は上奏文のなかで、中国は明治政府が国会開設の準備として府県会を開いたのに倣って、府庁州県で議会を開設すべきであると進言した(22)。ここでは、中国の行政制度のなかで本来同じランクのものではない府庁州県が日本の上級地方行政機構である府県と同等のものと位置づけられていた。

清朝官僚のなかで、地方自治を実施する際に、とりわけ日本の市町村自治をモデルにすべきであると主張した人は少なくない。江蘇学政唐景崇は、憲法の制定は国民の自治から始めなければならず、日本の市町村制に倣って郷官の選挙を行い、これに対して地方官が厳しく監督を行うべきであると述べた(23)。なお、度支部主事陳兆奎は、「日本の維新政策を案ずるに、帝権が回復した後、民選の議会が盛んになりました。地方の自治をもって国家の団体が結成されました。故に一県の内に市町村長が数十人数百人あり、議会の議員は皆その地域から公選されます」と述べ、科挙試験が廃止された中国では、連名推挙の方法で人望のある者を選び、郷官に任ずることを提言した(24)。日本の市町村長を中国古代の郷官と類比したこと、本来官撰であった郷官の制度に選挙という代議制の要素を組み入れたことなどに、これらの意見と民間知識人の改革論や日本を視察した末端の官僚たちのそれとの間の共通点を見いだすのは容易である。ただし、清朝の中央や省レベルの高官の間にこうした意見が現れたのは、地方自治が「立憲の基礎」という理論的な必要性というよりも、末端の州県機構だけでは諸般の改革を行うことができず、地方エリートの力に頼らなければならなかった、という現実的な必要性があったからであると言うべきであろう。いずれにせよ、来日した末端の視察官僚と同様に、清朝の一部の高官も地方の人民が自ら郷官を選び、地方官による行政の一部を分担し、もって官治の不足を補うことに期待したのである。

「郷官」という言葉は、一九〇五年以降、清朝官僚の上奏文のなかにも頻繁に使用されるようになっている。御史徐定超は「小官が多ければその世は盛んになり、大官が多ければその世は衰える」という顧炎武の名言を引用し、次のように述べた(25)。

今日において、予備立憲は急いで行うべきことです。しかし、予備立憲は地方自治から着手しなければ実施されることはあり得ません。宜しく速やかに遠い古代の郷官の制度に倣い、傍ら西国の自治の方法も参照し、民間から才能や名望のある者を選んで役人に報告し、地方のことを行わせ、もって地方官吏の行政の不足を補うべきです。

顧炎武の名が清朝官僚の上奏文に登場したことは、注目すべき新しい動向である。第三章で述べたように、顧炎武は、明から清へ政権が交替した後、清朝に仕えることを終始拒否した。康熙年間、顧炎武の門人がその著『日知録』を刊行したが、禁書として流布を禁じられた(26)。ところが一九〇七年に、御史趙啓霖が上奏文のなかで、清初三大儒の王夫之、黄宗羲、顧炎武を文廟（孔子廟）に祀ることを建言した。翌年九月には、清朝政府の許可を得た(27)。右に引用した徐定超の上奏文はさらにその前に呈されたものである。

清朝高官としての徐定超が上奏文のなかで顧炎武の改革論そのものに共鳴したとは考えにくい。上奏文において、彼は、郷官がすなわち西洋の地方自治であり、州県の行政能力の不足を補う有効な手段であるという認識から、顧炎武の言葉を仮借し、地方自治の必要性を唱えたのであろう。「郷官＝地方自治」という言説は、一時期、清朝の官僚が地方行政の改革に関して意見を上奏する時の決まり文句となった。

では、清朝政府が考えた地方自治とは一体どのようなものであったのだろうか。「城鎮郷地方自治章程」とともに上呈された憲政編査館の上奏文には、清朝政府の自治理念が端的に現されている(28)。

臣らが察するところによれば、地方自治は、その名は近く泰西から伝わってきたとはいえ、その内容は早く中国の古に根を降ろしました。周礼の比、閭、族、党、州、郷の制度は、その名から言えばその土地を所有する者がその土地を統治するのですが、実はそこに地方自治の権が始まっています。下って両漢の三老、嗇夫や歴代の保甲、郷約に至っており、長く続いて途絶えませんでした。今日北京以外の各地にある水会、善堂、積穀、保甲など、および新たに設置された教育会、商会などはすべて人民が集まって各々その地方の利益をはかるものばかりです。事があれば官の命令を受け、もって上においては政治を助け、下においては和睦をはかります。故に実を言うと、自治とはすなわち官治の不足を補うものです。

ここで次の二点が重要である。第一に、清朝政府が考えた地方自治とは、遠くは古代の郷官制度に遡り、近くは各地方の人民が自らその地方の公益事業に携わるという中国社会の自治的慣習に合致するものである。第二に、自治の目的は行政末端の州県レベルに止まっていた官治を一歩下へ浸透させるのではなく、官治の直接届かないところで官治の不足を補うものである。第四章で述べたように、この時期の世論は地方自治を通じて地方エリートの政治参加を拡大するように求めていた。これに対して、清朝政府は官治の不足を補うことこそ地方自治の本質であると受け止めていた。地方自治を唱える動機からみると、清朝政府と民間知識人の議論の間には、明らかにズレが存在していた。しかし、ここで留意すべきことは、清朝の地方自治論と民間人士のそれとは、関心の所在は異なるものの、自治と官治を別個に扱い、両者を分離させている点においては共通していた、という点である。

官治と自治の関係について、もう少し詳しく見てみると、西太后に自治法律の制定を命じられた民政部は、「地方自治を国家行政の外に位置づけることによって、民間に自ら利益を謀らせ、また（自治の）範囲を制定する」と規定した。(29) これについて、憲政編査館の上奏文は次のように述べられている。(30)

自治のことは国権に由来します。国の許可があって初めて自治の基礎が出来ます。従って、自治の規約は国家の法律と抵触してはならず、自治は官府の監督に抗してはなりません。故に、自治は官治と並行して行われるものであり、官治に逆らってはなりません。自治とは、決して官治から離れて独立不羈にする口実になってはなりません。

つまり、清朝政府は地方自治の官治補足の機能に期待しながらも、自治の権限が過大化し、官治を脅かすことを恐れていた。こうした方針にしたがって、各省の官僚も自治が官治を脅かすのを防ぐために、自治に対する官の監督を強調した。両江総督張人駿は、地方自治に携わる紳士のなかに「正直な者も少なくありませんが、平素お節介なやからもまた少なくありません」と述べ、自治の権限を越えた紳士に対して、地方官の監督を強化すべきであると清朝政府に進言した(31)。考察憲政大臣于式枚は、プロイセンの地方自治制度において、自治の範囲は大きいほど、自治団体に対する国家の監督も強く、「地方の人の意見に因循してはならず」、国家の法令がいつ、どこにおいても、だれに対しても強制力を持っていると述べ、ドイツの地方自治制度を称賛した(32)。

右の点をさらに具体的に自治団体と国家の関係についてはどのように考えられたのであろうか。清朝政府はドイツ・日本流の地方自治理念にしたがって、地方団体の自治権は国家によって賦与されたものであるとしていた。地方自治法案の審議にあたった憲政編査館は、東西各国の地方自治の制度において、自然に発達したものもあれば、国家の立憲過程において漸次推し広げられたものもあると述べ、中国の制度は後者に属するものであると強調した(33)。載澤らがイギリス視察中に呈した上奏文のなかで、イギリスの地方自治は中国に適していないと述べたことについては本章第一節にすでに触れたが、ここに至って、憲政編査館の上奏文において、地方自治が国家主導の下にあるという考え方が明示され、それにしたがって中国の地方自治はイギリスのように「自然に発達した」ものではなく、ドイツ・日本の制度と同様である、という方針が確認されたのである。

三、制度の受容と変容

前述のように、清朝政府の民政部は一九〇七年に西太后の命を受けて地方自治の法律の起草に着手した。法案の審議にあたったのは、同じ年に日本の憲法取調局に倣って設立された憲政編査館であった。憲政編査館の下には編制局と統計局が設けられ、外国の法律の調査、各種法律の起草、審査、上呈などに当たった(34)。熊達雲の統計によれば、憲政編査館一五六名の職員の約半数に近い七〇人が日本視察経験者と日本留学出身者である(35)。資料の制約により、清朝の地方自治法律が誰の手によって起草され、どのような審議過程を経て成立したかを明らかにすることは困難である。清朝政府はかつて「自治、諮議両項目はともに立憲の基礎である。泰西各国の憲法はそれぞれ異なる。近くて範を取ることができるのは日本にほかならない」と、日本に範を取る方針を定めた(36)。このことと、地方自治関連法案の審議にあたる憲政編査館の職員の半数近くが日本視察経験者と日本留学出身者であったことから、清朝の地方自治法律が日本の地方自治法律から大きく影響を受けたことは推察に難くない。

序章でも述べたように、両国の地方自治法律の内容から見て、清朝の「城鎮郷地方自治章程」が日本の「市制」「町村制」、「府庁州県地方自治章程」が「府県制」をモデルとし、両者の類似性については早い時期から梁啓超、松本善海などによって指摘されていた。しかしながら、両国の地方自治法律の内容に関して、従来は両者の類似性の指摘に止まり、法律の内容に関する一歩踏み込んだ比較はなされていない(37)。以下では、清朝の「城鎮郷地方自治章程」と日本の「市制」「町村制」を比較し、制度の継受に際してどのような変容が生じたかについて検討したい。「府庁州県地方自治章程」に関しては、公布直後の政局の混乱でほとんど実施されなかったため、ここでは扱わないこととする。

まず、「城鎮郷地方自治章程」（一九〇九年）と「市制」「町村制」（一八八八年）の要目を比較した表一を見よう。[38]表一の要目が「城鎮郷地方自治章程」と「市制」「町村制」の類似性をある程度示している。議会の選挙、議員の名誉職、城鎮郷議会と董事会の並立制、自治に対する官の監督に関する規定などの点において、「城鎮郷地方自治章程」は「市制」「町村制」の影響を受けている。より詳しく、両者の類似点は以下の四点に要約できる。

第一に、地方自治機構の構成。「城鎮郷地方自治章程」では、府、庁、州、県衙門の所在地は城、それ以外の地を、人口五万人以上の場合は鎮、五万人未満の場合は郷と規定した。[39]日本の「市制」「町村制」と同様に、「城鎮郷地方自治章程」では、選挙で選ばれた議員によって議会が構成され、自治機構は議決機関としての議事会と執行機関としての董事会（郷の場合は郷董）の二つの部分から成り立つとされた。城、鎮には、日本の市の市会・市参事会・市長の制度に倣って、城鎮議事会・董事会・総董を設けた。城鎮より事務の量が少ないと見られる郷には、日本の町村の町村会・町村長の制度に倣って、郷議事会・郷董を設けた。なお、城鎮郷には、自治機構としての自治公所が設けられた。

第二に、自治に対する監督について。「城鎮郷地方自治章程」と「市制」「町村制」には、いずれも「上級長官の監督」に関する規定が設けられていた。「市制」「町村制」では、市は府県知事と内務大臣の二重の監督を受け、町村は郡長、府県知事、内務大臣の三重の監督を受けるとされた。[40]これと同様に、「城鎮郷地方自治章程」では、城鎮郷の自治職員がいずれも「当該地方の地方官の監督を受ける」と規定された。[41]

第三に、経費について。「市制」「町村制」では、市町村有財産（不動産、積み立て金穀など）から生ずる使用料、手数料などの収入が市町村の財源と規定され、足りないときには市町村税を徴収すると定められていた。市町村税は国税、府県税の付加税、あるいは直接税または特別税からなった。[42]これと同様に、「城鎮郷地方自治章程」では、「本地

表一　「城鎮郷地方自治章程」と「市制」「町村制」の要目

城鎮郷地方自治章程	市制・町村制
第一章　総　綱	第一章　総　則
第一節　自治名義	第一款　市町村及其区域
第二節　城鎮郷区域	第二款　市町村住民及其権利義務
第三節　自治範囲	第三款　市町村条例
第四節　自治職	第二章　市町村会
第五節　住民及選民	第一款　組織及選挙
第二章　城鎮郷議事会	第二款　職務権限及職務規程
第一節　員額及任期	第三章　市町村行政
第二節　職任権限	第一款　市参事会、市町村吏員ノ組織選任
第三節　会議	第二款　市参事会、市町村吏員ノ職務権限
第三章　城鎮董事会	第三款　給料及給与
第一節　員額及任期	第四章　市町村有財産ノ管理
第二節　職任権限	第一款　市町村有財産及市町村税
第三節　会議	第二款　市町村歳入出予算及決算
第四章　郷董	第五章　特別ノ財産ヲ有スル市区ノ行政（市制）
第一節　員額及任期	町村内各部ノ行政（町村制）

第二節　職任権限	第六章　市行政ノ監督（市制）
第五章　自治経費	町村組合（町村制）
第一節　類　別	第七章　附則（市制）
第二節　管理及徴収	町村行政ノ監督（町村制）
第三節　予算決算及検査	
第六章　自治監督	
第七章　罰　則	
第八章　文書程式	
第九章　附　録	

方の公款公産」、「本地方の公益捐」および「自治規約に基づいて徴収した罰金」が自治経費にあたると規定された。そのうち、「公款公産」は「従来紳董によって管理されるものに限る」とされた。「公益捐」としては、地方官が徴収する捐税の一定の割合で附加徴収する「附捐」（該当する捐税の十分の一以内）、および新たな名目で徴収する「特捐」（清末期には一般に「自治捐」と称される）を徴収することができた。「公益捐」の創設については、議事会が章程を議定し、地方官の許可を得たうえで実行すると規定された[43]。これは、前章でみた自治経費が「議事会によって新たに定める」とされた天津の「自治章程」の曖昧な内容とは対照的である。

第四に、等級選挙について。等級選挙とは、選挙者を納税額に応じて二級あるいは三級に分ける選挙制度である。「市制」においては、直接市税の総納額を三等分し、有権者を三つの等級に分け、納税額のもっとも高い選挙人を一級とし、以下二級および三級とし、各級ごとにそれぞれ議員総数の三分の一を選挙するとした。被選挙人となる者は選挙人の属する等級の者とは限らず、三つの等級に通じて選挙された。町村の場合は二級と定められた(44)。これと同様に、「城鎮郷地方自治章程」では、城鎮郷議会の選挙も等級選挙とされた。「城鎮郷地方自治章程」と同時に実施された「城鎮郷地方自治選挙章程」によれば、選挙者は甲、乙の二級に分けられ、城鎮郷選挙者のうち、正税もしくは公益捐の納付総額の半分に達する多額納税者の数人が甲級選挙者となり、残りの選挙人が乙級選挙者となり、それぞれ議員定数の半分を選挙するとされた(45)。

以上のように、地方自治機構の構成、自治に対する官庁の監督、自治経費、等級選挙制の採用の四点において、「城鎮郷地方自治章程」は「市制」「町村制」の影響を受けていた。

しかし、両国の地方自治法律の間にこれらの類似点があるにもかかわらず、一歩踏み込んでみるならば、両者の間には大きな相違点が存在する。この相違点にメスを入れることによって、両制度の本質、さらには制度継受の際に生じた変容の問題が解明されよう。両者の相違点は以下の三点にまとめることができる。

(1)　城鎮郷／市町村の区域について

「市制」では、市街地にして郡の区域に属しない区域を市の区域、「町村制」では「市制」を施行する地を除く地を町村の区域と規定した。市町村はいずれも従来の区域そのままを区域とするものとされた(46)。しかし、留意すべきは、第一章で述べたように、「町村制」が実施される直前に、明治政府は大規模な町村合併を行い、町村の数を従来の五分の一に減らした。その結果、町村合併後に生まれた行政町村のなかに、江戸時代以来の旧町村が内包される形となった、ということである。

一方、城鎮郷の区域について、「城鎮郷地方自治章程」では、府、庁、州、県機関の所在地が城、それ以外の市、鎮、村のうち、人口五万人以上の場合は鎮、五万人以下の場合は郷と規定され、城鎮郷の区域については、いずれも「各々本地方固有の境界を基準とする」とされた。なお、城鎮郷の間の境界が不明確もしくは区域を分割・合併する必要がある場合は、「地方官が詳細かつ明確に境界を定め、本省督撫に申請し、その許可を待つ」、と規定されたが[47]、実際に、「城鎮郷地方自治章程」が実施される際に、日本の町村合併のような大規模な城鎮郷合併の動きは見られなかった。

(2) 城鎮郷議会／市町村議会議員の選挙・被選挙資格について

「市制」「町村制」では、市町村会議員の選挙・被選挙資格を有するのは市町村の公民であると規定された。市町村公民の条件は以下の三つであった。すなわち、①市の住民で満二十五才以上、一戸を構える男子、②二年以来市町村の住民であり、その市町村の負担を分任する者、③その市町村において地租を納めもしくは直接国税二円以上を納める者、である[48]。

一方、「城鎮郷地方自治章程」においては、城鎮郷に居住（寓居を含む）する者はすべて城鎮郷の住民と見なされ、「本地方の公益を享受する権利を有し、本地方の負担を分任する義務を有する」と規定された[49]。城鎮郷住民のうち、以下の条件を満たす者は城鎮郷議員の選挙・被選挙の資格を有する。すなわち、①本国の国籍を有する者、②満二十五才以上の男子、③継続して三年以上本城鎮郷に居住した者、④毎年正税もしくは公益捐二元以上を納めた者、である。ただし、城鎮郷住民のうち、「平素の品行が公正でかつ人望のある者」であれば、居住年限や納税額の条件を満たさなくても、城鎮郷議事会の議決にしたがって選挙・被選挙資格を有すると定められた[50]。

選挙資格に関して納税要件が設けられている点が、前章で取り上げた天津の「自治章程」と異なっている。しかし、居住年限や納税要件を満たさなくても、平素の品行が公正でかつ人望のある者には選挙権・被選挙権が与えられる点においては、天津の「自治章程」と同様である。つまり、天津の「自治章程」と同様に、「城鎮郷地方自治章程」においても選挙権・被選挙権をめぐる「制度の変容」が生じたのである。これは偶然ではなかった。清朝政府の自治も天津自治も、自治は地方の人々が自ら地域の公益をはかることであり、官治とは別個に存在するものであると理解され、官治と自治を分離させる点において両者は共通していた。このような自治は、第二章で見た地方エリートが自発的に地域の公益事業に携わる伝統的自治の延長と見られる。そこで、伝統的自治と同様に、天津の「自治章程」と清朝の「城鎮郷地方自治章程」において、自治の担い手はいずれも紳士や郷紳といった伝統的自治の主役と想定されていた。そうした人々のなかには、善堂の経営に私財を費やすほどの財力をもつ者もいれば、財力がなくても地域で人望のある者もいた。これらの人々の協力なしには、地方自治の実施は困難であった。そこで、「城鎮郷地方自治章程」においては、日本の市町村公民の資格と異なって、納税要件を満たさなくても「平素の品行が公正でかつ人望のある者」という規定が加えられたのである。

(3) 城鎮郷議会／市町村議会の権限について

「市制」「町村制」には、市町村議会の審議事項が箇条書きで列挙されていた。その主なものは以下のとおりである。すなわち、①市町村条例および規則の制定と改正、②市町村費をもって支弁すべき事業、③歳入出予算と予算外支出の認定、④決算報告の認定、⑤法律勅令に定めるものを除くの外、使用料、手数料、市町村税および夫役、現品の賦課・徴収に関する規則の制定、⑥市町村有不動産の売買、交換、譲渡などに関すること、である[51]。

「城鎮郷地方自治章程」においても、城鎮郷議会の審議事項が箇条書きで規定されていた。すなわち、「本城鎮郷自治範囲内において行ったり、取り除いたり、整理したりすべき事項」、城鎮郷の自治規約の制定、自治経費の歳入出予算と決算、および城鎮郷自治経費の徴収方法など九つの項目である[52]。具体的に、城鎮郷の学務、衛生、道路工事、農工商事業、慈善、公営事業、自治経費の徴収、および「本地方の慣習に即した、従来紳董によって行われるその他弊害のない事項」が城鎮郷自治の範囲と定められていた[53]。

「市制」「町村制」と「城鎮郷地方自治章程」のいずれにも議会の審議事項が箇条書きで列挙されていたにもかかわらず、その内容は大きく異なる。市町村議会の場合、その審議事項は市町村の歳入出予算、決算や市町村公有財産の管理に限られている。一方、城鎮郷議会の場合、これと同様の審議事項のほかに、教育、衛生、道路、慈善など地域住民の生活に関わる具体的な事項に関する審議権を与えられている。

このような違いは、市町村と城鎮郷の法的位置づけと職務内容の相違に由来したと考えられる。「市制」「町村制」において、市や町村は「法律上一個人ト均ク権利ヲ有シ義務ヲ負担」する法人であると規定されており、地方団体として条例の制定権を与えられていた[54]。しかし、第一章で述べたように、日本の市町村は自治団体よりも内務省を頂点とした国家行政の末端機構の性格がより鮮明である。「市制」「町村制」にはそれぞれ「市行政」と「町村行政」と題する章が設けられ、市参事会、市町村長の職務範囲および市町村行政に対する上級官庁の行政監督について規定していた。市町村長の職務は、法律命令にしたがって、司法警察補助官や、地方警察の事務、そして国の行政並びに府県の行政にして市町村に属する事務を執行することになっていた。具体的には、市町村長が国や府県の命令を受けて、警察、兵役、戸籍、土木、河川、道路、小学校の設置、伝染病の予防などの行政事務を行った[55]。その費用は市町村費をもって賄わなければならない。しかも、市町村長が所管官庁の命令を受けて機関委任事務を執行することに対して、市町村議会はこれらの事項を審議する権限を与えられていなかった。

これに対して、「城鎮郷地方自治章程」冒頭の第一条には「地方自治はもっぱら地方の公益事宜を行い、もって官治を補佐するのを趣旨とする」とあるだけで、城鎮郷の法人格に関する条文は見当たらない。「地方の公益事宜」は

「本城鎮郷の自治事務」と規定され、具体的に、「城鎮郷地方自治章程」第五条に、城鎮郷の教育、衛生、農工商業など八項目の事項が挙げられた。「城鎮郷地方自治章程」第五条には、「自治範囲」に属する事項が以下の八つの項目に分けて詳細に定められている。

①城鎮郷の学務。中、小学堂、蒙養院、教育会、勧学所、宣講所、図書館、新聞閲覧所、および城鎮郷の学務に関わるその他の事項。

②城鎮郷の衛生。道路の清掃、汚物除去、薬の施与、病院、医学校、公園、戒煙会、および城鎮郷の衛生に関わるその他の事項。

③城鎮郷の道路工事。道路の改修、橋梁の建設、河川の疎浚、公共建築物の建設、街灯の設置、および城鎮郷の道路工事に関わるその他の事項。

④城鎮郷の農工商事業。作物、牧畜および漁業の改良、工芸工場、工業学堂の設立、勧工場、工芸の改良、商業の整理、市場の開設、作物の苗の保護、水利工事の準備と実施、農地の整理、および城鎮郷の農工商に関わるその他の事項。

⑤城鎮郷の善挙。救貧事業、守節した寡婦の生活援助と保護、育嬰、衣服や粥の施与、義倉、積穀、貧民工芸、救生会、救火会、救荒、義棺と義塚、古跡の保存、および城鎮郷の善挙に関わるその他の事項。

⑥城鎮郷の公営事業。電車、電灯、水道水、および城鎮郷の公営事業に関わるその他の事項。

⑦本条の各事項を挙辦するための資金を徴収すること。

⑧本地方の慣習に即した、従来紳董によって行われるその他弊害のない事項。

「城鎮郷地方自治章程」第三十六によれば、城鎮郷の自治範囲内に属するこれらの事務はすべて城鎮郷議事会の審議を経なければならなかった。そのほかに、城鎮郷の自治規約の議定、城鎮郷自治経費の歳入・歳出の予算と決算事項、城鎮郷自治経費の醵金方法なども城鎮郷議事会の審議対象に含まれていた。

清朝の城鎮郷自治についてとりわけ留意すべきは、「城鎮郷地方自治章程」第六条に城鎮郷の「自治範囲」に属するとされた右の①〜⑥のうち「もっぱら国家行政に属するものは自治の範囲外にある」と定められていた、ということである。このことは、日本の市町村が国家の末端行政機構であり、市町村長が国家からの委任事務を執行しなければならないのと対照的に、清末期中国の城鎮郷自治公所は地方官に代表される官治の外におかれ、国家行政の末端機構としては位置づけられていなかったことを意味する。ここには、清朝政府の自治方針が反映されている。本章第二節で見たように、地方自治制度の導入に際して、清朝政府は当初から自治と官治を区別し、国家行政の外で官治の不足を補うことこそ自治であるという方針を定めた。仮に城鎮郷が日本の市町村と同様に、戸籍、兵役、警察などの行政事務を担うとしたら、それは、従来県レベルに止まった国家の行政支配を郷村レベルへ一歩降下させることを意味した。これは清朝政府が意図したことではなかった。また、実際に、清朝政府には明治政府のように内務省、府県、郡を通じて（市）町村を垂直的にコントロールする政治的統合力・指導力もなかった。当時の人材、財政、通信などの面からみても、そのような急速な国家権力の郷村への浸透は不可能であった。

清朝の城鎮郷自治において自治が官治の外におかれたのはなぜであろうか。中国の伝統的自治の存在が無視できない要因と考えられる。「城鎮郷地方自治章程」に規定された八項目の「自治事項」の内容からみれば、その多くは従来地方エリートによって行われた伝統的自治の内容と重なっている。第二章で述べたように、伝統中国では、国家権力が県のレベルに止まり、水利、福祉、教育、衛生など地方の多様な公益事業は地方エリートの自治に任されていた。このような自治はそもそも官治と対立するのではなく、むしろ官治の不足を補う性格を有する。官治・自治の関係からみれば、清朝の城鎮郷自治において、中国の伝統的自治のこうした特質は継承されていたように思われる。

結　び

以上見てきたように、一九〇六年前後、載澤ら政治考察五大臣の海外派遣、およびそれをきっかけとする清朝の予備立憲詔書の発布を背景に、清朝政府内部において、地方自治は立憲政治に不可欠なものであり、また、自治はすなわち古代の郷官の制度であり、地域の出身者が自らその地域の公益事業を行い、もって官治の不足を補うものである、という認識が広がった。そこでモデルとされたのは西洋の制度ではなく、情勢が中国と似ており、短期間の実施で効果を得たとされる日本の制度であった。

清末期の地方自治に関して、従来、清朝政府は地方自治を通じてその支配力を社会に浸透させたと見られてきた。ケース・ショッパは、地方自治を含む清朝政府の改革は「中央の支配を従来の県レベルに止まるものからそれより下の地域レベルに拡大させ、地方エリートのリーダーシップを政府の支持を得た（故に政府によってコントロールされた）議会に組み込もうとすることを目的としたものであった」、と述べている[56]。また、フィリップ・キューンは、清朝が一九〇〇年代に遂行した「新政」改革は、それまでの非公式の組織を合法化し、従来の「準政治的」（parapolitical）組織を「政治的」（political）に組織化する、すなわち地方エリートを国家の一部に組み込む改革であった、と指摘している[57]。

この問題について、ここでは清朝の「城鎮郷地方自治章程」とその原型とされる日本「市制」「町村制」との比較を踏まえて、別の解釈をしたい。本章の第三節で見たように、清朝政府の「城鎮郷地方自治章程」は日本の「市制」

「町村制」をモデルにしたものであり、自治機構の構成、自治に対する官庁の監督、自治経費、等級選挙制の採用の四点における両法律の類似点が確認された。選挙によって選ばれた議員が城鎮郷自治団体を組織し、議事会の決議に基づいて地方の公益事業を行うなどの点からみれば、清末の地方自治は、従来のような地方エリート個人あるいは善堂などの慈善機構による善挙と異なった性格をもつものであった。地方エリートは自治公所という新しい機構において、法律に定められた範囲内で自治の事項を決定・執行する権限を与えられ、諸般の自治事項を実施するための費用の徴収権も与えられた。

しかし、その一方で、「城鎮郷地方自治章程」と日本の「市制」「町村制」の間には本質的な相違が存在した。最大の相違は市町村と城鎮郷の行政上の位置づけに見られる。市町村は自治団体というよりもまず内務省を頂点とした中央集権的行政体制の末端機構であった。市町村は国家から徴税、徴兵、教育、戸籍、警察、土木工事、保健衛生などきわめて広範な事務を委任され、これらの委任事務は市町村内部の事務をはるかに上回った。にもかかわらず、市町村への委任事務は市町村議会の審議対象には含まれていなかった。それに対して、城鎮郷自治公所は州県衙門の下部機構ではなく、「城鎮郷の自治事務」を行う「自治的」機構と位置づけられていた。城鎮郷の自治事務は教育、衛生、農工商業など八項目と規定され、城鎮郷が行うすべての自治事項が城鎮郷議会の審議を経なければならなかった。城鎮郷の自治事務のほとんどは従来地方エリートが行った伝統的自治の内容と重なっており、日本の市町村が国家の末端機構として実施した兵役、警察、戸籍などの事項は含まれていなかった。

こうした点からみれば、清朝の地方自治は従来州県レベルに止まった国家権力を一歩下へ浸透させるものではなかったように思われる。日本の市町村と異なって、城鎮郷は行政の末端には組み入れられておらず、城鎮郷の自治は県レベルに止まる官治の不足を補うものであった。つまり、清朝の地方自治は、議会選挙、議員選挙の財産基準の導入、議決機関と執行機関の並立などの「近代的」要素を取り入れたが、基本的には従来の国家・社会分離の枠組みを超えるものではなかったのである。近代国民国家の観点からすれば、このような制度は、上から下へと棒が突き刺さったような日本の制度と比べ、統合の度合いが低い。しかし、「一定地域の住民が自らの利益の保全と向上に関わる事項について意思決定をし、それを実行する」という地方自治本来の意味からすれば、日本の市町村と比べ、国家の行政機構の末端には組み入れられていない城鎮郷の方が自治の度合いが高かった。そして、市町村自治に携わった日本の名望家たちと比べ、城鎮郷自治に携わった中国の地方エリートたちの方がより大きな自治的空間を与えられたと思われる。

清朝の地方自治制度に関する以上のような特徴については、次章で取り上げる江蘇省川沙県の自治反対事件を通じて具体的にみることができる。

注

（1）中国第一歴史檔案館編『光緒朝硃批奏摺』第三十三輯、中華書局、一九九五年、二三三頁。

（2）「憲政編査館等奏擬訂各省諮議局並議員選挙章程」、光緒三四年（一九〇八年）六月二四日、故宮博物院明清檔案部編『清末籌備立憲檔案資料』（以下『籌備立憲檔案』と略す）、中華書局、一九七九年、六七〇頁。ちなみに、資政院は一九〇七年に清朝が国会開設の準備機構として設立したものである。

（3）「府庁州県地方自治章程」の内容は、宣統元年（一九〇九年）正月初八日『政治官報』第八二五号を参照。

（4）閔斗基は、清末地方自治の課題は省レベルの地方議会を設立することであり、省レベル以下の各種の地方自治機構や地方議会は地方自治の課題に含まれていなかったと指摘し、諮議局を清末地方自治研究の中心問題と位置づけた（Min Tu-ki, Philip Kuhn and Timothy Brook, eds., *National Polity and Local Power: The Transformation of Late Imperial*

China, Harvard University Press, 1989, Chap.5, note 2, p.249)。しかし、清朝政府が一九〇八年に発表した九年を期間とする予備立憲の大綱のなかには、諮議局の成立と地方自治章程の発布・実施が別々の項目で挙げられている（「憲政編査館資政院会奏憲法大綱暨議院法選挙法要綱及逐年籌備事宜摺」、光緒三四年〈一九〇八年〉八月一日、前掲『籌備立憲檔案』、六一－六六頁）。清朝政府の方針では、地方自治は城鎮郷と府庁州県のレベルに限定されていた。また、当時の輿論においても、諮議局が「連邦議会とも、地方自治とも異なる」ものであるという論調がある（「憲政館不認諮議局章程為法律」、『申報』一九一一年一月一〇日）。

（5）中国語、日本語、英語圏での代表的な研究は以下のとおりである。張玉法「清末民初的山東地方自治」、『中央研究院近代史研究所集刊』第六号、一九七七年。沈懐玉「清末地方自治之萌芽（一八九八－一九〇八）」、『中央研究院近代史研究所集刊』第九号、一九八〇年。王樹槐「清末江蘇地方自治風潮」、『中国近代現代史論集』第十六編、「清季立憲与改制」、商務印書館、一九八六年。馬小泉『国家与社会――清末地方自治与憲政改革』、河南大学出版社、二〇〇〇年。寺木徳子「清末民国初年の地方自治」、『お茶の水史学』5、一九六二年。貴志俊彦「『北洋新政』体制下における地方自治の形成――天津県における各級議会の成立とその限界」、横山英・曾田三郎編『中国の近代化と政治的統合』、渓水社、一九九二年。田中比呂志「清末民初における地方政治構造とその変化――江蘇省宝山県における地方エリートの活動」、『史学雑誌』第一〇四編、第三号、一九九五年。Keith Schoppa, “Local Self-Government in Zhejiang, 1909-1927”, *Modern China*, vol.2, No.4, October, 1976. John Fincher, *Chinese Democracy: The Self-government Movement in Local, Provincial and National Politics, 1905-1914*, Australian National University Press, Canberra, 1981. Philip Kuhn, “The Development of Local Government”, John K. Fairbank and Albert Feuerwerker,eds., *The Cambridge History of China*, vol.13, Cambridge University Press, 1986.

（6）「派載澤等分赴東西洋考察政治諭」、光緒三一年（一九〇五年）六月一四日、前掲『籌備立憲檔案』、一頁。

（7）「出使各国考察政治大臣載澤等奏在日本考察大概情形暨赴英日期摺」、光緒三二年（一九〇六年）正月二〇日、前掲『籌備立憲檔案』、六頁。載澤「考察政治日記」、鍾叔河主編『走向世界叢書』所収、岳麓書社、一九八六年、五七四－五八九頁。

（8）載澤、前掲「考察政治日記」、五七九頁、五八一頁。

（9）「出使各国考察政治大臣載澤等奏在日本考察大概情形暨赴英日期摺」、光緒三二年（一九〇六年）正月二〇日、前掲『籌備立憲檔案』、六頁。載澤、前掲「考察政治日記」、五八八頁。

（10）講義の題目は次のとおりである。
第一回、立憲政体。第二回、憲法。第三回、君位および君主の大権。第四回、臣民の権利。第五回、国会制度および上院（貴族院）の組織。第六回、下院（衆議院）の組織。第七回、帝国議会の権限。第八回、国務大臣および枢密顧問。第九回、法律および命令。第十回、予算。第十一回、司法権。第十二回、地方制度および中央行政各部。その内容は『政治官報』（光緒三三年〈一九〇七年〉一〇月初九日第二十号から一二月初七日第七十七号まで）に連続掲載されている。

（11）『政治官報』、光緒三三年（一九〇七年）一二月初五、六、七日、第七十五～七十七号、九月二〇日第一号～一〇月初九日第二十号。

（12）載澤は帰国後、穂積八束の講義を「日本憲法説明書提要」にまとめ、「日本自治理由提要」（明治二一年「市制」「町村制」発布の際にモッセが起草した「市制町村制理由書」の翻訳）とともに清朝政府に進呈した（『政治官報』、光緒三三年〈一九〇七年〉一二月初六日）。

（13）「出使各国考察政治大臣載澤等奏在英考察大概情形暨赴法日期摺」、光緒三二年（一九〇六年）三月二四日、前掲『籌備立憲檔案』、一一頁。

（14）同右。

（15）戴鴻慈「出使九国日記」、鍾叔河、前掲書、三九八頁。
また、載澤一行はベルギーで行政の各部門、議院、裁判所、学校などを参観し、その整然とした秩序に深い印象を受けた。ベルギーの行政制度について、彼は次のように報告した。「ベルギーの行政制度は大抵フランスの制度を採用したものが多い。区に分けて自治することによって、その土地の事情に適合した効果を収めた」（「出使各国考察政治大臣載澤等奏在比国考察大概情形摺」、光緒三二年（一九〇六年）閏四月一五日、前掲『籌備立憲檔案』、一二－一三頁）。

(16)「出使各国考察政治大臣戴鴻慈等奏請改定全国官制以為立憲預備摺」、光緒三二年(一九〇六年)七月初六日、前掲『籌備立憲檔案』、三六八頁。
(17)「宣示預備立憲先行釐定官制諭」、光緒三二年(一九〇六年)七月一三日、同右、四四頁。
(18)「民政部山東巡撫籌為咨取議核京師地方自治章程及変通章程」、光緒三四年七月二八日、中国第一歴史檔案館蔵「憲政編査館檔案」。
(19)端方「請定国是以安大計摺」、『端忠敏公奏稿』、光緒三二年(一九〇六年)六月二四日、沈雲龍主編『近代中国史料叢刊』第十輯、文海出版社影印版、三三三頁。
(20)「出使徳国大臣楊晟條陳官制大綱摺」、光緒三二年(一九〇六年)七月二八日、前掲『籌備立憲檔案』、三九七頁。
(21)「御史趙炳麟奏立憲有大臣陵君郡県専横之弊並擬預備立憲六事摺」、光緒三二年(一九〇六年)八月二一日、同右、一二七頁。
(22)「暫署黒龍江巡撫程徳全奏陳預備立憲之方及施行憲政之序辦法八條摺」、光緒三三年(一九〇七年)八月一一日、同右、二五五頁。
(23)「江蘇学政唐景崇奏預備立憲大要四條摺」、光緒三二年(一九〇六年)閏四月一六日、同右、一一六―一一七頁。
(24)「度支部主事陳兆奎條陳開館編定法規等六策呈」、光緒三三年(一九〇七年)八月一八日、同右、二六六頁。
(25)「御史徐定超奏更定官制辦法十條摺」、光緒三二年(一九〇六年)九月一四日、同右、一六八―一六九頁。
(26)施廷鏞『清代禁毀書目題注外一種』、北京図書館出版社、二〇〇四年、三九頁。
(27)周可真『顧炎武年譜』、蘇州大学出版社、一九九六年、五五四―五五五頁。
(28)「憲政編査館奏核議城鎮郷地方自治章程並另擬選挙章程摺」、光緒三四年一二月二七日、前掲『籌備立憲檔案』、七二四―七二五頁。
(29)「民政部山東巡撫籌為咨取議核京師地方自治章程及変通章程」、光緒三四年(一九〇八年)七月二八日、中国第一歴史檔案館蔵「憲政編査館檔案」。

（30）「憲政編査館奏核議城鎮郷地方自治章程並另擬選挙章程摺」、光緒三四年一二月二七日、前掲『籌備立憲檔案』、七二五頁。
（31）「両江総督張人駿奏釐定外省官制宜以旧制為本量加損益摺」、宣統三年（一九一一年）七月二五日、同右、五九五頁。
（32）『大清宣統政紀実録』（一）、宣統元年（一九〇九年）三月、台湾華文書局影印版、二四七頁。
（33）同右、二二七頁。
（34）「憲政編査館大臣奕劻等擬呈憲政編査館辧事章程摺」、光緒三三年（一九〇七年）七月一六日、前掲『籌備立憲檔案』、四八頁。
（35）熊達雲『近代中国官民の日本視察』、成文堂、一九九八年、三三七頁。
（36）「江蘇巡撫抄咨設立自治諮議両局由」、光緒三四年（一九〇八年）四月二一日、中国第一歴史檔案館蔵「憲政編査館檔案」。
（37）筆者の知る限りでは、両国の地方自治制度の内容を比較したのは梁啓超だけである。梁啓超は、清朝の「城鎮郷地方自治章程」が発布された後、これを日本の「市制」「町村制」と比較し、次の三点を指摘した。すなわち、第一に、城鎮郷が地方自治団体であると同時に国家の行政区域でもあるため、地方の固有事務と国家の委任事務の両方を処理する。ゆえに、「城鎮郷地方自治章程」の名称に「自治」を使用するのは妥当ではない。日本では「市制」「町村制」という名称が使われ、「市町村自治制」とは呼ばない。第二に、「城鎮郷地方自治章程」では、城となる基準は「府庁州県長官の所在地」と定められている。しかし、黒龍江のような人口稀少な地域では、このような基準は適切ではない。第三に、大都市は行政上、郷より上のランクにある。しかし、「城鎮郷地方自治章程」では、大都市が郷と同様に庁州県長官の監督下におかれると規定されている。これも適切ではない（梁啓超「城鎮郷自治章程質疑」、『国風報』一九一〇年第五号、三九－四五頁）。
（38）「城鎮郷地方自治章程」、光緒三四年一二月二七日、前掲『籌備立憲檔案』、七二七－七四一頁。「市制」「町村制」、山中永之佑監修『近代日本地方自治立法資料集成』二、「明治中期編」、弘文堂、一九九四年、三四二－三七四頁。
（39）「城鎮郷地方自治章程」第二条。
（40）「市制」第百十五条、「町村制」第百十九条。
（41）「城鎮郷地方自治章程」第一〇二条。

(42)「市制」第八十一条、第九十条。「町村制」第八十一条、第九十条。

(43)「城鎮郷地方自治章程」第九十条～九十三条。

(44)「市制」第十三条。「町村制」第十三条。

(45)「憲政編査館奏定城鎮郷地方自治選挙章程」第五条、『乙酉大政記』巻六、宣統元年（一九〇九年）二月、擷華書局、七一七頁、文海出版社影印版。

(46)「市制」第一条。「町村制」第一条。

(47)「城鎮郷地方自治章程」第二条、第三条。

(48)「市制」第七条、「町村制」第七条。

(49)「城鎮郷地方自治章程」第十五条。

(50)「城鎮郷地方自治章程」第十六条。

(51)「市制」第三十一条、「町村制」第三十三条。

(52)「城鎮郷地方自治章程」第三十六条。

(53)「城鎮郷地方自治章程」第五条。

(54)「市制」第二条、「町村制」第二条。

(55)「市制」第七十四条、「町村制」第七十四条。

(56) Keith Schoppa, "Local Self-Government in Zhejiang, 1909-1927", *Modern China*, vol.2, No.4, October 1976, p.504.

(57) 孔復礼（Philip Kuhn）「公民社会與体制的発展」、『近代中国史研究通迅』第十三輯、一九九二年三月、八三頁。これは一九九一年にパリで開かれた"American-European Symposium on State and Society in East Asian Traditions"と題したシンポジウムに提出した論文の翻訳である。原題は"Civil Society and Constitutional Development"である。

第九章　清末地方自治制度の導入と地域社会——川沙事件を中心に

はじめに

一九〇九年に清朝の「城鎮郷地方自治章程」が発布された後、各地で城鎮郷議会選挙のための戸籍調査、議会選挙、自治公所の設立など一連の動きが見られた。しかし、地方自治が具体的な実施段階に入ると、各地に自治に反対する「自治風潮」が多く発生した。そのうち影響の大きいものとしては、一九〇九年六月、戸口調査をきっかけとして江西省で起きた郷民暴動、一九一一年三月、江蘇省川沙庁で起きた自治反対事件、同年浙江省鄞県で発生した僧尼による自治公所破壊事件が挙げられる。当時の新聞では、これらの事件は「郷民暴動」、「暴乱」、「民変」と呼ばれた。

従来の研究では、民衆による自治反対の理由について、次の二つの解釈がある。一つは、自治に従事する地方のエリートたちが自治の名を借りて私腹を肥やし、民衆の反感を招いた、という見解である(1)。もう一つは、地方自治に携わる新しい勢力と、僧侶、官僚、土地の悪ボスに代表される旧い勢力との対立が顕在化し、後者が民衆を煽動して自治反対の行動を引き起こした、という説である(2)。

本章の目的は、全国的にも早い時期に地方自治を開始した江蘇省川沙庁を定点観測し(3)、なぜ事件の矛先が自治公所、自治紳董に向けられたのか、なぜ「地域の人々が自らの意思に基づいて、その地域のことを行う」地方自治が、逆に地域の人々から激しく反対されたのか、などの問題を取り上げ、清末地方自治の具体像を描くことである。そして、川沙事件を素材として、地方自治制度の導入が県より下の郷村社会にもたらした諸勢力間の権力関係の変化に注目しつつ、清末期における地方自治制度導入の意味、および前章で指摘した清朝の「城鎮郷地方自治章程」に見られる制度変容の意味を探ることを試みたい。

一、清末川沙の地域社会

江蘇省川沙県（清末までは庁であり、民国元年〈一九一二年〉に県に改められた。以下では便宜上「川沙県」と称する）は揚子江の河口近くに位置し、上海、宝山、南匯県に隣接し、東に海に面した、人口十万五千人、面積百十五平方キロ（一九一〇年現在）の小さな県である。川沙が一つの行政区域になったのは清嘉慶一五年（一八一〇年）のことであった。[4]揚子江デルタのほかの県と比べ、川沙県は大部分の土地が一七世紀に沿海のアルカリ地から開墾されたため、農業開発は比較的に遅れていた。川沙県の農戸の平均土地所有面積は四～八畝で、三十畝の土地を持てば大地主と見られた。海に面して淡水が少なく、農業灌漑が困難であるため、一般の家庭は棉業をも営み、生計を維持していた。農作物からの収入が少なく、「完糧」と借金の利息を償った後は残余がほとんどなかったため、多くの農家では、衣食はすべて女性の家庭紡績に頼っていた。[5]

川沙県は上海に隣接するため、上海との経済的、文化的なつながりは非常に緊密であった。とりわけ原綿と綿布が上海に移出され、上海との棉取引が川沙経済のもっとも重要な収入源であった。川沙県の「紳士」層は小地主、自作農出身の者が多く、上海で実業、商業を営み、蓄財した者も少なくなかった。一九世紀半ば以降、読書人の家庭では子供を上海の学校に進学させ、新式の教育を受けさせることが一般的であった。民国『川沙県志』からみれば、上海で実業、教育などに従事し、また、帰郷後慈善、教育に従事した者が少なくない。

一九〇九年、清朝の「城鎮郷地方自治章程」が発布されると、川沙県の「紳士」たちは隣県より一足早く戸口調査、自治選挙を行い、自治公所を設立した。それゆえ、同じ時期、各地に自治反対事件が頻発したなか、川沙の「自治風潮」は規模が大きく、影響も大きかった。川沙事件は、清末期の地方自治の諸特徴を鮮明に示した恰好な素材であろう。なお、上海に隣接することもあって、川沙事件は当時上海の主要な新聞に大々的に報道され、事件の経緯と事後の調査について比較的に詳細な資料が残されている。

周知のように、戦後日本の中国社会史研究では、生産関係に基づく階級的分析にせよ、人々の道徳的結合に重点をおく共同体的分析にせよ、「紳士」や「郷紳」と呼ばれる人たちが中心的な位置におかれている。彼らは県レベルに止まる国家権力の支配と自律性をもつ郷村社会とをリンクさせる存在と見なされている。しかし、清末期川沙県の地方自治を分析する際に、いわゆる「郷紳モデル」が果たして有効であるかどうかは疑問である。「郷紳モデル」に依拠して清末期の地方自治を捉えると、われわれは次の二つの難点に遭遇する。第一に、もし郷紳を「科挙試験の功名やかつて官僚の経験を有する者」と定義するならば、後に見るように、川沙県の城・郷議会の議員のうち、科挙の功名や官僚の経験を有する人はほとんどなく、科挙の歳試、科試の経験者の占める割合もわずか四分の一ほどと低かった。他方、清朝の「城鎮郷地方自治章程」は、近代地方自治の原理を導入して、選挙の際に選挙者・被選挙者の納税要件を設けている。そのため、議員に選ばれた者のなかには、科挙資格や官僚経験を持たず、商業を営むことで富を積んだ金持ちが含まれた。

そして、第二に、「郷紳モデル」は儒家の教育を受けた少数のエリート層に関心を集中させる反面、彼らと同じ社会的空間のなかで生活し、何らかの形で彼らと関わり合った人々の存在を無視しがちである。地方自治は「郷紳」のみならず、彼らと同じ地域で生活を営む人々ー人数としては彼らの何十倍、何百倍もあるーを巻き込み、その生活に何らかの形で影響を与えていた。また、川沙県のケースが示しているように、地域社会において影響力を持っていた人々には、「郷紳」以外に、少なくとも書吏と民間宗教グループのリーダーが存在したことも無視してはならない。彼らを抜きにしては、「地域の人によってその地域のことを行う地方自治が、地域の人々から激しく反対されたのはなぜか」という問いに答えることは困難であろう。

これに鑑み、本節においては地方自治が始まる以前、「紳士」を含む川沙地域社会における諸勢力の輪郭を、書吏、「紳士」、民衆の宗教信仰に関わる人々の三つの部分に分けてスケッチしておきたい。

第一に、書吏。第二章で述べたように、伝統中国では、行政の末端機構である県（川沙の場合は庁）衙門には、知県（川沙の場合は同知）の下に吏、戸、礼、兵、刑、工の「六房」があり、それぞれには「書吏」（もしくは「胥吏」）と呼ばれる責任者と数人の弟子（徒弟）がいた。川沙では、同知の下に吏書、戸書、兵書、糧書、庫書など数人の庁書がいた。千里以外の地からやってきた知県が三年後に離任するのと対照的に、書吏は大きな業務上のミスがない限り、終身そのポストから動かない。行政、徴税、司法の専門知識をもつ彼らは県衙門の日常運営に欠かせない存在であった。書吏は県衙門の正式の職員ではないため、わずかな「工食」しか得られないか、あるいは全く給料をもらえない。給料の代わりに、一種の慣例として、書吏は徴税、訴訟などの業務に携わる際に、当事者から「陋規」（手数料）を取った。なお、川沙の場合、庁衙門を活動の場とする庁書のほかに、郷村レベルで各種の捐税を取り立てる「場胥」、「塘書」、「櫃書」がいた。本章ではこれらをすべて「書吏」と称する。書吏は正式の科挙功名を持たないため、一般からはけっして尊敬される存在ではなかった。しかし、彼らは地域の出身者であり、日常的に徴税、裁判などの事務に携わるため、地域社会にさまざまな人的つながりを持っていた。要するに、彼らは国家の正式な官吏ではないものの、国家権力に付着し、地域社会に一定の影響力をもつ存在であった。

第二に、「紳士」。第二章で述べたように、伝統中国において、「紳士」は科挙功名ないし官僚経験を有し、地域社会における権威ある存在であった。徴税や訴訟など具体的な事務に携わる書吏と異なって、「紳士」は主として儒家の教養を身につけた一種の道徳的な存在であり、そのうち、一部の人たちは教育、衛生、慈善など各種の「善挙」を通じて地方の公益事業に従事した。本書では、こうした人たちを「地方エリート」と称する。なお、史料用語として、「紳士」という語も使用する。

地方自治制度が導入される前に、川沙県の地方エリートたちはすでに教育、慈善、医療などの分野で重要な役割を演じていた。光緒二一年（一八九五年）に紳士朱源紹らが出資・募金して、医療慈善施設至元堂を建設した。後に至元堂は川沙県の慈善活動の拠点となった。教育の分野では、清末の「新政」期において、川沙県の地方エリートたちは新しい学校制度の設立と運営の主役となった[(6)]。光緒二七年（一九〇一年）、呉大本（庠生）は友人の艾承禧と二人で出資し、県内最初の小学校養正小学校を設立した[(7)]。こうした地域の公益事業に従事した経験から、川沙「紳士」の多くは地方自治の選挙で議員に選ばれた。

第三に、民間の宗教グループのリーダーおよびその信者たち。清末期の川沙県は、仏教、道教、天主教、および各種の民間信仰が盛んな地域であった。民国『川沙県志』の記載によると、県内各種の寺院の総数は九十五あり、およそ千人に一寺院の割合であった。その内訳は表一のとおりである。

川沙県で起きた自治反対事件の導火線となった兪公廟は「公祀」のうちの一つである。それを中心に見てみると、

表一　川沙県内の寺院数

公祀	仏寺	道院	天主教堂	合計
四六	一八	四	二七	九五

出典：民国『川沙県志』巻十二「祠祀志」、巻十三「宗教志」より作成。

川沙県と隣の南匯県に「素党」（または「喫素党」）と呼ばれる仏教の世俗グループが活動していた。そのメンバーの多くは精進念仏の女性であった。リーダー格の丁費氏は若い時に夫と子供を亡くした寡婦で、兪公廟で「精進念仏を志し」ていた。彼女は「仏教や道教に非ず、人のために祈祷し、集まって読経し[8]」、日頃その周りに女性を中心に多くの信者が集まっていた。川沙事件に関する当時の報道では、丁費氏は「女巫」と呼ばれているが、寡婦暮らしをし、精進、出家するといった彼女の行動が、伝統中国の道徳基準からは高く評価されたと想像される。事実、丁費氏は「素党」のリーダーとして、地元で「丁家娘娘」と呼ばれ[9]、地域社会に威信と影響力をもつ存在であった。

以上見てきたように、「官」の勢力が直接に立ち入らない清末期川沙県の郷村社会には、少なくとも書吏、「紳士」、宗教グループのリーダーおよびその信者たち、という三つの勢力が併存していた。これらの勢力はそれぞれの権力基盤を築き、異なった側面で地域の人々が共有する生活空間において一定の役割を果たしていた。そのうち、「紳士」が圧倒的に影響力の強い存在であったとは言い難い。また、三者の関係は緊密なものであったとも言えない。地方自治制度が導入される以前、これらの諸勢力の間には一種のバランス状態が保たれていたと見られる。

二、川沙県における地方自治の成立

1、地方自治の成立

川沙県では、一九〇九年秋から自治選挙の準備が始まり、戸口調査を経て、全境は川沙城と五つの郷（長人郷、高昌郷、八団郷、九団郷、横沙郷）、あわせて六つの選挙区に分けられた。選挙で議員が選ばれ、その中から城董、郷董、郷佐などの自治職員が選出された。選挙の結果が同知に承認された後、承認書を渡され、城・郷自治公所が正式に成立した。(10) 一九一〇年三月には城自治公所、一一月には五つの郷自治公所がそれぞれ設立された。人口が集中し、事務の量が比較的に多い県城では議事会と董事会、人口が分散し、自治事務の量が比較的に少ない郷村では郷議事会と郷董がそれぞれ設けられた。「城鎮郷地方自治章程」に基づいて、川沙県では、城議事会の議員定数は二十名であり、各郷議事会の議員定数は人口数によって八〜十四人であった（五つの郷の議事会の議員総数は六十一名）。城・郷自治公所のメンバーの構成は、城自治公所には議長、副議長、総董が一名ずつ、そのほか五人の名誉董事がおかれた。郷議事会の場合は、議長、副議長、郷董、郷佐がおかれた。(11)

まず、城・郷議事会議員の構成を見てみたい。清末の川沙県では、読書人が科挙試験を受けるのが一般的であったとはいえ、科挙の功名や官僚経験といった「郷紳」の基準を満たすものはきわめて少なかった。民国『川沙県志』によれば、同治五年（一八六六年）から光緒三一年（一九〇五年）までの四十年間、科挙及第者はわずか進士一人、挙人四人であった。ちなみに、この四十年間に歳試・科試を受けた人の数は一九二人であり、民国『川沙県志』にはそれぞれの名前と受験時期が記載されている。(12)

川沙県では、一九一〇年の一回目の自治選挙に続いて、城議会は一九一一年、一九一二年、一九一三年の三回にわたって改選選挙が行われ、各郷の議会は一九一三年に改選された。その中から、城、郷議会のいずれも自治選挙が行われた一九一〇年と一九一三年の二回のデータを抽出し、それを前記の歳試・科試受験者の名簿と照応して、議員全体に占める歳試・科試受験者の割合を算出すると、表二のようになる。

表二　川沙県城・郷議事会議員の構成

	議員総数(A)（定員数）	歳試・科試受験者数(B)（一九一〇年）	歳試・科試受験者数(B)（一九一三年）	B／A（一九一〇年）	B／A（一九一三年）
城議事会	二〇	五	三	二五％	一五％
郷議事会	六一	一七	一一	二七・九％	一八％

出典：川沙県の歳試・科試受験者のデータと城、郷議事会の選挙データとを照合して作成（民国『川沙県志』巻十八、「選挙志」上・下）。

また、一九一〇年に川沙城・郷地方自治が成立したとき、議員の中から選ばれた城・郷の議事会、董事会の議長、副議長、総董、郷董、郷佐などの「自治職員」で、科挙試験経験者の割合は表三のとおりである。

表三　一九一〇年川沙県城・郷自治職員の構成

	自治職員総数(A)	歳試・科試受験者数(B)	B／A
城自治職員	八	三	三七・五％
郷自治職員	二〇	九	四五％

出典：表二と同じ。

表二からみれば、一九一〇年地方自治成立の際に、城、郷議員のうち歳試・科試受験者の割合はそれぞれ二五％と二七・九％で、約四人に一人であった。辛亥革命後の一九一三年の改選を経て、その割合はさらに五分の一以下に減少した。一方、表三が示すように、一九一〇年川沙県の城・郷地方自治が成立したとき、城・郷の議長、総董、郷董など「自治職員」の科挙試験経験者の占める割合はそれぞれ三七・五％と四五％であった。これは表二の数字を上回ったものの、なお半数を越えてはいない。これは「城鎮郷地方自治章程」で納税額（年納税額二元以上）を選挙・被選挙資格の基準と定めたことと無関係ではない。儒家の教養を持つ者は必ずしも財産を有するとは限らず、逆に、納税額の基準を満たす者は必ずしも儒家の教養を持つとは限らない。川沙城、郷議会の議員の職業状況は資料不足のため不明であるが、川沙事件に関する零細な記録からみると、民衆によって家屋が焼かれたり、打ち壊されたりした議員や「自治紳董」のうちに、花行、米屋、染物屋、南貨店（海産品を扱う店）を営む者が含まれていた。このことから、清末川沙県の地方自治において、商業を営み、経済的に裕福な人が議員に選ばれたケースが少なくなかったと推測される[13]。

2、自治の内容

前章で述べたように、「城鎮郷地方自治章程」には「自治事務」として学務、衛生、慈善など八つの項目が挙げられた。民国『川沙県志』に残される川沙県の城・郷議会の議決案をこれに照らしてみると、「城鎮郷地方自治章程」に規定された「地方公益事業」が半数以上を占める一方、その範囲から逸脱したものも少なからず存在したことが判明する。川沙県の城・郷議会の議決案は内容別に次の七つの項目に分けることができる[14]。

㈠道路、運河、衛生関係（十二件）。その内訳をみると、道路の修築、清掃が五件、街灯の設置が三件、道路所有権の保護が一件、河川の疎通が二件、動物屍体遺棄の禁止が一件、となる。
(イ)教育関係（十四件）。その内訳は、学区の画定と小学校の設置が九件、教育研究所の設置が一件、寺院を学堂に改めるのが一件、新聞閲覧所、宣講所の設置が三件、である。
(ウ)慈善関係（七件）。その内訳をみると、義塚（貧しい人に提供する慈善墓地）の調査が一件、義棺（貧しい人への棺の提供）が二件、棺放置の禁止が三件、薬の施与が一件、となる。
(エ)自治経費、自治公所関係（七件）。その内訳は、自治経費の徴収が二件、荒れ地、新たに増えた砂浜を自治公所が管理し、その収入を自治経費に当てるのが二件、自治公所の場所の確保が一件、城壕に魚を養殖し、その収入を自治経費に当てるのが一件、土地家屋取引手数料の二割を自治経費とするのが一件、となる。
(オ)「陋規」の取り除き（十件）
(カ)女巫、「素党」の取締（二件）
(キ)その他（一件）。農作物保護のための羊放牧の禁止。

これらの議決案のなかには、同知から交付されたもの、議員個人が起案したものもあれば、議員以外の住民が提案したものもある。城・郷各議会の議案は議事会で審議されて同知に報告され、その批准を得た後、総董や郷董がそれを執行した。これは清末期の地方自治に見られた共通のパターンと言えよう。

前記の川沙城・郷議会の議決案のうち、多数を占める(ア)、(イ)、(ウ)のほとんどは従来地方エリートが携わった地方の公益事業であり、伝統的善挙の延長と見られる。たとえば、(ウ)の義塚、義棺を例にしてみれば、川沙県では、昔から風水説が盛んであり、たとえ裕福な家でも棺を埋めないまま荒野に放置する風習があった。光緒八年（一八八二年）に、紳士陳煦元は同知から放置された棺を埋葬するよう協力を求められ、三三二七の棺を埋葬した。以後、義棺の提供、放置された棺を埋葬することが各郷紳士の善挙の一つとなった。地方自治成立後、これは各郷自治公所に引き継がれていく。なお、従来から川沙城廂の清掃は地保が城内の店舗から毎月三十文を集め、清掃員一名を雇って行われていた。一九一〇年に城自治公所が設立された後、城自治公所は清掃事業を引き継ぎ、二名の清掃員を雇ってゴミの収集や公共便所の管理などにあたった(15)。この時期、川沙以外の地域においても、地方自治成立後、伝統的善挙事業が自治公所の所管に移されることが一般的であった。たとえば、江蘇省鎮洋県では、宣統二年（一九〇九年）に地方自治公所が設立された後、普済堂、育嬰堂など十三の善堂が城自治公所の所管となった(16)。

教育に関しては、一九〇一年に前出の呉大本と艾承禧が私立養正初級小学校を設立したのに続いて、一九〇八年までに川沙境内に私立小学校が相次いで設立された。また、学部が設定した基準に基づいて、四百戸以上八百戸未満の地域を一学区、八百戸以上は二学区という規模で学区が画定された。地方自治が成立した後、学務は自治公所の職務範囲に帰せられ、一学区に一つの小学校を設立することが各自治公所の当面の課題となった。たとえば、九団郷の八つの学区のうち、すでに小学校が設立されたのは第一、第二学区だけで、残りの六学区で小学校を設立することが郷自治公所の責務となった。しかし、九団郷議事会の議案からみれば、小学校建設費用のめどが立ったのは二校だけであって、残りの四校の経費は決まらないままであった(17)。

つぎに、地方エリートの伝統的活動範囲に含まれていなかった(エ)、(オ)、(カ)の内容を見てみよう。(エ)は自治経費および自治公所の場所を確保するための議案である。前章で述べたように、「城鎮郷地方自治章程」では、地方の「公款公産」をもって自治経費に当てると規定されたが、多くの地方には「公款公産」にあたる財産が少なく、あるいは全くなかった。そこで、地方官の許可を得た上で、捐税の一定の割合で附加徴収される「附税」、および「特税」（一般に「自治捐」と称される）を徴収することができると規定されていた。川沙の城・郷各議会は、魚の養殖や荒れ地、新たに増えた砂浜の面積の測量などさまざまな方法を使って自治経費を確保しようとしたが、自治の経常経費を確保するために、最終的には「自治捐」の徴収に頼らざるをえなかった。その一例を見ると、九団郷議事会が一九一〇年に決議した「自治経費徴収案」では、歳出が歳入を大きく上回った。九団郷には「公款公産」がなかったため、議事会はやむをえず翌年から「捐税」に対して一割の附加捐を徴収することを決めた。この議決案は同知の許可を得たが、九団郷がまもなく大規模な「自治風潮」の渦中に巻き込まれたため、実施されなかった。[18]

そして、(オ)の「陋規」の取り除きは、本来「城鎮郷地方自治章程」の自治項目になかったものであるが、川沙県城・郷の各議会は期せずしてほぼ同じ内容の議案を可決した。各議会の決議案は、いずれも書吏の中間搾取が民に多大な害を与えていることを理由に、「陋規」を取り除く必要性を強調した。たとえば、一九一一年一月、城議事会はある議員が提案した櫃書によるチップ強要の慣例の廃止、「抽風節」の陋規の禁止、および「無頼」（ちんぴら）による茶館経営者への金銭強要の禁止、という三つの議案を可決した。それによると、川沙県の櫃書は手数料以外に納税者に対してさらにチップを強要する風習があった。また、毎年三つの大きな節句（春節、端午節、中秋節）に際して、県衙門の衙役は金銭その他の「いただきもの」をする慣習があった。それに、土地の「無頼」が日常的に城内の茶館で金を強要した。城議事会はこれらを「実に悪習であり、地方を害するもの」とし、同知に厳しく禁止するよう求め、同知の許可を得た。[19] また、一九一一年初、八団郷、九団郷の郷董は、田賦、家屋税などの徴収に際しての弊害、および境内の池を管理する塘長、塘書による不正を取り除く議案を可決し、いずれも同知の許可を得た。[20] 以上の城・郷議事会の議案は、それぞれ城内の店舗・茶館などを経営する商人、農民など地域の一般住民の要求を反映したものと見られる。

(カ)の「女巫・素党の取締」の二件は、高昌郷、八団郷の議事会で可決された議案である。その議決案によれば、川沙県では女巫らが「妖言をもって衆を惑わせ」、盛んに迷信活動を行っている。「自治の要は風化を整頓し、とりわけ悪習を取り除くことにあり、これらの悪習を一切禁止すべきである」、という。(21) この女巫・素党取締の議決案は、まもなく起きた自治反対事件の要因の一つと見られる。

以上の㈣、㈤、㈥の議決案に共通するのは、何らかの形で地域社会の一部の人たちに不利益を与えた点である。これに関しては、前期の七つの項目に含まれていないアヘンや賭博の禁止も同様である。以上見てきた川沙自治の内容は、後に起きた大規模な自治反対事件と直接につながっていくことになる。

三、事件の経緯および各方面の証言

1、事件の経緯

川沙事件の直接的なきっかけは、長人郷議事会が兪公廟の一部を自治公所として占用したことであった。兪公廟は一説では、乾隆年間に地元の荘氏が立て直したものであり、一説では寡婦丁費氏が寄付したものである。兪公廟は「素党」と呼ばれる地元の宗教グループの信者たちが日頃集まる場所であり、そのリーダーである丁費氏の住居でもあった。一九一一年二月六日、長人郷議事会の議員たちが兪公廟で会合した時、丁費氏は南匯県郷民張阿希ら百人あまりの信者を率いて自治公所の看板を打ち壊した。自治公所側がそれを「堪え忍んだ」ため、当日は事態は拡大しなかった。その夜、長人郷郷董呉大本は県城に駆けつけ、事件の経緯を同知成安に報告した。これを受けて、成安は翌日自ら差役を率いて現地に赴き、丁費氏の身柄を拘束し、丁費氏の一派で、自治公所の看板を打ち壊した張阿希を指名手配した。しかし、その後成安は省都南京に出かけ、半月ほど庁衙門を留守にした。その間に、丁費氏は看守に賄賂を渡し、逃亡した(22)。

その後およそ三週間の間の丁費氏、張阿希らの行動については不明であるが、後の事態の運びから見れば、おそらく自治公所を攻撃する言論の準備や具体的計画を立てていたと推測される。二月二八日に、張阿希が南匯県で逮捕された。しかし、川沙庁衙門に押送される途中、友人龔臥江らによって救出された。翌日三月一日早朝、二百人あまりの郷民が兪公廟に集まり、おみくじを引いて吉凶を占い、「上上大吉」の結果を得た。意気盛んな衆はその後一気に郷董呉大本ほか議員一名の家、および小学校一校を打ち壊した。翌日、郷民の勢いはさらに増して、千人あまりの群衆が長人郷議事会議長陳惟善など数人の議員の家と小学校数校を打ち壊した。その後、事態は一層拡大し、三月七日までのわずか一週間の間に、郷董、議員などの住宅二十九軒、小学校十二校、自治公所三カ所が全壊し、郷董一名が重傷を負い、被害額は三、四万元にものぼる大事件となった(23)。攻撃の対象となったのは自治公所、議員・郷董の家宅、小学校に限られ、一般の郷民には及ばなかった。この点からみれば、郷民の行動は明確な目的を持った計画的なものであった。

三月八日、事件の報告を受けた松江府太守戚揚は千百名の兵士を率いて川沙境内に入り、江蘇巡撫程徳全も六隻の砲艦を出動させた。これによって事態はようやく沈静化した。丁費氏、張阿希、龔臥江ら十四人の主犯、および川沙庁の書吏李松坪ら二人が逮捕された(24)。同知成安は懲戒免職と罰金二千元の処分を受け、その罰金は打ち壊された小学校の再建の資金に当てられた。なお、龔臥江は事件発生翌年の一九一二年に上海の監獄で処刑された(25)。丁費氏および書吏らの処分については不明である。

この事件はその後一連の連鎖反応を引き起こした。一九一一年三月に、川沙県隣の南匯県でも自治公所によるアヘン・賭博の禁止への不満から、千人あまりの郷民が自治公所、小学校などを打ち壊した(26)。翌月、江蘇省丹陽県では、自治公所や小学校などを打ち壊す事件が発生した(27)。

川沙の「自治風潮」が発生した後、『申報』、『時報』は連日、川沙の「郷民暴動」事件について報道した。上海浦東の川沙同人会は姚文枏(28)、王納善、楊保恒を派遣し、江蘇巡撫程徳全は巡撫署顧問楊廷棟（日本留学経験者）を現地に派遣し、実地調査を行った。以下、①郷民の供述、②自治公所側の証言、③調査の結果の順に整理してみたい。

2、各方面の証言

①郷民の供述

拘束された郷民は、戚太守の厳しい拷問の下で、一人を除いて全員が供述した。そこで語られた事件の原因は次の三点にまとめることができる(29)。

(ア)議事会が不法に兪公廟を占用した。兪公廟は民間の廟産であり、公産ではない。自治公所は事前に何の説明もなくそれを占用し、しかも信者の出入りを禁止した。郷民はそれに強い不満を持ち、自治公所を打ち壊した。

(イ)アヘン、賭博の禁止にあたって、自治公所側は苛酷な懲罰を行った。呉大本は郷董になってからまるで地方官のように振る舞い、自治公所の名義で賭博・アヘンの罰金を思うままに徴収した。罰金の使途について、郷民は一切知らされていない。

(ウ)自治職員らの不法選挙や捐税の強要などが郷民の反発を招いた。自治公所が徴収した捐税のうち、田畝捐は一石あたり前の年より一千文、家屋捐は例年より一五％も増えた。そのほかに、道路の修築、街灯の設置のため、船捐、車捐、家畜捐、茶館捐など数多くの捐が徴収された。

②郷自治公所側の証言

自治公所側の督撫への上申書や『申報』に掲載された川沙紳士の投書では、今回の事件の原因として、次の三点が挙げられる。

(ア)アヘン・賭博禁止に対する郷民の反発。川沙各郷の自治公所はアヘン・賭博の禁止に取り組んだが、隣県より時期的に早く、罰則も他県より厳しかった。それが郷民の反発を招き、暴動につながった[30]。

(イ)書吏の煽動。アヘン・賭博の禁止などによって利益が損なわれた書吏は、恨みを持って丁費氏を教唆し、無知の郷民を煽動させ、暴動を引き起こした。事件当時、庁書李松坪は兪公廟で演説し、議員・郷董らの家屋を打ち壊すよう郷民らに指示した。また、庁書陸錫栄は同知成安の意と称し、郷民に向かって、「郷間紳士の家をほしいままに壊していい。ただし、城内には絶対に入ってはいけない」と言った[31]。

(ウ)地方官の処置の手遅れ。事件発生後、郷董呉大本は数回にわたって同知成安に報告し、兵を発することを要請した。だが、成安は丁費氏の身柄を拘束しただけで、しかもその後半月あまりも庁衙を離れ、事件を収拾のつかない規模までに拡大させた[32]。

③調査の結果

事件発生後、江蘇巡撫と上海の川沙同人会によって現地に派遣された楊廷棟、姚文枬は、それぞれ報告書のなかで、調査の結果を次の三点にまとめている[33]。

(ア)丁費氏ら自治に恨みを持つ人々が「無一不捐」（あらゆるものに対して捐税が徴収される）とデマを飛ばし、人心を攪乱した。しかし、実際に調査したところ、自治のために徴収された捐税の額はきわめて小さいものであった。

(イ)書吏の煽動。郷董呉大本の家が壊された翌日、書吏李松坪は自ら兪公廟に赴き、憤慨した大衆に向かって大声で演説した。彼は「郷民を殴らないで、議員を殴れ。県城の至元堂（川沙地方自治の本部）を打ち壊し、その根を切ってしまえば、新法は二度と行うことができない」と叫んだ、という[34]。

(ウ)郷董ら自治職員は日頃地方の公益事業に尽力しており、郷民の間ではきわめて評判がいい。彼らを「凶暴、貪欲」と罵ったのは全くのデマである。

四、事件の分析

以上の三つの方面の資料のうち、逮捕された郷民の供述と自治紳董の証言は互いに対立しており、どちらがより信憑性の高いものかは判断しにくい。以下、各方面の資料を総合した上で、地方自治制度の導入が川沙地域社会の権力関係にどのような変化をもたらしたかという視点から、自治紳董らの行動、丁費氏、書吏、郷民と自治との関わりを通じて、事件の分析を試みる。

1、「紳士」に対する二つの評価

川沙事件が発生する前に、地方自治制度の導入をめぐって各地にさまざまな対立が生じ、民衆による自治公所攻撃の事件が報じられた。自治反対事件を背景に、「劣紳」が地方自治の名の下で私腹を肥やすことを理由に地方自治を批判する意見が現れた。御史胡思敬は上奏文のなかで、地方自治を実施するために捐を徴収することは民を助けるのではなく、民に負担をかけることであり、「自治するどころか、かえって混乱を招く」ものであると述べた[35]。川沙事件が発生した直後、同知成安は江蘇巡撫に提出した報告書のなかで、「紳士が強制して捐税を徴収することは民の公憤を激発した」と報告した[36]。また、上海の新聞に掲載された事件関係の記事にも、事件の原因が紳董側にあるとの批判が現れた。たとえば、『申報』には自治紳董が「郷曲を武断し」、民変を激発したためであり、彼らが被害を受けたのも「自業自得である」という趣旨の記事が掲載された(37)。

一方、姚文枬、楊廷棟らは現地調査を経て、「紳士」への批判が無実であったと主張した。姚によれば、事件について郷民に尋ねたところ、郷民は郷董らが厳しく捐税を取り立てたことに対して不満を持っているが、郷董の非行を批判した者は一人もいなかった。姚は、茶館で聞いた話しとして、次のように記している。すなわち、郷董顧某は「これ以上良い人がいない」ほど郷民の間で評判を得ている。彼は自らの資金で小学校を立て、貧しい人の子供からは学費を取らない。そのため、郷民はみな彼の徳行を讃えている。今回の事件で小学校が壊されたことは「酷く人を害した」と郷民は不満を洩らした。郷民は議員らの行動は「悉く天地神明に誓って嘘がない」と言っている(38)。楊廷棟も郷民から同じ話を聞いた。その報告書によると、議員らは平素から教育など地域の公益にきわめて熱心で、地元で評判がいい。なかには、自治のために私財をなげうち、破産に追い込まれた人もいる(39)。

以上のように、自治紳董の行動をめぐって、評価は真っ向から対立している。省当局および民間から派遣された調査者の報告には、自治紳董らの行動を高く評価する調査結果が綴られているが、「紳士」階層の出身と見られる楊廷棟、姚文枬の二人が自治紳董らに有利な方向に調査報告をまとめたこともあり得る。姚文枬自身が上海の立憲派が組織した地方自治研究会のメンバーの一人であったことから(40)、彼が川沙事件で被害を蒙った自治紳董に同情的であったことは推察できよう。

2、地方自治と民衆の宗教信仰：丁費氏らの抵抗

川沙事件の口火を切ったのは「素党」のリーダー丁費氏であった。彼女は信者を率いて、兪公廟を占用した自治公

所を攻撃した。兪公廟の占用について、議会側は兪公廟を地方の「公款公産」と見なし、「城鎮郷地方自治章程」に基づいてその一部を自治公所とした。しかし、丁費氏のグループにとって、精進念仏と全く関係のない自治公所の関係者が兪公廟に侵入することは、断じて許すべきことではなかった。丁費氏は自らの影響力を生かして地域の人々を動員し、必死に自治公所を兪公廟から追い出そうとした。

実は、兪公廟の占用より、「素党」と自治公所側との間には、もっと深い怨念があった。事件発生のおよそ一カ月前に、「素党」の活動がもっとも盛んな高昌郷、八団郷において、自治公所側から「風俗を維持する」ために「素党」を禁止する動きが出た。議員たちが提案した「女巫素党禁止案」はそれぞれの郷議事会で可決され、同知の許可をも得た。「素党」禁止の理由として、議決案には「……男女が混雑し、人を迷信に誘惑し、金をだまし取る。その行動は実に女巫に等しい」と書かれている(41)。丁費氏らにとって、「素党」の活動禁止はまさに死活問題であった。丁費氏らは当然議員たちに恨みを持ち、必死に自治公所を潰そうとしたのである。

清末期に地方自治制度が導入されるなかで、自治公所側と宗教信者との対立から起きた自治反対事件は、川沙事件以外にもいくつかある。むろん、自治経費の不足がこうした衝突を引き起こした主な原因であった。しかし、経済的な理由のほかに、信仰上の理由もこの類の事件の無視できない要因であろう。自治公所側による寺院の占用は、人々の宗教信仰に大きな打撃を与えた。前出の表一が示したように、人口わずか十万人の川沙県で、道教、天主教、仏教のほかに、兪公廟のような民間信仰の「公祀」が四十六もあった。清末の激動の社会混乱のなかで、各種の宗教信仰は苦難の深淵にある民衆にとって精神的な支えであった。ところが、近代的教育の発展や国家の近代化政策の推進により、民衆の宗教活動は「迷信」と見なされるようになった。清末期において、川沙県の「素党」禁止のような「反迷信」の動きはほかの地域にも見られた。その矛先は丁費氏らの「素党」のような地域的な宗教グループに限らず、仏教、道教にも及んだ。

川沙県の「自治風潮」と同類の事件は、当時の新聞に多く報道されている。たとえば、川沙の「自治風潮」とほぼ同時に、浙江省鄞県でも仏教の僧侶による自治公所の焼き打ち事件が起きた。この事件も自治公所による寺院占用に端を発したものであった。寺院から追い出された僧侶は自治公所のすべての文書を燃やし、自治公所に立てこもり、官兵一名を殺害した(42)。また、川沙事件と同じ月に、江蘇省武進県の欽風郷では、尼庵が自治公所側に戸口調査事務所として占用されたことに抗議して、郷民たちは事務所の所長を殴打した(43)。つまり、地方エリートの「反迷信」行動と地方自治制度の導入が相乗的に作用した結果、本来地域に利益をもたらすはずの地方自治は、民衆の宗教信仰を危うくするものとなり、居場所がなくなった僧侶や各種の民間宗教グループの反発を招いたのである。なお、川沙県では、自治反対事件が起こったため、「素党」禁止の議決案は結局実施されなかった。

3、書吏の反撃

前述のように、伝統中国の地方行政において、県衙門の正式な吏員でない書吏が徴税、訴訟などの業務に携わる際に当事者から「陋規」を取るのは慣例となっていた。そもそも県衙門の正式な吏員でない書吏が徴税、訴訟などに携わること自体が、国家機構の非効率性を物語っている。徴税、訴訟などの当事者にとって、書吏による中間搾取は大きな負担であった。清末および民国期において、国家は行政機構の近代化を目指して、県衙門に佐治員を設置するなどの改革を実施した。しかし、実際には、一九三〇年代に至っても徴税ブローカーによる中間搾取の問題はなお解決されなかった。

興味深いことに、川沙県で起きた大規模の自治反対事件にもこの問題が関わっていた。すでに指摘したように、

「城鎮郷地方自治章程」には「陋規」など中間的搾取を廃止することは含まれていなかったにもかかわらず、川沙県の城・郷議事会は期せずして「陋規」の廃止に関する議案を可決した。もしこれらの議案がすべて実施されたら、節句のときに各商店に「陋規」を強要する庁書、水域を管理し、漁民から手数料を徴収する塘書、茶館で金を強要する土地の「無頼」などは一掃されてしまうことになる。そこから生じた書吏らの地方自治への恨み、および反撃の熾烈さは想像に難くない。丁費氏の脱獄、各郷における計画的な郷董・小学校の打ち壊し行動、および事件後書吏が郷民を教唆し自治公所側に不利な偽証をさせたなど一連のことは、書吏らが事件に深く関わっていたことを裏付けている。窮地に追い込まれた書吏は自ら現場に駆けつけ、憤慨した郷民に具体的な指示を与え、必死に自治公所を潰そうとしたのである。

川沙の城・郷議会が可決した「陋規」廃止に関する大部分の議案は、国家権力に付着した書吏の中間搾取から商人や一般民衆を守るためのものであった。城・郷議会から一斉にこの類の決定が下されたことは、議員たちが自発的に、本来国家が行うべき地方行政の近代化措置を行おうとした、という重要な意味をもつ。他方、このことは、従来地域社会に存在した書吏の権威が地方自治制度の導入によって脅かされ、地域社会の権力関係のバランスが崩されたことをも意味する。

4、郷民の態度

川沙の「自治風潮」に関わった郷民の数は数千にものぼると見られる。もろん、彼らは丁費氏の信者ばかりではなかった。なぜ一般の郷民が自治公所、郷董・議員の家、小学校を打ち壊す行動に走ったのだろうか。直接の原因は主に次の二つと考えられる。

第一に、自治公所によるアヘン・賭博の禁止に対するアヘン吸飲者、賭博者の不満。川沙県では、一九〇六年にすでに禁煙所が設立され、同知の命を受けた紳士潘其恕は、川沙県で禁煙局を設立し、煙館（アヘン館）の営業を停止させ、アヘン吸飲者に戒煙薬を配布していた。一九〇九年夏、地方自治の準備にあたる籌備公所のメンバーが江蘇巡撫の批准を得て拒煙会を結成し、「紳士」徐宗美、蔡宗嶽が会長になった。「拒煙会」は「官府の補佐」として調査員を派遣し、随時アヘンの売買・吸飲の状況について調査した。見つけたアヘンの売買・吸飲者に対して、数十元の罰金、もしくは鞭の刑罰を与えた。賭博に関しても同じような厳しい措置を取った(44)。これらが懲罰を受けた人の恨みを買ったのは言うまでもないことである。彼らが、郷村社会の情報交換のもっとも重要な場である茶館で、自治紳董が罰金で私腹を肥やし、自治が始まったらあらゆるものから税が取られるなど、自治公所に不利なデマを飛ばしたことは想像に難くない(45)。事件後主犯として逮捕された長人郷郷民龔臥江は煙館を開き、自らが経営する茶館で人を集めて賭博を盛んに行っていた。彼は平素からアヘン、賭博の禁止に関わる自治公所に対して恨みを持っていた(46)。川沙事件の最中、拒煙会の会長徐宗美（一九一〇年に九団郷議事会の議員に選ばれた）は酷く殴られた後、石獅子の上に逆さに吊り下げられ、重傷を負った。

第二に、自治公所による捐税徴収に対する民衆の不満。当時の新聞には、川沙の「自治風潮」は「無一不捐」に対する民衆の反発によるものと報じられていた(47)。事件後川沙県で調査した姚文枬も、茶館で「苛酷な捐税によって民変が激発された」という話を聞いたと報告した。

これを検証するためには、当時川沙県で徴収された各種の税の税目と税額を明らかにする必要がある。「辛丑条約」が締結された翌年の一九〇二年から、清朝政府は義和団賠償金を支払うために、国家の正式な租税以外に付加税を徴収しはじめた。その後、「新政」改革が進むにつれて、付加税の名目と税額は年々増え続けていった。一九〇九年、江蘇省諮議局議員、川沙県出身の黄炎培は、当時川沙県で徴収されていた正式の銭糧と各種の雑税について調査を行った。その報告書には一〇三もの税目が列挙されており、大別して丁銀、漕糧などの正税、江蘇省、松江府などに納める漕米折価、家屋捐、膏捐などの捐税、および道、府、庁衙門、巡撫衙門書吏の工食などである(48)。

これらの捐税のうち、地方自治実施のために徴収されたいわゆる「自治捐」は茶肉捐と道路・街灯捐だけであった。茶肉捐は一九〇九年秋から自治選挙を行う際に始まったものであり、豚一頭につき一四〇文、お茶一杯につき一文の割合で各肉屋、茶館を対象に徴収していた。川沙県では、道路清掃や街灯設置のための捐が徴収されたが、厳密にいえば、これらは各商店が自治公所の「勧募」に応じて寄付する形で集められたものであり、強制的な捐税ではなかった。もっとも、川沙事件発生当時、事件の中心地であった長人郷、八団郷では道路清掃や街灯設置のための捐はまだ徴収されていなかった。また、噂された「鶏鴨捐」は徴収されておらず、またそれについての議案も提出されなかった(49)。

もう一つ自治公所が関わった捐税は学捐であった。川沙県では、一九〇六年以降、学務公会、勧学所が相次いで設立され、漕糧の一定の割合で学費の徴収も始まった(50)。「城鎮郷地方自治章程」の翌年に発布された「改訂勧学所章程」では、従来勧学所が持つ学務関係の地方公款の議決権は地方議会に移され、自治公所が学捐の徴収を引き継いだ(51)。地方自治と関係があるか否かを問わず、一般民衆の目からすれば、学捐を含めて、これらの捐税はすべて「自治捐」であった。自治公所による学捐の徴収が、川沙事件の際に小学校が郷民の攻撃の標的になった原因と考えられる。

日本でも、町村制が導入された後、町村の財政が膨張し、民衆の負担が増加した。しかも、第一章で述べたように、町村支出の七、八割は国や府県、郡からの委任事務を執行するための支出であった。しかし、日本では、地方自治制度の導入は清末期の中国で見られるような大きな対立や衝突をともなわなかった。この違いは、地方自治制度が導入される際の両国の社会的条件の相違に由来したと考えられる。日本では、町村制が導入される十年前の一八七八年に、「三新法」の一つである「地方税規則」が発布され、国税・府県税・区町村費用に関する税財政システムが整備された。町村制導入後も税財政制度はそれまでと基本的に変わらなかった。町村財政の中身をみると、前章で述べたように、「町村制」においては、町村の財源は基本的に町村有財産から生ずる使用料、手数料などの収入によるものとされ、足りない場合は国税、府県税の付加税、あるいは直接税または特別税を徴収すると規定されていた。実際に、町村制導入後の町村費は主として地租に対する付加税（土地税）と戸別割（人頭税）から構成された。一八八五年（明治一八年）に、明治政府は翌年度から町村費が地租の七分の一を超過してはならないことを定めた。この規定は町村制実施後も引き継がれた。大島美津子の研究によれば、群馬県の白郷井村の場合、町村収入のうち地租の付加税が一九％を占め、それ以外は戸別割に頼らなければならなかった。戸別割は人頭税の性格を有するので、その割合の増加は実質的に貧困者層の負担増を意味する。しかし、戸別割は土地の所有量に基づいて等級づけられ、「あたかも上層者が高い犠牲をはらうような外見をとりうる」[52]。つまり、町村制が導入された後、貧困層全体の戸別割負担が増えたにもかかわらず、個々の地主と個々の農民の負担額を比較すれば、地主の負担額が農民より多い。このような状況の下で、地方自治制度の導入はただちに貧困者層と有力者層の間の鋭い対立を引き起こすことはなかったのである。

一方、清末期の中国では、国税と地方税が未分化で、「正税」以外に各種の用途に応じてさまざまな名目の捐税が徴収されていた状況の下で地方自治制度が導入された。前述のような清末の数年間に急激に増えた捐税の税目と税額をみると、そもそも、人民の生活を窮地に追いつめたのは自治公所ではなく、国家そのものであった。学校、警察、地方自治など次々と実施された改革が、社会に直接的な利益をもたらすことなく、しかも様々な負担を社会に強いた。「城鎮郷地方自治章程」においては、「地方の公款公産」をもって城鎮郷自治の財源とし、足りない場合は「公益捐」

や「自治捐」を徴収することができると規定していた。しかし、地方自治のために新たな「捐」を徴収すれば、「地方自治」がたちまち民衆の反発を招くことになる。民衆は「今度○○捐が増える」という噂を耳にしただけで不安に包まれる。捐税に関わる噂を聞くと、たとえ地方自治の実施に賛成する人でも、自治に恨みをもつようになることは容易に想像できよう。そこで、丁費氏、書吏ら地方自治制度の導入によって利益が損なわれた人たちは、民衆のこのような心理をうまく利用して、自治公所「無一不捐」のデマを飛ばし、民衆を自治反対行動に走らせた。結局、川沙事件における自治公所への攻撃は、民衆がおかれていた「無一不捐」の苦しい現実への不満のはけ口となった。清末期のより広い政治的・社会的文脈のなかでみれば、川沙事件は、経済の凋落による民生窮乏のなかで、国家の近代化政策に伴う各種捐税の増加が、民衆の負担を著しく増加させた結果と言うべきであろう。

ところで、日本で地方自治制度が導入される際に民衆と地方自治に携わる地方名望家との間に川沙事件のような大きな暴力衝突が生じなかったことは、日本の村落共同体内部の権力構造のあり方とも無関係ではないように思われる。町村制が導入される際の町村は、その直前に行われた大規模な町村合併によってできた行政町村であり、それぞれの町村は複数の部落＝村落共同体を内包していた。江戸時代に形成された村落は幕府や領主の年貢取り立ての単位であると同時に、村人同士の生産・生活の共同組織としての共同体でもあった。共同体は村人の間の緊密な協同関係と強い結束によって維持された。日本の村落共同体の性格について、福武直は次のように述べている。すなわち、日本の村落において、地主・小作関係は、多くの場合、親分・子分の関係と重なった。親分になるのは部落の有力な家で、子分になるのは比較的貧しい家であった。子分がその下にさらに子分をもつこともあった。「親分となり子分となると、そのつながりは一生つづき、親分は万事子分の世話をやくとともに、子分の年始、盆礼、農休、歳暮などの贈与に、それ以上の返礼を行い、子分はこれらの儀礼を欠かさず、親分の死に際しては子と同様につとめた。……このようにして親分は子分に庇護を与えると同時に、子分はこの故に親分のいうことに違背できなかったのである」[53]。つまり、日本の村落共同体において、有力者層と貧困者層の間に、地主と小作の間の支配・従属の階級関係のほかに、親分・子分間の永続的な恩恵の授受関係に由来した親密とも言える関係があった。前述の町村費の戸別割も近世以来部落内部で年貢や夫役が割り当てられた際の慣行に従って行われたと見られる。明治地方自治制度は、選挙・被選挙資格に関する納税基準や高額納税者に有利な等級選挙制などが示したように、明らかに地主＝地方名望家を中心とした制度であった。しかし、地主・小作関係と親分・子分関係が絡み合う部落内部の複雑な権力構造の下で、部落の慣行に従った戸別割の等級づけは外見上有力者層が高い犠牲をはらうように見えるため、貧困者層は実質上重い負担を強いられても、有力者層を攻撃する暴力の形で自らの不満を表現することには至らなかった。

それに対して、第二章で述べたように、中国では、明清時代の国家が田土を媒介に個々の農民から税を徴収した。村人同士の共同体的結合は日本に比べて弱かった。川沙県の事例も示したように、地方のエリートたちは地方自治が導入される前に自発的に公益事業に従事していたが、彼らは地域社会において圧倒的な支配力をもつ存在ではなく、彼らと一般の村民の間には、日本の親分・子分のような恩恵の授受関係はなかった。地方自治制度が導入されると、地域社会のさまざまな矛盾や対立が自治公所と自治紳董に集中し、民衆は暴力の形で自らの恨みや不満を表したのである。

結びにかえて　川沙事件にみる清末地方自治制度導入の意味

本章では、清末江蘇省川沙県で起きた大規模な自治反対事件を通して、県より下の城鎮郷レベルにおける地方自治制度の実施とそれに対する地域社会の反応を考察した。これまでのミクロ的な分析から視線を上昇させ、清末の地方自治制度を全体的に観察すると、地方自治に関する従来の研究と異なったいくつかの側面が浮かび上がってくる。以下、前章で清朝の「城鎮郷地方自治章程」と日本の「市制」「町村制」を比較した際に提起した制度変容の問題を念頭におきながら、城鎮郷レベルにおける地方自治制度導入の意味をつぎの四点に整理しておきたい。

第一に、地方自治にみる官民関係。清末期の地方自治に関しては、前章で述べたように、従来の研究では、清朝政府が地方自治を通じて地方エリートを国家機構に吸収することによって、自らの支配力を社会に一歩踏み込ませたという見解が主流を占めている。本章の考察では、これと異なった構図が描かれている。地方官と城・郷自治公所の関係を見てみると、たしかに、城・郷議会選挙の結果や議決案は地方官の許可を得なければ実行に移ることができない。しかし、他面、地方官と自治紳董の関係は行政的な上下関係ではなかった。

興味深いことに、川沙県の城・郷議会と同知の間にやり取りされた文書の内容をみると、双方とも議会側による自治事務と地方官による行政事務とを意識的に区別していた。一九一〇年末、川沙県九団郷議会は従来保甲、書差が強要した「陋規」を自治経費に化し、もって「地方の行政と自治事宜」に役立たせることを趣旨とする議案を可決した。それに対して、同知は取り除いた分の「陋規」の半数を川沙庁の行政経費とし、残りの半分を自治費用とすれば、「行政と自治のどちらにも偏らず、どちらも害を受けない」と指示した(54)。ここで、明らかに、議会による「自治」と地方官による「行政」との間に一線が画されている。このことは、官治が県レベルに止まり、官治の範囲外で地方エリートが地域の公益事業を担当する、という中国の伝統的自治が清末の地方自治に受け継がれたことを意味する。川沙事件の発生後、川沙庁同知、松江府知府が現場に駆けつけ、江蘇巡撫も砲艦を出動させたが、かりに事件が発生しなかったなら、知県は決して郷村社会に立ち入らず、自治公所と緊密な関係を保とうとはしなかったであろう。

これと対照的に、日本の地方自治制度の下ではまったく別の光景があった。ある明治期の郡長の体験談によると、郡内に何か出来事が生じれば、それはすべて郡長の責任であるため、郡長は「夜を日についでその解決に努力をする」。郡長は経常的に管下の町村を回り、「自治指導」、すなわち町村に対して監督を行っていた(55)。要するに、清末期に導入された地方自治制度は、制度の外形からみれば「近代的」要素を備えたが、ただちに国家支配が県より下の郷村レベルに拡大するという官僚化、組織化を伴うことはなく、従来と同じく、官と民、国家と社会が互いに分離した関係を複製した形で進められていたと考えられる。

第二に、地方エリートの自治空間について。地方エリートは地方自治を通じて与えられた合法的な地位を最大限に利用して、より大きな活動の地盤もしくは自治の空間を獲得した。自治紳董の活動についてまず注目されるのは、議会が審議・可決した議案のうち、地域住民の生活向上のための街灯の設置や運河の疎通など、第二章で見たような、従来地方エリートが自発的に行った地域の公益事業が多数を占めていた、という点である。これらの事項は、議員あるいは議員以外の人が議案を議事会に提出し、審議の結果を地方官に報告し、その批准を得てから総董・郷董らによって実施されたのであって、提案から議決が出されるまでの起案・審議過程には、地方官は干渉しない。これは、日本の市町村が処理した事務のうちで、府県や郡からの委任事務が圧倒的多数を占めていたのとは対照的である。

次に重要なのは、自治紳董が行った自治活動のなかに、「郷紳」の伝統的な活動範囲を越えた自治経費の徴収、さらには「城鎮郷地方自治章程」に規定されていなかった「陋規」の取り除きなども含まれていた、という点である。そこで、地方エリートは商人、農民など地域住民の利益を守る立場から、与えられた活動空間を最大限に利用し、それを本来国家が行うべき地方行政の合理化・効率化にまで拡大しようとした、と見なすことができよう。これは国民国家の上からの官僚化、組織化とは全く逆の方向である点において特に重要である(56)。

地方エリートによる自治活動を清末民国期の政治的変動に関連させてみると、川沙県の事例はもう一つ注目すべき事実を提示している。すなわち、大規模な自治反対事件や辛亥革命後の政権交替があったにもかかわらず、一九一〇から一九二四年まで断続的に行われた城・郷議会選挙に連続当選者が続出する、ということである。たとえば、本章に登場した呉大本は、宣統二年（一九一〇年）、民国二年（一九一三年）、民国一三年（一九二四年）の三回の選挙において、いずれも長人郷の郷董に選ばれた。また、荘以涖は宣統二年から民国二年まで行われた四回の城自治選挙で連続して議員に当選し、そのうち一、三回目は議長に選ばれた。さらに、荘は民国二年江蘇省議会の選挙において議員に当選した(57)。地方議会、自治職員の人的構成の連続性は、全国における政局の劇的な変化とは裏腹に、清末期における地方自治制度の導入を契機に形成された地方議会を中心とした地域社会の新しい秩序が、自ら一定の安定性を保っていたことを物語っている。

第三に、冒頭で述べたなぜ「地域の人々が自らの意思に基づいて、その地域のことを行う」ための地方自治が、地域の人々から激しく反対されたのかという問題に戻って考えると、川沙事件が示したように、それは複数の要素の相互作用の結果であった。まず、地方自治によって地方エリートが合法的な活動の空間を与えられ、それによって従来の地域社会の権力関係のバランスが揺さぶられ、崩されたことが自治反対事件の重要な原因であったと言えよう。地方自治制度が導入される以前の川沙県には、「紳士」、書吏、民間宗教グループのリーダーなどの諸勢力が併存し、地域社会をまとめる中心的勢力は存在しなかった。自治公所の成立は、地域社会に新たに権力の中心を与えることを意味した。このことには大きな意味がある。なぜなら、地方自治の成立によって、法律に基づいて設立された自治公所を拠点とする地方エリート――その一部は経済力を持つ新しい勢力を代表する――と、その他の諸勢力との間に、郷村社会の支配権をめぐって熾烈な争奪戦が繰り広げられたからである。川沙県の場合、地方自治制度が導入されることによって、書吏、民間の宗教グループ、およびアヘン吸飲者、賭博者は、何らかの形で利益を損なわれた。結局、郷村社会のさまざまな矛盾が自治公所と自治紳董に集中することとなった。その結果、人々の恨みと不満は自治公所や郷董・議員の家宅、小学校の打ち壊しという暴力の形で表された。このような事件が、清末期に頻発した地主の圧迫による「農民蜂起」のパターンとは異なるものであったことにも留意すべきである。地方自治は地方のエリートたちだけではなく、彼らと同じ空間で生活を営むすべての人を巻き込んだ。そのため、地方自治制度導入の意味について考えるときには、分析の視野を地方エリートから地域の諸勢力ないし一般民衆にまで広げる必要があるのである。

第四に、近代地方自治制度の成立に不可欠な財源の問題に関していえば、「城鎮郷地方自治章程」では「地方の公款公産」と付加税もしくは「自治捐」の徴収となっていた。この点については、自治経費について明確な規定を定めなかった天津の「自治章程」より一歩前進した。しかし、天津自治の場合、それが天津県市街地で行われた実験であったこともあって、自治経費の問題は行政側が議会側に董事会の開設費用としての一時金、および董事会の経常経費としての特別金を支給するという形で一応の決着がついた。清朝の城鎮郷自治の場合は、地方自治制度が各地で導入されると、自治経費の問題をめぐって、多くの地域で民衆と議会の間に激しい対立が生じた。本章で取り上げた川沙事件はほんの一例にすぎなかった。地方自治が導入されたときに、ほとんどの地域に「公款公産」にあたるものがなかったため、寺院を自治公所としたり、書吏による中間搾取を取り除き、その分の収入を自治経費に当てたり、地域の住民から「自治捐」を徴収したりするよりほかに方法がなかった。当時の社会、経済の全般的な状況からみると、経済の疲弊、義和団賠償金など不平等条約による民衆の負担増、国家の近代化改革にともなう各種の捐税の徴収、および社会全体の貧困化の下で、地方自治の経済的基盤はきわめて脆弱であった。これが清末期に各省で「自治風潮」が多く発生したもっとも大きな要因であったと言うべきであろう。言い換えれば、自治反対事件は深刻な社会的・政治的危機の噴火口の一つにすぎなかった。

一九一一年の「自治風潮」によって、川沙県の地方自治は一時期中断したが、まもなく県議事会の選挙が行われ、議長、副議長と参事会メンバーが選出された。しかし、この年の一〇月に辛亥革命が勃発し、県議会は事実上活動しなかった[58]。一九一三年、川沙県では再び城・郷議会の選挙が行われたが、翌年の二月、当時の大総統袁世凱が地方自治を全面的に禁止することを命じたことにより、地方自治は停止した。しかし、その後地方自治は完全に停止したわけではなく、北京政府、南京国民政府がそれぞれ発布した自治に関する章程、法令の下で、川沙県では地方自治は断続的に行われていった。

本章で扱った川沙県の事件は、清末期に地方自治制度が実施されるなかでの一事例にすぎないが、そこからは当時の地方自治の実態を垣間見ることができた。清末から民国期にかけての近代的地方自治の導入の試みにおいて、制度はどのように受容され、また変容していったのか。この問題をより長期的・全国的な視野で検討していく必要がある。

注

（1）寺木徳子「清末民国初年の地方自治」、『お茶の水史学』5、一九六二年、一九頁。

（2）王樹槐「清末江蘇地方自治風潮」、『中国近代現代史論集』第十六編、「清季立憲与改制」、商務印書館、一九八六年、五二八頁。

（3）川沙事件を扱う研究として、Roxann Prazniak の論文 "Weavers and Sorceresses of Chuansha: The Social Origins of Political Activism among Rural Chinese Women"（*Modern China*, April 1986）が存在する。著者は、川沙事件に際して宗教団体によって組織された、経済的に自立した農村の女性たちがその主役を演じたことに着目し、女性の経済的地位と政治行動との関連性の角度から、川沙事件は、国家の支持を得た地方のエリートたちが行った県レベルでの行政・財政改革が、女性の宗教グループの経済的財産を侵害したのに対する農村の女性たちの抗議行動であったと指摘している（p. 202）。

（4）光緒『川沙庁志』巻一、「疆域志」。

（5）同右。

（6）この時期の川沙県における郷紳による学堂設立の状況については、朱鵬「清末・民初中国における地方学堂の成立過程について――江蘇省川沙県の場合を中心として」（『日本の教育史学』37、一九九四年）を参照。

（7）民国『川沙県志』巻十六、「人物志」。なお、養正小学校の設立をきっかけに、一九〇五～一九〇七年の三年間、川沙県各鎮で地方エリート個人出資の小学校七校、民間の共同出資の一校、あわせて八校の小学校が設立された（同、巻九、「教育志」）。

（8）民国『川沙県志』巻十九、「議会志」。

（9）「川沙大鬧自治之真相（一）――喫素党丁家娘娘之勢力」、『時報』一九一一年三月五日。

（10）「川沙各郷自治公所通稟陳明並無苛捐洪委所称各節應令指実以明是非由呈蘇撫院程」（一九一一年）、『川沙県公牘彙鈔』、民国年間。民国『川沙県志』巻十八、「選挙志下」。

（11）民国『川沙県志』巻十八、「選挙志下」。

（12）「同光年間諸生表」、民国『川沙県志』巻十八、「選挙志上」。

（13）県大本「稟巫煽匪乱環求檄飭厳懲首要賠償損失仰懇核準由」（一九一一年）、前掲『川沙県公牘彙鈔』。民国『川沙県志』巻十六、「人物志」。

（14）民国『川沙県志』巻十九、「議会志」。

（15）同右。

（16）民国『鎮洋県志』巻二十、「自治」。

（17）民国『川沙県志』巻十九、「議会志」。

（18）同右。

（19）同右。
（20）同右。
（21）同右。
（22）「川沙大鬧自治之真相（一）――喫素党丁家娘娘之勢力」、『時報』一九一一年三月五日。
（23）「川沙大鬧自治之真相（四）」、『時報』一九一一年三月七日。楊江「四誌川南郷民反対籌辦自治之暴動」、『申報』一九一一年三月七日。「川沙長人高昌八団九団自治公所稟蘇撫文」、『申報』一九一一年三月二〇日。
（24）「川沙民変之善後談」、『申報』一九一一年三月三一日。
（25）民国『川沙県志』巻二十三、「故実志」。
（26）「南匯郷民鬧事五誌」、『申報』一九一一年三月三一日。「南匯郷民鬧事六誌」、『申報』一九一一年四月一日。
（27）「丹陽又演自治風潮警報」、『申報』一九一一年四月一二日。
（28）姚文枏（一八五七―一九三三）、字子譲、上海県出身。清末挙人、候補知県、江蘇諮議局議員、資政院議員、民国衆議院議員。『江防海防策』を著す（陳玉堂編著『中国近現代人物名号大辞典』、浙江古籍出版社、一九九三年、六九五頁）。
（29）「川沙肇禍乱民覆訊紀詳」、『申報』一九一一年四月一一日。
（30）「川沙庁長人郷自治副議長艾曾恪上蘇撫稟」、『申報』一九一一年三月二一日。呉大本「稟巫煽匪乱環求檄飭厳懲首要賠償損失仰懇核準由」、前掲『川沙県公牘彙鈔』。
（31）「川沙長人高昌八団九団自治公所稟蘇撫文」、『申報』一九一一年三月二〇日。なお、三月一一日の『時報』に掲載されている「川沙劫火之零星」と題した記事には、これと同じ内容が記されている。
（32）呉大本「稟巫煽匪乱環求檄飭厳懲首要賠償損失仰懇核準由」（前掲『川沙県公牘彙鈔』）。
（33）「浦東同人会公推姚文枏等調査川沙鬧事情形報告書」、「蘇撫署顧問楊廷棟調査川沙鬧事情形呈報蘇撫憲文」、民国『川沙県志』巻二十三、「故実志」。
（34）『申報』の記事には書吏の行動について次のように記されている。李松坪、陸錫栄が逮捕された後も、ほかの書吏は逮捕された郷民に紳董らの悪口を捏造させ、偽証させた（「川沙自治風潮訊供之魔障」、『申報』一九一一年四月一四日）。また、『時報』のある記事には、知識のない丁費氏があちこち奔走して呼びかけ、その行動が終始乱れを見せなかったのは、その背後に衙役李松坪の煽動があったからであると指摘される（「川沙大鬧自治之真相七」、『時報』一九一一年三月一〇日）。

（35）「請免江西加徴並緩辦地方自治摺」、宣統二年（一九一〇年）六月二八日、胡思敬『退廬全集』、出版年代不明、沈雲龍主編『近代中国史料叢刊』第四十五輯、文海出版社影印版、九一四頁。

（36）「川沙大鬧自治之真相六」、『時報』一九一一年三月九日。

（37）「川沙乱源乃在自治局耶」、『申報』一九一一年三月二五日。

（38）前掲「浦東同人会公推姚文枬等調査川沙鬧事情形報告書」。

（39）前掲「蘇撫署顧問楊廷棟調査川沙鬧事情形呈報蘇撫憲文」。

（40）上海の立憲派が組織した「地方自治研究会」一九〇六年の会員名簿に姚の名前が記載されている（地方自治研究会編『地方自治研究会丙午年報告書』、一九〇六年、一四頁）。

（41）民国『川沙県志』巻十九、「議会志」。

（42）『申報』一九一一年三月九日、一九一一年三月一三日。

（43）「武陽自治又起風潮」、『時報』、辛亥（一九一一年）二月一五日。

（44）民国『川沙県志』巻十、「衛生志」。

（45）姚文枬の調べによると、罰金はすべて庁衙門に送られたが、その用途は不明であった（前掲「浦東同人会公推姚文枬等調査川沙鬧事情形報告書」）。

（46）「川沙自治風潮訊供之魔障」、『申報』一九一一年四月一四日。

（47）「川沙乱源乃在自治局耶」、『申報』一九一一年三月二五日。

（48）民国『川沙県志』巻八、「財賦志」。

（49）前掲「浦東同人会公推姚文枬等調査川沙鬧事情形報告書」。なお、茶肉捐の税率は、『川沙県志』巻八「財賦志」による。

楊廷棟の調査はこれとやや異なり、自治公所が徴収した捐税は茶肉捐と全省一律の学捐だけであった（前掲「蘇撫署顧問楊廷棟調査川沙鬧事情形呈報蘇撫憲文」）。

(50)　学務公会と勧学所はともに地方官の認可を得て成立した地方エリートを中心とした地方教育行政機構である。川沙県の場合、前出の黄炎培はこの二つの教育機構の中心となっていた（高田幸男「清末地域社会における教育行政機構の形成――蘇・浙・皖三省各庁州県の状況」、『東洋学報』第七十五巻、第一・二号、一九九三年、七二―七三頁）。

(51)　その後勧学所は依然として存在し、民国元年県政府に学務課が設置されるのを機に廃止された（民国『川沙県志』巻一、「大事年表」）。

(52)　大島美津子『明治国家と地域社会』、岩波書店、一九九四年、一三八頁。

(53)　福武直『日本村落の社会構造』、東京大学出版会、一九五九年、一一七頁。

(54)　「庶幾行政自治両無偏廃」、『川沙県志』巻十九、「議会志」。

(55)　大霞会編『内務省外史』、地方財務協会、一九七七年、一三三―一三四頁。

(56)　山本進は清代四川の地方行政を扱った研究のなかで、一九世紀半ば以降督撫の権力が書役・衙役による非効率的行政を取り除いたという意味での「地方自治」において、紳衿層が書吏・衙役に取って代わって国家より地方行政を請け負ったと指摘している（山本進『清代財政史研究』、汲古書院、二〇〇二年、二五四―二五五頁）。本章で扱った川沙の事件においても、書吏―自治紳董の対立構図が見られた。しかし、山本氏が提示した紳衿層が督撫主導の改革に協力し、書吏・衙役主導の地方行政に代替したのとは異なって、川沙の場合は、清末における地方自治制度の導入に際して、県より下の城鎮郷レベルにおいて地方エリートが議会という近代的装置を利用し、自発的に書吏による「陋規」を取り除こうとしたのである。

(57)　民国『川沙県志』巻十八、「選挙志」下。同巻十六、「人物志」。

(58)　民国『川沙県志』巻十九、「議会志」。

第十章　民国期山西省の村制と日本の町村制

はじめに

清朝の地方自治は辛亥革命後の政権交替によって中断された。民国期に入ってから、地方自治は一九一三年に一部の省で再開されたが、一九一四年二月、当時の中華民国大総統袁世凱は自治機関による捐税の不正徴収や、革命党との関わりなどを理由に、地方自治を全面的に禁止することを命じた(1)。同年一二月、袁世凱政権は新たに「地方自治試行条例」を発布した。城鎮郷を地方自治の基本単位とする清朝の地方自治制度と異なって、この制度の特徴は県と郷の間に新たに設置する区を自治の単位とした点にある。その内容を要約すれば、次のとおりである。一県を四つから六つの区に分けて自治を実施する。自治職員は区董一人、自治員六～十人からなる。選挙人が選挙で選んだ三人の候補者のなかから県知事が区董の人選を決める。区董の任期は二年である。区には合議制の自治区（区董の下に自治員がある）と単独制の自治区（区董の下に自治員がない）の二種類に分かれる。自治員は選挙人が定員の二倍の人数を選出し、県知事がそのなかから選定する。その任期は二年であり、毎年そのうちの半数を改選する。連続当選は一回に限る。区董の職務は県知事の命令の執行、地方の事務の処理と定められている(2)。しかし、この条例は袁世凱の帝政復辟への反発による政治闘争の激化によって、実施されなかった。袁世凱の死後、政局は軍閥割拠の混乱状況に陥った。その後、北京政府は一九一九年に「県自治法」、一九二一年に「市自治法」、「郷自治法」を相次いで発布したが、中央政府の実質的な統治範囲が限られていたため、全国統一の制度としては実施されなかった。(3)

本書の課題から、ここでは民国期の地方自治全般を考察の対象としない。本章では、政治的分裂のなかで、若い頃に日本に留学し、民国期のほぼ全期にわたって山西省の軍事・政治・経済を支配した閻錫山（一八八三―一九六〇、字百川）が実施した村制を取り上げる。これまでの考察が示したように、清末の改革派、留日学生、清朝政府は、中国を切迫した危機から救うために、明治期の日本の地方自治制度に強い関心を寄せ、中国への導入を試みた。ところが、直隷省の地方自治実験、清朝政府主導の地方自治は、いずれも明治期日本の地方自治と異なり、地方自治を通じて国家の行政支配を郷村に浸透させようとする意図が稀薄であった。選挙資格における納税要件の導入、議決機関と執行機関の二元的構成といった近代地方自治制度の外形は導入されたものの、地方団体を国家の行政組織のなかに組み込み、官僚の強い監督の下で国家の行政事務を執行させる「官治・自治一体化」という日本の地方自治制度の本質部分は受け入れられなかった。これとは対照的に、民国期山西省の村制は、日本の町村制の上から下への垂直的な支配の側面を取り入れ、その中に中国古代の閭、隣の制度を組み入れる一方、日本の地方自治制度の「府県会・郡会・市町村会」の地方名望家による政治参加の側面を捨象し、代わりにすべての村民が参加する村民会議を実施した。つまり、山西村制は、これまでに見てきた清末期の地方自治制度と全く異なった形で日本の地方自治制度から影響を受けたのである。

一九一六年に袁世凱が死去してから約十年間の軍閥混戦のなかで、軍事力が比較的に弱い閻錫山は各派の籠絡の対象であった。北京政府の支配権をめぐる争いのなかで、閻錫山は段祺瑞を支持した一時期を除いて、基本的に中立の姿勢を保っていた。彼は「保境安民」、「山西モンロー主義」のスローガンを掲げ[4]、山西省で一連の改革を遂行した。それは政治面での村政、社会面での改良事業、経済面での「土地村公有」など、多面にわたる改革であった。これらの改革が一定の効果を得たことから、閻錫山は当時の新聞などで「模範督軍」と称された。

閻錫山および民国時期の山西省に関する今までの研究を振り返ってみると、そもそも閻錫山には山西省を支配した一軍閥としての定評があるだけに、その内政面の改革に関するものは比較的少ない。閻錫山が山西省で実施した村制について、同時代の研究者喬万選はその著『比較地方自治』のなかで次のように述べている。すなわち、「閻氏の村治思想は民を用いることと民が自ら用いることを原則とするものである。前者は官治の意味があり、後者は自治の意味がある。したがって、山西の地方制度は官治・自治併用の制度である」[5]。ドナルド・ジリンは、閻錫山が一九二〇年代に行った多くの改革はすでにその六十年前に曾国藩によって行われたもので、閻は山西省近代化のために制度改革を行ったときでさえ保守的であり、既存の制度に固執していたと指摘した[6]。フィリップ・キューンは、閻錫山の村制は税収拡大を目的とした古い里甲制の複製であり、その目的は農業生産の余剰を汲み取るためのより有効な基礎を築くことにあったと指摘した[7]。しかし、これらの研究のなかで閻錫山の内政改革に触れた部分は、いずれも実証性を備えたものではなかった。この点を補ったのは山西村政の実施過程に関する陳美恵、李徳芳の研究である[8]。陳氏によれば、閻錫山は社会組織を改造し、省政府から戸に至る緻密な行政制度を築き上げ、その村政建設は一時期良い成果をあげた。しかし、村政が上から力で推進されたため、人民自らが政治を行うという自治の効果は得られなかった、という[9]。そして、陳美恵は閻錫山が日本留学中に日本の町村制から影響を受けたことに言及している。山西村制に対する日本の町村制の影響について、李徳芳は、閻錫山はかつて日本の町村制をモデルとしたが、まもなく「民主主義的村本政治」を実施する方向に転換した、と指摘した[10]。なお、山西村制に関しては、当時日本人による調査報告書がいくつか残されている[11]。

ところで、この時期の山西省関連の史料には「村制」と「村政」という言葉が頻繁に出現する。「村制」は「区村制」、「区街村制」とも呼ばれ、民国時期山西省独自の地方制度である。閻錫山によれば、村制は地方自治の初期段階であり、主に官治すなわち行政の力を通じて政治を行う時代のものであった。村制が実施された時期は一九一七年から一九二二年までであった。それに対して、「村政」は、閻錫山の言葉を借りれば、自治すなわち「村民自らが政治を行う」ことで[12]、一九二二年三月に開始した。しかし、制度としての村制はその後も変化を遂げながら存続した。したがって、本章では「官治」と「自治」の二つの段階を通して「村制」と称する。以下、閻錫山が山西省で実施した村制を「官治」と「自治」の二つの段階に分けて考察し、とりわけ山西村制の「行政網」的側面と「全民参加」的側面から村制と日本の町村制との異同に注目したい。

一、閻錫山の日本留学と日本の「行政網」への関心

閻錫山は山西省五台県河辺村の農業・商業兼営の家に生まれ、幼い頃から村塾で伝統的な教育を受けた。一九〇二年、彼は山西武備学堂に入り、一九〇四年に清朝政府の官費留学生に選ばれて日本に留学した。彼は東京の振武学校での預備学習、弘前歩兵三十一連隊での実習を経て、士官学校に入り、軍事学を学んだ[13]。来日した翌年の一九〇五年に、閻錫山は孫文ら革命派の影響を受けて、同盟会最初のメンバーの一人となった。日露戦争勃発の直後には、閻錫山、李烈鈞、程潜、黄郛など同盟会の武学生二十八人が「鉄血丈夫団」を結成した。一九〇六年、山西巡撫を暗殺するために、閻錫山は爆弾を身につけて一時帰国した[14]。一九〇九年、閻錫山は士官学校を卒業し、帰国した。

日本から帰国後、閻錫山は山西省陸軍小学校の校長となり、三カ月後北京で帰国留学生を対象とした試験を受け、「武挙人」（歩兵科挙人）の称号を得た。その後、彼は山西省駐在軍の教官（副団長に相当する）、そして標統（団長に相当する）に任ぜられた[15]。一九一一年辛亥革命の際、閻錫山は山西省の省都太原で挙兵し、山西省が清朝政府から独立することを宣言した。その直後、彼は部下に山西都督に推挙され、省の軍事権を掌握した。さらに、一九一七年九月、山西省省長を兼任した。

閻錫山が語ったところによれば、五年間の日本留学中にもっとも印象深い出来事は、日露戦争における日本の勝利であった。彼は、近代以降中国と日本が歩んだ道を振り返り、次のように述べた[16]。

西力が東漸して以来、我が国はその矛先に当たったため、世界の潮流に順応することができなかった。ただ東隣の一国が先知先覚で、国家に余裕がある時期に乗じてゆっくりと布石し、数十年の維新を経て一躍強盛の伍に入った。これは我が国民の先導になるのではなかろうか。

閻錫山は「日本の明治維新の成功の原因を追求したところ、『文武一途、官民一心』の八字の結論を得た」、という[17]。彼は日本の強国の道を次の五点にまとめた。すなわち、第一、国民教育の普及、第二、国民実業の発達、第三、地方警察の設置、第四、地方自治制度の実施、第五、官吏職務の専一、である[18]。なかでも、彼が特に注目したのが戸籍調査と徴兵制の実施に効力を発揮した地方自治制度であった。

日本の地方自治について閻錫山が注目したのは、戸籍調査および地方の公益事業など、政府の行政機構だけでは実施できないことを地方の自治機関に任せる、いわば政府の行政事務の分担という側面であった。彼によれば、日本では市町村の長は政府から任命された戸籍吏であって、その最大の任務は毎年戸籍調査を行うことである。市町村長は毎戸に一冊の戸籍帳を作り、それとは別に徴兵のための徴兵壮丁簿も作る。なぜなら、「戸籍のことはきわめて繁雑で、警察だけに頼って調査・実施することはできない。必ず自治機関に任せ、分担させて行うべきである」からである。したがって、「徴兵は戸籍調査からはじめなければならない。戸籍調査のために完全な地方自治を実施しなければならない」、という。(19) つまり、閻錫山は、日本の地方自治制度は明治国家の強兵政策に欠かせない重要な制度であると認識していたのである。

周知のとおり、戸籍の編成は近代国家建設の基礎であり、近代政府の徴税、徴兵、警察、教育など全般にわたる諸政策は、戸籍制度を通じて人民を管理し、はじめて施行できるものである。日本で軍事学を学び、帰国後一省の督軍になった閻錫山の場合、その最大の関心は恒常的に兵士の供給源を確保する徴兵制にあった。そしてその延長線で、彼は自治機関による行政事務の分担にも関心を寄せた。このように、閻錫山は徴兵制―戸籍調査―地方自治という連鎖関係において地方自治を位置づけていたのである。

一九一七年に省長兼任後、閻錫山はしばしば日本の「行政網」に言及した。山西省長を兼任した翌年に、閻錫山は部下たちに「日本の行政網の効率」と題した訓話を行い、そのなかで次のように述べている。(20)

日本の行政網は確実に一人も漏れずにすべての百姓を網羅している。政府が禁煙、禁賭の命令を下せば、煙・賭をやる人は本当に全国に一人もいなくなる。政府が徴兵の命令を下せば、軍隊に入らない者は一人もいなくなる。

政府が教育普及の命令を下せば、学校に入らない者は一人もいなくなる。これが日本の行政網の水準である。

この時期、山西省の行政指導者として、閻錫山はいかにして省政府の政令を省内の隅々にまで到達させるかに腐心した。そこで、彼は明治期日本の地方自治制度が提示した垂直的な「行政網」のモデルが自らの政治的意図にもっとも相応しいものと見なし、「政治の良い結果を得るには、まずきわめて細密な行政網から着手しなければならない」と述べた。(21)

閻錫山は自らの村制理論を「村本政治」、「用民政治」という言葉で表現した。「村本政治」とは村を根本とする政治のことを意味する。閻錫山によれば、一省の内に、政治単位として存在するのは土地の区画や人民の集合によって自然に形成された村のみである。「村は人類共同の関係をもちながら、人々の身近な生活の根拠となる唯一の存在である。行政の根本は村よりほかにない」。[22]「行政の根本は村にある」という言葉を裏返せば、すなわち行政支配を村レベルにまで浸透させる、ということであろう。そして、「用民政治」とは、政府の指導の下で民の力を用いて政治を行うことである。閻錫山によれば、中国人民の知識レベルはまだ低く、アメリカのような自治制度をただちに実施することはできない。自治は政府の力で民を率いる「官治」と、民自らの力で行う「自治」の二つの段階に分けて行わなければならない。初期には、官庁が責任をもって村の再編を行うべきである、ということであった。[23]

具体的に、閻錫山が構想した村制は、日本の町村制に中国古代の閭、隣の制度を組み入れたものであった。それについて、彼はこう語っている。[24]

一つの県は、大きいものは十万戸を越え、小さいものは五、六万戸で、大きさがまちまちである。一県のことを自分の手の掌を見るようにするのは実に簡単ではない。戸の上に隣をおき、隣の上に閭をおき、閭の上に村をおき、村の上に区をおき、区を県の統轄の下におけば、上下が相通じ、体が腕を使い、腕が指先を使うようになる。

これは一県の政治の基礎となる。

この一節が示しているように、閻錫山が想定した村制は、まず一村、一家も落とさない細かな「行政網」の編制を行うことから始まるものであった。具体的に、村の下には二十五戸ずつが閭となり、閭の下には五戸ずつが隣となる。清末期の改革論者や来日した官僚視察者たちがしばしば引用した「上下が相通じ、体が腕を使い、腕が指先を使うようになる」という顧炎武の言葉は、ここでは、一人一人を細かい行政の網目に組み込むことによって人民を効率的に統治することを意味するものとなった。さらに、より重要なのは、閻錫山が村制を実施することによって、県のレベルに止まっていた国家権力を村、閭、隣を通じて個々の人民にまで拡大しようとした、という点である。このような政治的意図は、直隷省天津県の地方自治実験や清朝政府主導の地方自治のいずれにも見られなかったものである。

二、山西村制の形成——官治の段階

清末から民国初期にかけて、中国では、県レベルにおける行政・司法の分離や近代的な行政人材をもって従来の書吏に取って代える措置など、一連の改革が行われた。民国に入ってから、知県は一律に県知事と改称され、県衙門は県公署と改められた。県知事任命の際の本籍廻避制度が次第に廃止され、県知事の中に当該省出身者の比率が増え、一部の地域では県の出身者から県知事を選任する「県人治県」の動きも見られた。しかし、混乱した政局のなかで、県レベルの行政機構の改革は十分な効果を収めることができなかった。たとえば、黄河を隔てて山西省に隣接する山東省では、一九二二年になっても、県には清朝時代のまま書吏が残っており、新しい県知事が就任するときに「内帳房」（県知事個人が雇った会計係）を連れて行くのが一般的であった。(25)

閻錫山は省長に就任してまもなく、山西省の県レベルにおける行政機構の改革に着手した。県知事の任命について、一九一九年に山西省を視察したある直隷省官僚の報告によると、当時山西省の県知事のうち、すでに三分の一が同省出身者であった。(26)この数字は一九三三年に七五％に達し、全国的にも高い水準であった。(27)山西省における省出身の県知事の比率の上昇は、清末期以来の地方行政改革の成果と見ることもできるが、清朝政権崩壊後、政治的分裂状態が続くなかで、地方に対する中央政府の支配力が低下し、県知事の任命権が各省の軍閥の手に握られたこととも無関係ではない。

一九一七年、閻錫山は省都太原に候補の県知事を養成する政治実察所、高等専門学校の卒業者を訓練する育才館、知県を補佐する行政人員「掾属」（もしくは「佐治員」）を育成する行政研究所（別名「政治研究所」）を次々と設立した[28]。閻錫山は清末期に設立された各種新式学校の卒業生に行政研究所の試験を受けさせ、合格した者にはそこで二カ月間訓練を受けさせた。授業は一般と専門の二つの科目に分けられていた。一般科目には、閻錫山自らが担当する「精神講話」のほか、「用民政治」綱要、公文定式、行政執行法があった[29]。

山西省では、一九一二年に清朝時代の六房三班の制度が廃止され、県知事の下に県行政を補佐するいくつかの科が設置された。しかし、閻錫山は民国以来の科を事実上廃止し、清末の吏治改革を部分的に回復させ、県知事の下に承政、主計、承審、視学、宣講、実業技士、収発の七つの部を設置した。省政府は県知事の指名に基づいて、政治研究所の終業試験の合格者を佐治員としてこれらの部門に任命した[30]。県知事は法令の範囲外の理由で佐治員を罷免することはできなかった。そのほか、県の司法部門を強化するため、県知事の下に管獄員、検験吏をもおいた[31]。

県政府の各部門のうちもっとも重要なのは賦税徴収を担当する主計部門であった。一九一八年に、閻錫山は各県に土地の面積、所在、所有者を記載する魚鱗冊を新たに作り、それに基づいて毎年の歳入・歳出表を編制するよう命じた[32]。また、各県に公款局を設立し、県収支の明細報告書を作成する制度、毎年度末に省政府から派遣された代表が各県で臨時の清査財政公所を設立し、財政を監察する制度を実施した[33]。税の徴収に関しては、釐税など非土地税の場合には、「包税人」よる伝統的包税制度が温存されながらも、県政府の管理下におかれた商人ブローカーに一本化する新しい包税制度が確立された。具体的に、各県政府は年度末に翌年に徴収する税の税目と税額を公開し、商人を集めて競争入札させ、もっとも高い金額を出した者に保証人つきで徴税権を与える。落札人はさらに下の包税人のネットワークを通じて税を徴収する。一定の期間中に予定の税額を政府に納めれば、残りの分は包税人の利益になるというものであった。

二〇世紀の中国において、国家は土地と人口の数を正確に把握していなかったため、「包税人」と呼ばれる徴税ブローカーに請負制で徴税を任せなければならなかった。それは「包税人」が政府の代わりに納税者から税を徴収し、そのなかから一定の割合で手数料を得る仕組みであった。ドゥアラは、中国では国家の近代化が進めば進むほど、「営利型のブローカー」の収入も増える、いわゆる「国家政権の内旋（involution）」現象が生じ、その結果、郷村社会の負担がますます重くなり、最後に破産に追い込まれてしまった、と指摘した。(34) 閻錫山の税制改革は、従来の「営利型のブローカー」による中間搾取を効率的に行わせるにすぎなかった。(35)

ところで、山西村制の具体的な制度づくりは、「編村」と呼ばれる村の行政的再編成から始まった。いわゆる「編村」とは、自然形成的な村落をより規模の大きい行政村へと改編することであった。当時の山西省では、清朝時代の旧慣にしたがって、県の下に都、甲、坊、所、里、村などさまざまな名称の組織が存在し、地方制度は統一されていなかった。閻錫山は省長就任直後の一九一七年九月に「県属村制通行簡章」を発布し、村制を実施した。すなわち、住民百戸以上を一つの編村（主村とも言う）とし、百戸以下の村の場合は、県知事が主村を指定し、その周辺のいくつかの小さい村（附村と呼ばれる）と連合させる、というものであった。(36) 主村には村長、附村には副村長がそれぞれおかれた。村長は県知事の命令を執行し、行政の末端としての役割を果たす。これは山西村制のもっとも注目すべき特徴である。「編村」が行われた翌年の一九一八年に、村制にさらに古代の閭と隣の制度が加わり、二十五戸を一閭とし、その下の五戸ずつを隣とし、それぞれ閭長と隣長がおかれた。(37)

山西村制において、村長・副村長の資格は年齢、財産、読み書き能力を基準に定められていた。村長の場合、年齢三十才以上、固有財産千元以上、副村長の場合は固有財産五百元以上と規定された。それ以外に、村長・副村長になる者は基本的な読み書き能力を有し、純朴で公正な人であることが要求された[38]。主村には村公所がおかれ、村長・副村長・閭長が村公所のメンバーとなった。村公所の主な職務は、行政官庁の委任事項の執行、村内部のすべての事務の実行、および執行状況の官庁への報告であった[39]。村長・副村長は一年ごとに改選され、継続当選は三回に限ることと規定された。選挙の際には、区長もしくは助理員の出席が必要とされる。村長は「山西〇〇県〇〇村村長図記」の四角いバッジを与えられ、これは村長と区長・県知事との連絡の際の証印となった。村長退任後、バッジは次期村長に渡された。村長・副村長の職務は県知事・区長の命令を村人に通達すること、村の自治事項を処理すること、村民の意思を官庁に陳述すること、および職務の執行状況や村内の出来事を官庁に報告することであった。一方、県知事は行政的に村長・副村長を監督し、村長が知事の命令に従わなかったり、その実行を妨げたりしたときには、県知事は省政府に報告したうえで村長を更迭することができた[40]。村長が日本の町村長のように有給職であるべきかどうかについては議論が行われたが、明確な結論を得られなかった。結局、村長は原則として無給であるが、旧慣にしたがって、出張費用などは村人が分担で負担することとなった。ちなみに、日本の「町村制」においても、町村長は無給の名誉職と規定されているが、実際には町村長に職務に専念させるため、二円から六円までの給料基準を設けていた[41]。

閭長、隣長の任期はそれぞれ一年であり、その資格については特別の制限は設けられていなかった。閭・隣長は、毎年新しい村長が就任した後、閭・隣の住民によって選ばれた[42]。閭長に対して、閻錫山は「諸政策を家々に伝達し」、よって「省城の命令が人民に伝わり、些かの隔たりもなくなる」ことを望んでいた[43]。なお、山西村制において、諸々の行政事務のほかに、警察の代わりに治安を維持することも村長、閭長、隣長の職務であった[44]。

「編村」の結果、山西一〇五の県は合計一一〇三八の主村、三三三六四の附村に編制された。村長・副村長・閭長・

隣長の人数を合わせれば五〇一三五九人にのぼった。[45]この五十万人はすなわち山西行政網の一つ一つの編み目であった。

一定の戸数にしたがって郷村社会を再編成することは、中国の歴代王朝によって用いられた郷村支配の方法であった。閭や隣の制度は「五家を比としもって相保つ。五比を閭としてもって相寄託する」という周代の制度に遡ることができると考えられる。明清時代には、徴税や治安の事務を輪番の形で住民に担当させる里甲や保甲の制度が存在した。山西省でも、たとえば洪洞県では明初期と清中期に数回にわたって保甲、団練の制度が実施され、地方の治安維持において効果を収めた。[46]閻錫山の村制のなかにも、こうした伝統政治の要素が含まれていた。山西村制について、本章の先行研究の部分でも触れたように、フィリップ・キューンは、閻錫山の村制は税収拡大のために古い里甲制を複製したものであると指摘した。しかし、明代初期から中期までに実施された里甲制は納税義務のある戸を対象とする制度であり、官吏・軍戸など徴税義務のないものは対象外であった。これと異なって、山西村制の場合、村の下にある閭と隣はその地に居住するすべての戸を対象としていた。また、閭長と隣長の職務に上官の命令の伝達、戸籍調査などの行政事務が含まれたことから、主に賦役を担当する里長、甲長とは異なった。なお、閭隣制の編制方法も里甲制・保甲制の十進制と異なって、はるかに古い周代の制度に倣って五進制を取っていた。

村制の「行政網」的特徴はむしろ明治期日本の町村制度により近いものであった。第一章で述べたように、明治政府の町村合併は、従来の自然形成的な村落から人口・規模・財政力の面で国家の末端行政機構として機能する「有力町村」を創出するために行われた。町村制の下で、行政村の内部にいくつかの自然村が内包された。山西省で行われた「編村」も、従来の自然形成的な村落を一定の基準にしたがって行政村に編成する作業であった。日本の行政村と同様に、山西の主村＝行政村のなかにいくつかの附村＝自然村が含まれる、いわば二重の構造が見られた。山西省で調査を行ったある日本人は、山西省の村が「純然たる村落ないし部落の自治自衛的組織」と異なって、日本の自治団体と同じく、「行政の基礎的役割をつとめ、比較的国家と村落自治体との結合が緊密であると云ってよい」と、日本の行政村との類似性を指摘した[47]。むろん、村制は単に日本の町村制度を模倣したものではなく、中には伝統中国の村落制度の要素も含まれていた。閻錫山のいうように、「村の編成は日本の町村制に倣うもので、閭長は古代の制度に倣ったもの」であった[48]。また、閻錫山が日本の町村制から取り入れたのはその「行政網」的側面のみであり、選挙を通じて議員を選挙し、町村会から町村長を選出する代議制的な側面は捨象した。「編村」の最大の目的は、「村－閭－隣－戸」という「行政網」を通じて従来県のレベルに止まった国家権力による支配を社会の隅々にまで浸透させることであり、閻錫山が村長、副村長、閭長、隣長に期待したのは「自分の村の公共のことをやる一方、官を助けて地方行政のことをやる」ことであった[49]。

しかし、村制が実施されるなかで、新たな問題が生じた。前述のように、山西省一〇五の県に一万あまりの行政村が編成された。一人の県知事が統轄する行政村の数は平均して百近くもある。交通、通信手段がきわめて未発達な状況の下で、省政府の命令が県知事を経由して速やかに各村長に伝達されるのは甚だ困難であった。この問題を解決するため、閻錫山は県と村の間に新たな行政機構としての区を設置し、「知事を扶助し、知事の目が届かないところ、知事の宣伝が至らないところでは、それを補う」ことを望んだ[50]。

区の制度は閻錫山が独自に考案したものではなかった。本章の冒頭で述べたように、袁世凱政権が一九一四年に発布した「地方自治試行条例」のなかで、県と郷の中間に自治単位としての区を設置することを規定した。ただし、この制度は全国的に実施されなかった。

区の設置に先だって、山西省では、一九一八年五月に「区長試験規程」が発布され、九月に区行政講習所が設立された。省政府は中学校以上の卒業生および各県の知事が推薦した優秀な村長を太原に集め、三カ月の集中講義を受けさせた。講義の内容は閻錫山による精神談話、自治の範囲、戸籍要義、区村制章程、村長・副村長心得などであった[51]。区行政講習所を卒業した者は省政府の任命を受けて各県に配属された。山西省では、区長による不正を防ぐために伝統的な官僚廻避の制度に倣い、県出身の者を県内の区長に任命することは避けられた[52]。

一九一八年五月、「山西県地方設区暫行条例」（附「区公所組織法」）が発布された。それによると、区は県以下の行政機構であり、区長は県知事と村長の間の連絡役であった。一つの県は三区から六区（多いばあいに八区）に分けられ、全省一〇五県にあわせて四二五区が画定された[53]。区にそれぞれ区長一人、区長を補佐する助理員一人～四人、区警四人～十二人をおいた。区長は直接県知事に属する有給の官吏であり[54]、その職務には知事の命令を執行し、村長・副村長を監督し、戸籍調査および各種の行政上の登録事項、戸籍副本の調査を執行するなど、二十項目があった[55]。区公所の経費は当初警察経費をもって当てられたが[56]、後には県政府によって田賦の付加税の形で田賦銀一両に一角から二角の割合で徴収されることと決められた。

山西省の区が県と村の間に果たした行政的パイプの役割は、日本の郡のそれに相当する。しかし、両者の法的地位は同じものではなかった。日本の郡は中央政府任命の官僚を郡長とする行政機構と、法人格（一八九九年「郡制」の改正により賦与された）をもつ地方団体という二重の性格を持った。また、郡には郡内の町村議員から選ばれた郡会と郡参事会があり、法的には郡長が郡参事会の決定に従うこととなっていた。それに対して、山西の区は純然たる官僚機構であり、区長は「自治人員」とは見なされなかった[57]。また、区には日本の郡会に相当する地方議会が設けられなかった[58]。

ともあれ、区の設置によって、省政府の命令が県知事・区長を通じて各村に伝達され、そして、村長・閭長・隣長を通じて個々の家に伝達される「省－県－区－村－閭－隣－戸」という垂直的な行政支配体制が完成したのである（図一）。

村制が実施されてわずか数年の間に、閻錫山のねらいどおり、一人一人をその細かい網目に組み込む「行政網」が出来、山西省の治安維持と社会改良の面で効果を収めた。国家が弱体化した時頻繁に発生する社会現象として、民国時期の中国でも、至るところで土匪が活動し、きわめて大きな社会問題となっていた。こうしたなか、山西省の「県－区－村－閭－隣」の「行政網」は土匪の退治に威力を発揮した。一例を挙げると、ある日、太原の監獄に拘禁されたある有名な土匪が手錠を破って脱獄した。省政府はただちに逃走した犯人の年齢、容貌、方言などの特徴を各県に電話で知らせ、各県知事を通じて省内の村々に伝えさせ、一斉に捜査するよう命じた。案の定、二日後和順県境内でその犯人は捕えられた。事件解決の報告を受けて閻錫山は大いに喜び、村制の効果は軍隊や警察よりもよいと語った(59)。

戸籍調査を行い、効率的に治安と徴税を行うことは閻錫山の村制のもっとも直接的な目的であった。彼は「編村」を行った直後に、各県－区－村を通じて戸籍調査を実施させた。具体的に、県知事、区長の監督の下、村長は毎年春節後六日目から二週間の間に調査を行う。そして、その後の二週間の間に区長が調査の結果をまとめ、区内の人口総表を作り、県に報告する(60)。また、一般人民の出生、死亡、婚姻などの状況が変わるたび、十日以内に閭長、村長を通じて区長に報告し、登録を行う、という戸籍調査の順序が定められた(61)。

村制実施の効果は全国的に注目を集めた。それについて、山西省内の出版物はもちろんのこと、山西以外の地

図一　民国期山西省県以下の組織

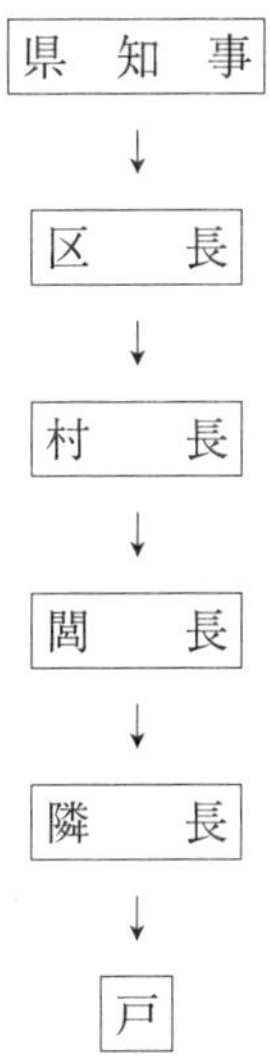

域の資料にも、山西省の政令が「疾風迅雷のごとく執行されているのは現在二十二の省の中でほとんど比類のないことである」という類の記事が目に付く。(62) 清末から故郷の通州で地方自治に従事していた著名な実業家張謇は、閻錫山の努力によって山西省の制度が「条理整然として少しも乱れず、その他の諸般の政治も悉く各省より完備であり、山西が大いに有為である」と述べた。(63) 閻錫山の村制を上からの自治であると批判した梁漱溟も、軍閥混戦、土匪横行の現状の下、ほかの省では人民の生活によりどころがないのと対照的に、「少なくともわれわれは山西の地方政府が地方の治安維持に功労があると称賛できるだろう」と山西省の社会的安定を評価した。(64)

山西村制の「行政網」的機能が効果を収めたもう一つの側面は、閻錫山が一九一八年以後山西省で推進した「六政三事」の社会改良運動であった。「六政」とは水利、養蚕、植樹、禁煙、天足、剪髪のことであり、「三事」とは植棉、造林、牧畜のことである。(65) 天足を例に取ってみれば、山西省では、纏足の風習を廃止させるため、各県に一律に「天足会」が設立され、県知事が会長に任じ、県政府機関の職員や学校教員のすべてが会員になった。まず会員の女性家族が足を解放させ、一般人民に模範を示す。農村地域では纏足の禁止に根強い反対があったが、女子学生や婦人警察が村長・副村長・閭長の立ち会いの下で一戸一戸漏れなく纏足の女性を説得する。(66) と同時に、省政府は山西省内の男子学生に対し、「纏足の女性を嫁に迎えない会」を結成するよう命じた。それ以後、女の子を持つ親たちは娘が嫁に行き遅れるのを恐れて、進んで娘の足を解放させるようになったという。(67)

三、山西村制の変遷——自治の段階

山西省では、「編村」が行われてから五年後の一九二二年に、村制が「自治」の段階に入った。(68) 山西村制の行政網

的な支配の側面が主として日本の町村制に中国古代の閭や隣の制度を取り入れたのに対して、「自治」は「村範の整理」や村民会議の開催など、閻錫山独自の発想によるものであった。図二に示したように、閻錫山がイメージした「自治」は、「編村」の作業を通じて出来上がった「県－区－村－閭－隣－戸」の垂直的な「行政網」に、村民会議、村息訟会、保衛団など、村民を主体とする組織を加えたものである。

閻錫山は政治を村レベルに到達させる「村本政治」を実施するため、一九二二年八月に太原の省公署の中に村政処という機構を設立させた。村政処を通じて、山西省全域で次の五項目の「村範の整理」を行った。すなわち、⑴村範基準の設定、⑵村民会議の開催、⑶村禁約の訂立、⑷息訟会の設置、⑸保衛団の設置、である。具体的に、「村範基準」とは村に未就学の児童や「不良分子」と呼ばれる者をなくすことであった(69)。「村禁約」とは従来の郷約に基づいた村の公約のことであった。「息訟会」は古来の慣習にしたがい、村人同士の争いを官庁に持ち込む前に村の長老が調停し、解決することであった。当初は、村長が息訟会の会長を兼任したが、一九二七年以降、村民会議によって五人～七人の公断員を選挙し、組織することとなった(70)。

他方、治安面では、陝西、河南など当時もっとも土匪の多い省と隣接した山西省の周辺に少なくとも三、四万人の土匪がいると言われていた(71)。閻錫山は軍隊や警察よりも、村の人々による武装自衛の方が有効であると考え、山西省の村々に準軍事団体である保衛団を設立させた。保衛団は、一村が一つの村団になり、一区が一つの区団になり、一県が一つの総団になる、

図二　山西村政における村内部の組織構造

村民会議
（村民全体）
↓
村公所
（村長・副村長・閭長・隣長）
↓
村監察委員会　村学校　村息訟会　村保衛会

関係史料に基づいて筆者が作成。

という方式で組織された[72]。年齢十八才以上三十五才以下の男子全員が農閑期に保衛団に入団し、軍事訓練を受けた。省境にある県の場合には、県知事が省政府から軍事教員を招いて訓練を行った。それ以外の県では、日露戦争期の日本の「在郷軍人会」に倣い、「在郷軍人会」が結成され、元軍人が保衛団の教習になることが命じられた。

以下、①地方自治模範村、②村制の担い手、③「紳士」の態度、④村民会議の四点に分けて、山西「自治」の実態および性格について検討したい。

1、地方自治模範村

山西省で「自治」を実施するために、閻錫山は数回にわたって日本に視察者を派遣し地方自治視察を行わせた。視察者の人的構成や視察先などの具体的な状況については資料の制約により不明であるが、閻錫山が一九一九年に山西省の官僚を対象に行った講演から、その一斑が窺える[73]。

日本の自治人員および小学校の教員の忍耐力は実に驚くべきものである。自治人員は純然たる義務であるにもかかわらず、職務に対してみなきわめて熱心である。小学校教員の給料はきわめて低いものの、三十年間転職しない者もいる。

閻錫山はかつて山西省の村長たちを集め、日本の地方自治模範村、稲取村村長田村又吉の事績を詳しく紹介した。第六章で述べたように、明治末期に多くの中国人視察者が地方自治模範村、静岡県東伊豆郡の稲取村、千葉県山武郡の源村を見学した。稲取村の村長田村又吉の事績について、閻錫山は「かつてその村を視察した人に詳しく聞いた。しっかりと心に記憶している」と述べている[74]。その大要は次のとおりである[75]。

昔日本に石花菜（寒天草）を生産する稲田《ママ》村という村があった。村民は皆怠け者で、石花菜に砂を混ぜたり、商品の分量を不足させるなどのことをやっていた。そのため、この村は周囲から「大難村」と呼ばれていた。「某先生」がこの村の村長になってから、村の状況に心を痛ませて、石花菜の信用を回復させるための努力をした。村長は村人を率いて、厳選した石花菜を安い値段で売り続け、数年後、「大難村」の石花菜は飛びきり売れるようになった。

そして、村長は石花菜の商売で儲かった金を村の教育資金に当て、高い賃金で優秀な教師を招き、学校のあらゆる設備も善美を極めさせた。さらに、よい教育の効果を収めるため、村に女学校を創設し、子供たちの母親を暇な時には学校に行かせた。なお、村長はこの村の女性たちを集め、一つの会を結成した。この会は勤勉と倹約を唱導することを趣旨とし、絹の着物を着ないことやお化粧をしないことなどすべてが会規に書かれていた。この村のもっともすばらしいところは、村の男女が職業を問わず、決まった時間に鐘を鳴らしたら皆一斉に仕事を始めることであった。だから村の実業や教育はすばらしい成績を上げ、人心風俗も完全無欠となった。これらはすべて村長のおかげであった。日本政府はこの村を褒め、模範村と名を改めさせて、ほかの村すべてにこの村に倣うように求めたのである。

明治末期に出版された地方自治模範村に関する多くの資料に照らし合わせれば、閻錫山のいう「稲田村」がすなわち稲取村のこと、「某先生」がすなわち村長田村又吉のことであったことは容易に判明される(76)。閻錫山は、稲取村で教育が重視されたこと、勤勉と倹約が唱導されたことを紹介したうえで、山西省の村長たちに対して、田村村長を手本に村のことに精を出すように呼びかけた(77)。

あなたたち皆考えてご覧。この村はあんなにだめだったのに、一人の公益に熱心な村長がいただけで、村は一変して模範村となった。我国の村々は決してこの村に劣ってはいない。もしこれに倣ってまじめにやれば、どうして成果をあげないことがあるだろうか。

山西省では、「村範の整理」のモデルとして、太原県で地方自治模範村、古唐村が作られた[78]。太原県知事欧陽英によれば、山西省で模範村を作ったのは、「ドイツには村落と小都市の経営があり、日本には自治模範村の制度がある。これらは皆政治と経済の急所に的中したものであり、わが国政治の戒めと批判になる」からであった[79]。

古唐村は教育、実業、公益事業などの面で稲取村を模倣したものと見られる[80]。村には国民学校、女子学校、高等小学校、および一般の人々を対象とした補習学校が設立された。そのうち、高等小学校は村長牛玉鑑が自ら多額の資金を出し、ほかの村民も出金して、あるお寺の一部を改築して建てたものである。小学校の生徒は皆童子軍に編制された。稲取村の「母の会」に倣って、古唐村には勤勉さと清潔さの維持を趣旨とする「家庭教育改良会」も設立された[81]。女性の教育レベルを向上させるため、女性に通俗書物を提供する制度も作られ、女子巡回文庫が定期的に各村を回った。そのほか、紡績、養蚕など女性の職業教育を行うために女子工読学院も設立された。なお、古唐村では、農業技術の改良を中心に、林業促進会、綿業促進会、養蚕促進会、物産陳列所、林業場、苗圃などが設置され、各種の事業を集合した形で推進した。そのほか、商業の発展を促すために商会事務所、農、工間の流通を促進するために農工銀行も設立された。そして、村では、不良村民の改造と貧困村民の救済のために「懲莠恤貧公会」が設立され、村長自らが会長となり、村人全員が会員となった。村には貧民習芸所、病院、養済院なども設立された。また、村民活動の公共の場として、村には沐浴場、サッカー場、児童公園、観音堂招待所、喫茶店、旅館、公告亭などが建設された。

この村が省都太原から五キロしか離れていないところにあり、村には沐浴場、サッカー場、児童公園、喫茶店、旅館など、当時の同村の条件から想像もできない設備が備えられたことからみれば、古唐村は山西省の村々に地方自治のモデルを提示すると同時に、省外の参観者に山西村制の成果を見せるために人為的に作られた模範村であった。

2、村制の担い手

山西村制の担い手となる五十万人あまりの村長・副村長・閭長・隣長はどのような人たちであったか。彼らはどのように職務を執行したのか。既述のとおり、山西村制の成立当初、村長・副村長の年齢と財産には制限が設けられていた。しかし、一九二七年の「改進村制条例」において、財産の制限に関する条文が削除され、年齢に対する制限も三十才以上から二十五才以上までに引き下げられた。それは、村長の不正を防ぐために三回以上の連続当選が禁止されたことにより、当初定められた村長・副村長の条件を満たす候補者が不足したためであったと考えられる。山西省における村長選挙の状況について、一九二九年に山西省を視察した梁漱溟は、晋祠県知事との談話を次のように記している(82)。

省政府は村長の三回以上の再選を禁止したが、その命令を実施するのはきわめて困難である。ある村には村長がすでに三回再任したので、改選が行われた。その際、知事と区長は村民に対し同じ人を選ばないよう再三要請したが、結局当選したのはやはり前の村長であった。県はこの結果を認めず、再び選挙をするよう命じたが、今度は前の村長の息子が選ばれた。県はさらに改選を命じたが、村民はそれを拒否した。いくら呼んでも誰も会議に出て来なかった。どうしようもなく、知事は前の村長に村民を説得させ、適切な人が選ばれなかったら、代理村長を指名すると言った。これでやっと三回目の選挙で新しい村長が選ばれた。なぜなら、上から村長が指名されることは村人がもっとも恐れることであったからである。

この村の例からみれば、村長のポストは人々が進んで就こうとするものではなかった。毎年新しい村長が選出された後、閭・隣の住民の話し合いで閭長や隣長の人選を決めたが、梁漱溟が記述した介休県のある閭長の話しでは、自分は閭長の仕事を嫌がっているが、やらなければならなかった、なぜなら、もしそれを拒んでやらなかったら、区長にロープで区役所へ引っ張って連れて行かれるから、ということであった[83]。この閭長の話に端的に示されるように、山西省の閭長、隣長は上からの命令で半ば強制的に行政網の網目に付けられたのである。以上の二つの事例は、日本の「町村制」実施後に多く現れた名誉職就任拒辞のケースを想起させる。このことは、明治期日本の地方自治と同様に、山西省の村制においても「自治」が民衆の自発的な要求から生まれたものではなかったことを浮き彫りにしている。

次に、村長らの経済的地位について見よう。一九三三年に農村教育改進社の王雅軒、郭應魁らが山西省陽曲県の二十の村を対象とした調査の報告によると、十六人の村長のうち、農民が十二人、商人が一人、大学卒業生が二人、元警察官が一人であった。農民以外の四人も「だいたい家で田畑を管理し、各々農業を主な生計とする」。そして、十二人の副村長のうち十一人は農民で、残りの一人の「中学卒業生」も農業を営む者である。一方、「紳士人数」の欄には、二十の村のうち「紳士」がいるのは十村だけで、その数はそれぞれ一人から八人である。ちなみに、調査者のいう「紳士」は、土地を多く所有する「地主」とほとんど同じ意味であった[84]。

村長などの経済的地位に関するもう一つの資料は、日本人が一九四一年に山西省臨汾県の高河店村を対象に行った調査の報告である。それによると、「編村」が行われた際に、高河店村は附村と定められた。村には一人の副村長がおかれたが、村長はいない。副村長は六・五畝の土地を所有する三十八才の自作農である。村は二つの閭に分けられ、二名の閭長はそれぞれ年齢六十四才と四十五才で、いずれも五畝の土地をもつ自作農である。二人の閭長の下には十人の隣長がおり、そのうち八人は自作農で、一人は自作兼小作、もう一人は地主兼自作である。年齢別でみると、三十代が四人、五十代が五人、六十代が一人となっている[85]。

以上の二つの資料を総合すれば、閻錫山の村制が実施されるなか、村長・副村長・閭長・隣長となる人が「紳士」

でも地主でもなく、自作農が多かったことが窺える。その原因として、そもそも華北地域に大地主が少なかったことももちろん無視できないが、他方、後に見るように、これは「土豪劣紳」を打倒し、村民会議という「直接民主主義」の方式で地方自治を行おうとした閻錫山の方針の表われでもあった。

ところで、閻錫山の「行政網」において、村長は二重の役割を演じることになった。この点においては、日本の町村長と基本的に同様である。彼らは村公所の責任者として小学校の運営や、公益事業など村の内部事務を処理すると同時に、区を通じて下された省や県の命令を執行しなければならなかった。県公署に出張したり、県や区が派遣した各種の調査員、宣講員（省政府の政策を村民に解釈する代表）を接待したりすることも村長の職務であった。

村長の職務のうちもっとも重要かつ困難なものは「攤款」であった。「攤款」とは、省や県が学校、水利、警察などの事業を行うために、田賦以外に村から徴収する金であった。旗田巍は満鉄調査班による華北農村調査に基づいて、民国期の華北農村では、「攤款」は「時期・金額ともに制約がなく、県や警察は欲するときに欲する額を村に一括して割り当てる。その割当が来ると、村はそのたびに要求された金を上納する」と指摘している。(86)ギリンによれば、山西省では、一九一五年から一九二〇年までの間に徴収された各種の税の総額は二倍以上増え、閻錫山が一九二三年から軍備増強を始めた後はさらに急増した。(87)霊石県の場合、捐税には省畝捐のほか、県政府の収入にあてる警察費、学款、党務費、防務費、差款、区費が徴収された。(88)省や県から要求された「攤款」のほかに、村長が県知事に呼び出されたときの出張費など村自身が必要とする諸費用も、「攤款」と同様に村長が徴収した。閻錫山は新しい改革を行う時、必ず省政府から各県に宣講員を派遣した。宣講員が来る度に、県知事はその演説を聞かせるために県内各村の村長を県公署に集める。宣講員の演説を聴講することを含めて、一人の村長は毎年およそ二十回から三十回県に出張した。一回の費用は千文（銅元百枚に当たる）であった。(89)

田賦と異なって、「攤款」の徴収は土地を対象とするのではなく、村を対象に徴収されるものであった。村民の間で「攤款」がどのように割り当てられるかは村内部で決めることで、県や区はそれに関与しなかった。「攤款」の割り当ては村民会議のもっとも重要な内容の一つであった。一般に、村人のなかで土地の多い人が「攤款」の負担額も多かった。

山西省の村長は概ね二つのタイプに分けることができる。一つはいわゆる「敬遠型」である。県、区の命令を執行したり、村の公約に違反した人に懲罰を加えたり、とりわけ「攤款」の割り当てが不公平と思われたりするとき、村長は往々にして村民の恨みの的となった。それが原因で村長が自ら辞職を求める例も少なくなかった。これに関して、閻錫山は村長の独断を防ぐ一方、村長個人の責任を軽減するため、村のことを村長・閭長が共同で決めるよう命じた(90)。もう一つのタイプはいわゆる「悪ボス型」である。山西省では、地方の悪ボスが村長になって、その権力を利用して私腹を肥やし、郷里に横行するケースが見られた。それに対して、村民らは連名で村長の不正行為を上告することもしばしばあった。各地の村民からの多くの上告を受けて、閻錫山は県知事たちに対して、村長を厳しく監督し、不正を行った村長を処罰するよう命じた(91)と同時に、彼は村長の連続当選回数を三回までに制限し、村に公的財政運営を監督する村監査委員会を増設させた。村監査委員会は村公所の帳簿および資産を随時に調査し、村長・副村長の違法・汚職行為を検挙する権限を与えられた。しかし、ほとんど効果が見られなかった。太原県東堡村では、村民が「武断郷里」の村長を殺す事件が発生した。同様の事件が平陸、寿陽などの県にも発生した(92)。

3、「紳士」の態度

日本の近代国家建設のプロセスにおいて、国家は近代化政策を遂行し、自らの政策を社会に浸透させるために、地方名望家を中心に地方団体を設立し、それを通じて国家の行政事務を肩代わりさせた。中国で日本の地方名望家にもっとも近かったのは「郷紳」や「紳士」と呼ばれた人々であろう。しかし、科挙資格と官僚経験を有することを「紳士」の基準とすれば、前章の川沙県の事例にも見られるように、郷村社会には、科挙の功名や官僚の経験を有する者はもちろんのこと、科挙試験を受けた経験のある者さえ少なかった。まして民国期になって、地理的に外界とほとんど隔絶された山西省の村々には、こうした伝統的な意味での「郷紳」や「紳士」は皆無に近かった。

一九二〇年代の中国では、「紳士」という語はほぼ「土豪劣紳」の同意語として使われていた。国民革命期の「有土皆豪、無紳不劣」（土地のある者は皆悪ボスで、紳士と呼ばれる者は皆愚劣である）というスローガンにも見られたように、「紳士」が打倒すべき対象となり、郷村社会においては「紳士」は悪ボス的な存在と見なされていた。「紳士」に対する閻錫山の態度について、ジリンは次のように述べている。[93]

イギリスとフランスの国王のように、閻錫山は自分に服従しない貴族と戦うために一般民衆の支持を求めた。彼は村民会議や村民による村長選挙を通じて、紳士の権力を抑制しようとした。

中国の「紳士」をヨーロッパ階級社会の貴族に喩えることには多少違和感があるが、ジリンの指摘は、地方有力者に頼らず、直接に民衆を動員しようとした閻錫山の政治姿勢を浮彫りにしている。多くの資料が示すように、閻錫山は「紳士」に好感を持たなかった。閻錫山は商人は視野が広くて、世界情勢に通ずるのに対して、「紳士」は保守的で新しい知識がないと考えた。[94]彼は商人を「地方の中堅人物」と見なし、商人が地域で指導的な役割りを果たすべきであると考えていた。[95]このような考え方は、閻錫山自身の家庭環境や、商人と「紳士」の社会的性格の違いを背景としたものと見られる。民国初期まで、山西商人は各省に銭荘、票号、商号を経営し、全国の金融を握るほど重要な役割を果たしていた。一方、清末に科挙試験が廃止された後、従来自宅や村塾で行われた伝統的教育が次第に西洋式の近代的教育に移行するにつれ、地域社会における「紳士」の権威や影響力も失われていった。

閻錫山が各県の知事に下した数多くの命令の中には、山西省の「紳士」が公に村制に反対したことを反映するものがいくつか含まれている。たとえば、閻錫山は「現在、各県で多くの紳士が政府の命令を拒むことを誇りに思い、法律を守ることを恥じに思い、官の命令に従うことを顔のつぶれることだと思っている。彼らの心の中に、うまいことをしないと気が済まないという観念がある」と述べた(96)。改革に反対する「紳士」に対して、閻錫山は各県知事に「紳士」による行政事務や訴訟への干渉を断固として禁じるように命じた(97)。しかし、全体的にみると、「紳士」は閻錫山の村制に対抗できるほどの勢力を持っていなかった。また、閻錫山がすべての「紳士」を敵に回したとも一概には言えない。改革に積極的に協力したために閻錫山の奨励を受けた「紳士」もいた(98)。

4、村民会議

これまでに見てきたように、閻錫山は上から下へ行政手段を通じるべく「編村」を行い、日本の町村制に中国古代の閭や隣の制度を加えた「省−県−区−村−閭−隣−戸」の垂直的な行政支配の体制を作り上げた。しかし、その一方で、日本の「府県会・郡会・町村会」のような地方有力者を中心とした地方議会体制は取り入れなかった。閻錫山は「紳士」に頼る代わりに、すべての村民を対象とする村民会議の制度を作り出した。

一九二七年八月に発布された「村民会議簡章」によれば、村に居住する二十才以上の人はすべて村民会議に参加する資格を有した（実際に、一戸の家長が出席するのが一般的であった）。村民会議は村民過半数以上の出席が必要となる。村民会議の議決内容には、村長・副村長と監察委員、息訟会公断員の選挙、省・県法令の実施、官庁の行政命令の執行、村禁約の改訂、村の公益に関する事項などが含まれている。また、村民二十人以上あれば、村民会議に議案を提出することもできる。[99] 村民会議をはじめとする一連の制度改革は、一九一八年に始まった山西省の村制に少なからぬ変化をもたらした。成立当初の村制はもっぱら「県－区－村－閭－隣－戸」の「行政網」として機能し、すなわち省政府から発せられた各種の政令を執行するに止まった。一九二二年に村政がスタートした後、新たに村の議決機関として村民会議が開催され、村民会議の執行機関として村公所が設けられることとなった。村公所は村長、副村長および閭長によって構成され、その職務範囲は政府官庁からの委任事項の実施、村民会議の議決事項の執行、官庁に職務執行の状況を報告することと定められた。そして、村レベルの自治の司法機関としての息訟会と監察機関としての村監察委員会がそれぞれ設けられた。[100] このように、初期の官治的色彩の強い村制が、一九二二年村政の発足をきっかけに、閻錫山の設計どおり、「村人による自治」の形を整えたのである。

しかし、山西省の「村人による自治」は村人の真の自治的要求に基づいたものではなく、「編村」と同様に閻錫山が上から推進したものである。山西「自治」の性格は山西各地における村民会議制度の設立と運営に端的に示されている。

村民会議を制度化させるために、閻錫山は県知事・区長に頻繁に村々に出かけ、村長・副村長を指導するよう命じた。そして、彼は各県に直接に政治実察員を派遣し、村民会議の参加人数・開会回数・議事内容を報告させた。実察員たちの報告からみれば、村民会議の開催状況は県知事や区長の「指導」次第であった。県知事や区長が頻繁に村に出かけ、指導を行った和順県では、村民会議の参加者が予定人数の七割から九割に達した。[101] 逆に県知事・区長が指導を怠った県では、参加者が定員の三割にも及ばなかった。村民会議は形のみのものであり、村のことはほとんど村長と閭・隣長が相談して決めるところもあった。ある実察員の報告によれば、寧武県では村民会議の参加者は閭・隣長を含めてせいぜい定員数の二、三割に過ぎず、参加者のほとんどは村長・副村長の話しを聞くだけで、議論の内容に対して何も意見を述べず、何でも村長・副村長の言うとおりに従うだけであった[102]。

閻錫山の村制構想において、村民会議は地方自治の第二の段階、すなわち「人民による自治」の中心内容であった。彼は「村民は村の主人であり、一村の権利はその村の民に帰すべきである。一村の民はその村の政治に参加すべきである。……社会の改造は人民全体の覚悟がなければ何も始まらない。村民会議はこの覚悟への道である」と述べた[103]。しかし、以上に見たように、本来「人民による自治」の場であるはずの村民会議も、「編村」と同様に、上から押しつけられたものであった。梁漱溟は山西の村民会議について、「実を伴わず、誰かに操られている」と述べ、そして、閻錫山が行った「自治」は「評判は盛んであるが実際はそれほどではない。……自治の精神は甚だ少ないようである」と評した[104]。

こうした点からみれば、閻錫山が当時全国的に著名な翟城村の村治をモデルとせず、近きを捨てて遠きにつき、日本の町村制に範を取ったのは当然のことであったと言えよう。米逢吉の翟城村の自治は、地域社会における米氏一族の影響力を基に村の指導者が自発的に行ったものであり、閻錫山が上から強制的に行った官治的自治とは本質的に異なるものであった[105]。

閻錫山の村民会議においては、一見して郷村社会の悪勢力である「土豪劣紳」を排除し、「全民参加型の民主主義」が実施されたかのように見えるが、実際には、それは従来の専制体制の下での一君万民の支配方式の変形にすぎなかった。言い換えれば、村民会議は、山西省に君臨する閻錫山が村制という「行政網」をうまく作動させるために、県知事・区長・村長らを通じて、人民を直接に支配する統治方式であった。

四、村制の衰退

閻錫山が山西省で実施した村制について、当時の北京政府は、山西省独自の制度改革を否定することによって、各省の軍事割拠に対抗し、地方制度の全国的統一を維持しようとした(106)。内務部は山西村制が「官治と自治を混同し、性格が不明瞭である」ことを理由に、繰り返し反対の意見を表明した(107)。一九一八年、内務部は「山西村制否決案」のなかで、地方制度は全国的に一致しなければならず、「一つの省が勝手に振る舞うことによって行政の統一を妨げられてはいけない」と山西村制を批判した(108)。しかし、軍閥混戦が続き、中央政府の実質的な支配範囲が限られていたなかで、北京政府は山西村制の実施を阻止することができなかった。

北京政府と対照的に、南京国民政府は閻錫山が山西省で実施した村制を評価した。国民政府成立直後の一九二七年七月に、北京駐在の江蘇省の代表は山西省政府に電報を送り、江蘇省政府が山西村制を省内に導入することを決めたことを伝えた(109)。一九二八年以降、国民政府は「県組織法」、「区自治施行法」、「郷鎮自治施行法」、「郷鎮職員選挙及罷免法」、「郷鎮閭鄰選挙暫行規則」など一連の法規を発布し、山西省の区や閭、隣の制度を部分的に取り入れ、「県－区－郷・鎮－閭・隣」の地方制度を実施した(110)。なお、この年の一〇月、閻錫山は国民政府の内政部長に任命された。しかし、彼は南京に赴任しなかった。その代わりに、閻錫山の片腕とされる趙戴文が国民政府内政部の政務次長に任命され、部長代理に就任した。同年一二月に趙戴文は正式に内政部長に任命され、一九二九年九月まで在任した(111)。一方、国民政府の地方制度改正に従って、山西省の地方制度も一部改正された。一九三一年六月、山西省の区は区公所と改められ、その中に区調停委員会が設置された。そして、村公所は郷鎮公所、村息訟会は郷鎮調停委員会とそれぞれ名を改められた[112]。

山西村制は、制度としては一九三七年、日本軍による山西省の占領まで続いたが、実際には、一九三〇年以降にすでに名だけが残るものとなっていた。一九三〇年、閻錫山は馮玉祥、李宗仁と反蔣介石の軍事行動「中原大戦」を策動したが、まもなく失敗し、大連へ亡命した。この戦争の影響を受けて、当時山西省で流通した晋幣は暴落し、山西省農村の経済に致命的な打撃を与えた。一九三〇年一月から一九三二年七月までのわずか二年半の間に、銀元に対する晋幣のレートは〇・九三五から〇・〇四九までと、もとの価値の二十分の一にまで落ちた[113]。しかし、田賦は依然として銀元で徴収された。そのため、農家の窮状は想像に絶するものであった。こうした中、村制は事実上停止状態となった。

一九三二年、閻錫山は亡命先の大連から山西省に戻り、再び省政権を掌握した。その翌年、山西省の経済を再建するため、彼は「山西省政十年計画」を打ち出した。このなかで、地方自治に関しては、「人民の自治能力」を養成するために村長・副村長を訓練・指導することを挙げた[114]。そして、一九三五年、閻錫山は山西省農村の深刻な土地問題を解決するため、共産党の土地改革に対抗する独自の「土地村公有」計画を考案した。それは省政府が債券を発行し、各村の村公所が土地を買収し、それを村民に配分する。村民は土地を耕作し、一定期間内で償金を支払う、という案であった[115]。しかし、戦乱が続くなか、これらの計画はいずれも実施されなかった[116]。

一九三七年七月、盧溝橋事件をきっかけに、日本軍は中国に全面的な侵略戦争を開始した。その年の末、日本軍は山西省を占領した。その後、山西省に傀儡政権が設立され、かつての留日学生、親日派の蘇体仁が省長となった[117]。一九三九年七月、閻錫山の村制をベースとした新しい村制案が出された。「新村制」には、従来の村監察委員会と息訟会の廃止、自衛団の強化などの内容が盛り込まれていた[118]。かくして、日本の「町村制」をモデルにした閻錫山の村制は、日本軍による山西支配の道具として利用されることとなった。

このように、民国時期における山西省の地方自治は、社会秩序の維持、社会改良、および教育普及などの面で一定の成果を挙げたが、結局失敗に終わった。村制失敗の外的原因は多額な捐税の徴収と戦争による山西経済の破綻であるが、内的な原因としては、これまでに述べてきたように、村制が上からの行政の力によって作られ、村民の自発的な自治要求に基づいたものではなかったことにある。

結び

ドイツ・プロイセンの地方自治や明治期日本の地方自治は、いずれも統一した中央集権的政府の強力な統制力の下で上から推進されたものである。これに対して、本章で考察した山西村制は、軍閥割拠という事実上の政治的分裂状況の下で実施された制度である。民国期において、重要な政策は中央政府ではなく、軍事割拠したそれぞれの軍閥によって発せられた。山西省の場合、郷村社会に対する再編や「六政三事」の社会改良事業などの政策は閻錫山の省政府から発せられた。これまでに見てきたように、閻錫山は日本の町村制と中国古代の閭、隣の制度を組み合わせ、このなかにすべての村民が参加する村民会議の制度を加えた独自の村制を実施した。つまり、プロイセン、日本の「上から下へ」の地方自治が全国を支配した清朝政府の下でではなく、中央政府が弱体化され、政治的分裂が続く民国期において、山西省の一軍閥閻錫山の個人的な意志と強力な行政支配の下で部分的に導入されたのである。政治的分裂状況と「上から下へ」の地方自治の実施は、一見矛盾しているように見えるが、従来県レベルに止まった行政支配を個々の村（自然村から編成された行政村）にまで浸透させた点において、山西村制はプロイセンや明治期日本の地方自治と本質的に一致していた。

清末の地方自治と異なって、閻錫山はもっぱら日本の町村制の上からの垂直的な支配体制を取り入れ、それに中国古代の閭、隣の制度を組み入れた。そうして町村制の「行政網」の網目をさらに細密化する一方、日本の地方自治制度の府県会・郡会・町村会の地方名望家の政治参加の側面を捨象し、代わりに村民会議という擬似的な「全民参加型の民主主義」を取り入れた。地方自治が日本から中国へ導入される際に生じた「制度の変容」の角度からみれば、山西村制は、直隷省の地方自治実験や清朝政府の城鎮郷自治におけるそれと全く異なる方向性をもったものである。県の下に官僚機構である区を設置し、公権力が郷村社会に一歩踏み込んだ点において、山西村制は日本の町村制により近いものであった。

村制は山西省の秩序の安定・社会改良の面において幾分成果をあげた。地方自治は「省－県－区－村－閭－隣－戸」の垂直的な支配体制の下で行われていた。一九二六年に山西の軍隊が国民政府の北伐に参加したときに、「省－県－区－村－閭－隣－戸」の「行政網」は物資や人員の徴発に役立ち、水利、植樹、纏足の禁止など社会改良の面においても一定の成果をあげた。しかし、山西省の村制は本質的に、閻錫山が自らの軍閥支配の基盤を強化するために作った制度である。山西村制の形成・変遷・衰退の過程からみると、「官治」の段階において、細密な「行政網」を通じて末端に対するコントロールを徹底させる当初の目標はある程度実現した。しかし、他方、閻錫山が標榜した「人民による自治」は上から強制的に与えられたものだけに、「自治」の効果はほとんど現れなかった。

注

（1）「停辦自治機関令」、章伯鋒・李宗一編『北洋軍閥』第二巻（一九一二－一九二八）、武漢出版社、一九九〇年、五一六－五一七頁。

（2）中国第二歴史檔案館蔵内政部檔案「地方自治之試行条例附施行規則」、中華民国三年（一九一四年）一二月二〇日。同「一九一四年一二月公布之地方自治試行条例及其公布後各省区実施情形有関文献」。

（3）民国期の地方自治に関連する研究は数多く存在する。そのうち制度の形成と変遷に重点をおくものとして、以下の研究が挙げられる。程顧遠『地方自治通論』（上海泰東図書局、一九二二年）。何炳賢『地方自治問題』（北新書局、一九三〇年）。喬万選『比較地方自治』（上海大陸書局、一九三二年）。黎文輝『中国地方自治之実際与理論』（商務印書館、一九三六年）。董修甲『中国地方自治問題』（商務印書館、一九三七年）。銭端昇『民国政制史』（商務印書館、一九三九年）。銭実甫『地方自治与国民革命』（民団週刊社、一九三九年）。銭実甫『北洋政府時期的政治制度』（中華書局、一九八四年）。陸建洪「袁世凱地方自治剖析」（『史学月刊』一九九一年第四号）。李徳芳『民国郷村自治問題研究』（人民出版社、二〇〇一年）。田中比呂志「民国初期における地方自治制度の再編と地域社会」（『歴史学研究』第七七二号、二〇〇三年）。

（4）軍閥間に起きた直皖戦争が始まった後、閻錫山は一九二〇年七月に「モンロー主義」の五ヶ条の方針を打ち出し、中立の立場を宣言した。それによると、第一に、山西省はいかなる政治政党にも加入しない。第二に、山西省は他省のことには干渉しない。第三に、山西省の軍隊はいかなる場合にも個人のためには戦わない。第四に、山西省は大総統の命令にしたがって行動する。第五に、山西省は本省の秩序と治安の維持を唯一の要務とする（天津『大公報』一九二〇年八月一七日）。山西省の閉鎖的な地理条件は閻錫山の「山西モンロー主義」の実施に有利であった。山西省は黄河中流域と太行山脈に囲まれた海抜一千メートルの高原地帯に位置し、太行山脈によって河北平野と隔たっている。山西省は外部から孤立し、外部との接触は商人などごく少数に限られていた。他面、地理的に閉鎖されていたため、内戦期において、隣の河北、山東、河南省と異なって、山西省が受ける戦争の被害は比較的に少なかった。

（5）喬万選『比較地方自治』、上海大陸書局、一九三二年、二〇五頁。

（6）Donald G. Gillin, *Warlord: Yen Hsi-shan in Shansi Province, 1911-1949*, Princeton University Press, 1967, p.293.

（7）孔復礼（Philip Kuhn）「閻錫山与政治的現代化」、中央研究院近代史研究所編『中華民国初期歴史研討会論文集（一九一二－一九二七）』、一九八四年、四〇七頁。
（8）陳美恵「閻錫山与山西村政（一九一七－一九三七）」、台湾中国文化大学史学研究所修士論文、一九九一年六月。李徳芳、前掲『民国郷村自治問題研究』。
（9）陳美恵、前掲論文、一八六頁。
（10）李徳芳、前掲書、六三頁。
（11）「山西省ニ於ケル村政ノ研究」（著者不明、東亜同文書院『第二四回支那調査報告書』第四十二巻、昭和四年度、第二十六期生）。「農村自治」（著者不明、東亜同文書院『第二四回支那調査報告書』第七十一巻、昭和五年度、第二十七期生）。東亜研究所『事変前後を通じて見たる山西省特に臨汾に関する調査』、一九四〇年。
（12）閻錫山「呈大総統文」、一九二二年一月二日、山西村政処編『山西村政匯編』、一九二八年、沈雲龍主編『近代中国史料叢刊』第九十八輯、文海出版社影印版、一頁。
（13）閻伯川先生紀念会編『民国閻伯川先生錫山年譜長編初稿』、台湾商務印書館、一九八八年、一五頁。中共中央党校閻錫山評伝編写組『閻錫山評伝』、中共中央党校出版社、一九九一年、一一－一二頁。ちなみに、外務省外交資料館所蔵の「在邦支那留学生関係雑件」に含まれる、振武学校の一九〇六年（明治三十九年）の卒業生名簿に閻錫山の名前が記されている（外務省外交史料館『在邦支那留学生関係雑件』）。
（14）『閻伯川先生言論輯要』（一）、晋新書社、民国刊本、五〇頁。
（15）同右、四八頁。
（16）同右、一頁。
（17）同右、五〇頁。
（18）同右、一七頁。
（19）同右、一七頁、二二頁。

(20) 閻錫山「官吏必要之覚悟第五講・日本行政網之効率」、一九一八年七月四日、前掲『閻伯川先生言論輯要』(一)、二六頁。
(21) 同右、二七頁。
(22) 閻錫山「呈大総統文」、前掲『山西村政匯編』、三頁。
(23) 閻錫山「対各知事談話四」、一九二三年九月、同右、六九二頁。
(24) 閻錫山「官吏必要之覚悟第四講」、前掲『閻伯川先生言論輯要』(一)、一三頁。
(25) 『申報』一九二三年二月一七日。
(26) 孫松齢・斉樹楷『山西地方行政調査録』、直隷実業庁、一九一九年、三頁。
(27) 中国第二歴史档案館蔵内政部档案「民国二十二年蘇浙等十八省県長籍貫統計」。統計の対象となる十八省のうち、すでに半数以上で県長を省出身者が占める割合が五〇%を越えた。そのうちもっとも比率が高かったのは李宗仁の「桂系」の支配下にある広西省で、九一%にも達した。逆に、綏遠と寧夏の県長は百%外省出身者であった。
(28) 孫松齢・斉樹楷、前掲書、三頁。
(29) 山西日報館編『山西用民政治述略』、一九一九年年、五頁。
(30) 同右。
(31) 『申報』一九二三年二月一七日。
(32) 『大公報』一九一八年九月一七日。
(33) 前掲『山西用民政治述略』、一九頁。
(34) Prasenjit Duara, *Culture, Power, and the State: Rural North China, 1900-1942*, Stanford University Press, 1988, pp.74-76.
(35) その後、一九三二年五月に「山西省各県税務連合徴収辦法」が公布され、そのなかには、「権限を統一し、中間搾取を排除し、弊害を防止する」という目標が掲げられていた（内田知行「一九三〇年代における閻錫山政権の財政政策」、『アジア経済』、第七号、一九八四年、一六頁）。ここから、閻錫山が山西省を支配してから十数年経っても、従来の徴税制度における中間搾取の問題が依然解決されていなかったことが窺える。

(36)「修訂郷村編制簡章」、一九二七年八月一八日、前掲『山西村政彙編』、八九四頁。ちなみに、編村と同時に郷は村と改められたが、一九三〇年に再び郷に回復した。

(37) 前掲『山西村政彙編』、三頁。

(38)「修正各県村制簡章」、一九一八年一〇月三〇日、山西督軍閻頒発『村長副須知』、山西六政考核処校印、一九一九年、第三版、四二頁。

(39)「村公所簡章」、『山西省単行法規彙編』(編者、出版社不明)、一九三六年、一九一頁。

(40) 中国第二歴史档案館蔵内政部档案「修正山西各県村制簡章二十二条」(「国務院交趙戴文呈山西村制概略」の附録)。

(41) 山中永之佑監修『近代日本地方自治立法資料集成』二、弘文堂、一九九五年、三二一頁。

(42)「修訂村閭長選任簡章」、一九二七年八月一八日、前掲『山西村政彙編』「法規」。

(43) 閻錫山「関於村編制之談話」、一九一八年四月、「官吏必要な覚悟第四講」、前掲『閻伯川先生言論輯要』(一)、七八頁。

(44) 閻錫山「官吏必要之覚悟第六講」、一九一八年五月、前掲『閻伯川先生言論輯要』(一)、一二九頁。

(45)「各県主附村及村長副閭隣長統計表」、『山西村制彙編』、九九五―一〇〇七頁。

(46) 民国『洪洞県志』(一)。

(47) 東亜研究所『事変前後を通じて見たる山西省特に臨汾に関する調査』、一九四〇年、一四三頁。

(48) 閻錫山「関於村編制之談話」、一九一八年四月、「官吏必要之覚悟第四講」、前掲『閻伯川先生言論輯要』(一)、七八頁。

(49) 前掲『村長副須知』、「叙言」。

(50) 閻錫山「官吏必要之覚悟第六講」、一九一八年五月、前掲『閻伯川先生言論輯要』(一)、一二九頁。

(51) 前掲『山西用民政治述略』、六頁。

(52) たとえば、民国『安澤県志』によれば、安澤県は四つの区に分けられ、それぞれの区に区長一人、助理員二人、区警六人が置かれていた。歴代の区長のうち、出身地不明の二人を除いて、すべてが山西省出身者であった。しかし、全員が安澤県以外の出身であった（民国『安澤県志』、「職官志」）。
（53）「各県主附村及村長副閭隣長統計表」、前掲『山西村制匯編』、九九五―一〇〇七頁。
（54）区長の年俸は二百元から四百元、区警の月俸は四元であった（「各県区公所組織法」、一九一八年五月一八日、前掲『村長副須知』、三三頁）。
（55）銭端昇『民国政制史』、商務印書館、一九三九年、六六一頁。ちなみに、区長の職務は次の二十項目である。①学兵の調査と推挙。②道路・橋梁の修理。③盗賊・土匪に関する情報を速やかに報告すること。④度量衡の画一。⑤条件に相応しい区警を選んで県に送ること。⑥男女共学の提唱。⑦女学校の設立。⑧人民によって学校を設立することを提唱すること。⑨家庭教育の改良。⑩条件に相応しい農民を農桑局に送り、十カ月勉強させること。⑪アヘンの栽培を禁止すること。⑫医学生を選んで山西医学（院）に送ること。⑬選挙要義の解説。⑭戸籍の編制。⑮注音字母（一九一三年教育部が発布した北京語の表音文字）を推し広めること。⑯洗心分社の設立。⑰郵便ポストの設置。⑱各種統計の編制（人口、土地、財産、労働力、犯罪、宗教など）。⑲地方新聞の副刊、週刊の配達。⑳包税制度の意義の説明（郭栄生『閻錫山先生年譜』、自費出版、台北、一九八四年、四四頁）。
（56）「山西県地方設区暫行条例」第十一条、一九一八年五月一八日、前掲『村長副須知』、三二頁。
（57）一九三三年四月に発布された「山西省区郷鎮現任自治人員訓練章程施行細則」に列挙された「自治人員」は、区助理員、郷鎮の長（村長）、郷鎮の監察委員・調停委員、閭長、隣長であって、区長は含まれていない（「山西省区郷鎮現任自治人員訓練章程施行細則」、一九三三年四月二九日、前掲『山西省単行法規彙編』、二七九―二八〇頁）。
（58）閻錫山の区制と対照的なものとして、当時広東省を支配する陳炯明の区制が注目されていた。広東省の区は県と同様に自治の単位であり、区には参事会および董事会が設けられた。議決機関である参事会のメンバーは人民の直接選挙によって選ばれ、その中から互選で執行機関である董事会のメンバーが選ばれた。県長は参事会の決議を変更する権利を有したが、参事会には県長の命令を拒否する権利があった。県長と参事会の間に争いが生じた場合、省長がそれを裁決した。それに、区の有権者は参事会の議決を取り消したり、参事の資格を取りやめたり、議案を提出し、区民全員による投票で決めたりすることができるとされた。参事と董事の任期は五年とされ、県長は参事と董事を免職することはできなかった。当時において、日本の制度をモデルにした山西省の区制が「集権的行政手段」に基づいたものとされ、それに対して、広東省の区制はスイスの州制に近い「極端な民治主義」の制度と評された（『大公報』一九二二年二月二八日）。

(59)　前掲『山西村政匯編』、九三七－九三八頁。

(60)　「山西各県戸口編査暫行条例」、一九一九年一月、前掲『村長副須知』、三四頁。

(61)　戸籍調査の結果、山西省の面積・人口（一九一七年七月現在）は次のとおりであった。

全省面積	一二九七九一四平方里
一平方里の平均戸数	一・七戸
全省住民	二一六五九二九戸
その内　男	五六九五一九〇人
女	四四六五八一九人
男子学生	三二六四八〇人
女子学生	五七八一人
「人民須知」を読める人	四八三四九四人

ただし、「『人民須知』を読める人」の欄には官吏と学生は含まれていない（陳希周『山西調査記』上、南京共和書局、一九二三年、九三頁）。

(62)　『申報』一九二二年二月六日。

(63)　陳希周、前掲『山西調査記』、五頁。

(64)　「在晋講演筆記」、『梁漱溟全集』第四巻、山東人民出版社、一九九一年、六七三頁。

(65)　『山西六政三事彙編』、山西村政処校印、一九二九年、一頁。

(66)　『大公報』一九二一年七月一八日。

(67)『申報』一九二二年二月二二日。
(68)閻錫山「呈大総統文」、一九二二年一一月一一日、前掲『山西村政匯編』、三頁。
(69)「不良分子」とは次の九つの類の人のことである。①金丹、洋薬（いずれもアヘン類のもの）を販売する者。②金丹、洋薬を吸飲する者。③娼婦を匿う者。④賭博者もしくは賭博者を匿う者。⑤窃盗者。⑥平素争いが好きなけんか屋、凶器を持って暴力を振う者。⑦壮年男子でぶらぶら遊んで仕事をしない者。⑧家庭内で暴力を振う者。⑨親不孝者。
(70)「修訂息訟会簡章」、一九二七年八月一八日、前掲『山西村政匯編』、九三三頁。
(71)閻錫山「対知事談話」、一九二二年九月、前掲『山西村政匯編』、六九〇頁。
(72)一九二七年以後、保衛団は保甲制の形に変えられた。すなわち、隣を牌とし、隣長を牌長とし、閭を甲とし、副村長を甲長とする。村に村団があり、村長が団長を兼任する。その上に区長を団長とする区団、県知事を総団長とする総団があった（「修訂地方保衛団条例」、一九二七年八月一八日、前掲『山西村政匯編』、九三九頁）。
(73)「国家由疲弱転為強盛全恃多数負責任之人民有真誠恒久之愛国心」、一九一九年五月三〇日、『閻伯川先生言論類編』巻八、山西、一九三九年、二七―二八頁。
(74)前掲『山西村政匯編』、八六五頁。
(75)「修正村長副須知」、同右、八六二―八六五頁。
(76)市川伝吉『模範自治村稲取村の治績――附田村翁略伝と村治経営苦心談』、成美商会、一九〇七年。同『模範自治町村』、報徳叢書第三巻、東京隆文館、一九一〇年。
(77)「修正村長副須知」、前掲『山西村政匯編』、八六五頁。
(78)太原県知事欧陽英が閻錫山の許可を得て晋祠鎮を模範村に指定し、古唐村と改名した。ここを地方自治模範村のモデル地に選んだ理由は、晋祠鎮が「溉田千頃、樹木森厳、風俗純朴、山川霊秀」のためであるとされたが、太原の近くにあり、交通の便がよいことが重要であったと考えられる。晋祠鎮は太原市の南西に五キロ離れた交通要路にあり、二二九戸、人口一一九五人の集落地である。土地不足のため、村の農業人口は僅か四十戸あまりで、残りは商業を営んでいた（欧陽英『村治

軌範』、大北日報館、一九二四年、二頁)。

(79) 欧陽英、前掲『村治軌範』、五頁。

(80) 一九二〇年八月二六日『順天時報』の「山西新聞」欄に、古唐村が「昔の日本の稲田村（稲取村の誤り―筆者）の組織を模倣し、現実と精神をともに重視する」という記事が載せられている。

(81) 欧陽英、前掲『村治軌範』、一八頁。

(82) 梁漱溟「北游所見紀略」、一九二九年、前掲『梁漱溟全集』第四巻、八九二―八九三頁。

(83) 同右、八九三頁。

(84) 陽曲県は村制が実施された後八つの区に分けられ、一五五の主村（行政村）と七一五の附村に編成された。調査の対象となった二十の村（主村一六、附村四）のうち、村長はすべて主村から出ている（劉容亭「山西陽曲県二十個郷村概況調査之研究」、第一表「山西陽曲県二十個郷村行政組織及貧富之等級」、『新農村』調査別号、第三・四期、農村教育改進社、一九三三年九月一五日、四―七頁）。

(85) 「山西省臨汾県一農村の基本的諸関係」、『東亜研究所報』第九号、一九四一年、一一五―一二〇頁。

(86) 旗田巍『中国村落と共同体理論』、岩波書店、一九七三年、七二頁。

(87) Gillin, *Warlord*, p.55.

(88) 民国『霊石県志・食貨志』。

(89) 『申報』一九二二年二月六日。

(90) 「告諭各県村長副辦事要力去専断」、前掲『山西村制匯編』、八六六頁。

(91) 『山西村政旬刊』第二巻第三十一号、二三頁。

(92) 前掲『梁漱溟全集』第四巻、八九二―八九三頁。

(93) Gillin, *Warlord*, p.52.

(94) 閻錫山「商界歓迎会対商人講話」、前掲『山西村制匯編』、七五三頁。

(95) 閻錫山「在小五台対商人協進会之講話」、一九二二年九月四日、前掲『山西村制匯編』、七〇五頁、七二八頁。
(96) 前掲『閻伯川先生言論輯要』(二)、三〇頁。
(97) 前掲『民国閻伯川先生錫山年譜長編初稿』、二五〇頁。
(98) たとえば、土地が広い割に人口が少ない霊石県では、紳士田維召が自ら一万元の資金を集めて開墾局を設立し、荒れ地の開墾に励んだ(『大公報』一九一九年五月二八日)。繁峙県では、紳士楊大林らが林業堂を設立し、一万株以上の木を植えた(『大公報』一九一九年七月五日)。また、晋城県紳士王士卓は地元の各行会で寄付金を集め、慈善戒煙会を創設した(『大公報』一九一八年八月一六日)。
(99) 「村民会議簡章」、一九二七年八月一八日、前掲『山西村政匯編』、九二三頁。「村政大事記」、一九二七年八月一八日、『山西村政旬刊』、第二巻第三十三号、一九―二〇頁。
(100) 銭端昇、前掲『民国政制史』、六六二頁。
(101) 「調査・各県村民会議進行概況」、『山西村政旬刊』第二巻第二十九号。一九二七年七月から一九二八年六月までの実察員報告による。
(102) 「紀事・村制大事記」、一九二七年、『山西村政旬刊』第二巻第二十九号、二一頁、二七頁。
(103) 閻錫山「呈大総統文」、一九二三年一一月一一日、前掲『山西村政匯編』、三頁。
(104) 前掲『梁漱溟全集』第四巻、八九二頁。
(105) 米逢吉はかつて日本に留学し、帰国後中国の政治を改造するために故郷の翟城村で村治を実施した。戸数原則による閭、鄰の編成、村制会議の開催、村公所の設置、教育の振興、アヘン・賭博の禁止など一連の改革を行った。米逢吉と翟城村自治については、董修甲、前掲書、第十一章、浜口允子「米逢吉について――清末民初における郷村指導者」(市古教授退官記念論叢編修委員会編『論集・近代中国研究』、山川出版社、一九八一年)を参照されたい。
(106) 北京政府は一九一九年に「県自治法」を発布した。この法律は近代的地方自治制度の外形を整えたものと見られる。県、市、郷は自治団体であり、それぞれに県議会・県参事会、市議会・市参事会、郷自治会・郷自治公所が設立される。各級の議会・参事会のメンバーは選挙で選ばれ、候補者の財産制限が設けられている。これと比べると、山西村制が全国の制度と著しく異なっていたことは明らかである（「県自治法」、一九一九年九月七日、「市自治法」、一九二一年七月三日、「郷自治法」、一九二一年七月三日、『中華民国現行地方自治法令』、上海商務印書館、一九二二年）。しかし、当時北京政府の実質的な支配範囲がごく限られていたため、この「県自治法」は事実上実施されなかった。

(107) 中国第二歴史檔案館所蔵「内務部否決山西村制案」（財政部宛）、一九一八年一二月二日。

(108) 中国第二歴史檔案館所蔵「内務部会諮山西省長擬裁県佐試辦区村制一案窒碍難行由」、一九一八年一〇月四日。

(109) 『山西村政旬刊』、「村政大事記」第二巻第三十三号、一八頁。

(110) 董修甲、前掲『中国地方自治問題』上冊、六三頁。

(111) 張朋園・沈懐玉編『国民政府職官年表（一九二五－一九四九）』、中央研究院近代史研究所史料叢刊（六）、一九八七年、七九頁。

(112) 国民政府内政部編『内政年鑑』（一）、商務印書館、一九三六年、〈B〉七五四頁。

(113) 楊蔚「山西農村破産的原因」、『新農村』調査別号、農村教育改進社、一九三三年九月、第三・四号、六－七頁。

(114) 山西省政府建設庁編『山西省政十年計画案』、太原、一九三三年、二〇二－二〇三頁。

(115) 厳中平編『中国近代農業史資料』第三輯（一九二七－一九三七）、三聯書店、一九五七年、九九九－一〇〇〇頁。

(116) 陳淑銖「閻錫山『土地村公有制』政策始末（一九三五－一九三六）」、『国史館館刊』復刊第八期、一九九〇年。

(117) 一九二七年、閻錫山は張作霖と交渉するために蘇体仁を北京に派遣した。その後、閻錫山が蒋介石支持の立場を表明したため、蘇体仁は張作霖に逮捕された。しかし、蘇は日本軍の助けで逃出した。以後、蘇は閻錫山と日本政府との間の連絡役をつとめた（Gillin, *Warlord*, pp.253-254）。

(118) 山西省公署秘書処『山西省二十七、八、九三年来施政状況報告』、一九四一年六月、八－九頁。

終章　総括と展望

本書では、近代中国の地方自治を明治期日本の地方自治との関連性を中心にして考察した。第一部では、予備的考察として、イギリスとドイツの近代地方自治制度、およびドイツの制度をモデルとした明治期日本の地方自治制度の特徴を概観した。第二部では、中国の伝統的自治のあり方と伝統的自治観念、および清末期の地方自治論に大きな影響を与えた顧炎武以降の地方行政改革論について検討した。第三部では、さまざまな政治言説が交錯する二〇世紀初頭中国の地方自治論、留日学生による地方自治理論の受容、および日本の地方自治制度に対する中国の官僚・紳士視察者の認識を考察した。そして、第四部では、直隷省天津県で行われた地方自治実験、清朝政府による地方自治制度の導入、および民国期山西省の村制を取り上げ、地方自治制度の受容の過程に生じた変容の問題について分析した。

以下、本書の主な論点を総括し、今後の課題と展望を述べることとする。

一、近代中国の地方自治――「内なる問題」と「外なる問題」

中国語のなかで、古い歴史をもつ「自治」という言葉は、一八九〇年代以降さまざまな政治言説と結びついて語られるようになった。一九世紀末から二〇世紀初頭にかけての中国で、「自治」をめぐる議論は、互いに交錯しながらも、主に次の三つの方向で展開されていた。第一は個人の自治力である。中国が弱肉強食の世界に生き延びるためには、西洋各国に倣って「民力・民智・民徳」のレベルにおいて各個人の自治力を養成するという方向であった。このような考えは、厳復、梁啓超の唱導により、留日学生を含む多くの知識人に共有された。第二は「省の自立」である。列強による国土分割の危機を目前にして、各省が中央政府すなわち満洲朝廷から自立・独立し、漢民族の新しい政権を作るべしという「反満革命」の方向である。一八九〇年代後半の湖南「新政」に芽生えたこのような思想は、義和団事変直後の欧榘甲の「省の自立」論を経て、同盟会の反満革命の地方自治論、更には民国期の「連省自治」につながっていった。そして、第三は「一片の散砂」と言われるようなまとまりのない人民を地方団体に組織し、地域の出身者が自らの地域で公益事業を行えば、国家の基礎が固まる、という考え方であった。康有為の「公民自治」論に代表されるこの第三の方向は、もっとも理想的には地域の住民による自治に到達する可能性をもつ流れであった。

そのうち、本書の研究課題である地方自治をめぐる日中間の制度継受の問題は第三の流れに属する。二〇世紀初頭の中国において、改良派の中心人物康有為、梁啓超、一時期その数が一万人を超えたと言われる留日学生、および地方制度視察のために日本を訪れた地方の官僚・紳士視察者の多くは、あらゆる立憲国家に地方自治制度があり、日本が日清・日露戦争で勝利し、明治維新後わずか三十年の間に列強に仲間入りしたのも地方自治の制度があったからであると受け止めていた。彼らは地方自治を「救亡の道、立国の根本」と見なし、地方自治以外に、空前の危機に瀕した中国を救い、国家の基礎を固める方法はないと主張した。この時期の中国人は、日本の制度について主に次の二点に強い関心を示した。一つは内務省を頂点とした府県・郡・市町村の行政機構の高い効率性であり、もう一つは府県・郡・市町村議会の議員が徴税の必要性を説得したため、人民が進んで税金を納入し重税を耐え続けた、ということであった。一方、彼らは日本の制度における府県、市町村の強制予算制や名誉職就任の拒辞者に公民権停止や市町村費追徴などの制裁が加えられた側面を見逃していた。「救国」、「図強」という強烈な目的意識の下で、日本の地方自治制度の強権的・抑圧的な側面は彼らの関心外にあったのである。

清末期の中国では、年齢、性別、納税額など一定の基準を満たした選挙権者による公選で地方の議会が選出され、議会が地域の公益事業について審議し、議会で選ばれた執行機関（董事会もしくは郷董）がそれを実行する制度が確立された。これは中国の長い歴史においてかつて存在したことのなかったものである。この意味で、中国の地方自治制度は外部からの刺激によって生まれたものと言える。しかし、本書の第二部で論じたように、近代中国における、地方自治の問題は、近代以前の中国の歴史的・社会的文脈のなかで生じた「上下懸隔」、「官民懸隔」の問題の延長線上に位置づけるべきである。

「上下懸隔」、「官民懸隔」の問題とは、行政末端に位置する知県の任命の本籍地廻避や不久任の制度、および情報の伝達手段や輸送能力が未発達な条件の下で、社会に対する国家の支配が租税徴収と治安維持に止まり、国家と人民が互いに離れている、というものであった。中国が西洋と接する以前の段階において、すでにこの問題の解決策が論じられていた。そのなかでもっとも注目されるのは明末清初期の顧炎武の地方行政改革論であった。従来の研究では、顧炎武の改革論における「封建」論の側面を近代中国地方自治思想の源流と見なす点において意見が一致する一方、地方出身者の政治参加の拡大を通じて中央の権力を制限し、分散させる側面を重視する見解と、君主を頂点とした支配秩序下の安定と繁栄を目指す側面を重視する見解が存在する。本書では、これらと異なって、顧炎武の改革論を官僚制度の改革と地方出身者による地方行政事務の担当の二つの側面から捉え直した。前者はいわば体制内部における権力分与の問題であり、地方官の廻避制の部分的廃止とその任期の長期化、権限拡大、および総督・巡撫の廃止、中央と末端の意思疎通の簡便化を目的とするものであった。それに対して、後者は地方官がその地方の出身者から郷官を選任し、知県の業務の一部を分担させることを目的とするものであった。両者を合わせれば、上には中央の命令が速やかに末端の県に到達し、その地方の事情に通ずる知県が責任をもって一県のことを処理し、下にはその地方出身の郷官が一郷のことを行って官治の及ばないところを補完する、ということになる。伝統的儒家知識人として、顧炎武はいかに行政効率の向上を通じて民生を保全すべきであるかという政治秩序全体の問題に関心を向けたのであり、それゆえ、その改革論には「地方」の立場から中央権力に対抗する意識や、「民」の立場から「官」に対抗する意識はきわめて希薄であった。

中国の「上下懸隔」、「官民懸隔」の問題は、一八世紀末以降、人口の圧力、経済の困窮化、官僚素質の低下などの問題が加わることにより、ますます深刻になった。一九世紀半ばから二〇世紀初頭にかけて、顧炎武の地方行政改革論は、「伝統の再創造」を経て、中国人が近代地方自治を受容する際の思想的媒介となった。一八六〇年代の馮桂芬、一八九〇年代の陳熾、そして一九〇〇年代の康有為に代表される知識人たちの改革論において、かつて顧炎武が主張した地方官任命制度の改革や郷官制度の回復に関する内容が受け継がれながらも、郷官の選出に際して「民意」や「公論」を重視する、郷官に地方官を弾劾する権限を与える、選挙で選ばれた郷官が地域の公益事業に従事するなど、顧炎武の改革論には見られなかったさまざまな要素が加えられた。清末の立憲改革期に、外国の地方自治がすなわち中国古代の郷官であるという言説が流行し、中国の「内なる問題」が一見したところ「外なる問題」のようにみえる地方自治に姿を変えて歴史の表舞台に登場したのである。

二、中国における近代地方自治の受容と変容

国と国の間の制度継受のあり方は両国の歴史的・社会的諸条件に左右される。ドイツ・プロイセンと明治期の日本は、近代以前ともに封建制度が存在し、いずれも上からの近代化の道を歩んだことなどの点において共通している。それゆえ、君主立憲や地方自治などの制度がプロイセンから日本へ導入される際に、細部においては差異が見られるものの、基本的には原型どおりの制度が出来上がった。

それに対して、西ヨーロッパに発祥した近代地方自治制度が日本を経由して中国に導入されるに際しては、さまざまな変容を被った。そのうちもっとも大きな変容は、中国の「上下懸隔」、「官民懸隔」という課題の延長上にある自治と官治の関係に見られたものである。中国の地方自治制度のモデルとされたのは、明治二〇年代初期に成立した「市制」「町村制」と「府県制」であった。明治地方自治制度の特徴は、内務省を頂点とした地方行政制度と府県会・郡会・市町村会の地方名望家を中心とした地方議会制度を合わせ持った点にある。廃藩置県後設置された府県は本来官撰の府県知事が任命される国の行政機構であり、実業、教育、水利、衛生、消防など府県の諸事務は府県知事による官治の範囲に属した。市町村は名誉職の地方名望家を中心とする法人格をもつ公共団体であったが、同時に徴税、戸籍、警察、教育、衛生など、国家からの委任事務を実行する国の末端行政機構でもあった。

このような、官治が自治を包摂する明治地方自治の本質的な部分は、清末期中国の地方自治においては捨象された。天津自治の場合、国家の末端行政機構である県衙門とは別個に、民選の議員によって構成される天津県議事会（議決機関）と議会から選ばれる董事会（執行機関）からなる地方自治の組織が設立された。天津自治は、中国史上はじめての民選議会を誕生させたという点において大きな意義を有するが、袁世凱が立憲派としての名声を高めるために立てた「立憲の看板」という一面があり、郷村レベルには及ばない「宙に浮いた自治」であった。清朝の城鎮郷自治の場合、従来国家権力が直接届かない城鎮郷レベルで議事会と董事会（郷の場合は郷董）からなる自治機構が設立された。

これは一見して従来県レベルに止まった国家権力が下へ浸透したかのように見える。しかし、城鎮郷の自治事務と国家の行政事務の間には明確な一線が画されていた。官治と自治の関係からいえば、第九章で扱った川沙県の事例が示したように、両者はそれぞれ一定の空間を占め、ある種の協調・補完の関係にあった。行政末端の県と城鎮郷自治公所との関係は近代的な意味での上下関係というよりも、むしろ伝統中国における官・民（紳）間のルーズな関係に近いものであった。国家権力が地方団体を通じて社会の末端に浸透し、官治と自治が一体となった日本の制度と比較すれば、官治と自治が分離したままの中国の制度は、国家による社会統合の度合が低かったことの表われであろう。

しかし、自治の内容に目を転じると、別の意味での「制度の変容」が生じたことが注目される。日本の府県の場合、実業、教育、水利、衛生、消防などほとんどすべての事務は官撰の府県知事の職務範囲に属するため、府県会にはこれらの諸事項に関する審議権は与えられていなかった。府県会の権限は主として府県の歳入出の予算・決算の審議などに限られており、かりに議案が府県会で否決された場合でも、府県知事は原案執行権を有した。市町村の場合、市町村長が処理する事務のうち国からの機関委任事務が七、八割を占めており、それらの事務に関して、市町村議会は審議する権限を与えられなかった。これに対して、天津県の議事会や清朝の「城鎮郷地方自治章程」が成立した後の城鎮郷議会は、いずれも地域の教育、実業、水利、消防、衛生など、住民の生活に関わる具体的な「自治事務」に関する審議権を与えられた。地方エリートは自らの自治空間を最大限に利用もしくは拡大させ、民衆の宗教活動を「迷信」とみなしてそれを禁止したり、地域住民の利益を代弁して、従来国家と社会の間に介在した書吏などによる中間搾取をなくそうとしたりした。結果的に、日本の地方名望家と比べ、地方自治に携わる清末期中国の地方エリートがより大きな活動の空間を得ることになった。

興味深いことに、プロイセンや日本のような上からの地方自治は、全国を支配した清朝政府の下でではなく、中央政府が弱体化し、政治的分裂が続く民国期において、山西省の一軍閥閻錫山の個人的意志の下で部分的に導入された。閻錫山は日本の町村制と中国古代の郷村制度とを組み合わせて「省－県－区－村－閭－隣－戸」の「行政網」をつくりあげた。天津県の地方自治実験や清朝の城鎮郷自治と比べ、公権力による上からの社会統合という点からみれば、山西村制が日本の地方自治制度により近いものであった。

以上のような変容が生じた原因について、本書ではいくつかの角度から検討を加えた。まず、政治的にみれば、清朝政府の「新政」改革が行われる中で、行政機能がきわめて限定されていた末端の州県は、諸般の改革に必要な人的・財政的能力を持たず、地域出身のエリートたちに頼らざるを得なかった。しかし、清朝政府には明治政府のような大規模な町村合併によって地方団体を設立し、それを通じて国家権力を社会の末端にまで浸透させようとする明確な政治的意図もなく、また国家の統治力が弱体化する中で、明治国家のようにそれを実現させる政治的支配力もなかった。清朝政府が望んだのは、地方のエリートたちがそれぞれの地域で「城鎮郷の自治事務」を行い、官治の外で官治の不足を補う意味での地方自治であった。同時に、清朝政府は自治によって地方エリートの勢力が増大し、官治を脅かすことを恐れたため、意図的に自治と官治を区別させることによって自治が官治に侵入するのを防ごうとしていた。結果的に、清末期の地方自治は、官治と自治が一体となった日本の制度と異なって、官治と自治が互いに分離した制度となったのである。

清末期の地方自治が官治と自治が分離した様相を呈したことには、より深い歴史的・社会的要因があった。なかでも、とりわけ注目に値するのは中国の伝統的自治のあり方である。伝統中国では、国家権力は県のレベルに止まり、社会に対する国家の支配が粗放的であった。そのため、水利、福祉、教育、衛生など、地方の多様な公益事業は善挙をはじめとする地方エリートの自治に任されることとなった。明清期において、人口の爆発的な増加や商品経済の発達などによって貧富の格差が拡大し、救貧をはじめとする地域の公共事務が増大した。これを背景に、地方エリートが自己の負担で自発的に善挙をはじめとする地域の公益事業に携わる形の自治が発達した。そもそもこのような自治は官治と対立するのではなく、むしろ官治の不足を補う性格をもっていた。清末期には、古代の「郷官」のイメージと中国社会で伝統的に自治を担う地方の「紳士」のイメージが重なっており、そこで地方の「紳士」は地方自治の主役と想定されることになったのである。清朝の城鎮郷自治において、城鎮郷議会選挙で選ばれた議員には、従来郷里で善挙をはじめとする地域の公益事業に携わった経験のある者が多く含まれていた。伝統的慈善機構である善堂がそのまま自治公所となるケースも少なくなかった。このように、中国の伝統的自治は近代地方自治制度導入の内部条件となり、プロイセンや日本の地方自治と異なる中国独特の「官治の補足」としての地方自治の形成に大きな影響を与えたのである。

地方自治をめぐる日中間の制度継受の問題を考える際には、儒家の修身・斉家・治国・平天下の教えと一致する「小から大へ」の順序に沿った中国の伝統的自治観念も見逃すべきではない要素である。それによれば、国を治めるにはまず省、省を治めるにはまず県、県を治めるにはまず郷を治めなければならない。郷・県・省・国のなかで郷は県より、県は省より、省は国より優先される。個々の郷からみれば、「国家」は遠く離れた位置にある。このような「小から大へ」の自治観念は、プロイセンや日本の地方自治に代表される中央集権的国家を前提とする「近代的」地方自治理念とは逆の論理であった。

一方、郷が県・省・国と放射線状につながっているため、郷を起点とする地方自治には、中央政府に対抗し、あるいは地方に独立した権力を確立させようとする政治的意図は希薄であった。清末期の地方自治論において、むしろ国家権力が直接及ばない範囲で地域の人々がその地域の公益事業を行い、国家行政の不足を補完する、という傾向が顕著であった。なお、広東省の中央からの事実上の独立を主張した欧榘甲の「省の自立」論や、「地方の分権自治」を主張した清末の革命家陳天華、汪兆銘の議論は、一見、中央政府を否定するもののようであるが、実は中央政権を握る満洲朝廷の支配が比較的弱い地方で漢民族の自治的政権を樹立し、最終的に漢民族中心の統一国家や各民族からなる新しい共和国を樹立することを目標としていたのである。要するに、中国の伝統的自治観念は、プロイセンや日本のような上からの地方自治と理念的に異なる一面をもつと同時に、地方の分権・分離・独立といった意味での地方自治とも理念的に異なるものであった。

近代地方自治制度の成立は近代的な税財政制度の整備を前提としなければならない。中央と地方の財政が未分化であった清末期の中国では、地方の税財政制度が確立しておらず、行政末端の州県では、銭糧の徴収に際して「陋規」の需索や「中飽」が恒常的に行われていた。地方自治はこのような伝統的な税財政制度が維持されたまま導入された。そこで、いかに自治経費を確保するかが大きな問題となった。天津自治の場合は、董事会の開設費を確保するため、天津県議会は官営の捐務科に握られた捐税徴収権を議事会の執行機関である董事会に移譲させることを要求した。自治経費をめぐって、議会側と行政側の間に軋轢が生じた。清朝の城鎮郷自治の場合は、「城鎮郷地方自治章程」には自治経費について「地方の公款公産」もしくは付加税や「自治捐」の徴収に関する規定が盛り込まれていたが、ほとんどの地域に「公款公産」にあたるものがなかったため、寺院を自治公所としたり、書吏による中間搾取を取り除いて、その分の収入を自治経費に当てたり、地域の住民から自治捐を徴収したりするなど、地方自治に携わる地方のエリートたちはさまざまな方策を取った。結局、経済の疲弊、義和団賠償金などの不平等条約による民衆の負担増、国家の近代化改革に伴う各種の捐税の徴収、および社会全体の貧困化を背景に、地域社会のさまざまな矛盾や対立が自治公所と自治紳董に集中し、各地で多く自治反対事件が生じた。

地方自治の財源確保をめぐる天津県議会および川沙県の城・郷議事会の動きの背後には、議員たちのある共通の思いが存在した。すなわち、すでに「正税」のほかにさまざまな名目の捐税によって窮地に追いつめられたそれぞれの地域の住民に対して、地方自治実施のために新たな税を徴収するのはなるべく避けるべきである、という思いであった。自治財源確保の問題は、究極のところ、地方自治の本質に関わっている。問題の核心は、地方自治とは「一定地域の住民が自らの利益の保全と向上に関わる事項について意思決定をし、それを実行する」ことであり、地方自治制度の成立をきっかけに、地域の利権は官でもなく、官と民の間で中間搾取を行う書吏でもなく、地域住民の利益を代表する自治機構に属すべきである、ということにあった。これは、地方団体の自治権が国家に由来したため、自治は官治に従属するという明治期日本の地方自治とは逆の発想であった。

本書では、地方自治をめぐる日中間の制度継受の問題を歴史的に考察してきたが、考察の底流としてきたもう一つの研究方法の側面からも本書をまとめておきたい。清末・民初期の中国における地方自治制度の受容と変容は、一つの文化触変の過程でもあった。すなわち、まず第一に、清末期中国の危機的な状況の中で、地方自治が「救国」と「図強」という至上命題を達成させるための不可欠な道であるという認識に基づいて、英、独、日の制度間の比較考量ののちに明治期日本の制度をモデルに選ぶという、主体的な選択が行われた、という事実がある。制度継受の過程がけっして外国のモデルをそのまま模倣したのではないことは、本書で明らかにしたところである。接触・認識の段階において、日本の地方自治との根本的な理念の相違・対立を含む変容が生じた。次には、制度の継受の段階、中国人自身による制度の設計、樹立、実験の段階においても、多くの変容が加えられた。さらに重要なことは、天津県、川沙県および山西省の事例に表われるように、制度実施の段階において、根源的とも言うべき抵抗と変容が加えられたという事実である。これらの抵抗と変容の原基となったものは、中国の伝統的観念・思想・習慣、および当時の中国の政治・社会・文化の状況であった。以上の点は、文化触変の過程において、受け手の側による抵抗と変容が、これまで想定されてきた以上に重要であることを示していると言えよう。

三、地方自治の新しい地平

一定地域の住民が選挙を通じて地方団体を結成した以上、その団体は住民の意思に基づき、地域住民の利益を代表しなければならない。しかし、その一方で、地方団体は国家の構成部分であり、つねにより大きな政治機構の下に属し、国家が制定した法律の範囲内で行動しなければならない。国民国家の枠組みのなかでは、地方団体を全国統一の中央集権的地方制度に組み込み、国家の統合・支配・動員の媒体として機能させるのが一般的である。そこに必然的に国家の利益と地域住民の利益の相剋が生ずる。言ってみれば、近代地方自治には、国家の意思にしたがって作動する側面と、住民が選挙で選んだ議会を通じて自律的な統治を行う側面が内包されている。近代国家建設のプロセスにおいては、往々にして、国家の利益が優先され、地域住民の利益は従属させられるか、無視されてしまう。これは「近代地方自治」の宿命的なジレンマとも言えよう。本書の冒頭で触れたように、百万の村に繰り広げられている「村民自治」は、中国の民主化に向けた重要な一歩と期待されているが、村民委員会が郷村社会における国家権力の代行物となるか、それとも村民によって選ばれ、村民の利益を守るための組織として機能するか、これは今後の中国社会の行方を決める重要な問題である。ここにも「近代地方自治」の宿命的なジレンマが潜んでいるように思われる。

しかし、国民国家の視点から一歩離れて、「一定地域の住民が自らの利益の保全と向上に関わる事項について意思決定をし、それを実行する」という地方自治の原点に立ち戻ってみれば、そもそも、人類社会が近代国民国家の時代に入る以前の段階において共同体的自治はすでに存在しており、また、今後、かりに国民国家が終焉を告げた後にも、それはなお生き続いていくだろう。

このような視点からみれば、二〇世紀前半期の中国に現れたさまざまな地方自治の動き――本書で扱った清末・民国期の地方自治、および本書の課題の性格上取り上げることができなかった一九二〇年代の「連省自治」運動や一九三〇年代の郷村自治運動――には、国民国家の枠組みでは括ることのできない要素が含まれている。地方自治を媒介に国家・社会関係、中央・地方関係を再構築しようとする今日の人々は、さまざまな政治言説と結びついたこれらの地方自治から何らかの形でヒントを得ることができるのではないだろうか。

これまでのように国民国家を主体とするのではなく、地域共同社会の立場から、さらには地域共同社会を構成する各個人の立場から、いかに地域の住民を中心とする地方自治を構築するかという問題を考えることが、本研究に与えられた今後の課題であり、また、中国の将来を左右する歴史的な課題でもあると言えよう。

参考文献

【未刊行史料】

中国第一歴史檔案館蔵「憲政編査館檔案」。
中国第二歴史檔案館蔵「内務部檔案」。
外務省外交資料館蔵「在邦支那留学生関係雑件」。
外務省外交資料館蔵「外国官民本邦及鮮満視察雑件」（「清国之部」）。
千葉県文書館蔵・千葉県山武郡源村役場「視察員芳名簿」、一九〇五－一九四一年。
千葉県文書館蔵・源村小学校井口義十郎校長編「源村事跡」、一九一〇年。
静岡県賀茂郡東伊豆町郷土史研究会所蔵「福建人と田村又吉の写真」、一九〇八年。

【刊行史料】

1、新聞・雑誌・官報類

『北洋官報』
『大公報』
『東方雑誌』
『独立評論』
『法政学報』
『国風報』
『湖北学生界』（第六号以降は『漢声』に改名）

『江蘇』
『民報』
『清議報』
『山西村政旬刊』
『申報』
『時報』
『四川』
『新民叢報』
『新訳界』
『牖報』
『游学訳編』
『雲南』
『浙江潮』
『政治官報』
『直説』
『中国新報』

2、地方志
光緒『川沙庁志』
光緒『晋祠誌』
民国『安澤県志』

民国『宝山県続志』
民国『川沙県志』
民国『定県志』
民国『洪洞県志』
民国『冀城県志』
民国『嘉定県志』
民国『嘉定県続志』
民国『景州志』
民国『霊石県志』
民国『青県志』
民国『鎮洋県志』

3、中国文史料

『北洋公牘類纂』、一九〇七年、甘厚慈輯『項城袁世凱有関資料彙刊』、文海出版社影印版。
『北洋公牘類纂続編』、一九〇七年、甘厚慈輯『項城袁世凱有関資料彙刊』、文海出版社影印版。
陳熾『庸書』、朱益藩署検、一八九六年刊行。
陳希周『山西調査記』、南京共和書局、一九二三年。
程淯『丙午日本游記』、一九〇六年刊行。
「川沙県公牘彙鈔」、民国刊本。
『大清光緒新法令』第十八冊、商務印書館、一九〇九年。
『大清宣統政紀実録』、華文書局影印版。

戴鴻慈「出使九国日記」、鐘叔河主編『走向世界叢書』、岳麓書社、一九八六年。
地方自治研究会編『地方自治研究会丙午年報告書』、一九〇六年刊行。
鄧実主編『光緒壬寅（二十八年）政藝叢書』、沈雲龍主編『近代中国史料叢刊続編』第二十七輯、文海出版社影印版。
定樸『東游日記』、一九〇九年刊行。
丁文江『梁任公先生年譜長編初稿』、世界書局、一九五六年初版、一九七二年再版。
端方『端忠敏公奏稿』、沈雲龍主編『近代中国史料叢刊』第十輯、文海出版社影印版。
段献増『東隣観政日記摘録稿』、一九〇八年刊行。
『法政速成科講義録』、明治三九年（一九〇六年）－明治四〇年（一九〇七年）、法政大学刊行。
方兆亀編『地方自治実記』、一九〇八年刊行。
房兆楹輯『清末民初洋学学生題名録初輯』、台湾中央研究院近代史研究所、一九六二年。
馮桂芬『校邠廬抗議』、沈雲龍主編『近代中国史料叢刊』第六十二輯、文海出版社影印版。
故宮博物院明清檔案部編『清末籌備立憲檔案資料』、中華書局、一九七九年。
顧炎武『亭林文集』、『学古斎金石叢書』第一集、山隠居校本。
――『日知録』、『四部備要・子部』。
――『天下郡国利病書』、上海涌芬楼影印昆山図書館蔵稿本。
管鳳龢『四十日万八千里之游記』、一九一〇年刊行。
管仲著・房玄齢注『管子』、明万暦十年呉県趙用賢刊本。
『光緒政要』第三十冊、南洋官書局、一九〇九年。
国民政府内政部編『内政年鑑』、商務印書館、一九三六年。
郭嵩燾「使西紀程」、『郭嵩燾日記』第三巻、湖南人民出版社、一九八二年。
郭栄生『閻錫山先生年譜』、台北、一九八四年。

郭鐘秀『東游日記』、一九〇六年刊行。
胡漢民『胡漢民自伝』、国民党史編纂委員会主編『革命文献』第三巻、一九五三年。
胡思敬『退廬全集』、沈雲龍主編『近代中国史料叢刊』第四十五輯、文海出版社影印版。
黄彰健編『康有為戊戌真奏議』、台湾中央研究院歴史語言研究所、一九七四年。
黄宗羲『明夷待訪録』、沈雲龍選輯『明清史料彙編』初集第五冊、文海出版社影印版。
黄遵憲『日本国志』（一）、沈雲龍主編『近代中国史料叢刊続編』第十輯、文海出版社影印版。
吉村源太郎述・張家鎮編訳『地方行政制度』、上海、予備立憲公会、一九〇七年。
吉村源太郎述・朱徳権編訳『市町村制』、一九〇七年刊行。
康有為『康南海官制議』（一九〇一年康有為自序）、上海廣智書局、一九〇三年。
――『（南海先生）戊戌奏稿』（徐勤序）、一九一一年刊行。
『礼記正義』、鄭玄註・孔穎達疎・阮元校刻『十三経註疏』、中華書局影印版、一九八〇年。
藺陔『東遊随筆』、一九〇七年刊行。
李宝淦『日遊瑣識』、一九〇六年刊行。
『周礼注疏』上、李学勤主編『十三経注疏』（評点本）四、北京大学出版社、一九九九年。
梁啓超「城鎮郷自治章程質疑」、『国風報』一九一〇一年第五号。
『梁漱溟全集』第三巻、第四巻、山東人民出版社、一九九〇年、一九九一年。
林炳章『地方自治実記』、一九〇六年刊行。
林志道『東游偶識』、一九一〇年刊行。
留東湖南西路同郷会第壹次報告書『地方自治』、東京、一九〇八年刊行。
留東湖南西路同郷会報告書『地方自治』、東京、一九〇九年刊行。
劉晴波主編『楊度集』、湖南人民出版社、一九八六年。

劉容亭「山西陽曲県二十個郷村概況調査之研究」、『新農村』調査別号、第三・四号、農村教育改進社、一九三三年九月一五日。
劉瑞璘『東游考政録』、一九〇五年刊行。
劉庭春『日本各政治機関参観詳記』、一九〇七年刊行。
劉錫鴻「英軺私記」、鍾叔河主編『走向世界叢書』、岳麓書社、一九八六年。
劉檸『蛉洲遊記』、一九〇八年刊行。
龍曜枢『調査日本政治紀略』、刊行年代不明。
倪鑑〈東游日記〉（題名不明）、一九〇八年刊行。
欧榘甲「新広東」、張枬・王忍之編『辛亥革命前十年間時論選集』、三聯書店、一九六〇年。
欧陽英『村治軌範』、大北日報館、一九二四年。
彭国興・劉晴波編『秦力山集』、中華書局、一九八七年。
平島及平著・梅謙次郎校閲『地方自治要論』、法政大学、一九〇八年刊行。
銭萼孫『黄遵憲詩論評』、沈雲龍主編『近代中国史料叢刊』第九十六輯、文海出版社影印版。
清水澄著・陳登山訳『憲法汎論』、一九〇七年刊行。
全国経済委員会編『山西考察報告書』、上海、一九三六年刊行。
山西村政処編『山西村政匯編』第一―第三巻、一九二八年、沈雲龍主編『近代中国史料叢刊』第九十八輯、文海出版社影印版。
山西督軍閻（錫山）頒発『村長副須知』第三版、山西六政考核処校印、一九一九年。
『山西六政三事彙編』、村政処校印、一九二九年。
山西日報館編『山西用民政治述略』、一九一九年。
『山西省単行法規彙編』、編者、出版社不明、一九三六年。
山西省公署秘書処編『山西省二十七、八、九三年来施政状況報告』、一九四一年。
山西省政府建設庁編『山西省政十年計画案』、太原、一九三三年。

『山西文史資料』第一輯－第一四輯。
山西省政府『修正村長副須知』、一九二八年。
山西省政協文史資料研究委員会編『閻錫山統治山西史実』、山西人民出版社、一九八一年。
沈厳『江戸遊記』、一九〇六年刊行。
「試辦天津県地方自治公決草案」、鄧実輯『光緒丁未政芸叢書』、「内政通記」巻二、沈雲龍主編『近代中国史料叢刊続編』第二十八輯、文海出版社影印版。
孫松齢・斉樹楷『山西地方行政調査録』、直隷実業庁、一九一九年。
孫希旦『礼記集解』、中華書局、一九八九年。
『譚嗣同全集』、大安、一九六六年。
譚襄雲『東游管見』、一九〇七年刊行。
『唐才常集』、中華書局、一九八〇年。
湯志鈞編『康有為政論集』、中華書局、一九八一年。
田恩恵『東瀛日記』、一九〇六年刊行。
天津市檔案館編『天津商会檔案匯編』(一九〇三－一九一一)、天津人民出版社、一九八九年。
『天津自治局文献録要』初編・二編、一九〇六－一九〇七年刊行。
田鴻文『己巳東游日記』、一九〇五年刊行。
田応璜『東瀛行記』、一九〇八年刊行。
涂福田『東瀛見知録』、一九〇六年刊行。
王三譲『遊東日記』、一九〇八年刊行。
呉烈『丙午東游日記』、一九〇六年刊行。
謝健『謝鑄陳回憶録』、沈雲龍主編『近代中国史料叢刊』第九十一輯、文海出版社影印版。

謝紹佐『東游分類誌要』、一九〇九年刊行。
閻伯川先生紀念会編『民国閻伯川先生錫山年譜長編初稿』、台湾商務印書館、一九八八年。
王栻編『厳復集』、中華書局、一九八四年。
閻錫山『閻伯川先生言論輯要』、晋新書社、民国刊本。
――『閻伯川先生言論集』、青山草廬編印、出版年代不明。
――『閻伯川先生言論類編』、一九三九年刊行。
――『閻錫山早年回憶録』、伝記文学出版社、一九六八年。
厳中平編『中国近代農業史資料』第三輯（一九二七―一九三七）、三聯書店、一九五七年。
楊道霖『日本統計類表要論』、一九〇九年刊行。
楊篤生「新湖南」、張枏・王忍之編『辛亥革命前十年間時論選集』、三聯書店、一九六〇年。
楊家駱主編『梁任公年譜長編』、世界書局、一九七二年。
葉徳輝編『翼教叢編』、沈雲龍主編『近代中国史料叢刊』第六十五輯、文海出版社影印版。
『乙酉大政記』巻六、一九一一年、擷華書局、文海出版社影印版。
『袁世凱奏議』天津古籍出版社、一九八七年。
載澤「考察政治日記」、鐘叔河主編『走向世界叢書』、岳麓書社、一九八六年。
張朋園・沈懐玉編『国民政府職官年表（一九二五―一九四九）』、中央研究院近代史研究所史料叢刊（六）、一九八七年。
張品興他主編『梁啓超全集』、北京出版社、一九九九年。
張怡祖編『張季子（謇）九録』、「政聞録」、沈雲龍主編『近代中国史料叢刊続編』第九十七輯、文海出版社影印版。
鄭海麟・張偉雄編『黄遵憲文集』、中文出版社、一九九一年。
鄭元濬『東游日記』、一九〇五年刊行。
「直隷天津地方自治章程」、『東方雑誌』一九〇七年第五号。

中国国民党中央執行委員会宣伝委員会編『地方自治』、南京、一九三六年。

『中華民国現行法規』、商務印書館、一九三五年。

『中華民国現行地方自治法令』、商務印書館、一九二二年。

中国第二歴史檔案館編『中華民国史檔案資料匯編』第三輯（政治一）、江蘇古籍出版社、一九九一年。

中国第一歴史檔案館編『光緒朝硃批奏摺』第三三輯、中華書局、一九九五年。

周可真『顧炎武年譜』、蘇州大学出版社、一九九六年。

朱熹「増補呂氏郷約」、葉暢校勘『朱子大全』文七十四、中華書局刊本。

4、日本文資料

「山西省臨汾県一農村の基本的諸関係」、『東亜研究所報』第九号、一九四一年。

東亜研究所『事変前後を通じて見たる山西省特に臨汾に関する調査』、一九四〇年。

『内務省人事綜覧』、日本図書センター、一九九〇年。

西順蔵編『原典中国近代史』第二冊、『洋務運動と変法運動』、岩波書店、一九七七年。

「日本帝国ニ於ケル三模範村」、『千葉県報』第千九百六十九号、明治三八年（一九〇五年）二月二四日。

『日本留学中華民国人名調』、興亜院調査資料第九号、一九四〇年。

馬場鍬太郎『支那経済地理誌・制度全編』、禹域学会発行、一九二八年。

『東金市史』（通志篇下・七）、東金市市役所、一九九五年。

法政大学大学史資料委員会編『法政大学史資料集』第十一集、『法政大学清国留学生法政速成科関係資料』、法政大学、一九八八年。

明治文化研究会編『明治文化全集』第一巻、一九二八年第一版、一九五五年改版。

明治大学百年史編纂委員会編『明治大学百年史』第一巻『史料編』Ⅰ、明治大学、一九八六年。

――『明治大学百年史』第三巻『通史編』Ⅰ、明治大学、一九九二年。

山中永之佑監修『近代日本地方自治立法資料集成』一、「明治前期編」、弘文堂、一九九一年。
――『近代日本地方自治立法資料集成』二、「明治中期編」、弘文堂、一九九四年。
――『近代日本地方自治立法資料集成』三、「明治後期編」、弘文堂、一九九五年。
臨時台湾旧慣調査会編『清国行政法』第一巻、汲古書院、一九七二年。
早稲田大学大学史編集所編『早稲田大学百年史』第二巻、早稲田大学出版部、一九八二年。

【著作・論文】

1、中国文

陳豊祥「日本対清廷欽定憲法之影響」、中華文化復興運動推行委員会編『中国近代現代史論集』第十六編、『清季立憲与改制』、商務印書館、一九八六年。
陳淑銖「閻錫山『土地村公有制』政策始末（一九三五―一九三六）」、『国史館館刊』復刊第八期、一九九〇年。
陳美恵「閻錫山与山西村政（一九一七―一九三七）」、台湾中国文化大学史学研究所修士論文、一九九一年六月。
陳玉申『晩清報業史』、山東画報出版社、二〇〇二年。
陳志譲『軍紳政権――近代中国的軍閥時期』、三聯書店、一九七九年。
程顧遠『地方自治通論』、上海泰東図書局、一九二二年。
程辛超『中国地方政府』、中華書局香港分局、一九八七年。
丁守和編『辛亥革命時期期刊介紹』、人民出版社、一九八二年。
董守義『清代留学運動史』、遼寧人民出版社、一九八五年。
董修甲『中国地方自治問題』、商務印書館、一九三七年。
范金民「清代徽州商幇的慈善施設――以江南為中心」、唐力行編『家庭・社区・大衆心態変遷国際学術討論会論文集』、黄山書社、一九九九年。

方漢奇『中国近代報刊史』、山西人民出版社、一九八一年。
費孝通『郷土中国』、三聯書店、一九八五年。
――「論紳士」、呉晗・費孝通『皇権与紳権』、天津人民出版社、一九八八年。
――『江村農民生活及其変遷』、敦煌文芸出版社、一九九七年。
高炳春「両漢地方政治制度之変遷」、『金陵学報』第五巻第二号、一九三五年。
戈公振『中国報学史』、台湾学生書局、一九八一年。
古偉瀛「顧炎武経世思想的特色」、台湾大学『歴史学系学報』第十四期、一九八八年七月。
郭建『帝国縮影――中国歴史上的衙門』、学林出版社、一九九九年。
何炳棣『中国会館史』、台湾学生書局、一九六六年。
何炳賢『地方自治問題』、北新書局、一九三〇年。
賀躍夫「清末士大夫留学日本熱透視――論法政大学中国留学生速成科」、『近代史研究』一九九三年第一号。
胡春恵『民初的地方主義与聯省自治』、正中書局、一九八三年。
胡次威『地方行政概要』、昌明書屋、一九四七年。
黄東蘭「近代中国地方自治話語試論」、『学術思想評論』第十一輯、二〇〇四年五月。
黄福慶『清末留日学生』、台湾中央研究院近代史研究所、一九七五年。
黄宗智『長江三角洲小農家庭与郷村発展』、中華書局、一九九二年。
賈士毅『民国続財政史』、商務印書館、一九三四年。
金観濤・劉青峰「紳士公共空間在中国」、『二十一世紀』二〇〇三年二月号。
蔣順興・李良玉『山西王閻錫山』、河南人民出版社、一九九〇年。
孔復礼（Kuhn, Philip）「閻錫山与政治的現代化」、中央研究院近代史研究所編『中華民国初期歴史研討会論文集（一九一二―一九二七）』、台北、一九八四年。

——「公民社会與体制的発展」、『近代中国史研究通訊』第十三号、一九九二年三月。
来新夏主編『天津近代史』、南開大学出版社、一九八七年。
雷海宗『中国文化与中国的兵』、龍門書店、一九四〇年。
李徳芳『民国郷村自治問題研究』、人民出版社、二〇〇一年。
李剣農『最近三十年中国政治史』、太平洋書店、一九三〇年。
李巨瀾「試論民国時期新郷紳階層的形成及其影響」、『華東師範大学学報』二〇〇三年第四号。
黎文輝『中国地方自治之実際与理論』、商務印書館、一九三六年。
李喜所『近代中国的留学生』、人民出版社、一九八七年。
李宗一『袁世凱』、中華書局、一九八〇年。
廖従雲『中国歴代県政考』、台湾中華書局、一九六九年。
梁其姿『施善与教化——明清的慈善組織』、台湾聯経事業出版公司、一九九七年（大陸版、河北教育出版社、二〇〇一年）。
林済『長江中游宗族社会及其変遷——黄州個案研究（明清—一九四九）』、中国社会科学出版社、一九九九年。
劉偉『晩清督撫政治——中央与地方関係研究』、湖北教育出版社、二〇〇三年。
劉雨珍・孫雪梅編『日本政法考察記』、上海古籍出版社、二〇〇二年。
陸建洪「試論清末基層吏治制度的改革」、『政治学研究』一九八九年三月。
馬小泉『国家与社会——清末地方自治与憲政改革』、河南大学出版社、二〇〇〇年。
喬万選『比較地方自治』、上海大陸書局、一九三三年。
斉思和「魏源与晩清学風」、『燕京学報』第三十九号、一九五〇年。
銭端昇『民国政制史』、商務印書館、一九三九年。
銭実甫『地方自治与国民革命』、民団週刊社、一九三九年。
——『北洋政府時期的政治制度』、中華書局、一九八四年。

桑兵『清末新知識界的社団与活動』、三聯書店、一九九五年。
沈殿成主編『中国人留学日本百年史』、遼寧教育出版社、一九九七年。
沈懐玉「清末西洋地方自治思想的輸入」、『中央研究院近代史研究集刊』第八号、一九七九年。
――「清末地方自治之萌芽（一八九八―一九〇八）」、『中央研究院近代史研究所集刊』第九号、一九八〇年。
施廷鏞『清代禁毀書目題注外一種』、北京図書館出版社、二〇〇四年。
孫海泉「清代中葉直隷地区郷村管理体制――兼論清代国家与基層社会的関係」、『中国社会科学』二〇〇三年第三号。
孫雪梅『清末民初中国人的日本観――以直隷省為中心』、天津人民出版社、二〇〇一年。
田濤『国際法輸入与晩清中国』、済南出版社、二〇〇一年。
王笛「晩清長江上游地区公共領域的発展」、『歴史研究』一九九六年第一号。
王爾敏『晩清政治思想史論』、学生書局、一九六九年。
王奇生『中国留学生的歴史軌跡（一八七二―一九四九）』、湖北教育出版社、一九九二年。
王樹槐「清末江蘇地方自治風潮」、『中国近代現代史論集』第十六編、『清季立憲与改制』、商務印書館、一九八六年。
王衛平「清代蘇州的慈善事業」、『中国史研究』一九九七年第三号。
王先明「晩清士紳基層社会地位的歴史変動」、『歴史研究』一九九六年第一号。
汪向栄『日本教習』、三聯書店、一九八八年。
魏光奇「清代直隷的里社与郷地」、『中国史研究』二〇〇〇年第一号。
――「清代直隷的差徭」、『清史研究』二〇〇〇年第三号。
――「晩清的州県行政改革思潮与実践」、『清史研究』二〇〇三年第三号。
呉桂龍「清末上海地方自治運動述論」、『近代史研究』一九八二年第三号。
呉滔「清代嘉定宝山地区的郷鎮賑済与社区発展模式」、唐力行編『家庭・社区・大衆心態変遷国際学術討論会論文集』、黄山書社、一九九九年。

蕭公権『中国政治思想史』、中華文化出版事業委員会、一九五四年。
徐学林『中国歴代行政区劃』、安徽教育出版社、一九九一年。
徐永志「論二〇世紀初直隷地区的社会整合――兼評袁世凱与北洋新政」、『清史研究』二〇〇〇年第三号。
姚偉鈞「郷飲酒礼探微」、『中国史研究』一九九九年第一号。
楊開道「郷約制度的研究」、燕京大学社会学系編『社会学界』第五巻、一九三一年。
――「呂新吾的郷約制度」、『社会学界』第八巻、一九三四年。
楊蔚「山西農村破産的原因」、『新農村』調査別号、第三・四期、農村教育改進社、一九三三年九月。
穎之『中国近代留学簡史』、上海人民出版社、一九八五年。
兪江「両種清末憲法草案稿本的発現及初歩研究」、華中師範大学中国近代史研究所編『辛亥革命与二〇世紀中国――一九九〇―一九九九年辛亥革命論文選』、湖北人民出版社、二〇〇一年。
余新忠「清中後期郷紳的社会救済――蘇州豊豫義庄研究」、『南開学報』哲社版、一九九七年第三号。
余英時『中国思想伝統的現代詮釈』、台湾聯経事業出版公司、一九八七年。
元青「民国時期中国留徳学生与中徳文化交流」、『近代史研究』一九九七年第三号。
章伯鋒・李宗一編『北洋軍閥』第二巻（一九一二―一九二八）、武漢出版社、一九九〇年。
張晋藩主編『中国官制通史』、中国人民大学出版社、一九九二年。
張鈁『風雨漫漫四十年』、中国文史出版社、一九八六年。
張厚安・白益華・呉志龍『中国郷鎮政権建設』、四川人民出版社、一九九二年。
張傑「清代科挙世家与地方政務――以婺源県程允中家族為例」、『遼寧大学学報』二〇〇一年第一号。
張学継「論留日学生在立憲運動中的作用」、『近代史研究』一九九三年第二号。
張研『清代社会的慢変量――従清代基層社会組織看中国封建社会結構与経済結構的演変趨勢』、山西人民出版社、二〇〇〇年。
張玉法『清季的立憲団体』、中央研究院近代史研究所、一九七一年。

――「清末民初的山東地方自治」、『中央研究院近代史研究所集刊』第六号、一九七七年。

――編『晩清革命文学』、経世書局、一九八一年。

趙儷生「顧炎武新伝」、『趙儷生文集』第三巻、蘭州大学出版社、二〇〇二年。

趙世瑜「社会動蕩与地方士紳――以明末清初的山西陽城陳氏為例」、『清史研究』一九九九年第二号。

趙世瑜・孫氷「市鎮権力関係与江南社会変遷――以近世浙江湖州双林鎮為例」、『近代史研究』二〇〇三年第二号。

中共中央党校閻錫山評伝編写組『閻錫山評伝』、中共中央党校出版社、一九九一年。

智効民「閻錫山的『六政三事』与『用民政治』――民国初年山西新政初探」、『晋陽学刊』一九九六年第六号。

周成『山西地方自治綱要』、泰東図書局、一九二五年。

周積明・謝丹「晩清新政時期的農村騒乱」、『江漢論壇』二〇〇〇年第八号。

朱英「戊戌至辛亥地方自治的発展――湖南保衛局与上海総工程局之比較」、『近代史研究』一九九九年第四号。

2、日本文

阿部洋『中国の近代教育と明治日本』、福村出版、一九九〇年。

天児慧『中国――溶変する社会主義大国』、東京大学出版会、一九九二年。

有賀長雄編『行政学』、牧野書房、一八九〇年。

――『国法学』、早稲田大学出版部、一九〇五年。

安藤博編『徳川幕府の県治』、柏書房、一九七一年。

イエリネック著・木村鋭一・立花俊吉訳・美濃部達吉閲『公権論』、中央大学発行、一九〇六年。

石川一三夫『日本的自治の探求――名望家自治論の系譜』、名古屋大学出版会、一九九五年。

石田雄『明治政治思想史研究』、未来社、一九五四年。

市川伝吉『模範自治村稲取村の治績』、成美商会、一九〇七年。

市古宙三『近代中国の政治と社会』（増補版）、東京大学出版会、一九七七年。

市古教授退官紀念論叢編修委員会編『論集・近代中国研究』、山川出版社、一九八一年。

井出嘉憲『地方自治の政治学』、東京大学出版社、一九七二年。

伊藤整・家永三郎等編『近代日本思想史講座5・指導者と大衆』、筑摩書房、一九六〇年。

伊藤貴之「『秩序』化の諸位相――清初思想の地平」、『中国――社会と文化』第十号、一九九五年。

稲田清一「清末江南の鎮董について――松江府・太倉州を中心として」、森正夫編『江南デルタ市鎮研究――歴史学と地理学からの接近』、名古屋大学出版会、一九九二年。

――「清末、嘉定県の『夫束』について――その納税＝徴税機能を中心に」、名古屋大学『東洋史研究報告』二四、二〇〇〇年。

井上友一『欧西自治大観』、報徳会、一九〇六年。

――『自治要義』、博文館、一九〇九年。

――『自治之開発訓練』、中央報徳会、一九一二年。

色川大吉『近代国家の出発』、中央公論社、一九八四年。

上杉慎吾『行政法各論』、法政大学講義録、一九〇六年。

上田勝美・福嶋寛隆・吉田曠二編『加藤弘之文書』第三巻、同朋舎、一九九〇年。

上田信「村に作用する磁力について――浙江省鄞県勤勇村（鳳渓村）の履歴」、橋本満・深尾葉子編訳『現代中国の底流――痛みの中の近代化』、行路社、一九九〇年。

内田知行「一九三〇年代における閻錫山政権の財政政策」、『アジア経済』一九八四年第七号。

内山雅生『現代中国農村と「共同体」――転換期中国華北農村における社会構造と農民』、御茶の水書房、二〇〇三年。

梅渓昇『お雇い外国人』、鹿島研究所出版会、一九六八年。

衛藤瀋吉・渡辺昭夫・公文俊平・平野健一郎『国際関係論』第二版、東京大学出版会、一九八九年。

大石嘉一郎『日本地方財行政史序説』、御茶の水書房、一九七八年改装版。

――『近代日本の地方自治』、東京大学出版会、一九九〇年。

――・西田美昭編著『近代日本の行政村―長野県埴科郡五加村の研究』、日本経済評論社、一九九一年。

汪婉『清末中国対日教育視察の研究』、汲古書院、一九九八年。

大久保利謙等編『近代史史料』、吉川弘文館、一九六五年。

大里浩秋・孫安石編『中国人日本留学史研究の現段階』、御茶の水書房、二〇〇二年。

大島太郎『日本地方財政史序説』、未来社、一九六九年。

――『官僚国家と地方自治』、未来社、一九八一年。

大島美津子『明治国家と地域社会』、岩波書店、一九九四年。

大谷敏夫『清代政治思想史研究』、汲古書院、一九九一年。

大西克巳「顧炎武の政治思想」、『文化』第六六巻第一・二号、二〇〇二年。

大森鐘一・一木喜徳郎共編『市町村制史稿』、無元堂書房、一九〇七年。

大森彌・佐藤誠三郎編『日本の地方政府』、東京大学出版会、一九八六年。

岡実『行政法講義』、明治大学講義録、一九〇五年。

小川市太郎『英国自治制度の研究』、大阪商科大学経済研究所、一九三八年。

沖田哲也「集権と分権」、辻清明編『行政学講座4・行政と組織』、東京大学出版会、一九七六年。

織田萬『行政法』、和仏法律学校講義録、一八九七年。

小野川秀美『清末政治思想研究』、みすず書房、一九六九年。

筧克彦『行政法各論』、法政大学講義録、一九〇六年。

蔭山雅博「明治日本の中国教育近代化に及ぼした影響について――中国教育近代化の事例研究」、『専修大学人文科学年報』第二五号、一九九五年三月。

片岡寛光『行政国家』、早稲田大学出版部、一九七六年。

加藤隆「明治末期における清国留学生と明治大学」、『明治大学史紀要』第三号、一九八三年。

亀卦川浩『明治地方自治制度の成立過程』、東京市政調査会、一九五五年。

――『地方制度小史』、勁草書房、一九六二年。

――『明治地方制度成立史』、巌南堂書店、一九六七年。

貴志俊彦「『北洋新政』体制下における地方自治の形成――天津県における各級議会の成立とその限界」、横山英・曾田三郎編『中国の近代化と政治的統合』、渓水社、一九九二年。

岸本美緒『明清交替と江南社会――一七世紀中国の秩序問題』、東京大学出版会、一九九九年。

――「『市民社会』論と中国」、『歴史評論』五二七号、一九九四年。

北住炯一『近代ドイツ官僚国家と自治――社会国家への道』、成文堂、一九九〇年。

君村昌・北村裕明編著『現代イギリス地方自治の展開――サッチャリズムと地方自治の変容』、法律文化社、一九九三年。

興亜院編『日本留学中華民国人名調』、興亜院調査資料第九号、一九四〇年。

黄東蘭「民国期山西省の村制と日本の町村制」、『中国―社会と文化』第十三号、一九九八年。

――「清末期における地方自治制度の導入と地域社会――江蘇省川沙県の事例を中心に」、『史学雑誌』第一〇七編第六号、一九九八年一一月。

――「中国の立憲改革と日本の模範村――明治末期中国人による千葉県山武郡源村視察」、『千葉県の文書館』第四号、一九九九年三月。

――「二十世紀初期中国人による日本地方自治の視察」、『愛知県立大学外国語学部紀要』（地域研究・国際学編）第三二号、二〇〇〇年三月。

――「清末期中国における地方自治制度の導入と日本――天津県の地方自治実験を中心として」、『東洋学報』第八四巻第一号、二〇〇二年六月。

――「『地方自治』についての概念史的考察――ヨーロッパ・日本・中国の場合」、『愛知県立大学外国語学部紀要』（地域研究・国際学編）第三五号、二〇〇三年三月。

小島淑男「清末の郷村統治について——蘇州府の区・図董を中心に」、『史潮』第八八号、一九六四年。

——『留日学生の辛亥革命』、青木書店、一九八九年。

小浜正子『近代上海の公共性と国家』、研文出版、二〇〇〇年。

佐伯富「清代の郷約・地保について——清代地方行政の一齣」、『東方学』第二十八輯、一九六四年。

酒井忠夫『増補中国善書の研究』、『酒井忠夫著作集』1、国書刊行会、一九九九年。

佐久間彊『英国の地方行政』、良書普及会、一九五四年。

佐々木揚『清末中国における日本観と西洋観』、東京大学出版会、二〇〇〇年。

佐藤三郎『中国人の見た明治日本——東遊日記の研究』、東方書店、二〇〇三年。

佐藤仁史「清末民初における徴税機構改革と政治対立——江蘇省嘉定県の夫束問題を事例に」、『近きに在りて』第三九号、二〇〇一年。

さねとう・けいしゅう『中国人日本留学史』、くろしお出版、一九六七年。

潮見俊隆・渡辺洋三・石村善助・大島太郎・中尾英俊『日本の農村』、岩波書店、一九五七年。

重田徳「郷紳支配の成立と構造」、岩波講座『世界歴史』12、中世6、『東アジア世界の展開』Ⅱ、岩波書店、一九七一年。

自治体学会編『自治の原点』、良書普及会、一九八九年。

島田鉄吉『戸籍法』、法政大学講義録、出版年代不明。

島田俊雄『自治制大意』、明治大学講義録、一九一〇年。

島田正郎『清末における近代的法典の編纂』、創文社、一九八〇年。

島根県隠岐島農会『田村翁村治談』、一九〇八年。

清水伸『明治憲法制定史——独墺における伊藤博文の憲法調査』、原書房、一九七一年。

清水澄「自治制度」、大隈重信『開国五十年史』上巻、開国五十年史発行所、一九〇八年。

――『地方自治制論』、明治大学講義録、一九〇九年。

――『地方自治制論』、早稲田大学出版部、一九〇九年。

――『行政法各論』、早稲田大学出版部、一九一〇年。

清水盛光『支那社会の研究――社会学的考察』、岩波書店、一九三九年。

――『中国郷村社会論』、岩波書店、一九五一年。

シュウォルツ・B・著・平野健一郎訳『中国の近代化と知識人――厳復と西洋』、東京大学出版会、一九七八年。

朱鵬「清末・民初中国における地方学堂の成立過程について――江蘇省川沙県の場合を中心として」、『日本の教育史学』第三七集、一九九四年。

末松偕一郎『地方自治制要義』、帝国地方行政学会、一九二三年。

曹汝霖著・曹汝霖回想録刊行会編訳（兼発行）『一生之回憶』、一九六七年。

孫安石「『上海城廂内外総工程局』から『上海城廂内外公所』へ」、『中国研究月報』五五二号、一九九四年二月。

大霞会編『内務省外史』、地方財務協会、一九七七年。

――『内務省史』第一巻、原書房、一九八〇年。

高木鉦作「日本の地方自治」、辻清明編『行政学講座2・行政の歴史』、東京大学出版会、一九七六年。

――「自治という言葉」、自治体学会編『自治の原点』、良書普及会、一九八九年。

高田早苗『国家学原理』、明治大学講義録、一九〇五年。

高田幸男「清末地域社会における教育行政機構の形成――蘇・浙・皖三省各庁州県の状況」、『東洋学報』第七五巻、第一・二号、一九九三年一〇月。

高久嶺之介『近代日本の地域社会と名望家』、柏書房、一九九七年。

田中彰「岩倉使節団の欧米認識と近代天皇制――『米欧回覧実記』を中心に」、小西四郎・遠山茂樹編『明治国家の権力と思想』、吉川弘文館、一九七八年。

田中比呂志「清末民初における地方政治構造とその変化——江蘇省宝山県における地方エリートの活動」、『史学雑誌』第一〇四編第三号、一九九五年。

——「民国初期における地方自治制度の再編と地域社会」、『歴史学研究』第七二二号、二〇〇三年。

田原史起「村落統治と村民自治——伝統的権力構造からのアプローチ」、天児慧・菱田雅晴共編『深層の中国社会——農村と地方の構造的変動』、勁草書房、二〇〇〇年。

——「村落自治の構造分析」、『中国研究月報』639号、二〇〇一年。

地方自治百年史編集委員会編『地方自治百年史』、一九九二年。

辻清明『新版日本官僚制の研究』、東京大学出版会、一九六九年。

——『日本の地方自治』、岩波書店、一九七六年。

辻村明・D．L．キンケード編・中島純一訳『コミュニケーション理論の東西比較——異文化理解のパラダイム』、日本評論社、一九九〇年。

出原政雄『自由民権期の政治思想——人権・地方自治・平和』、法律文化社、一九九五年。

寺木徳子「清末民国初年の地方自治」、『お茶の水史学』5、一九六二年。

寺田浩明「明清法秩序における『約』の性格」、溝口雄三・浜下武志・平石直昭・宮嶋博史編『社会と国家』、東京大学出版会、一九九四年。

地方自治行政研究会編著『現代行政全集』二、『地方自治』、ぎょうせい、一九八三年。

田正平著・蔭山雅博訳「清末における中国知識人の日本教育視察」、『国立教育研究所研究集録』第二五号、一九九二年九月。

トクヴィル・A．著・井伊玄太郎訳『アメリカの民主政治』、講談社学術文庫、一九八七年。

都丸泰助『地方自治制度史論』、新日本出版社、一九八二年。

鳥海靖「伊藤博文の憲法調査」、『日本近代史講義』、東京大学出版会、一九八八年。

内務省『模範的町村治』、一九〇三年。

内藤湖南「支那論」、『内藤湖南全集』第五巻、筑摩書房、一九七二年。

長浜政寿『地方自治』、岩波書店、一九五二年第一版、一九七〇年第一四版。

並木頼寿「近代中国における王朝体制の崩壊と国家『統一』について」、『歴史と文化』一八、東京大学教養学部人文科学科紀要第九十九輯、一九九四年。

成田頼明「地方自治総論――地方自治の観念」、雄川一郎他編『現代行政法大系8・地方自治』、有斐閣、一九八四年。

仁井田陞『中国法制史研究――奴隷農奴法・家族村落法』、東京大学出版会、一九六二年初版、一九八〇年補訂版。

西尾勝『行政学の基礎概念』、東京大学出版会、一九九〇年。

――『行政学』、有斐閣、一九九三年。

任明「近代華北農村社会の凝集力」、路遙・佐々木衛編『中国の家・村・神々――近代華北農村社会論』、東方書店、一九九〇年。

旗田巍『中国村落と共同体理論』、岩波書店、一九七三年。

波多野善大『中国近代軍閥の研究』、河出書房、一九七三年。

浜口允子「米逢吉について――清末民初における郷村指導者」、市古教授退官紀念論叢編修委員会『論集・近代中国研究』、山川出版社、一九八一年。

――「清末直隷における諮議局と県議会」、辛亥革命研究会編『中国近現代史論集』、汲古書院、一九八五年。

浜島敦俊「農村社会――覚書」、森正夫・野口鉄郎・浜島敦俊・岸本美緒・佐竹靖彦編『明清時代史の基本問題』、汲古書院、一九九七年。

平野健一郎編『近代日本とアジア――文化の交流と摩擦』、東京大学出版会、一九八四年。

――・山影進等編『アジアにおける国民統合』、東京大学出版会、一九八八年。

――『国際文化論』、東京大学出版会、二〇〇〇年。

藤沢弘昌「明代の里甲制と思想」、今堀誠二編『中国へのアプローチ・その歴史的展開』、勁草書房、一九八三年。

藤田武夫『日本地方財政発達史』、河出書房、一九四八年。

福武直『中国農村社会の構造』、大雅堂、一九四六年。

――『日本の農村社会』、東京大学出版会、一九五三年。

――『日本村落の社会構造』、東京大学出版会、一九五九年。

夫馬進『中国善会善堂史研究』、同朋舎、一九九七年。

プラーニッツ・H・著・鯖田豊之訳『中世都市成立論――商人ギルドと都市宣誓共同体』（改訳版）、未来社、一九九五年。

ブライス・J・著・松山武訳『近代民主政治』、岩波書店、一九二九年第一刷、一九八四年第十六刷。

ブルンチュリー著・中根重一訳『政治学』、独逸学協会出版、一八八二―一八八三年。

保坂栄一「近世前夜のイギリスの都市と議会」、吉岡明彦編『政治権力の史的分析』、御茶の水書房、一九七五年。

星野光男『地方自治の理論と構造』、新評社、一九七〇年。

細野浩二「早稲田大学と中国をめぐる新資料について」、『早稲田大学史紀要』第六号、一九七三年。

増淵龍夫「歴史認識における尚古主義と現実批判――日中両国の『封建』・『郡県』論を中心にして」、林達夫・久野収編『岩波講座・哲学Ⅳ・歴史の哲学』、岩波書店、一九六九年。

松浦鎮次郎『府県制』、法政大学講義録、一九〇三年。

――『市町村制』、法政大学講義録、一九〇八年。

松本善海『中国村落制度の史的研究』、岩波書店、一九七七年。

『丸山真男集』第七巻、岩波書店、一九九六年。

マンロー・W・B・著・村田岩次郎訳『欧州市制論』、慶應義塾出版局、一九一四年。

三浦茂一「『三模範村』の評価について」、『房総の郷土史』第五号、一九七九年。

――「〝日本三大模範村〟の成立事情――地方改良運動と千葉県山武郡源村」、『歴史手帖』第六巻第二号、一九七八年。

――「井口義十郎先生と千葉県山武郡源村」、『千葉教育』一九九七年九月号。

水本邦彦『近世の郷村自治と行政』、東京大学出版会、一九九三年。

溝口雄三『中国前近代思想の屈折と展開』、東京大学出版会、一九八〇年。

――『方法としての中国』、東京大学出版会、一九八九年。

――『中国の公と私』、研文出版、一九九五年。

美濃部達吉『改正府県制郡制要義』、有斐閣書房、明法堂、一八九九年。

――『行政法各論』、明治大学講義録、一九〇九年。

――『行政法講義』、東京帝国大学、一九一二年。

――『行政法総論』、早稲田大学出版部、出版年代不明。

『宮崎市定全集』第十四巻、岩波書店、一九九一年。

宮崎辰雄『欧米地方自治権の研究』、勁草書房、一九八〇年。

村田雄二郎「王朝・国家・社会――近代中国の場合」、溝口雄三・浜下武志・平石直昭・宮嶋博史編『社会と国家』、東京大学出版会、一九九四年。

――「中国近代革命と儒教社会の反転」、溝口雄三・伊藤貴之・村田雄二郎編『中国という視座』、平凡社、一九九五年。

村松岐夫『地方自治』、東京大学出版会、一九八八年。

村松祐次『中国経済の社会態制』、東洋経済新報社、一九四九年。

モッセ講述・鶴岡義五郎編訳『自治政講義録』第一―二〇号、自治政研究会、一八八八―一八八九年。

森正夫『江南デルタ市鎮研究――歴史学と地理学からの接近』、名古屋大学出版会、一九九二年。

森田明『清代の水利と地域社会』、中国書店、二〇〇二年。

山下茂・谷聖美・川村毅『比較地方自治――諸外国の地方自治制度』、第一法規、一九九二年。

山田公平『近代日本の国民国家と地方自治』、名古屋大学出版会、一九九一年。

山田秀二「明清時代の村落自治について」(一)(二)(三)、『歴史学研究』第二巻第三号、第五号、第六号、一九三四年。

山田太一郎著・三模範村校長閲『実顕の理想郷』、愛知県農会蔵版、一九〇五年。

山田文英『山西四川を横断して』、外務省文化事業部、一九三五年。

山中永之佑『近代日本の地方制度と名望家』、弘文堂、一九九〇年。

山根幸夫「河南省商城県の紳士層の存在形態」、『東洋史研究』第四〇巻第二号、一九八一年。

山室信一『思想課題としてのアジア――基軸・連鎖・投企』、岩波書店、二〇〇一年。

山本進『清代財政史研究』、汲古書院、二〇〇二年。

――『明清時代の商人と国家』、研文出版、二〇〇二年。

山脇玄・中根重一『府県制郡制釈義』、一八九〇年。

熊月之著・依田熹家訳『中国近代民主思想史』、信毎書籍出版センター、一九九二年。

熊達雲『近代中国官民の日本視察』、成文堂、一九九八年。

弓家七郎『欧米諸国の地方自治』、三和書房、一九五八年。

横山英編『中国の近代化と地方政治』、勁草書房、一九八五年。

横山紘一「地方自治と地域政治」、玉野井芳郎・清成忠男・中村尚司編『地域主義――新しい思潮への理論と実践の試み』、学陽書房、一九七八年。

吉沢誠一郎『天津の近代――清末都市における政治文化と社会統合』、名古屋大学出版会、二〇〇二年。

吉野作造「天津に於ける自治制施行の現況」、『国家学会雑誌』第二十一巻第六号、一九一一年六月。

ルドルフ・グナイスト著・小松済治訳『建国説』、東京独逸協会、一八八三年。

――「西哲夢物語」（一八八五年）、明治文化研究会編『明治文化全集』第一巻、一九二八年第一版、一九五五年改版。

ローレンツ・スタイン著・渡辺廉吉訳『行政学』、元老院蔵、一八八七年。

和田清編著『中国地方自治発達史』、汲古書院、一九三九年。

綿貫芳源『英国地方制度論』、朝倉書店、一九四九年。

3、英文

Alitto, Guy S., *The Last Confucian: Liang Shu-ming and the Chinese Dilemma of Modernity*, University of California Press, 1979.

Chang, Chung-li, *The Chinese Gentry: Studies on Their Role in Nineteenth-Century Chinese Society*, University of Washington Press, 1955.

——*The Income of the Chinese Gentry: A Sequel to The Chinese Gentry*: Studies on Their Role in *Nineteenth-Century Chinese Society*, University of Washington Press, 1962.

Duara, Prasenjit, *Culture, Power, and the State: Rural North China, 1900-1942*, Stanford University Press, 1988.

——*Rescuing History From The Nation: Questioning Narratives of Modern China*, The University of Chicago Press, 1995.

Esherick, Joseph and Rankin,Mary,.eds., *Chinese Local Elites and Patterns of Dominance*, University of California, 1990.

Fincher, John H., *Chinese Democracy: The Self-government Movement in Local, Provincial and National Politics, 1905-1914*, Australian National University Press, 1981.

Gillin, Donald G., *Warlord: Yen Hsi-shan in Shansi Province, 1911-1949*, Princeton University Press, 1967,

Harrell, Paula, *Sowing the Seeds of Change: Chinese Students, Japanese Teachers, 1895-1905*, Stanford University Press, 1992.

Hirano, Ken'ichiro, eds., *The State and Cultural Transformation: Perspectives from East Asia*, United Nations University Press, 1993.

Horowitz, Richard, "State Making Theory and the Study of Modern Chinese History",『近代中国史研究通訊』第十九号、一九九五年三月。

Hsiao, Kung-chuan, *Rural China: Imperial Control in the 19th Century*, University of Washington Press, 1960.

Huang, Philip, "The Paradigmatic Crisis in Chinese Studies: Paradoxes in Social and Economic History", *Modern China*, vol.17, No.3, July, 1991.

—— "Between Informal Mediation and Formal Adjudication: The Third Realm of Qing Civil Justice", *Modern China*, vol.19, No.3, July, 1993.

Judge, Joan, *Print and Politics: "Shibao" and the Culture of Reform in Late Qing China*, Stanford University Press, 1996.

Kuhn, Philip, "Local Self-Government Under the Republic: Problems of Control, Autonomy and Mobilization", F. Wakeman and C. Grant, eds., *Conflict and Control in Late Imperial China*, University of California Press, 1975.

—— "Ideas behind China's Modern State", *Harvard Journal of Asiatic Studies*, Vol.35, No.2, 1995.

—— "The Development of Local Government", John K. Fairbank and Albert Feuerwerker, eds., *The Cambridge History of China*, vol.13, Cambridge University Press, 1986.

Levenson, Joseph, *Confucian China and its Modern Fate: the Problem of Monarchical Decay*, University of California Press, 1958.

Li, Xiaoxiong, "Rise of a New Elite in Rural China and its Characteristics", *Journal of Northeast Asian Studies*, Vol.XV, No.3, Fall 1996.

Little, Daniel, *Understanding Peasant China*, Yale University Press, 1989.

Mackinnon, Stephen R., *Power and Politics in Late Imperial China: Yuan Shi-kai in Beijing and Tianjin,1901-1908*, University of California Press, 1980.

Min, Tu-ki, Philip Kuhn and Timothy Brook, eds., *National Polity and Local Power: the Transformation of Late Imperial China*, Harvard University Press, 1989.

Page, Edward, *Localism and Centralism in Europe: The Political and Legal Bases of Local Self-Government*, Oxford University Press, 1991.

Prazniak, Roxann, "Weavers and Sorceresses of Chuansha: The Social Origins of Political Activism Among Rural Chinese Women", *Modern China*, vol.12, No.2, April 1986.

Rankin, Mary, *Elite Activism and Political Transformation in China: Zhejiang Province, 1865-1911*, Stanford University Press, 1986.

Reynolds, Douglas R., *China, 1898-1912: the Xinzheng Revolution and Japan*, Harvard University Press, 1993.

Rowe, William, Hankou: *Commerce and Society in a Chinese City, 1796-1889*, Stanford University Press, 1984.

—— "The Public Sphere in Modern China", *Modern China*, vol.16, No.3, July 1990.

—— "The Problem of 'Civil Society' in Late Imperial China", *Modern China*, vol.19, No.3, July 1993.

Schoppa, R. Keith, "Local Self-Government in Zhejiang, 1909-1927", *Modern China*, vol.2, No.4, October, 1976.

—— *Chinese Elites and Political Change: Zhejiang Province in the Early Twentieth Century*, Harvard University Press, 1982.

Seton-Watson, Hugh, *Nations and States: An Enquiry into the Origins of Nations and the Politics of Nationalism*, Westview Press, 1977.

Smith, Arthur H., *Village Life in China: A Study in Sociology*, New York, Chicago, Toronto, Fleming H. Revell Company, 1899.

Steiner, Kurt, *Local Government in Japan*, Stanford University Press, 1965.

Tilly, Charles, ed., *The Formation of National States in Western Europe*, Princeton University Press, 1975.

Thompson, Roger, *China's Local Councils in the Age of Constitutional Reform, 1898-1991*, Hurvard University Press, 1995.

Wang, Di, *Street Culture: Public Space, Urban Commoners, and Local Politics in Chengdu, 1870-1930*, Stanford University Press, 2003.

Wakeman, Frederich, "The Civil Society and Public Sphere Debate: Western Reflection on Chinese Political Culture", *Modern China*, Vol.19, No.2, April 1993.

Wank, David, State and Society in American Studies of Contemporary China,『シリーズ中国領域研究』第二号、『アメリカの現代中国研究』、一九九六年一一月。

Wright, Mary C., ed., *China in Revolution: the First Phase, 1900-1913*, Yale University Press, 1968.

あとがき

本書は、筆者が東京大学に提出した博士学位の申請論文「近代中国の地方自治と明治日本」に加筆、修正を加えたものである。

博士論文をこのような形で世に送り出すことができたのは、私が大学時代から今日までお世話になったたくさんの方々のお陰である。私は高校に入学した頃、司馬遷の『史記』に出会い、太史公が描いた壮大な歴史ドラマに登場する英雄たちに魅了された。このことは、その後大学で歴史を学ぶきっかけとなった。大学の四年間、南京大学歴史系の先生方に学問の基本を叩き込まれた。なかでも茅家琦、方之光両先生方に特に感謝を申し上げたい。茅先生には「史学研究方法論」などの講義を通じて史料の収集・選別・利用の方法を教わった。方先生は私の卒業論文を指導され、さらに、未熟な論文にもかかわらず学術雑誌に推薦してくださった。それが私が発表した最初の学術論文であった。北京大学で過ごした修士課程の三年間、指導教官向青先生からは、学問におけるオリジナリティの追求と権威ある学説への挑戦について学んだ。その後、向先生は病に倒れ、この世を去られた。この場を借りて謹んで先生のご冥福をお祈りしたい。

来日してから、私は国際関係論を専攻するようになった。指導教官の平野健一郎先生には、国際文化論の視点から日中関係の歴史に接近するという学問の方法を学び、また、自分の見解を論理的に組み立て、読みやすい文体で表現することについても教わった。岸本美緒先生からは、博士論文の口頭試問の時、そして修正の際にも貴重なご意見をいただいた。駒場キャパスで勉学した数年間、並木頼寿先生、村田雄二郎先生からは博士論文の構想段階から完成に至るまで多くのご教示をいただいた。

さらに、名古屋大学名誉教授山田公平先生との出会いは、私にとってたいへんありがたいものであった。私は、大学院在学中に、すでに先生の大著『近代日本の国民国家と地方自治』に接しており、愛知県立大学に勤務してからは、山田先生に直接ご教示をいただく機会を得た。本書を上梓する前に、先生は名古屋の酷暑を冒して私の原稿を通読され、貴重なご意見をくださった。

なお、香港中文大学の金観濤、劉青峰両先生方のご好意により、筆者は同大学現代中国研究センター「中国近代思想史研究データ・ベース（一八三〇―一九三〇）」の「地方自治」項目のデータを閲覧することができた。その内容は博士論文の修正に際して大いに役立った。

以上の諸先生方をはじめ、お世話になった方々に心から感謝を申し上げたい。

著書としてはまだ不十分な点が多いが、これを自分の学問における一つの道標とし、また、これを機に学問の世界において新たな一歩を踏み出したい。

本書の一部は、以下の論文の形で発表された（番号は発表の年代順を表す）。

①「民国期山西省の村制と日本の町村制」、『中国―社会と文化』第十三号、一九九八年六月。
②「清末期における地方自治制度の導入と地域社会――江蘇省川沙県の事例を中心に」、『史学雑誌』第一〇七編第六号、一九九八年一一月。
③「中国の立憲改革と日本の模範村――明治末期中国人による千葉県山武郡源村視察」、『千葉県の文書館』第四号、

一九九九年三月。
④「二十世紀初期中国人による日本地方自治の視察」、『愛知県立大学外国語学部紀要』（地域研究・国際学編）第三二号、二〇〇〇年三月。
⑤「従自治到地方自治——近代中国地方自治論的形成与演変」、中国社会史学会第八次年会「経済発展と社会変遷国際シンポジウム」に提出、二〇〇〇年八月。
⑥「清末期中国における地方自治制度の導入と日本——天津県の地方自治実験を中心として」、『東洋学報』第八四巻第一号、二〇〇二年六月。
⑦「地方自治」についての概念史的考察——ヨーロッパ・日本・中国の場合」、『愛知県立大学外国語学部紀要』（地域研究・国際学編）第三五号、二〇〇三年三月。
⑧「近代中国地方自治話語試論」、『学術思想評論』第十一輯、二〇〇四年五月。

なお、本書の基礎部分の研究を進めるに際して、一九九四年度松下財団の研究助成および一九九六年度トヨタ財団の研究助成を受けた。本書の刊行にあたっては、平成一六年度日本学術振興会科学研究費補助金（研究成果公開促進費）を受けた。記して感謝の意を表したい。
最後に、本書の刊行に際して、汲古書院の坂本健彦氏にはいろいろとお世話になった。厚くお礼を申し上げたい。

二〇〇四年一一月

黄　東　蘭

汲古叢書

1	秦漢財政収入の研究	山田　勝芳著	本体 16505円
2	宋代税政史研究	島居　一康著	12621円
3	中国近代製糸業史の研究	曾田　三郎著	12621円
4	明清華北定期市の研究	山根　幸夫著	7282円
5	明清史論集	中山　八郎著	12621円
6	明朝専制支配の史的構造	檀上　　寛著	13592円
7	唐代両税法研究	船越　泰次著	12621円
8	中国小説史研究－水滸伝を中心として－	中鉢　雅量著	8252円
9	唐宋変革期農業社会史研究	大澤　正昭著	8500円
10	中国古代の家と集落	堀　敏一著	14000円
11	元代江南政治社会史研究	植松　　正著	13000円
12	明代建文朝史の研究	川越　泰博著	13000円
13	司馬遷の研究	佐藤　武敏著	12000円
14	唐の北方問題と国際秩序	石見　清裕著	14000円
15	宋代兵制史の研究	小岩井弘光著	10000円
16	魏晋南北朝時代の民族問題	川本　芳昭著	14000円
17	秦漢税役体系の研究	重近　啓樹著	8000円
18	清代農業商業化の研究	田尻　　利著	9000円
19	明代異国情報の研究	川越　泰博著	5000円
20	明清江南市鎮社会史研究	川勝　　守著	15000円
21	漢魏晋史の研究	多田　狷介著	9000円
22	春秋戦国秦漢時代出土文字資料の研究	江村　治樹著	22000円
23	明王朝中央統治機構の研究	阪倉　篤秀著	7000円
24	漢帝国の成立と劉邦集団	李　開元著	9000円
25	宋元仏教文化史研究	竺沙　雅章著	15000円
26	アヘン貿易論争－イギリスと中国－	新村　容子著	8500円
27	明末の流賊反乱と地域社会	吉尾　　寛著	10000円
28	宋代の皇帝権力と士大夫政治	王　瑞来著	12000円
29	明代北辺防衛体制の研究	松本　隆晴著	6500円
30	中国工業合作運動史の研究	菊池　一隆著	15000円

31	漢代都市機構の研究	佐原　康夫著	本体 13000円
32	中国近代江南の地主制研究	夏井　春喜著	20000円
33	中国古代の聚落と地方行政	池田　雄一著	15000円
34	周代国制の研究	松井　嘉徳著	9000円
35	清代財政史研究	山 本　　進著	7000円
36	明代郷村の紛争と秩序	中島　楽章著	10000円
37	明清時代華南地域史研究	松田　吉郎著	15000円
38	明清官僚制の研究	和田　正広著	22000円
39	唐末五代変革期の政治と経済	堀　敏 一著	12000円
40	唐史論攷－氏族制と均田制－	池 田　　温著	近　刊
41	清末日中関係史の研究	菅 野　　正著	8000円
42	宋代中国の法制と社会	高橋　芳郎著	8000円
43	中華民国期農村土地行政史の研究	笹川　裕史著	8000円
44	五四運動在日本	小野　信爾著	8000円
45	清代徽州地域社会史研究	熊　遠 報著	8500円
46	明治前期日中学術交流の研究	陳　　　捷著	16000円
47	明代軍政史研究	奥山　憲夫著	8000円
48	隋唐王言の研究	中村　裕一著	10000円
49	建国大学の研究	山根　幸夫著	8000円
50	魏晋南北朝官僚制研究	窪添　慶文著	14000円
51	「対支文化事業」の研究	阿 部　　洋著	22000円
52	華中農村経済と近代化	弁納　才一著	9000円
53	元代知識人と地域社会	森田　憲司著	9000円
54	王権の確立と授受	大原　良通著	8500円
55	北京遷都の研究	新 宮　　学著	12000円
56	唐令逸文の研究	中村　裕一著	17000円
57	近代中国の地方自治と明治日本	黄　東 蘭著	11000円
58	徽州商人の研究	臼井佐知子著	10000円

（表示価格は2005年１月現在の本体価格）

〈著者略歴〉
黄　東　蘭（こう　とうらん）

1963年　中国江蘇省生まれ
1985年　南京大学歴史系卒業
1988年　北京大学国際政治系修士課程修了
1998年　東京大学総合文化研究科博士課程修了（学術博士）
1999年　愛知県立大学外国語学部専任講師
現　在　愛知県立大学外国語学部助教授
（主要論文）
「清末期における地方自治制度の導入と地域社会」（『史学雑誌』第107編第6号、1998年）。「近代中国地方自治話語試論」（『学術思想評論』第11輯、2004年）。"Shrines of Yue Fei:Spaces for Creation of Public Memory" in *Chinese Sociology and Antropology*, Winter-Spring 2005, Vol.37（M.E.Sharpe Inc. New York）.

汲古叢書57

近代中国の地方自治と明治日本

二〇〇五年二月一日　発行

定価　一一、五五〇円

著　者　黄　東　蘭
発行者　石　坂　叡　志
整版印刷　富士リプロ

発行所　汲　古　書　院
〒102-0072 東京都千代田区飯田橋二-五-四
電　話　〇三（三二六五）九七六四
FAX　〇三（三二二二）一八四五

ISBN4-7629-2556-X　C3322

Local Self-Government in Modern China in Relation to Meiji Japan

Huang Donglan

Contents

近代中國的地方自治與明治日本

索　　引

人名索引

あ　行

か　行

事 項 索 引

あ 行

か 行

さ 行

た　行

な　行

は　行

ま　行

や　行

ら　行

わ　行